中国商事争议解决年度观察

2019

Commercial Dispute Resolution in China: An Annual Review and Preview (2019)

中国法制出版社

CHINA LEGAL PUBLISHING HOUSE

目　录

前　言

2018 年是中国改革开放四十周年，也是内外部环境发生巨大变化的一年。这种变化不仅对中国经济发展产生了重大影响，也深刻地改变了中国的争议解决现状。

“经济运行稳中有变”“经济结构优化升级”“中美贸易摩擦”都成为 2018 年的关键词。《中国商事争议解决年度观察（2019）》(以下简称《年度观察（2019）》)对于不同行业在过去一年的争议解决状况的分析也印证了目前我国所面临的内外部环境。例如，在《中国房地产争议解决年度观察（2019）》中，作者通过案例介绍了一、二级项目联动情况下发生的争议，并对新形势下房地产资产证券化可能引发的争议进行了展望。在《中国投资争议解决年度观察（2019）》中，作者则围绕投资协议展开，介绍了在面临经济增速放缓、各行业盈利能力低于预期的情况下所产生的关于回购条款以及固定收益条款的争议。《中国能源争议解决年度观察（2019）》围绕中国能源企业的海外并购展开，介绍了中国能源产业“走出去”的机遇与挑战。《中国国际贸易争议解决年度观察（2019）》则结合“中美贸易战”阐述了中国企业“走出去”应当更加关注各国的法律环境和贸易保护措施，规避合规风险。

推进简政放权和对外开放是应对当前经济形势和国际局势的重要手段。《中国建设工程争议解决年度观察（2019）》中，作者结合《最高人民法院关于审理建设工程施工合同纠纷案件适用法律问题的解释（二）》的颁布，以及住房和城乡建设部取消施工合同备案两个重点，介绍了政府职能转变，推进建设工程领域“放管服”改革的重要举措。《中国金融争议解决年度观察（2019）》则结合中国政府对于期货市场的开放以及金融机构外商准入的放宽，分析了中国政府继续加大金融投资市场对外开放的思路与决心。

应对新形势、新问题的重要的改革措施还表现在监管的不断完善。在《中国影视争议解决年度观察（2019）》中，作者围绕监管部门清查影视行业阴阳合同、偷漏税等问题，分析了天价片酬、互联网信息监管措施对于影视行业及其争议解决可能产生的影响。在《中国民用航空争议解决年度观察（2019）》中，对于无人机的管理以及对于低空空域管理的改革，都体现了监管部门应对新技术、新环境进行的有益探索。

同样地，对于争议解决行业来说，不断适应新的环境和形势变化也是自身不断发展的需求。《中国商事仲裁年度观察（2019）》中，设立案外人不予执行仲裁裁决制度、"先予仲裁"及最高人民法院国际商事法庭的成立都是最高人民法院支持并规范中国仲裁以及商事争议解决发展的重要举措。《中国商事调解年度观察（2019）》通过介绍"新时代枫桥经验"、参与《新加坡调解公约》的起草、仲调对接机制的完善反映了中国争议解决从业者寻求中西结合的独特的中国调解发展之路的不懈努力。而在《中国知识产权争议解决年度观察（2019）》介绍了"单一颜色商标""声音商标"以及跨国企业在中国进行的知识产权案件等知识产权领域新问题以及中国法院和知产案件审判新举措。

记录商事争议解决发展历程，展现商事争议解决发展状况，探索商事争议解决未来发展的路径是北京仲裁委员会/北京国际仲裁中心（以下简称北仲）自2013年以来坚持组织编撰《年度观察》的初衷。《年度观察（2019）》延续了往年的体例，包含了商事仲裁、商事调解以及建设工程、房地产、能源、国际贸易、投资、金融、知识产权、影视、民用航空等十一篇报告，通过对于2018年度各领域法律法规、监管环境、裁判思路的总结分析，评述、归纳各领域争议解决发展状况，展望未来发展趋势。

2019年，基于《年度观察》的高峰论坛将首次来到北美，走进纽约、旧金山和多伦多。同时，在往年香港高峰论坛的基础之上，今年的亚洲高峰论坛将分别在中国香港、新加坡和吉隆坡三地举办。通过更广泛的分享，北仲意在不断繁荣中外法律业界的对话，展示中国仲裁发展的最新成果，为中国乃至世界争议解决做出自己的贡献。

我们也热忱期待越来越多的有识之士参与到《年度观察》的工作中来，共同推动中国争议解决进步，共同享受《年度观察》和中国争议解决发展所带来的成果。

当然，《年度观察》从撰稿、翻译、出版发行及举办高峰论坛，每一步都离不开付出辛勤劳动的作者团队、评审专家、编辑团队、翻译人员、出版者和发布工作人员对争议解决事业的热爱、执着和奉献，亦得益于国内外业界人士对于《年度观察》的支持、肯定，抑或批评与指正。

最后，《年度观察》编委会谨对参与及关注历年《年度观察》的各位专家、合作机构以及广大读者致以由衷的感谢！

《中国商事争议解决年度观察》编委会

作者简介

《中国商事仲裁年度观察（2019）》

王雪华

北京市环中律师事务所首席合伙人，对外经济贸易大学法学博士，曾任中国对外经济贸易大学法学院副院长、全国律师协会国际业务和WTO法律专业委员会主任、北京市律师协会反倾销专业委员会主任、国际贸易和投资专业委员会主任，现任北京仲裁委员会/北京国际仲裁中心仲裁员、中国国际经济贸易仲裁委员会仲裁员、上海国际仲裁中心仲裁员、深圳国际仲裁院仲裁员、海南仲裁委员会仲裁员、对外经济贸易大学法学院兼职教授、中国法学会WTO法学会常务理事、中国国际法协会理事以及中国仲裁法学研究会常务理事。处理了多起国际仲裁案件，在不同的仲裁案件中担任过代理人、仲裁员和中国法专家证人，有丰富的国际商事仲裁经验。曾多次发表国际商法和反倾销法方面的论文，硕士论文《联合国国际销售合同公约关于违约救济措施的理论和实务》、博士论文《中国和美国反倾销法的比较研究》堪称国际商法和反倾销法律领域的力作。因其在国际贸易领域作出的卓越贡献，连年被钱伯斯评选为“业界贤达”。2017年，被中国政府指派为ICSID仲裁员，任期六年。此外，还是很有影响力的环中商事仲裁微信公众号的总编和撰稿人之一。

刘　净

北京市环中律师事务所资深合伙人，对外经济贸易大学法学硕士，中国青年政治学院第一届法学学士。曾前往美国知名律师事务所进行为期半年的交流访问。主要执业领域为国际贸易法、公司法、特许经营法、贸易融资法、海商法、房地产、商事仲裁。在解决国际商事争议方面积累了丰富的经验，曾代表客户处理了数百起商事诉讼和仲裁案件，代理了大量根据中国国际经济贸易仲裁委员会、北京仲裁委员会/北京国际仲裁中心、武汉仲裁委员会、上海仲裁委员会、国际商会仲裁院、瑞典斯德哥尔摩商会仲裁院、香港国际仲裁中心、新加坡国际仲裁中心、吉隆坡地区仲裁中心及联合国国际贸易法委员会仲裁规则进行仲裁的案件和全国各地法院的诉讼案件，代表客户参与数十起涉及外商投资、特许经营、房地产和建设工程以及贸易融资项目的方案策划、谈判及合同的起草和审定工作。曾任第七届北京市律师协会国际贸易法律事务专业委员会副主任，第八届北京市律师协会仲裁专业委员会秘书长，并担任中国国际经济贸易仲裁委员会、上海国际仲裁中心、深圳国际仲裁院、巴黎工商会仲裁院、海峡两岸仲裁中心、哈尔滨仲裁委员会、石家庄仲裁委员会等众多仲裁机构的仲裁员。兼任中国国际商会律师团成员、对外经济贸易大学法学院兼职教授、中国人民大学法学院“一带一路”法律研究中心研究员。此外，还是很有影响力的环中商事仲裁微信公众号的副主编和撰稿人之一。

邢　媛

北京市环中律师事务所合伙人，对外经济贸易大学法学硕士。主要执业领域为国际贸易法、国际投资法、特许经营法、外资金融机构、海商法、房地产、仲裁法。从业以来处理了多起涉及外商投资、国际特许经营、大宗货物买卖、外资银行、海商等领域的商事争议案件，其中包括在中国国际经济贸易仲裁委员会、香港国际仲裁中心、吉隆坡仲裁中心等各大仲裁中心的仲裁案件，根据联合国国际贸易法委员会仲裁规则进行的仲裁案件，以及在国内法院具有重大影响的涉外经济类诉讼案件，具有丰富的争议解决经验。曾参加英国大律师公会组织的交流项目，在伦敦的著名出庭律师事务所交流访问。目前是环中商事仲裁微信公众号的撰稿人之一。

《中国商事调解年度观察（2019）》

费　宁

北京汇仲律师事务所执行合伙人。擅长商事诉讼、仲裁、调解法律实务，现为中国国际经济贸易仲裁委员会（CIETAC）、深圳国际仲裁院（SCIA）、国际商会仲裁院（ICC）、香港国际仲裁中心（HKIAC）以及新加坡国际仲裁中心（SIAC）仲裁员。是SCIA专家咨询委员会成员、HKIAC理事会成员，是HKIAC理事会吸纳的首位内地人士。还是环太平洋律师协会（IPBA）争议解决委员会副主席。曾先后在包括最高人民法院在内的中国各级法院以及国内外各大仲裁、调解机构进行的数百起诉讼案件、商事仲裁、调解中代理过中外客户。亦曾作为仲裁员和法律顾问参与过在香港国际仲裁中心、新加坡国际仲裁中心、斯德哥尔摩商会仲裁院和伦敦国际仲裁院审理的仲裁案件。自2006年以来，被钱伯斯评为中国仲裁和广义争议解决领域中的第一等律师。钱伯斯对费宁律师的评语是："经验丰富的诉讼律师，其高超的专业水准令人钦佩。费宁律师擅长于提供高效的、明智的商业建议。"

蒋　弘

北京汇仲律师事务所合伙人，曾担任中国国际经济贸易仲裁委员会上海分会副秘书长，中国海事仲裁委员会上海分会秘书长。在仲裁、调解领域工作、研究、实践20年，拥有丰富的仲裁、调解经验，精通相关法律和规则，处理过大量国际贸易、金融、房地产、建设工程、投资和海事海商仲裁、调解案件，对疑难复杂案件具有经验。目前是中国国际经济贸易仲裁委员会、中国海事仲裁委员会、香港国际仲裁中心、上海国际仲裁中心（SHIAC）和深圳国际仲裁院（SCIA）等机构在册仲裁员。

刘　京

北京汇仲律师事务所高级顾问。加入汇仲之前的九年间，担任香港国际仲裁中心（HKIAC）副秘书长。曾在海问律师事务所和富而德律师事务所（Freshfields Bruckhaus Deringer）从业多年，并曾在中国国际经济贸易仲裁委员会（CIETAC）秘书处任职。熟悉境内外国际仲裁程序，既有律师代理经验，也具境内外仲裁机构经验。目前是香港国际仲裁中心（HKIAC）委任委员会成员、北京仲裁委员会/北京国际仲裁中心仲裁员、中国国际经济贸易仲裁委员会仲裁员、上海国际仲裁中心仲裁员、华南国际经济贸易仲裁委员会仲裁员、廊坊仲裁委员会仲裁员、天津仲裁委员会仲裁员及重庆仲裁委员会仲裁员。

《中国建设工程争议解决年度观察（2019）》

周显峰

君合律师事务所基础设施与项目融资组合伙人，现在北京总部执业。此前，先后在中国与日本领先建筑承包商组建联营体从事合约管理工作，在中国知名律师事务所从事境内外基础设施与工程法律业务，并作为联合创始人组建合森律师事务所暨英国品诚梅森与合森中国项目与工程律师联盟。拥有工程与法律复合背景，是我国首位工程法律研究方向博士，拥有中国国家一级建造师、英国皇家特许测量师学会会员（MRICS）、英国皇家特许建造学会会员（MCIOB）等头衔。曾任清华大学国际工程项目管理研究院特聘教授，现为建设法律协会（中国）副主席、天津大学—何伯森国际工程管理教育发展基金理事、北京仲裁委员会/北京国际仲裁中心仲裁员、中国国际经济贸易仲裁委员会仲裁员。在大型公共建筑、工业生产线、能源与基础设施等工程建设领域拥有丰富经验，擅长在国内外大型能源与基础设施项目全过程风险管理、EPC 总承包、索赔与反索赔、工程保险与保函、争议解决等领域，为当事人提供“国际化品质、中国式服务”。连续入选《钱伯斯亚太法律指南》（Chambers and Partners）“项目与基础设施”和“建筑工程”律师名录，以及《法律名人录》（Who’s Who Legal）“建设工程”律师名录。

郑艳丽

君合律师事务所争议解决组合伙人。从 1997 年起在北京市第一中级人民法院工作，有九年的民商事审判工作经验；其后分别在美国众达律师事务所北京代表处工作七年，汉坤律师事务所工作两年，于 2015 年加入君合。代表中国和国际客户成功处理了众多中国境内外复杂的纠纷。现为中国国际经济贸易仲裁委员会仲裁员，中国人民大学兼职研究生导师，全美律师协会（ABA）中国法律委员会执行理事。专长于处理各种复杂的境内外民商事争议、公司合规、行政调查和诉讼，以及白领犯罪案件的辩护。同时，在帮助客户通过非诉讼纠纷解决机制解决法律纠纷方面有丰富的实践经验。处理的案件标的额大都在亿元以上。在担任法官期间获得三等功两次，并连续三年获得“北京市法院学术讨论先进个人”称号。在君合律师事务所工作期间获 ALB 2017 年度中国 15 佳诉讼律师和 2019 年 The Legal 500 亚太地区争议解决推荐律师。于中国政法大学获法学学士学位，于北京大学获民商法硕士、博士学位。其间，作为中国青年优秀法官代表赴英国就读于英国伦敦大学，获国际比较法硕士学位，成绩优等。

王树柠

君合律师事务所基础设施组律师，中国政法大学民商经济法学院和美国乔治·华盛顿大学法学院毕业，法学专业学士、商业与金融法硕士（LL.M.），已取得美国纽约州律师执业资格。于2016年11月加入君合北京办公室。业务领域包括基础设施和公用事业项目投融资、新能源、工程建设、外商投资等方面的法律服务。

《中国房地产争议解决年度观察（2019）》

赵 平

北京金诚同达（上海）律师事务所高级合伙人，拥有近30年从业经历，主要从事纠纷解决方面的法律服务，在金融投资、房地产、知识产权和国际贸易纠纷仲裁处理方面具有丰富经验。目前担任中国国际经济贸易仲裁委员会、北京仲裁委员会/北京国际仲裁中心、上海仲裁委员会、香港国际仲裁中心、亚洲仲裁中心、大韩商事仲裁院等机构仲裁员。

马志成

北京金诚同达律师事务所高级合伙人，执业20多年，长期从事房地产与金融领域的法律服务，参与了大量房地产投资、开发、并购与金融投资、资产管理等方面的争议解决，对房地产与金融领域商事案件的争议特性、交易逻辑、裁判价值导向都有一定的研究。

夏明亮

北京金诚同达（上海）律师事务所高级合伙人，在争议解决、房地产、金融证券、并购重组等领域积累了丰富的经验，多次担任房地产纠纷案件仲裁员和代理人处理相关案件，系南京仲裁委员会、青岛仲裁委员会、长沙仲裁委员会仲裁员。

陈 锐

北京金诚同达（上海）律师事务所合伙人，主要从事公司设立与合规、房地产与基础设施建设等领域的法律服务。目前担任上海市律师协会建设工程业务研究委员会委员。

《中国能源争议解决年度观察（2019）》

张伟华

跨境并购专家，具有丰富的海外投资并购经验。现任香港上市公司联合能源集团副总经理兼总法律顾问，曾任中国海洋石油总公司法律部项目管理处处长，负责管理中海油集团重大项目法律事务。参与过包括中国企业对外最大油气并购交易及诸多世界级的跨境并购交易。在跨境并购实务及理论研究方面均有深度涉及，被国务院国资委特聘为“海外并购法律专家”，2015 年入选 The Legal 500 亚太地区最佳公司律师称号，2017 年入选 The Legal 500 中国内地及香港地区最佳总法律顾问之一，2017 年入选汤姆森路透 ALB 中国最佳总法律顾问之一，国际石油谈判者协会（AIPN）董事会成员及标准合同起草委员会委员。北京外国语大学法学院客座教授，中国人民大学法治研究所研究员，并被多家研究机构聘为教授及研究员。著有专著《海外并购交易全程实务指南与案例评析》《并购大时代：资本的谋略与实战》《跨境并购的十堂必修课》《跨境并购的十堂进阶课》《国际油气跨境并购全程实务指南》。合著有英文著作 *Joint Operating Agreements*；*Challenges and Concerns from Civil Law Jurisdictions*；*Understanding Joint Operating Agreements*；*Local Content Study in International Petroleum Industry*，曾发表多篇中、英文理论及实务文章。

《中国投资争议解决年度观察（2019）》

鲍　治

北京市奋迅律师事务所合伙人，主要业务领域为投资、与投资有关的争议解决以及竞争法业务。加入奋迅之前，曾分别在中华人民共和国商务部和另外一家中国律师事务所工作多年。专攻与投资相关的法律业务。凭借其在政府监管及争议解决的一线经验，能将境外复杂交易架构转化为具有可执行性的境内结构。参与设计的交易结构多次获得不同地域的监管部门和争议解决机构的批准或支持。北京仲裁委员会 / 北京国际仲裁中心仲裁员。此外，还分别担任中国股权投资基金协会法律顾问和中泰信托有限责任公司独立董事。拥有安徽大学法学学士、华东政法大学民商法学硕士和美国加州大学伯克利分校法学院法学硕士学位，能熟练使用中英文从事律师工作。

李海峰

北京市奋迅律师事务所合伙人。已为逾百家国内外公司提供过顾问和争议代理服务，客户包括 LG、GE、中化集团、汇丰银行、施耐德、西门子、路易达孚、空气化工等众多中外知名企业。处理过的仲裁案件涉及全球主要的国际仲裁机构，如 ICC 国际仲裁院、香港国际仲裁中心、新加坡国际仲裁中心、中国贸仲、北仲等。诉讼经历也已涵盖各主要省份法院和最高法院。还曾应中国法院邀请担任专家证人。在加入奋迅之前，曾在中国化工农化总公司（CNAC）担任总法律顾问，在环球律师事务所担任律师，并在中国贸促会（贸仲的上级主管机关）、国际商会中国国家委员会（ICC CHINA）工作十余年，先后担任贸促会处长、ICC CHINA 副秘书长等职，与企业界、政府部门和国际机构建立了广泛而紧密的联系。

王泽坤

北京市奋迅律师事务所律师，主要执业领域包括结构融资、保险资金投资以及争议解决业务等，曾参与多种类型的证券化、债务融资、保险资金投资及相关投资争议项目。拥有南京大学法学学士及法学硕士学位，能使用中英文从事律师工作。

《中国国际贸易争议解决年度观察（2019）》

刘　炯

锦天城律师事务所高级合伙人。现任多家国内外仲裁机构的仲裁员和调解员，ICC China 争议解决委员会委员，英国特许仲裁协会资深会员（FCIArb）。曾代表诸多国内外客户处理过数百起诉讼与仲裁案件，在全国各级法院和仲裁机构以及多家境外仲裁机构均有优异的出庭表现，并取得了令人满意的结果。曾受中国法学会邀请，就外商投资企业的纠纷解决与清算等问题，与最高院法官联席授课。此外，也多次受邀赴香港、英国和欧盟进行法律培训。曾被国际知名法律评级机构钱伯斯（Chambers and Partners）评为仲裁领域受认可律师，也曾被评为“亚洲法律杂志（ALB）2017 年度中国十五佳诉讼律师”“ALB2016 年度中国十五佳律师新星”“全国涉外律师领军人才”“2007 年度上海市浦东新区十大杰出青年律师”。

汤旻利

锦天城律师事务所律师。专业领域为国际仲裁、国际贸易、海事海商。自执业以来，在各类国际、国内的诉讼及仲裁案件中为海内外客户提供法律服务，亦为海外客户出具中国法法律意见书、审阅合同。所处理的案件涉及国际商会（ICC）仲裁、伦敦海事仲裁员协会（LMAA）仲裁、香港国际仲裁中心（HKIAC）仲裁、中国国际经济贸易仲裁委员会（CIETAC）仲裁、中国海事仲裁委员会（CMAC）仲裁，以及英国高院、英国上诉法院及中国法院诉讼等。拥有丰富的海外留学背景，先后在美国及英国的法学院攻读硕士及博士学位，亦受邀参加英国大律师公会中国律师培训项目。曾为当地政府机构的法务部实习生、英国伦敦顶尖国际商事大律师事务所长期客座律师（2016 年 6 月—2018 年 3 月），与当地的事务所律师、出庭律师、法务及法学教授均保持着良好的业务合作关系。

《中国金融争议解决年度观察（2019）》

陶修明

君泽君律师事务所创始合伙人暨管委会主任，拥有近 30 年的从业经历，主要从事金融和资本市场方面的法律服务，在金融投资业务纠纷仲裁处理方面具有丰富经验。目前是中国国际经济贸易仲裁委员会仲裁员（兼专家咨询委员会委员），北京仲裁委员会 / 北京国际仲裁中心仲裁员，ICC 仲裁委员会委员（兼金融工作小组委员），香港国际仲裁中心仲裁员（及其金融争议仲裁员），深圳国际仲裁院仲裁员，上海国际经济贸易仲裁委员会仲裁员，我国台湾地区仲裁机构仲裁员，海峡两岸仲裁中心仲裁员，吉隆坡国际仲裁中心仲裁员以及广州、重庆、珠海等地仲裁机构仲裁员。

《中国知识产权争议解决年度观察（2019）》

胡　科

竞天公诚律师事务所合伙人。执业领域为商事和知识产权争议的诉讼和仲裁，以及数据保护。代表国内外客户处理了 100 多起重大、复杂的国内或涉外诉讼案件，主要涉及公司、股权、合资、金融、贸易、能源、知识产权以及不正当竞争等纠纷。在商事仲裁方面，代表客户处理过在 BAC、CIETAC、HKIAC、ICC、

SIAC、SCC、UNCITRAL规则下进行的仲裁案件，并且擅长外国仲裁裁决在中国的承认和执行。2018年、2019年被《法律名人录》评选为“国际仲裁未来领袖”，2019年被钱伯斯评选为争议解决领域的“潜质律师”，2018年被《亚洲领先律师》评选为争议解决领域的“明日之星”。北京大学法学学士、美国加州大学伯克利分校法学硕士，并具有中国和美国纽约州执业资格。是ICCA-清华大学中国仲裁联合工作组成员、SIAC仲裁咨议理事会理事、中国青年仲裁小组（CYAG）组委会委员以及IBA ARB40协调委员会委员。

赵　烨

竞天公诚律师事务所合伙人，并领导事务所的知识产权业务。中国知识产权诉讼与反垄断领域领先的诉讼律师之一。擅长各种类型的知识产权和反垄断纠纷解决，特别是对半导体、通信、计算机、消费电子领域的专利和反垄断纠纷以及互联网领域的知识产权和不正当竞争纠纷有着极为丰富的经验，并深受客户的信任。曾代理多起在中国知识产权司法和反垄断司法史上有重要影响的里程碑式案件，包括中国第一起涉标准必要专利的反垄断纠纷（华为诉IDC）、第一起涉无线通信的标准必要专利侵权诉讼（华为诉三星）、第一起涉互联网的反垄断纠纷（奇虎诉腾讯）、第一起涉及互联网大数据的不正当竞争诉讼（新浪微博诉脉脉）等。被强国知识产权论坛评为“2018年十佳专利律师”，被ALB评为“2018年度十五佳知识产权律师”。于北京大学取得法律硕士学位，并拥有通信专业学士学位。具有中国律师执业资格和专利代理人资格。

《中国影视争议解决年度观察（2019）》

张　峥

北京大成律师事务所高级合伙人，拥有20年以上的从业经历，主要从事公司法业务及文化产业相关业务，具有丰富经验。现任北京市律师协会副会长，中国仲裁法学研究会常务理事，北京市影视娱乐法学会副会长，中国国际经济贸易仲裁委员会、北京仲裁委员会/北京国际仲裁中心、上海仲裁委员会等多家仲裁机构仲裁员，中国人民大学、中国传媒大学、北京理工大学、首都经济贸易大学法学院兼职教授、硕士研究生导师，中国政法大学仲裁研究院研究员。

刘 鹏

北京大成律师事务所合伙人，吉林大学法学院法学学士、山东大学法学院民商法学硕士，2009 年 6 月起从事律师工作，主要办理公司法及民商事诉讼、仲裁业务，涉及公司商务运营及投资、文化教育产业、烟草行业以及资本市场运作等领域，并为十余家大型国有企业提供常年法律顾问服务。

刘玉枝

北京大成律师事务所律师，吉林大学法学院法律硕士，2017 年 10 月起从事律师工作，主要办理公司法及民商事诉讼、仲裁业务以及公司常年法律顾问业务。

《中国民用航空争议解决年度观察（2019）》

高 峰

国浩律师（北京）事务所合伙人，从事民航法律工作 24 年，目前是北京仲裁委员会 / 北京国际仲裁中心仲裁员，中国国际经济贸易仲裁委员会仲裁员，中国海事仲裁委员会仲裁员，上海国际经济贸易仲裁委员会仲裁员，上海仲裁委员会仲裁员，中国法学会航空法学研究会常务理事，中国政法大学航空法研究中心研究员，中国民航管理干部学院客座教授，中国民航大学客座教授。高峰律师的法律服务建立在对民航业的深刻了解和对航空法的专长之上，其拥有与民用航空业界的紧密联系，以与政府主管部门良好的合作关系为依托，以民用航空业务的专业法律为保障，在民航商业交易、政府事务、飞机租赁及航空争议解决等相关领域向境内外航空客户提供专业化服务。

金 喆

国浩律师（北京）事务所合伙人，英国伦敦玛丽女王大学、中国人民大学法学硕士，曾任航联保险经纪有限公司法务内控部负责人，有 15 年的民航从业经历，充分了解航空公司、通用航空、公务机、民航机场、航空维修企业、航空制造企业的业务运行和法律风险防范，擅长飞机租赁 / 买卖、航空重大事故处理、航空并购、航空公司代码共享、航空维修 / 改装等法律服务。

牟昱城

国浩律师（北京）事务所律师，中国政法大学国际经济法法学硕士。主要业务领域包括反垄断与反不正当竞争法、公司法、民航企事业单位合规、政府合规、境内外航空事故争议解决，多次全程参与航空公司及通航企业投资与收购、民航商事活动反垄断合规评估与申报、大型航空事故处理、民航立法前沿问题研究等项目。

中国商事仲裁年度观察（2019）

王雪华　刘净　邢媛[①]

一、概述

自《中华人民共和国仲裁法》（以下简称《仲裁法》）颁布实施以来，尤其是《最高人民法院关于适用〈中华人民共和国仲裁法〉若干问题的解释》（以下简称《仲裁法解释》）实施以来，中国的仲裁事业取得了不俗的成绩。2017年，全国253家仲裁委员会共处理案件239360件，比2016年增加30815件，增长率为15%；案件标的总额5338亿元，比2016年增加643亿元，增长率为14%。[②]2018年，全国255家仲裁委员会共处理案件54万件，比2017年增加30余万件，增长率为127%；案件标的总额近7000亿元，比2017年增加约1600亿元，增长率为30%。据司法部统计和调查，我国仲裁机构办案的质量不断提高，案件快速结案率、纠纷自愿和解调解率达到60%以上，仲裁裁决的自动履行率也达到50%以上，作出的裁决被人民法院裁定撤销和不予执行的比例始终没有超过1%[③]。总体来说，我国仲裁机构近年来受理案件总数，标的总额呈现猛增势头，和解调解率和裁决自动履行率都处于较高水平，被人民法院裁定撤销和不予执行案件的占比极低。2018

① 王雪华，法学博士，北京市环中律师事务所首席合伙人。刘净，北京市环中律师事务所资深合伙人。邢媛，北京市环中律师事务所合伙人。同时，作者感谢北京市环中律师事务所国际贸易部律师团队的其他成员，包括李海涛、陈晓锋、张甜、甘瑞芳、何蓓、蔡梦菲为本报告作出的卓有成效的贡献。

② 人民网："2017年中国仲裁机构受案量继续高速增长"，http://finance.people.com.cn/n1/2018/0917/c1004-30296798.html，访问时间：2019年4月3日。

③ 中华人民共和国司法部中国政府法制信息网："我国积极运用仲裁方式解决民商事纠纷"，http://www.moj.gov.cn/subject/content/2019-03/27/862_231601.html，访问时间：2019年4月3日。

年，《仲裁法》的修改被正式列入全国人大常委会立法规划，中国仲裁事业持续稳步发展，并向更加规范和完善的方向迈进。

总体来说，2018年，在法律法规、制度建设、实践探索和理论研究方面，我国的仲裁事业取得了稳步发展。

第一，仲裁相关的法律法规进一步完善，并在司法实践中得到广泛适用。2017年最高人民法院相继出台了一系列司法解释和司法文件，确立了仲裁司法审查案件的归口办理和报核制度，进一步规范了仲裁司法审查的程序，在一定程度上弥补了《仲裁法》及《仲裁法解释》的不足。2018年，最高人民法院在仲裁裁决的执行方面发布新司法解释，明确了不予执行仲裁裁决的审查标准，并创设了案外人申请不予执行仲裁裁决制度。这些规定在2018年得到了广泛的适用，并发挥了重要的指导和规范作用。

第二，在争议解决机制和制度建设方面存在多种创新与尝试。例如，我国对仲裁与国际商事法庭相结合的制度进行探索，通过"一站式"纠纷解决平台这一机制创新，旨在为中外当事人提供公正、高效、便利、快捷、低成本的纠纷解决服务；仲裁制度的建设从基本制度向细分部门法领域延伸，明确规定电子商务争议可以通过仲裁的方式解决，进一步推动在线仲裁的发展；国家知识产权局开展知识产权仲裁调解机构能力建设工作，对提升知识产权仲裁机构的综合能力、推动知识产权仲裁的发展有着重大的意义。

第三，在仲裁实践方面，最高人民法院和地方各级法院努力营造更加友好的司法环境，对待撤销和不予执行仲裁裁决的态度极为谨慎，仲裁的公信力稳步提升。另一方面，人民法院积极、妥善履行司法审查的职责，紧急叫停"先予仲裁"，及时引导仲裁规范运行；仲裁机构规则中的紧急仲裁员制度得到具体适用；中国首例涉比特币案件获得广泛关注……面对新问题和新类型案件，人民法院和仲裁机构在现行法律制度的框架内提出解决方案，促进我国仲裁向更加成熟、健康、规范的方向发展。

第四，中国仲裁的发展与世界紧密接轨，理论研究的深度与广度进一步提高。2018年，以"一带一路"建设为契机，适逢《承认及执行外国仲裁裁决公约》（以下简称《纽约公约》）实施60周年，中国仲裁界围绕着如何正确解释和适用《纽约公约》、最大限度地发挥《纽约公约》在"一带一路"建设中的作用展开了众多有益探讨；随着《仲裁法》的修改被正式提上日程，以《联合国国际贸易法委员会国际商事仲裁示范法》（以下简称《示范法》）等国外先进的立法实践为主题的各类研讨会议热烈进行，对《仲裁法》的修改方向和可借鉴的模式进行了深入讨论。

二、新出台的仲裁法律、法规、规范性文件

（一）2017年发布的仲裁新规于2018年的实施情况及相关配套规定

自2005年最高人民法院发布《仲裁法解释》以来，我国仲裁制度的发展在2017年迎来了最浓墨重彩的一笔。正如《中国商事仲裁年度观察（2018）》的记载[①]，最高人民法院自2017年5月以来相继颁布了《关于仲裁司法审查案件归口办理有关问题的通知》（法〔2017〕152号，以下简称《归口办理通知》）、《关于仲裁司法审查案件报核问题的有关规定》（法释〔2017〕21号，以下简称《报核规定》）以及《关于审理仲裁司法审查案件若干问题的规定》（法释〔2017〕22号，以下简称《司法审查规定》），对我国仲裁司法审查中的诸多问题进行了规范和完善。

在程序方面，《归口办理通知》规定仲裁司法审查案件统一由各级法院审理涉外商事案件的审判庭作为专门业务庭负责办理[②]；《报核规定》将原来适用于涉外涉港澳台司法审查案件的内请制度[③]升级为报核制度[④]，一方面使涉外与非涉外司法审查案件的程序在一定程度上并轨[⑤]，另一方面则将原作为内部管理手段的内请制度外部化，增加了司法审查案件的公开性、透明度和规范性。

在司法审查案件的具体操作上，《司法审查规定》进一步明确了仲裁司法审查案件的管辖权（第2-4条）、仲裁司法审查裁定的终局性（第20条）与可上诉情形（第7-10条）、涉外仲裁协议的准据法（第12-16条）以及仲裁司法审查的依据（第17-18条）等问题，在一定程度上统一了仲裁司法审查案件的裁判尺度。[⑥]

---

① 参见王雪华、邢媛、张志、胡宪："中国商事仲裁年度观察（2018）"，载北京仲裁委员会/北京国际仲裁中心编：《中国商事争议解决年度观察（2018）》，中国法制出版社2018年版（以下简称《中国商事仲裁年度观察（2018）》）。

② 《归口办理通知》第1条规定："各级人民法院审理涉外商事案件的审判庭（合议庭）作为专门业务庭（以下简称专门业务庭）负责办理本通知规定的仲裁司法审查案件。"

③ "内请制度"的含义见《中国商事仲裁年度观察（2018）》。

④ "报核制度"的含义见《中国商事仲裁年度观察（2018）》。

⑤ 涉外与非涉外案件司法审查案件的程序目前仍存在差别，详见《中国商事仲裁年度观察（2018）》。

⑥ 北京仲裁委员会网站："宋连斌：仲裁司法监督制度的新进展及其意义"，http://www.bjac.org.cn/news/view?id=3158，访问时间：2019年5月5日。

2018年，上述规定在司法实践中得到了具体适用，并发挥了重要的指导和规范作用。笔者在威科先行数据库检索发现，自2018年1月1日至12月31日，援引《报核规定》作为裁判依据的案件共有33件，其中高级人民法院10件，中级人民法院23件，被援引次数最多的条款为第2条（21件）①，其次是第3条（10件）②和第7条（3件）③；援引《司法审查规定》作为裁判依据的案件共有578件，其中高级人民法院9件，中级人民法院568件，基层人民法院1件，被援引次数最多的条款为第18条（353件）④，其次是第19条（65件）⑤和第20条（25件）⑥。

值得注意的是，在《司法审查规定》实施后，关于仲裁司法审查案件的管辖问题，部分地区已不再区分司法审查案件的类型以及是否包含涉外因素，全部由

---

① 《报核规定》第2条规定："各中级人民法院或者专门人民法院办理涉外涉港澳台仲裁司法审查案件，经审查拟认定仲裁协议无效，不予执行或者撤销我国内地仲裁机构的仲裁裁决，不予认可和执行香港特别行政区、澳门特别行政区、台湾地区仲裁裁决，不予承认和执行外国仲裁裁决，应当向本辖区所属高级人民法院报核；高级人民法院经审查拟同意的，应当向最高人民法院报核。待最高人民法院审核后，方可依最高人民法院的审核意见作出裁定。 各中级人民法院或者专门人民法院办理非涉外涉港澳台仲裁司法审查案件，经审查拟认定仲裁协议无效，不予执行或者撤销我国内地仲裁机构的仲裁裁决，应当向本辖区所属高级人民法院报核；待高级人民法院审核后，方可依高级人民法院的审核意见作出裁定。"

② 《报核规定》第3条规定："本规定第二条第二款规定的非涉外涉港澳台仲裁司法审查案件，高级人民法院经审查拟同意中级人民法院或者专门人民法院认定仲裁协议无效，不予执行或者撤销我国内地仲裁机构的仲裁裁决，在下列情形下，应当向最高人民法院报核，待最高人民法院审核后，方可依最高人民法院的审核意见作出裁定：（一）仲裁司法审查案件当事人住所地跨省级行政区域；（二）以违背社会公共利益为由不予执行或者撤销我国内地仲裁机构的仲裁裁决。"在可查到的案例当中，该条通常和《报核规定》的第2条同时适用。

③ 《报核规定》第7条规定："在民事诉讼案件中，对于人民法院因涉及仲裁协议效力而作出的不予受理、驳回起诉、管辖权异议的裁定，当事人不服提起上诉，第二审人民法院经审查拟认定仲裁协议不成立、无效、失效、内容不明确无法执行的，须按照本规定第二条的规定逐级报核，待上级人民法院审核后，方可依上级人民法院的审核意见作出裁定。"

④ 《司法审查规定》第18条规定："《中华人民共和国仲裁法》第五十八条第一款第六项和《中华人民共和国民事诉讼法》第二百三十七条第二款第六项规定的仲裁员在仲裁该案时有索贿受贿，徇私舞弊，枉法裁决行为，是指已经由生效刑事法律文书或者纪律处分决定所确认的行为。"

⑤ 《司法审查规定》第19条规定："人民法院受理仲裁司法审查案件后，作出裁定前，申请人请求撤回申请的，裁定准许。"

⑥ 《司法审查规定》第20条规定："人民法院在仲裁司法审查案件中作出的裁定，除不予受理、驳回申请、管辖权异议的裁定外，一经送达即发生法律效力。当事人申请复议、提出上诉或者申请再审的，人民法院不予受理，但法律和司法解释另有规定的除外。"

专门法院集中管辖。以北京为例，根据2018年2月5日北京市高级人民法院发布的《关于北京市第四中级人民法院案件管辖的规定（2018年修订）》，应由北京市人民法院管辖的申请确认仲裁协议效力案件、申请撤销仲裁裁决案件、申请承认与执行外国仲裁裁决审查案件、申请认可与执行香港特别行政区、澳门特别行政区、台湾地区仲裁裁决审查案件均由北京市第四中级人民法院管辖。[①]最高人民法院于2018年8月7日发布的《关于上海金融法院案件管辖的规定》对上海市辖区内金融民商事纠纷仲裁司法审查案件的管辖进行了重大调整。根据该规定，上海市辖区内金融民商事纠纷的仲裁司法审查案件将转由上海金融法院管辖，而不再由上海市第一中级人民法院和上海市第二中级人民法院管辖。[②]

（二）2018年发布的仲裁新规及其实施情况

1.《最高人民法院关于人民法院办理仲裁裁决执行案件若干问题的规定》

2018年2月23日，最高人民法院发布了《关于人民法院办理仲裁裁决执行案件若干问题的规定》（以下简称《仲裁裁决执行规定》）。执行规定共24个条文，主要涉及仲裁裁决执行案件的管辖、裁决执行内容不明确具体的认定标准及处理方法、申请不予执行的主体范围、不予执行仲裁裁决案件的审查标准、撤销仲裁裁决与不予执行仲裁裁决司法审查的程序衔接五个方面的内容。

《仲裁裁决执行规定》在2018年也得到了广泛适用。笔者在威科先行数据库检索发现，截至2018年12月31日，援引《仲裁裁决执行规定》作为裁判依据的

---

① 《关于北京市第四中级人民法院案件管辖的规定（2018年修订）》第1条规定："北京市第四中级人民法院（北京铁路运输中级法院）管辖下列案件：（一）北京市人民检察院第四分院提起公诉的案件；（二）应由本市人民法院管辖的标的额在2亿元以下的第一审涉外、涉香港特别行政区、涉澳门特别行政区、涉台湾地区商事案件；（三）应由本市人民法院管辖的申请确认仲裁协议效力案件、申请撤销仲裁裁决案件（不含申请撤销劳动争议仲裁裁决案件）；（四）应由本市人民法院管辖的申请承认与执行外国仲裁裁决审查案件，申请认可与执行香港特别行政区、澳门特别行政区、台湾地区仲裁裁决审查案件；应由本市人民法院管辖的申请承认与执行外国法院裁判审查案件，申请认可与执行香港特别行政区、澳门特别行政区、台湾地区法院裁判审查案件。"

② 《关于上海金融法院案件管辖的规定》第1条规定："上海金融法院管辖上海市辖区内应由中级人民法院受理的下列第一审金融民商事案件：（一）证券、期货交易、信托、保险、票据、信用证、金融借款合同、银行卡、融资租赁合同、委托理财合同、典当等纠纷；（二）独立保函、保理、私募基金、非银行支付机构网络支付、网络借贷、互联网股权众筹等新型金融民商事纠纷；（三）以金融机构为债务人的破产纠纷；（四）金融民商事纠纷的仲裁司法审查案件；（五）申请承认和执行外国法院金融民商事纠纷的判决、裁定案件。"

案件共有2124件，被援引次数最多的条款为第3条（610件）[①]，其次为第9条（563件）[②]和第22条（562件）[③]。

《仲裁裁决执行规定》明确了诸多仲裁实践中存在的、但《仲裁法》《仲裁法解释》《司法审查规定》未予规定的内容。其中有两个部分最受关注：第一，明确了不予执行事由的具体认定标准，即明确了无权仲裁、违反法定程序、伪造证据及隐瞒证据的认定标准，统一了法院审查的标准和尺度。并且，司法实践表明，该等认定标准在申请撤销仲裁裁决的案件中亦可参照适用[④]；第二，对于近年来屡有出现的、颇受业内关注和讨论的虚假仲裁问题，《仲裁裁决执行规定》第9条、第18条参照第三人撤销之诉制度创设了案外人申请不予执行仲裁裁决的制度。

其中，案外人申请不予执行仲裁裁决的制度的设立，对于打击虚假仲裁、保护利害关系人权益有着重要的作用。但正如《中国商事仲裁年度观察（2018）》中所述，规定对申请主体未作限制，申请不予执行条件过于缺乏可操作性，反而使

---

① 《仲裁裁决执行规定》第3条规定："仲裁裁决或者仲裁调解书执行内容具有下列情形之一导致无法执行的，人民法院可以裁定驳回执行申请；导致部分无法执行的，可以裁定驳回该部分的执行申请；导致部分无法执行且该部分与其他部分不可分的，可以裁定驳回执行申请。（一）权利义务主体不明确；（二）金钱给付具体数额不明确或者计算方法不明确导致无法计算出具体数额；（三）交付的特定物不明确或者无法确定；（四）行为履行的标准、对象、范围不明确；仲裁裁决或者仲裁调解书仅确定继续履行合同，但对继续履行的权利义务，以及履行的方式、期限等具体内容不明确，导致无法执行的，依照前款规定处理。"

② 《仲裁裁决执行规定》第9条规定："案外人向人民法院申请不予执行仲裁裁决或者仲裁调解书的，应当提交申请书以及证明其请求成立的证据材料，并符合下列条件：（一）有证据证明仲裁案件当事人恶意申请仲裁或者虚假仲裁，损害其合法权益；（二）案外人主张的合法权益所涉及的执行标的尚未执行终结；（三）自知道或者应当知道人民法院对该标的采取执行措施之日起三十日内提出。"

③ 《仲裁裁决执行规定》第22条规定："人民法院裁定不予执行仲裁裁决、驳回或者不予受理不予执行仲裁裁决申请后，当事人对该裁定提出执行异议或者申请复议的，人民法院不予受理。人民法院裁定不予执行仲裁裁决的，当事人可以根据双方达成的书面仲裁协议重新申请仲裁，也可以向人民法院起诉。人民法院基于案外人申请裁定不予执行仲裁裁决或者仲裁调解书，当事人不服的，可以自裁定送达之日起十日内向上一级人民法院申请复议；人民法院裁定驳回或者不予受理案外人提出的不予执行仲裁裁决、仲裁调解书申请，案外人不服的，可以自裁定送达之日起十日内向上一级人民法院申请复议。"

④ 例如，在（2018）京04民特534号案中，北京市第四中级人民法院认为："虽然本案系撤销仲裁裁决审查程序而并非不予执行仲裁裁决审查程序，但《中华人民共和国民事诉讼法》第二百三十七条第二款关于不予执行国内仲裁裁决的规定与仲裁法第五十八条关于撤销国内仲裁裁决的规定基本一致，故最高人民法院前述司法解释亦可以在撤销国内仲裁裁决案件中参照适用。"在（2018）粤01民特103号案中，广东省广州市中级人民法院亦持同样观点。

法院拥有更大的裁量空间，可能导致裁判结果不甚统一。另一方面，案外人申请不予执行仲裁裁决制度的出现，可能会导致一些不适格的“案外人”滥用权力阻碍执行，从而降低执行效率，浪费司法资源。[①] 因此，《仲裁裁决执行规定》的运行效果仍然有待实践的进一步检验。

2. 最高人民法院国际商事法庭有关仲裁问题的最新规定

继 2018 年 1 月 23 日中央全面深化改革领导小组第二次会议审议通过了《关于建立“一带一路”争端解决机制和机构的意见》[②]，提出最高人民法院将设立国际商事法庭，以推动建立诉讼与调解、仲裁有效衔接的多元化纠纷解决机制后，2018 年 6 月 25 日，最高人民法院审判委员会通过《最高人民法院关于设立国际商事法庭若干问题的规定》（法释〔2018〕11 号，以下简称《设立国际商事法庭规定》）[③]，首次规定了国际商事法庭各项具体制度。

从该规定来看，国际商事法庭充分吸收了境外各国际商事法庭的经验，紧紧围绕国际商事交往的需求，体现多项创新。[④] 其中，与仲裁相关的创新是“一站式”纠纷解决平台的机制的建立。

该规定第 11 条[⑤] 规定，最高人民法院将选定符合调解条件的国际商事调解机构、国际商事仲裁机构与国际商事法庭共同构建调解、仲裁、诉讼有机衔接的纠纷解决平台，并支持当事人选择其认为适宜的方式解决国际商事纠纷；第 14 条[⑥] 规定，当事人选择本规定第 11 条第 1 款规定的国际商事仲裁机构仲裁的，可以在

① 参见《中国商事仲裁年度观察（2018）》。

② 最高人民法院网站：中共中央办公厅、国务院办公厅印发《关于建立“一带一路”国际商事争端解决机制和机构的意见》，http://cicc.court.gov.cn/html/1/218/149/192/602.html，访问时间：2019 年 1 月 23 日。

③ 最高人民法院网站：“最高人民法院关于设立国际商事法庭若干问题的规定”，http://cicc.court.gov.cn/html/1/218/149/192/810.html，访问时间：2019 年 1 月 23 日。

④ 最高人民法院网站：“张勇健：国际商事争端解决机制的实践与完善”，http://cicc.court.gov.cn/html/1/218/62/164/1074.html，访问时间：2019 年 1 月 23 日。

⑤《设立国际商事法庭规定》第 11 条规定：“最高人民法院组建国际商事专家委员会，并选定符合条件的国际商事调解机构、国际商事仲裁机构与国际商事法庭共同构建调解、仲裁、诉讼有机衔接的纠纷解决平台，形成‘一站式’国际商事纠纷解决机制。国际商事法庭支持当事人通过调解、仲裁、诉讼有机衔接的纠纷解决平台，选择其认为适宜的方式解决国际商事纠纷。”

⑥《设立国际商事法庭规定》第 14 条规定：“当事人协议选择本规定第十一条第一款规定的国际商事仲裁机构仲裁的，可以在申请仲裁前或者仲裁程序开始后，向国际商事法庭申请证据、财产或者行为保全。当事人向国际商事法庭申请撤销或者执行本规定第十一条第一款规定的国际商事仲裁机构作出的仲裁裁决的，国际商事法庭依照民事诉讼法等相关法律规定进行审查。”

仲裁前或者仲裁程序开始后，向国际商事法庭申请证据、财产或者行为保全。当事人向国际商事法庭申请撤销或执行该等国际商事仲裁机构作出的仲裁裁决的，国际商事法庭依照《民事诉讼法》等相关法律规定进行审查。

该规定颁布后，2018 年 6 月 29 日，最高人民法院第一国际商事法庭、第二国际商事法庭分别在深圳市和西安市揭牌。[①]2018 年 7 月 3 日，最高人民法院任命8名法官为国际商事法庭法官。[②]2018年12月7日，最高人民法院根据工作需要，又任命了第二批七名国际商事法庭法官。[③]2018 年 8 月 24 日，最高人民法院发布《最高人民法院关于聘任国际商事专家委员会首批专家委员的决定》（法〔2018〕225 号，以下简称,《决定》）[④]，该《决定》聘任 32 位中外专家为国际商事专家委员会首批专家委员。

12 月 5 日，最高人民法院发布并正式施行《最高人民法院办公厅关于确定首批纳入“一站式”国际商事纠纷多元化解决机制的国际商事仲裁及调解机构的通知》（以下简称《确定仲裁和调解机构的通知》）、《最高人民法院国际商事法庭程序规则（试行）》（以下简称《程序规则》）、《最高人民法院国际商事专家委员会工作规则（试行）》三项规范性文件。[⑤] 目前，最高人民法院国际商事法庭已经正式受理一批国际商事纠纷案件。[⑥]

值得注意的是，《确定仲裁和调解机构的通知》中明确，将中国国际经济贸易仲裁委员会（以下简称贸仲）、上海国际经济贸易仲裁委员会、深圳国际仲裁院（以下简称深国仲）、北京仲裁委员会（即北京仲裁委员会 / 北京国际仲裁中心，英文简称 BAC/BIAC, 以下简称北仲）、中国海事仲裁委员会以及中国国际贸易促进委员会调解中心、上海经贸商事调解中心，作为首批纳入“一站式”国际商事纠纷多

---

① 最高人民法院网站：“最高人民法院第一国际商事法庭、第二国际商事法庭分别在深圳和西安揭牌”，http://cicc.court.gov.cn/html/1/218/149/156/813.html，访问时间：2019 年 1 月 23 日。

② 最高人民法院网站：“最高人民法院任命国际商事法庭法官”，http://cicc.court.gov.cn/html/1/218/149/192/820.html，访问时间：2019 年 1 月 23 日。

③ 最高人民法院网站：“最高人民法院任命第二批国际商事法庭法官”，http://cicc.court.gov.cn/html/1/218/149/192/1130.html，访问时间：2019 年 1 月 23 日。

④ 最高人民法院网站：“最高人民法院关于聘任国际商事专家委员会首批专家委员的决定”，http://cicc.court.gov.cn/html/1/218/149/192/949.html，访问时间：2019 年 1 月 23 日。

⑤ 最高人民法院网站：“最高人民法院发布“一带一路”国际商事争端解决机制配套文件”，http://cicc.court.gov.cn/html/1/218/149/156/1128.html，访问时间：2019 年 1 月 23 日。

⑥ 最高人民法院网站：“最高法院国际商事法庭已受理一批国际商事纠纷案件”，http://cicc.court.gov.cn/html/1/218/149/192/1150.html，访问时间：2019 年 1 月 23 日。

元化解决机制的仲裁和调解机构。同时，该通知明确，对纳入机制的仲裁机构所受理的国际商事纠纷案件，当事人可以依据《设立国际商事法庭规定》以及《程序规则》的规定，在申请仲裁前或者仲裁程序开始后，向国际商事法庭申请证据、财产或者行为保全；在仲裁裁决作出后，可以向国际商事法庭申请撤销或者执行仲裁裁决。

根据《程序规则》第 34 条和第 35 条的规定，可向国际商事法庭申请保全、撤销及执行的案件为“标的额人民币三亿元以上或其他有重大影响的国际商事案件”。

解决国际商事纠纷的有效制度，是国际贸易和商业顺利运行的关键，也是“一带一路”建设顺利推进必不可少的要素。因此，中国建立国际商事法庭的时机是恰当的、有利的。“一站式”纠纷解决平台这一机制创新，将为中外当事人提供公正、高效、便利、快捷、低成本的纠纷解决服务。

3.《最高人民法院关于仲裁机构“先予仲裁”裁决或者调解书立案、执行等法律适用问题的批复》

2018 年 5 月 28 日，最高人民法院出台了《最高人民法院关于仲裁机构“先予仲裁”裁决或者调解书立案、执行等法律适用问题的批复》（法释〔2018〕10 号）（以下简称《批复》），并于 2018 年 6 月 12 日起施行。[①]《批复》旨在解决有关“先予仲裁”立案、执行等法律适用问题。

先予仲裁，是近年出现的一种仲裁形式，是指当事人双方在签订或履行合同的同时，即请求仲裁机构依其现有协议先行作出具有约束力和执行力的裁决书或调解书的一种仲裁形式。[②]

在《批复》出台前，针对仲裁机构“先予仲裁”裁决或调解书的执行问题，各地法院做法不一。部分“先予仲裁”裁决被法院执行，但也有地方法院以申请执行的债权金额及其计算方式不明确[③]、仲裁庭的组成或者仲裁程序违反法定程序[④]、

① 最高人民法院网站：《最高人民法院关于仲裁机构“先予仲裁”裁决或者调解书立案、执行等法律适用问题的批复》，http://www.court.gov.cn/zixun-xiangqing-101262.html，访问时间：2019 年 1 月 23 日。

② 湛江仲裁委员会、湛江国际仲裁院网站：“执行同步调解确认仲裁的法律依据及最新规定”，http://www.zjac.org/page/7/240.htm，访问时间：2019 年 1 月 23 日。

③ 厦门市司法局网站：“厦门市中级法院反映‘先予仲裁’模式严重影响执行质效”，http://www.xmpf.gov.cn/fzdt/llyj/201805/t20180524_1881032.htm，访问时间：2019 年 1 月 23 日。

④ 中国裁判文书网：《北京恒元信业信息技术有限公司与崔元振借款合同纠纷执行裁定书》（2017）晋 03 执 86 号，http://wenshu.court.gov.cn/content/content?DocID=fa10a576-4810-4a2e-afb8-a83b01054f21，访问时间：2019 年 1 月 23 日。

违反公共利益[①]、违反《民事诉讼法》规定[②]等理由裁定不予执行。

《仲裁法》第2条规定，仲裁机构可以仲裁的是当事人之间已经发生的合同纠纷和其他财产权益纠纷。据此，《批复》认为，当事人申请执行仲裁机构在纠纷发生前作出的仲裁裁决或者调解书的，人民法院应当裁定不予受理；已经受理的，裁定驳回执行申请。

同时，由于在“先予仲裁”中，仲裁机构直接根据当事人在纠纷发生前签订的和解或调解协议作出仲裁裁决或仲裁调解书而未依照仲裁法规定的程序审理纠纷或主持调解，当事人申请仲裁员回避、提供证据、答辩等基本程序权利均未得到保障，《批复》认为，“先予仲裁”属于《民事诉讼法》第237条第2款第3项规定的“仲裁庭的组成或者仲裁的程序违反法定程序”的情形，人民法院不予支持。

综上，《批复》不仅明确否定了“先予仲裁”，并且认定了“先予仲裁”违反法定程序的两种情形。该批复的实施，对引导仲裁规范运行及仲裁事业的健康发展，统一仲裁司法审查的尺度，促进有关执行案件的解决将发挥重要作用。[③]

4. 其他涉及仲裁的新法律法规和规范性文件

（1）《中华人民共和国电子商务法》

2018年8月31日，第十三届全国人民代表大会常务委员会第五次会议通过了全国人民代表大会常务委员会《中华人民共和国电子商务法》（以下简称《电子商务法》），自2019年1月1日起施行。[④]这是我国在电子商务领域的首部综合性法律，同时，该法也为我国现行的仲裁制度带来了新的机遇和挑战。

该法中有两点值得注意。第一，明确了电子商务争议可以通过仲裁方式解决。[⑤]第二，根据该法，电子商务平台经营者可以建立争议在线解决机制，解决当事人

① 中国裁判文书网：《北京恒元信业信息技术有限公司、陈阳达民间借贷纠纷执行实施类执行裁定书》（2017）闽05执2318号之一，http://wenshu.court.gov.cn/content/content?DocID=6836488a-9c3b-4820-8d95-a85c0095b46d.，访问时间：2019年1月23日。

② 中国裁判文书网：《汇中利通投资管理（北京）有限公司、苏伟忠借款合同纠纷执行实施类执行裁定书》（2018）桂09执115号，http://wenshu.court.gov.cn/content/content?DocID=558ce851-5d20-4f87-86e4-a8ed0031b780，访问时间：2019年1月23日。

③ 最高人民法院网站：“明确‘先予仲裁’是与非，统一仲裁司法审查尺度”，http://www.court.gov.cn/zixun-xiangqing-101282.html，访问时间；2019年1月23日。

④ 全国人大网：《中华人民共和国电子商务法》，http://www.npc.gov.cn/npc/xinwen/2018-08/31/content_2060172.htm，访问时间：2019年1月22日。

⑤《电子商务法》第60条规定：“电子商务争议可以通过协商和解，请求消费者组织、行业协会或者其他依法成立的调解组织调解，向有关部门投诉，提请仲裁，或者提起诉讼等方式解决。”

的争议。这一在线解决机制，是否包括在线仲裁，如果包括，在线仲裁应如何进行，有待于在实践中进一步明确。①

（2）《关于内地与香港特别行政区法院相互认可和执行民商事案件判决的安排》

2019 年 1 月 18 日，最高人民法院、香港特别行政区律政司发布了《关于内地与香港特别行政区法院相互认可和执行民商事案件判决的安排》（以下简称《互认安排》），这是自香港回归以来，内地与香港商签的第六项司法协助安排，也是覆盖面最广、意义最为重大的一项安排。该安排的签署，标志着两地民商事领域司法协助已基本全面覆盖。②

《互认安排》第 3 条规定了不适用该安排的案件类型，其中包括确认仲裁协议效力、撤销仲裁裁决案件以及认可和执行其他国家和地区判决、仲裁裁决的案件。《互认安排》第 4 条规定："本安排所称'判决'，在内地包括判决、裁定、调解书、支付令，不包括保全裁定；在香港特别行政区包括判决、命令、判令、讼费评定证明书，不包括禁诉令、临时济助命令。"该等规定意味着与仲裁相关的法院裁定（包括确认仲裁效力的裁定、仲裁前和仲裁中的保全裁定、撤销仲裁裁决的裁定）中除不予执行仲裁裁决的裁定外，均被明确排除在《互认安排》的适用范围之外。而两地关于承认和执行仲裁裁决的程序应按照《最高人民法院关于内地与香港特别行政区相互执行仲裁裁决的安排》进行，因此，不予执行仲裁裁决的裁定亦不能够根据《互认安排》在两地得到相互认可和执行，受理不予执行申请的法院应当根据《最高人民法院关于内地与香港特别行政区相互执行仲裁裁决的安排》第 7 条的规定进行审查。

《互认安排》第 12 条规定："申请认可和执行的判决，被申请人提供证据证明有下列情形之一的，被请求方法院审查核实后，应当不予认可和执行：……（六）被请求方已经就同一争议作出仲裁裁决，或者已经认可其他国家和地区就同一争议作出的仲裁裁决的。"该条确认了仲裁裁决的既判力，在一方已经作出判决，另一方已经作出仲裁裁决的情况下，作出裁决的一方可以不予执行另一方作出的判决。《互认安排》第 13 条规定："申请认可和执行的判决，被申请人提供证据证明在原审法院进行的诉讼违反了当事人就同一争议订立的有效仲裁协议或者管辖协

---

① 《电子商务法》第 63 条规定："电子商务平台经营者可以建立争议在线解决机制，制定并公示争议解决规则，根据自愿原则，公平、公正地解决当事人的争议。"

② 新京报："内地与香港签署文件：相互认可和执行民商事案件判决安排"，https://baijiahao.baidu.com/s?id=1622970645152955951&wfr=spider&for=pc，访问时间：2019 年 1 月 28 日。

议的，被请求方法院审查核实后，可以不予认可和执行。”该条确认了仲裁协议对法院的约束力，如果一方法院作出的判决违反有效仲裁协议或者管辖协议时，另一方可拒绝承认和执行该判决。但这一条款的存在有可能增加被申请人滥用该条款申请不予执行的可能性。

（3）《最高人民法院、最高人民检察院关于办理虚假诉讼刑事案件适用法律若干问题的解释》

为依法惩治虚假诉讼犯罪活动，维护司法秩序，保护公民、法人和其他组织合法权益，最高人民法院、最高人民检察院于 2018 年 9 月 26 日发布《关于办理虚假诉讼刑事案件适用法律若干问题的解释》，自 2018 年 10 月 1 日起正式实施。根据该司法解释第 1 条第 3 款的规定，向人民法院申请执行基于捏造的事实作出的仲裁裁决、公证债权文书，或者在民事执行过程中以捏造的事实对执行标的提出异议、申请参与执行财产分配的，属于《刑法》第 307 条之一第 1 款规定的“以捏造的事实提起民事诉讼”，构成刑事犯罪，严重的可能被处以高达七年的有期徒刑并处罚金。该司法解释将申请执行基于捏造的事实作出的仲裁裁决的行为明确为虚假诉讼行为，有利于规范民事执行程序、解决实践中存在的执行难问题，也有利于减少恶意仲裁案件的发生，维护仲裁制度的公信力。

（4）《最高人民法院关于审查知识产权纠纷行为保全案件适用法律若干问题的规定》

2018 年 11 月 26 日，最高人民法院出台了《最高人民法院关于审查知识产权纠纷行为保全案件适用法律若干问题的规定》（法释〔2018〕21 号，以下简称《行为保全规定》），自 2019 年 1 月 1 日起施行。该规定对知识产权纠纷仲裁前、仲裁中以及仲裁裁决生效前的行为保全问题进行了明确的规定。

（5）《关于开展知识产权仲裁调解机构能力建设工作的通知》

2018 年 3 月 15 日，国家知识产权局办公室出台了《关于开展知识产权仲裁调解机构能力建设工作的通知》（国知办发协字〔2018〕7 号，以下简称《通知》）。《通知》提出，国家知识产权局将开展知识产权仲裁调解机构能力建设工作，每年遴选 20–30 家知识产权仲裁调解机构作为能力建设工作单位，争取经过 3–5 年时间，推动 100 家左右知识产权仲裁调解机构切实提升综合能力。[①] 这一举措

① 国家知识产权局网站：《关于开展知识产权仲裁调解机构能力建设工作的通知》，https://www.baidu.com/link?url=mupSShDK1Q_qEQipIwxPhyhBvDFl53TpQrFgCxF-A1JF11jLBSbdnOrDbM9Rs_ihmBiZjpWHNCqtnUB5diosKa&wd=&eqid=b07de7d200035d05000000065c4837ec, 访问时间：2019 年 1 月 23 日。

有利于当下国家知识产权局的知识产权仲裁调解机构能力建设工作，有利于引导仲裁机构增强知识产权纠纷解决能力，培育形成一批专业化高水平的仲裁机构，促进我国知识产权仲裁的发展。

三、典型案例

【案例 1】

当事人没有约定仲裁条款适用法律的，应优先适用仲裁机构所在地或仲裁地法律确认仲裁条款的效力。

【基本案情】

中轻三联国际贸易有限公司（以下简称中轻三联）与天津麦哲思国际贸易有限公司（以下简称天津麦哲思）签订《代理出口协议书》，天津麦哲思委托中轻三联代理出口前者自接订单。

2015 年 3 月，中轻三联与塔塔国际金属（亚洲）有限公司（以下简称塔塔公司）签订了涉案《销售合同》。其中，《销售合同》第 17 条约定，“凡因执行本合约或与本合约有关的发生的一切争议应由合约双方友好协商解决。如果不能协商解决，应提交新加坡国际贸易仲裁委员会按照美国的仲裁规则进行仲裁，仲裁裁决的是终决的，对双方都有约束力”。

2016 年 8 月，塔塔公司依据上述仲裁条款向新加坡国际仲裁中心提起仲裁。2017 年 5 月 5 日，中轻三联向北京市第四中级人民法院（以下简称北京四中院）提起申请，请求确认上述仲裁条款无效。

2018 年 12 月 14 日，北京四中院审理认为根据查明的新加坡法律的规定上述仲裁条款有效，遂驳回中轻三联的申请。

【争议焦点】

本案争议焦点之一是准据法的选择问题，适用新加坡法还是中国法确认涉案仲裁条款的效力。

中轻三联认为应当适用中国法确认涉案仲裁条款的效力。涉案仲裁条款既未约定适用法律，也未约定仲裁地，约定的仲裁机构也因名称错误而无法确定。中轻三联据此认为，根据《最高人民法院关于适用〈中华人民共和国涉外民事关系法律适用法〉若干问题的解释（一）》（以下简称《涉外民事关系适用法司法解释

（一）》）第 14 条[①] 的规定，本案应当适用中国法确认涉案仲裁条款的效力。

塔塔公司则认为应当适用新加坡法确认涉案仲裁条款的效力。

首先，本案仲裁机构所在地为新加坡。仲裁条款中约定的仲裁机构为“新加坡国际贸易仲裁委员会”，中轻三联在答辩中主张其错误但合理地认为存在一家类似于“中国国际经济贸易仲裁委员会”或是隶属于“中国国际经济贸易仲裁委员会”的名称为“新加坡国际经济贸易仲裁委员会”的仲裁机构。显然，双方对于约定的仲裁机构具有明确的国籍和地理概念区分，即这是一家新加坡的仲裁机构。由此可知，双方已经约定本案仲裁机构所在地为新加坡。

其次，本案仲裁地为新加坡。鉴于双方已经约定仲裁机构所在地为新加坡，而未约定仲裁应当在新加坡以外的国家或地区进行，应当认定本案仲裁地为新加坡。

最后，根据《中华人民共和国涉外民事关系法律适用法》（以下简称《涉外民事关系法律适用法》）第 18 条[②] 以及《涉外民事关系适用法司法解释（一）》第 14 条的规定，在当事人没有约定仲裁条款适用法律的情形下，人民法院能够确定仲裁机构所在地或仲裁地的，应当适用仲裁机构所在地或仲裁地的法律判断仲裁条款的效力。

【裁判观点】

北京四中院审理认为，本案当事人没有约定仲裁条款的适用法律，故应优先适用仲裁机构所在地法律或者仲裁地法律。

虽然在表述上“新加坡国际贸易仲裁委员会”并非新加坡任何一家仲裁机构的明确、具体名称，但根据仲裁条款的内容可以认定当事人具有明确选择仲裁的意思表示，并且可以推定当事人认可在新加坡法律框架内进行仲裁。北京四中院据此认为仲裁地应当认定为新加坡，应当适用新加坡法判断涉案仲裁条款的效力。

北京四中院进一步认定，根据查明的新加坡法律的规定，涉案仲裁条款有效。

【纠纷观察】

尽量使仲裁条款有效的原则，是指在当事人未对仲裁条款适用法律作出约定的情形下，法院应当适用能使仲裁条款有效的法律作为仲裁条款的适用法律。在此原则下，法院将基于当事人最初选择仲裁的意愿、诚信原则以及提交仲裁的合

---

① 《涉外民事关系适用法司法解释（一）》第 14 条规定：“当事人没有选择涉外仲裁协议适用的法律，也没有约定仲裁机构或者仲裁地，或者约定不明的，人民法院可以适用中华人民共和国法律认定该仲裁协议的效力。”

② 《涉外民事关系法律适用法》第 18 条规定：“当事人可以协议选择仲裁协议适用的法律。当事人没有选择的，适用仲裁机构所在地法律或者仲裁地法律。”

理预期等因素将仲裁条款解释为具有完全的法律效力。

本案中，双方当事人未对涉案仲裁条款的适用法律及仲裁地作出约定，约定的仲裁机构亦不明确。在此情形下，涉案仲裁条款既存在适用中国法的可能，也存在适用新加坡法的可能。如果适用中国法，根据《仲裁法》第18条[①]的规定，涉案仲裁条款存在被认定为无效的可能。相反，根据新加坡法，仲裁机构并非仲裁条款的必备要素，只要具备明确的仲裁意思，仲裁条款即为有效。北京四中院基于当事人将仲裁机构约定为“新加坡国际贸易仲裁委员会”的客观情况，认定当事人具有明确选择仲裁的意思以及在新加坡法律框架内进行仲裁的预期，并最终将新加坡认定为仲裁案件的仲裁地。进而，北京四中院以仲裁地为连结因素根据中国的冲突法认定涉案仲裁条款应当适用新加坡法律，并进一步根据已查明的新加坡法律的规定认定涉案仲裁条款有效。

尽量使仲裁条款有效的原则，不仅有利于尊重当事人选择仲裁作为争议解决方式的本意，也有利于支持和促进仲裁的发展，已经成为当前国际商事仲裁实践中有关仲裁条款法律适用发展的新趋势。北京四中院的这一认定，既体现了我国法院在仲裁司法审查中支持和鼓励仲裁的司法理念，同时又与当前国际商事仲裁发展的新趋势相契合，有利于为国际商事仲裁发展营造良好的法治环境。

【案例2】

仲裁国法院撤裁程序终结前，执行国法院并不当然中止承认和执行涉案仲裁裁决的审查。

【基本案情】

2007年9月11日，香港泉水有限公司（以下简称香港泉水公司）与宏柏家电（深圳）有限公司（以下简称宏柏深圳公司）签订了《制造与供应协议》。其中，《制造与供应协议》第21.10条约定：“……若各方对各方在本协议项下的权利和责任或义务产生分歧，各方应首先非正式地协商解决该争议。如必要和合适，当事方应将争议提交仲裁。仲裁程序可由任何一方在向对方发送书面通知之后开始，其后程序将根据美国仲裁协会的仲裁规则和程序进行……”

2014年11月11日，香港泉水公司根据上述仲裁条款以宏柏实业股份有限公司（以下简称宏柏台湾公司）、宏柏深圳公司为被申请人就有关《制造与供应协议》

① 《仲裁法》第18条规定：“仲裁协议对仲裁事项或者仲裁委员会没有约定或者约定不明确的，当事人可以补充协议；达不成补充协议的，仲裁协议无效。”

履行产生的纠纷向美国仲裁协会提起仲裁。2015 年 10 月 14 日，美国仲裁协会就涉案纠纷作出最终裁决。2016 年 3 月 15 日，香港泉水公司向广东省深圳市中级人民法院（以下简称深圳中院）申请承认和执行涉案仲裁裁决。

2016 年 4 月 20 日，香港泉水公司以宏柏台湾公司和宏柏深圳公司为被申请人向美国加利福尼亚州洛杉矶郡高等法院（以下简称洛杉矶郡高等法院）提起请求确认涉案仲裁裁决效力之诉。2016 年 5 月 10 日，宏柏台湾公司以香港泉水公司为被申请人，向洛杉矶郡高等法院提起请求宣告涉案仲裁裁决无效且不可执行之诉。2016 年 12 月 23 日，洛杉矶郡高等法院作出确认涉案仲裁裁决的判决。宏柏台湾公司不服，提起上诉。截至深圳中院作出裁定之时，上诉案件仍在审理中。

2017 年 5 月 15 日，宏柏深圳公司以宏柏台湾公司已向美国法院申请宣告涉案仲裁裁决无效并不予执行涉案仲裁裁决为由向深圳中院申请中止本案审查程序。2018 年 3 月 26 日，香港泉水公司请求深圳中院责令宏柏深圳公司对其中止本案审查程序的申请提供担保。

2018 年 5 月 21 日，深圳中院裁定承认和执行涉案仲裁裁决。

【争议焦点】

本案争议焦点之一是在美国法院就宏柏台湾公司请求宣告涉案仲裁裁决无效且不可执行之诉作出最终判决前，宏柏深圳公司提出的有关中止承认和执行涉案仲裁裁决审查程序的主张应否得到支持。

2017 年 5 月 15 日，宏柏深圳公司向深圳中院提交《关于依法不予承认和执行外国仲裁裁决或中止案件审理的申请》，以宏柏台湾公司向美国法院申请宣告涉案仲裁裁决无效并不予执行涉案仲裁裁决为由申请中止承认和执行涉案仲裁裁决的审查程序。

2018 年 3 月 26 日，香港泉水公司向深圳中院提交《申请书》，请求法院责令宏柏深圳公司对其中止承认和执行涉案仲裁裁决审查的申请提供担保。

深圳中院根据《纽约公约》第 6 条[①]的规定，要求宏柏深圳公司在限期内提供担保，但宏柏深圳公司最终未能于深圳中院限定的期限内提供相应的担保。

【裁判观点】

深圳中院审理认为，涉案仲裁裁决不存在已由裁决作出国撤销或停止执行的情

---

① 《纽约公约》第 6 条规定："如果已经向第五条第（1）款第（五）项所提到的管辖当局提出了撤销或停止执行仲裁裁决的申请，被请求承认或执行该项裁决的当局如果认为适当，可以延期作出关于执行裁决的决定，也可以依请求执行裁决的当事人的申请，命令对方当事人提供适当的担保。"

形，宏柏深圳公司有关中止承认和执行涉案仲裁裁决审查程序的主张不应予以支持。

首先，洛杉矶郡高等法院已经作出确认涉案仲裁裁决的判决书，宏柏台湾公司对此提出的上诉和不予执行涉案仲裁裁决的申请尚未得到有效支持；其次，上述在美国法院的诉讼中要求宣告涉案仲裁裁决无效、不予执行涉案仲裁裁决的主体是宏柏台湾公司，宏柏深圳公司并未提出相应的申请，且涉案仲裁裁决中两公司的义务是可分的；最后，宏柏深圳公司未对其中止承认和执行涉案仲裁裁决审查程序的申请提供相应的担保，也未提供充分证据证明涉案仲裁裁决将会被美国法院撤销或不予执行。

【纠纷观察】

当事人在裁决作出国向法院提出撤销或不予执行仲裁裁决之诉时，执行国法院是否应中止承认和执行外国仲裁裁决的审查？对于这一问题，《纽约公约》第6条规定，执行国法院享有酌处权，执行国法院既可以在其认为适当的前提下延期作出有关执行裁决的决定，也可以依请求执行裁决的当事人的申请命令对方当事人提供适当的担保。贸易法委员会秘书处《关于〈承认及执行外国仲裁裁决公约〉的指南》指出，这一规定允许执行国法院确信在裁决地所在国撤销或停止执行裁决的申请是基于正当理由提出的情况下，可以延期作出决定；同时，为避免败诉方纯粹为延迟或阻挠执行裁决，执行国法院有权立即执行裁决，或仅在败诉方提供相应担保的情况下延期执行裁决。

本案中，宏柏台湾公司向美国法院请求确认涉案仲裁裁决无效、不予执行涉案仲裁裁决，但宏柏深圳公司并未参与这一程序。同时，宏柏台湾公司的诉请在一审时并未获得支持，其请求能否得到上诉法院的支持亦存在很大的不确定性。这就使法院对宏柏台湾公司提出宣告涉案仲裁裁决无效且不可执行之诉的正当性以及其主张最终能否获得支持产生合理怀疑，也会进一步影响法院对宏柏深圳公司有关中止承认和执行涉案仲裁裁决审查程序主张的适当性的判断。尤其是在法院要求限期提供担保的情形下，宏柏深圳公司亦未能于法院指定的期限内向法院提供相应的担保。深圳中院最终不予支持宏柏深圳公司有关中止承认和执行涉案仲裁裁决审查程序的主张，具备确实、充分的事实和法律依据，亦符合《纽约公约》第6条的规定。

本案系首起内地法院适用《纽约公约》第6条拒绝当事人中止承认和执行外国仲裁裁决审查程序的案例，具有重要的实践意义。一方面，本案体现了我国法院一贯支持和促进仲裁发展的司法理念，为今后同类涉及承认与执行外国仲裁裁决案件的处理提供了解决思路。另一方面，本案中深圳中院的做法彰显了深圳乃至我国营商环境的国际化、法治化水平，为国际商事仲裁良好法治环境的营造作出了贡献。

【案例 3】

仲裁当事人虚构债务，人民法院根据案外人的申请依法裁定不予执行涉案仲裁调解书。

【基本案情】

湖南万博新材料有限公司（以下简称万博新材料公司）与湖南盛世金融城置业有限公司（以下简称盛世金融城公司）因借款合同提起了仲裁。双方签订的《协议书》和万博新材料公司汇入盛世金融城公司银行账户 76,370,000.00 元的转账凭证作为本案的证据被提交。长沙仲裁委员会依据上述证据及双方当事人的协商情况于 2015 年 4 月 22 日作出（2015）长仲调字第 258 号仲裁调解书，确认盛世金融城公司应归还万博新材料公司 76,370,000.00 元借款本金并支付相应的资金占用费。

因盛世金融城公司不履行涉案仲裁调解书确定的义务，万博新材料公司于 2015 年 6 月 12 日向湖南省长沙市中级人民法院（以下简称长沙中院）申请强制执行仲裁调解书。

案外人湖南众森联合投资有限公司（以下简称众森联合公司）认为涉案仲裁调解书确认的盛世金融城公司所欠万博新材料公司借款本金 76,370,000.00 元及资金占用费是虚假债务，涉案仲裁系虚假仲裁，损害了案外人众森联合公司的合法权益，请求裁定不予执行该仲裁调解书。

长沙中院审查认为，万博新材料公司与盛世金融城公司虚构债务并作出虚假的仲裁调解，损害了案外人众森联合公司的合法权益，涉案仲裁调解书应当裁定不予执行。

【争议焦点】

本案争议的核心在于涉案仲裁调解书是否存在损害案外人合法权益的情形。

案外人众森联合公司认为涉案仲裁调解书确认的盛世金融城公司所欠万博新材料公司借款本金 76,370,000.00 元及资金占用费是虚假债务，本案仲裁系虚假仲裁，损害了众森联合公司的合法权益。

【裁判观点】

长沙中院审查认为，在先民事判决已经认定万博新材料公司将 76,370,000.00 元汇入盛世金融城公司的银行账户是基于湖南鸿华房地产开发有限公司与盛世金融城公司签订的《合作协议》，万博新材料公司没有与盛世金融城公司签订债权凭证，与盛世金融城公司没有形成特定的债权债务关系。万博新材料公司与盛世金融城公司虚构债权并作出虚假的仲裁调解，损害了案外人众森联合公司的合法权益，对涉案仲裁调解书应当裁定不予执行。

【纠纷观察】

对于案外人利益的保护，民事诉讼中已经确立了相对成熟的制度设计。但在仲裁中，这一问题却成为制约仲裁制度公信力的因素之一。无论是《仲裁法》《仲裁法司法解释》还是“批复”“规定”等其他类型司法解释，甚至最高人民法院在个案中发布的大量“复函”“答复”均未涉及该问题。近年来，仲裁当事人通过虚假仲裁损害案外人合法权益的客观情况有增加的趋势，但却缺乏救济途径。为此，《仲裁裁决执行规定》进行了一定的突破，允许案外人向人民法院申请不予执行虚假仲裁裁决和仲裁调解书，为善意案外人提供了维护其合法权益的救济途径。《仲裁裁决执行规定》从程序条件和实质条件两个方面进行了规定，第 9 条[①]对案外人申请不予执行仲裁裁决或仲裁调解书的程序性条件进行了规定，第 18 条[②]对案外人申请不予执行仲裁裁决或仲裁调解书的实质性条件进行了规定。

本案例中，仲裁当事人虚构债务，在仲裁庭的主持下达成了调解协议，仲裁委员会据此作出涉案仲裁调解书。长沙中院审查认为，涉案仲裁调解书损害了案外人众森联合公司的合法权益。略显遗憾的是，长沙中院并未进一步阐述案外人众森联合公司合法权益的具体内容为何，以及涉案仲裁调解书如何损害了案外人众森联合公司的合法权益。除调解书外，实践中，仲裁当事人通过仲裁委员会作出的仲裁裁决书损害案外人的合法权益的情况也时有发生。在（2018）苏 11 执异 15 号案中，天津俊安煤焦化工有限公司与江苏华元焦化有限公司通过仲裁的方式处分经案外人申请已被人民法院依法冻结的债权，江苏省镇江市中级人民法院审

---

① 《仲裁裁决执行规定》第 9 条规定：“案外人向人民法院申请不予执行仲裁裁决或者仲裁调解书的，应当提交申请书以及证明其请求成立的证据材料，并符合下列条件：（一）有证据证明仲裁案件当事人恶意申请仲裁或者虚假仲裁，损害其合法权益；（二）案外人主张的合法权益所涉及的执行标的尚未执行终结；（三）自知道或者应当知道人民法院对该标的采取执行措施之日起三十日内提出。”

② 《仲裁裁决执行规定》第 18 条规定：“案外人根据本规定第九条申请不予执行仲裁裁决或者仲裁调解书，符合下列条件的，人民法院应当支持：（一）案外人系权利或者利益的主体；（二）案外人主张的权利或者利益合法、真实；（三）仲裁案件当事人之间存在虚构法律关系，捏造案件事实的情形；（四）仲裁裁决主文或者仲裁调解书处理当事人民事权利义务的结果部分或者全部错误，损害案外人合法权益。”

查认为，涉案仲裁裁决存在损害案外人合法权益的可能，应当裁定不予执行。

设立案外人申请不予执行仲裁裁决和调解书制度，在一定程度上和范围内能够解决案外人利益保护的问题。该制度适用的前提之一是当事人向人民法院申请执行仲裁裁决或者调解书。但是，在实践中，虚假仲裁当事人完全有可能通过自动履行裁决、调解书避免向人民法院申请执行来逃避该制度的适用；另外，对于无须申请执行类的裁决或者调解书，该制度同样面临适用的困境。《仲裁裁决执行规定》实施一年以来，案外人申请不予执行裁决或者调解书案件并不太多，其实际运行效果也需进一步观察。但是，无论如何，该制度的设立对于仲裁案外人利益保护，仲裁制度的完善和仲裁公信力的维护均有积极的作用。

四、热点观察

（一）《仲裁法》修改

2018 年 9 月 7 日，十三届全国人大常委会立法规划公布，《仲裁法》的修改被列为“要抓紧工作、条件成熟时提请审议的法律草案”[①]。业内呼吁多年的仲裁法修改被正式提上议程，随之而来的则是关于如何修改我国仲裁法的讨论。

2018 年 9 月 19 日，“第四届社科仲裁圆桌会议——联合国商事仲裁示范法与中国仲裁法的发展”在中国社会科学院国际法研究所召开。来自联合国国际贸易法委员会（以下简称贸法会）、中国社会科学院、中国国际贸易促进委员会（以下简称贸促会）、贸仲、中国海事仲裁委员会、北仲、深国仲、中国仲裁法学研究会、中国政法大学、对外经济贸易大学等理论与实务部门的专家参加了此次会议。这是十三届全国人大常委会公布《仲裁法》修订列入立法规划后召开的首次立法学术研讨会。[②] 会议上，与会专家一致认为，中国应当以《示范法》为蓝本修改《仲裁法》，但同时应当根据中国仲裁实践的情况，增加、保留中国特色的仲裁制度和法律条款。关于《仲裁法》修改的具体内容，主要涉及以下几个方面：强化意思自治、确立仲裁机构“非盈利法人”的性质和地位、减少仲裁行政化和司法化趋势、确立自裁管辖权原则、增设仲裁地制度、放宽仲裁协议的形式要求、增加临时措

---

① 中国人大网：“十三届全国人大常委会立法规划”，http://www.npc.gov.cn/npc/xinwen/2018-09/10/content_2061041.htm，访问时间：2019 年 1 月 20 日。

② 中国法学网：“‘第四届社科仲裁圆桌会议——联合国商事仲裁示范法与中国仲裁法的发展’成功举行”,http://www.iolaw.org.cn/showNews.aspx?id=67470，访问时间：2019 年 1 月 20 日。

施的种类、赋予仲裁庭发布临时措施的权力、引入临时仲裁制度、完善仲裁员选任资格、增加仲裁裁决的公开制度、区分国内仲裁与国际仲裁。

2018 年 11 月 16 日至 18 日，由中国仲裁法学研究会主办，武汉仲裁委员会协办的“中国仲裁法学研究会 2018 年年会暨十一届仲裁与司法论坛”在武汉举行。会议的一个议题即为“《仲裁法》的修改”。该议题项下，与会专家分别从虚假仲裁、仲裁员回避制度、超审限未裁决、我国大陆首席仲裁员委任机制、临时仲裁制度等角度阐述和讨论了《仲裁法》修改的相关问题。①

围绕着《仲裁法》修改的讨论主要涉及两个方面，一是《仲裁法》修改的方向；二是仲裁法修改的具体制度设计。关于第一个问题，业内较为主流的观点是，我国《仲裁法》的修订应当以《示范法》为范本进行。主要理由包括：第一，《示范法》是两大法系在仲裁领域融合和妥协的产物，这种融合对于仲裁制度在国际领域的统一和发展有着不可替代的作用；第二，《示范法》在 2006 年修订后，其主要制度与近年商事仲裁的发展趋势是一致的，在一定程度上代表着仲裁制度的发展方向；第三，根据贸法会的披露，已经有 80 个国家共在 111 个法域通过了以《示范法》为基础的立法，包括我国的香港地区、韩国、新加坡等②。以《示范法》为范本，有利于减少我国与其他法域仲裁制度的差异，有利于仲裁制度发挥更大的价值。关于第二个问题，我国《仲裁法》自颁布实施以来已经超过 20 年，无论是具体的制度还是理念与我国的仲裁实践、国际仲裁的发展潮流相比均表现出了一定的滞后性。具体制度和条文的增、改、删势必涉及面较广。但是，可以确定的是，《仲裁法》修改的原则必然是强化意思自治、注重灵活性、体现民间性。具体制度的修改，则涉及仲裁协议、仲裁机构、仲裁员、审理方式、司法监督等各个方面。

（二）《纽约公约》及其在中国的实践

《纽约公约》是国际商事仲裁领域至今最成功的国际公约之一，目前缔约国数

---

① 中国法学会官网：“中国仲裁法学研究会 2018 年年会暨第十一届仲裁与司法论坛开幕”，https://www.chinalaw.org.cn/Column/Column_View.aspx?ColumnID=82&InfoID=29995，访问时间：2019 年 1 月 20 日。

② 贸法会官方网站：“《贸易法委员会国际商事仲裁示范法》（1985 年），附 2006 年通过的修订”，http://www.uncitral.org/uncitral/zh/uncitral_texts/arbitration/1985Model_arbitration_status.html，访问时间：2019 年 1 月 20 日。

量已达159个。[①]《纽约公约》于1958年6月7日正式实施，2018年正值《纽约公约》通过60周年。60年来，《纽约公约》的成功实施，有效保障了国际仲裁裁决在全球范围内的跨境承认和执行，也极大促进了国际仲裁成为国际商事争议解决的主要方式。

1. 以纪念和研讨《纽约公约》为主题的会议在世界各地相继召开

2018年5月15日，贸法会与深国仲在深圳联合举办"《纽约公约》六十周年与'一带一路'研讨会"。[②]2018年6月28日，贸法会主办的"《纽约公约》颁布六十周年纪念庆典大会"在纽约联合国大厦隆重举行。[③]2018年11月3日，由贸促会、贸法会主办，对外经济贸易大学、贸促会法律事务部和中国仲裁法学研究会承办的"联合国《纽约公约》六十年和《和解协议公约》国际学术研讨会"在对外经济贸易大学举行。[④]

2. 关于《纽约公约》在中国实践的研究

以"一带一路"建设为契机，适逢《纽约公约》实施60周年，如何正确解释和适用《纽约公约》、最大限度地发挥《纽约公约》在"一带一路"建设中的作用，显得尤其必要和重要。2018年，CSSCI（中文社会科学引文索引）法律类来源期刊中共刊发三篇关于我国适用《纽约公约》的法律文献。

中国社会科学院国际法研究所国际经济法研究室主任刘敬东研究员与对外经济贸易大学王路路博士生撰写的《"一带一路"倡议下我国对外国仲裁裁决承认与执行的实证研究》，通过研究我国法院在2015–2017年审结的承认与执行外国仲裁裁决的案例，以最高人民法院在2015年之前作出的对下级人民法院请示的批复为参照，梳理了在"一带一路"建设的大背景下我国法院在运用《纽约公约》规定的司法审查权方面所取得的成绩和不足，以为未来发展和完善我国涉外仲裁司

---

① 贸法会官方网站：《承认及执行外国仲裁裁决公约》（1958年，纽约），http://www.uncitral.org/uncitral/en/uncitral_texts/arbitration/NYConvention_status.html，访问时间：2019年1月20日。

② 深圳特区报官网："《纽约公约》60周年与'一带一路'研讨会在深召开"，http://sztqb.sznews.com/MB/content/201805/16/content_367730.html，访问时间：2019年1月20日。

③ 《纽约公约》官方网站："New York Convention event to celebrate the 60th anniversary of the New York Convention"，http://newyorkconvention1958.org/index.php?lvl=cmspage&pageid=7&id_news=1004，访问时间：2019年1月20日。

④ 对外经贸大学法学院网站："对外经济贸易大学召开'联合国《纽约公约》六十年和《和解协议公约》'国际学术研讨会"，http://law.uibe.edu.cn/OutListContent/index.aspx?nodeid=109&page=ContentPage&contentid=5357，访问时间：2019年1月20日。

法审查制度提供实证研究基础[①]。

最高人民法院民四庭高晓力法官撰写的《中国法院承认和执行外国仲裁裁决的积极实践》一文共分三个部分：第一部分为当事人向中国法院申请承认和执行外国仲裁裁决的法律依据；第二部分为《纽约公约》第5条的理解和适用；第三部分为最高人民法院对《纽约公约》在中国的统一解释和适用所做的努力。在第一部分中，该文重点澄清了执行法律依据《民事诉讼法》第283条[②]在理解和适用中所存在的一些争议事项。首先，对于第283条指向的“国外仲裁机构的裁决”，应当指的是“外国仲裁机构在外国作出的裁决”。其次，对于在外国作出的临时仲裁裁决能否在中国执行的问题，虽然第283条没有提及，但《纽约公约》有明确的规定。同时，《最高人民法院关于适用〈中华人民共和国民事诉讼法〉的解释》第545条已经明确规定，该种情况应依照第283条规定处理。[③]最后，对于域外仲裁机构在中国仲裁所作裁决，应当依据仲裁地标准，将其认定为中国的涉外裁决来执行。在第二部分中，该文援引了大量中国法院在依据《纽约公约》执行外国仲裁裁决时对《纽约公约》第5条的理解和适用的情况。尤其是，关于法院主动审查的可仲裁性、公共秩序这两项不予执行事由，我国法院的适用标准是审慎和严格的，至今分别仅有一例被不予执行。这些情况表明，最高人民法院对于《纽约公约》第5条的适用和理解符合国际通行的标准，通过内请制度，最高人民法院对于统一国内各级法院对于《纽约公约》的理解和适用起到了极其重要的作用。在第三部分中，该文着重提到了最高人民法院在统一正确理解和适用《纽约公约》的过程中所采取的方法，包括：下发《关于执行我国加入的〈承认和执行外国仲裁裁决公约〉的通知》、建立内请制度、制定司法解释、发布个案批复、加强信息化建设和法官培训等。[④]

---

① 刘敬东、王路路：“‘一带一路’倡议下我国对外国仲裁裁决承认与执行的实证研究”，载《法律适用》2018年第5期，第31-39页。

② 《民事诉讼法》第283条：“国外仲裁机构的裁决，需要中华人民共和国人民法院承认和执行的，应当由当事人直接向被执行人住所地或者其财产所在地的中级人民法院申请，人民法院应当依照中华人民共和国缔结或者参加的国际条约，或者按照互惠原则办理。”

③ 《最高人民法院关于适用〈中华人民共和国民事诉讼法〉的解释》第545条：“对临时仲裁庭在中华人民共和国领域外作出的仲裁裁决，一方当事人向人民法院申请承认和执行的，人民法院应当依照民事诉讼法第二百八十三条规定处理。”

④ 高晓力：“中国法院承认和执行外国仲裁裁决的积极实践”，载《法律适用》2018年第5期，第2-8页。

在为“一带一路”提供司法保障的过程中，完备的外国仲裁裁决执行制度是不可或缺的组成部分。华东政法大学国际法学院张虎副教授撰写的《外国仲裁裁决在我国承认与执行程序的重构》一文，从微观层面对于如何构建更好的裁决承认制度、如何在我国更好地执行《纽约公约》，最大限度地发挥公约的效应，提出了卓有成效的观点。该文在肯定、坚持我国现有的外国裁决执行制度立法模式的同时，分析了我国现行外国仲裁裁决执行制度所存在的滞后性、抽象性、不全面等问题，包括无统一的国籍判断标准、保全申请的受理无统一规定、审查外国裁决的程序不明确、期限规定不合理、是否承认和执行裁决的裁定缺乏救济途径等。之后，该文还详细阐明了重构外国裁决承认和执行程序的理论基础和具体路径，并提出了具体的重构建议。①

（三）北仲受理内地首起适用紧急仲裁员程序案件

2017年年末，北仲受理了中国内地首例适用紧急仲裁员程序的仲裁案件。②根据该案申请人代理人披露，案件申请人为两家注册于香港的公司，案件两被申请人分别为注册于开曼群岛的公司（以下简称开曼公司）以及该公司的控股股东。控股股东为中国内地居民，但在香港拥有资产。申请人与被申请人因投资合同发生纠纷，申请人请求开曼公司和其控股股东回购申请人在开曼公司的股权。投资合同载有在北仲进行仲裁并适用中国法律的仲裁条款。申请人在申请仲裁时，为防止控股股东转移其在香港的财产，向北仲申请指定紧急仲裁员颁布临时措施。

申请人申请紧急仲裁员颁布的临时措施包括：要求被申请人披露财产信息、禁止被申请人处置、转移或隐匿财产、禁止被申请人在任何法域提出诉讼以阻止紧急仲裁员命令的执行（禁诉令）以及禁止被申请人鼓励、指示或暗示任何第三方作出紧急仲裁员命令所禁止的行为。北仲经初步审查，接受了申请人的申请，并根据仲裁规则的规定指定了紧急仲裁员。通过对双方书面材料的审理以及一次远程会议审理，并考虑到申请人已经提供了担保，紧急仲裁员最终作出了紧急仲裁员命令。从紧急仲裁员接到双方提交的材料至命令的作出，共计用时11天。紧急仲裁员命令作出后，申请人立即在香港高等法院申请执行，香港高等法院依据《仲裁条例》第22B条在申请当日即缺席裁定准予执行紧急仲裁员命令，但给予被

---

① 张虎：“外国仲裁裁决在我国承认与执行程序的重构”，载《法学杂志》2018年第10期，第106-115页。

② Terence Xu, “Emergency Arbitrator Proceedings and the GKML Case”，https://www.vantageasia.com/emergency-arbitrator-proceedings-gkml-case，访问时间：2019年2月26日。

申请人14天提出异议的期限。14天期满后，被申请人未能提出异议，执行令生效。[①]

紧急仲裁员制度的目的主要在于在仲裁庭组庭之前，为当事人在紧急情况下提供紧急临时救济。紧急仲裁员制度最早出现在《美国仲裁协会国际仲裁规则》（2009）。至今，国际上主要的国际仲裁机构都引入了紧急仲裁员制度。我国的主要仲裁机构，如北仲、贸仲、上海国际仲裁中心等仲裁机构也相继通过修订仲裁规则的形式，引入了紧急仲裁员制度。

北仲2015年版仲裁规则在“国际商事仲裁的特别规定”一章第63条首次引入了紧急仲裁员制度。根据该条规定，北仲有权决定是否指定紧急仲裁员，北仲同意指定紧急仲裁员的，在当事人预交相应费用后2日内在仲裁员名册中指定一名紧急仲裁员。紧急仲裁员将在指定之日起15日内作出相关决定、指令或裁决。该条规定赋予了紧急仲裁员作出临时措施的自由裁量权，也规定了正当程序条款。

但是，与内地大部分仲裁机构的仲裁规则一样，该条同样未对紧急仲裁员作出决定应当考量的因素等问题作出详细规定。这种缺失有如下主要原因：第一，紧急仲裁员制度属于我国由境外引进的新生制度，缺乏操作的经验。第二，根据我国法律，临时措施（保全措施）的发布主体只有法院，仲裁庭发布临时措施在我国没有执行的法律依据，无法执行。仲裁庭（包括紧急仲裁员）发布旨在境外执行的临时措施，需依赖执行地的法律规定，为保持灵活性，仲裁规则不宜作出比较细致的规定。

本案中，至少有两项与紧急仲裁员制度相关的问题值得关注。第一，紧急仲裁员作出决定时考量的因素。根据该案紧急仲裁员的陈述，其在审查临时措施时主要考量了三项因素，即申请人在仲裁案件中胜诉的可能性、临时措施的紧急性、临时措施的合理性。[②]关于胜诉的可能性问题，由于紧急仲裁员并非对案件进行深入审理，因此，只要申请人能够表面上证明案件存在胜诉的合理可能性，该项标准即可满足；关于紧急性问题，则需衡量是否颁布临时措施给被申请人造成的损

---

① Haifeng Li, “First Emergency Arbitrator Proceedings in China and Enforcement in Hong Kong”, https://globalarbitrationnews.com/first-emergency-arbitrator-proceedings-in-china-and-enforcement-in-hong-kong，访问时间：2019年2月22日。

② Wei Sun：“First Emergency Arbitrator Proceeding in Mainland China: Reflections on How to conduct an EA Proceeding from Procedural and Substantive Perspectives”, http://arbitrationblog.kluwerarbitration.com/2018/09/01/first-ea-proceeding-mainland-china-reflections-conduct-ea-proceeding-procedural-substantive-perspectives，访问时间：2019年2月26日。

害小于不颁布临时措施给申请人造成的损害。值得注意的是，在判断该项标准时，申请人是否提供担保，也是考量因素之一；关于临时措施的合理性问题，根据香港《仲裁条例》第 61 条的规定，能够在香港执行的临时措施必须属于仲裁庭可就仲裁程序而在香港作出的命令或指示的类型或种类。① 该条系对临时措施执行的规定，因此，对紧急仲裁员作出的临时措施亦有约束力。正因如此，本案中紧急仲裁员并没有支持申请人全部的临时措施请求。第二，紧急仲裁员发布的临时措施在香港的执行问题。根据《仲裁条例》第 22B 条“强制执行紧急仲裁员批给的紧急济助”，香港法院对于仲裁庭在香港之外发布的临时措施，在符合香港法律规定的条件下，经香港高等法院原讼法庭（以下简称原讼法庭）批准后可犹如具有同等效力的原讼法庭命令或指示般，以同样的方式强制执行。② 需注意的是，域外仲裁庭发布临时措施在香港的执行必须经香港法院的许可；可执行的临时措施必须属于香港法律所规定的临时措施的种类；法院关于许可和拒绝许可执行临时措施的决定不能上诉。

本案作为中国内地首例适用紧急仲裁员程序作出临时措施的案件，充分显示了我国仲裁机构、仲裁员、代理律师愈加成熟的、专业的国际化仲裁水准，为紧急仲裁员制度在我国的进一步、大范围适用提供了实践参照和借鉴，为我国仲裁制度的改革和完善作出了应有的贡献。

---

① 香港《仲裁条例》第 61 条（仲裁庭的命令及指示的强制执行）第 2 款规定：“凡任何一方寻求强制执行在香港以外地方作出的命令或指示，则除非该方能显示，该命令或指示属仲裁庭可就仲裁程序而在香港作出的命令或指示的类型或种类，否则原讼法庭不得批准强制执行该命令或指示的许可。”

② 香港《仲裁条例》第 22B 条规定：“强制执行紧急仲裁员批给的紧急济助 （1）紧急仲裁员根据有关仲裁规则批给的任何紧急济助，不论是在香港或香港以外地方批给的，均可犹如具有同等效力的原讼法庭命令或指示般，以同样方式强制执行，但只有在原讼法庭许可下，方可如此强制执行。（2）凡任何一方寻求强制执行在香港以外地方批给的任何紧急济助，则除非该方能显示，该济助只包含一项或多于一项短期措施（包括强制令），而紧急仲裁员是藉该项或该等措施，命令一方作出以下一项或多于一项事情——（a）在有关争议得以裁定之前，维持现状或恢复原状；（b）采取行动防止目前或即将对仲裁程序造成的危害或损害，或不采取可能造成这种危害或损害的行动；（c）提供一种保存资产以履行仲裁庭其后作出的裁决的方法；（d）保存可能与解决争议有关、并对解决争议具关键性的证据；（e）就根据（a）、（b）、（c）或（d）段须作出的任何事情，提供相关连的保证；（f）就仲裁费用提供保证。否则原讼法庭不得批予强制执行该济助的许可。（3）原讼法庭如根据第（1）款批予许可，可按有关紧急济助的条款，登录判决。（4）如原讼法庭决定根据第（1）款批予许可，或决定拒绝根据第（1）款批予许可，任何人不得针对该决定提出上诉。”

（四）其他热点事件

1. 海南国际仲裁院正式挂牌成立

2018 年 4 月 11 日，中共中央、国务院正式发布《关于支持海南全面深化改革开放的指导意见》(以下简称《指导意见》)。《指导意见》明确指出，“支持建立国际经济贸易仲裁机构和国际争端调解机构等多元纠纷解决机构”。

2018 年 7 月 30 日，为贯彻落实中共中央、国务院《指导意见》的要求，经海南省人民政府批准、司法部同意，海南国际仲裁院正式挂牌运作。

2. 深国仲作出首份认可比特币财产属性的仲裁裁决

据深国仲披露，在近期一起由其受理的涉及比特币交付的股权转让纠纷仲裁案件中，仲裁庭对比特币的财产属性进行了肯定。仲裁庭认为，虽然比特币作为虚拟货币，在占有支配以及权利变动公示方法等方面均存在一定的特殊性，但这并不妨碍其财产属性的认定以及可以作为私人主体间的交付客体，从而受到法律的保护。

据悉，该案是大陆首例涉及比特币的仲裁案件。深国仲的这一仲裁裁决，一方面体现了我国仲裁机构尊重当事人意思自治的仲裁理念，另一方面也表明我国仲裁机构具备良好的案件处理能力，能够高水平地处理前沿、复杂的疑难问题。

五、总结与展望

2018 年，中国商事仲裁在发展的快车道上稳步前行。在制度建设上，国际商事法庭的设立、运营，配套规则的出台，标志着我国商事仲裁国际化建设中的跨越式发展。《仲裁法》修改提上日程、《仲裁裁决执行规定》的实施，标志着我国仲裁规范力求在国际化和本土化中维持良好平衡的决心和努力。在仲裁实践上，我国法院对于涉外仲裁协议效力的认定，已经逐步抛弃了过去极其青睐法院地法的传统，准确理解冲突法，适用外国法律认定仲裁协议效力的情况越来越多。国内仲裁司法审查内请制度的设立，在很大程度上统一了仲裁司法审查的标准。在线仲裁的大踏步发展，也体现了我国仲裁制度紧跟时代步伐的决心和态度。时值《纽约公约》实施 60 周年，回顾我国加入、执行公约的 32 年，可以认为，受益于近 24 年的不予执行外国仲裁裁决内请制度，我国法院已经基本形成了统一的、符合国际先进仲裁理念和潮流的执行《纽约公约》的标准，尤其是对域外比较关注的公共利益事由的理解和适用，我国法院的态度极为审慎。

但是，应当看到，与域外关于紧急仲裁员、早期驳回、第三方资助等仲裁具体制度的成功创新相比，我国仲裁制度的创新仍然乏善可陈。“先予仲裁”制度虽然在追求仲裁效益价值上做到了极致，但是在公正这一要求上游走在法律的边界。我们期待，中国仲裁能够出现既符合国际仲裁先进理念，又体现中国特色和时代特色的、在法律框架范围内的创新。随着时代和科技的发展，仲裁制度必然需要极大地体现快速、高效的时代特点，在线仲裁的发展前景可期，类似于国际商事法庭创立的“一站式”纠纷解决机制会在为境内外当事人提供争议解决服务中扮演越来越重要的角色。国际仲裁朝更加自由化、灵活化的方向发展，如若中国仲裁制度的完善、《仲裁法》的修改也能够体现这一方向，中国法院在司法审查中能够贯彻这一方向，则中国由仲裁大国向仲裁强国的转变指日可待。

中国商事调解年度观察（2019）

费宁 蒋弘 刘京[①]

一、概述

自中国共产党第十八届中央委员会第三次全体会议提出推进国家治理体系和治理能力现代化的改革总目标以来，以“社会治理”逐渐取代“社会管理”的观念日益深入人心。十九大报告提出要打造共建共享共治的社会治理格局，社会治理目标是“提高社会治理社会化、法治化、智能化、专业化水平”。2019 年 1 月，中央政法工作会议进一步提出要加快推进社会治理现代化，加快推进政法领域全面深化改革，深化公共法律服务体系建设，加快整合律师、公证、司法鉴定、仲裁、司法所、人民调解等法律服务资源，尽快建成覆盖全业务、全时空的法律服务网络，促进社会公平正义，维护国家长治久安。

法治轨道上的社会治理，要求我国强化法律在权利救济和解决纠纷中的权威性作用，建立健全依法维权和化解纠纷机制。[②] 在多元化纠纷解决机制改革中，商事调解扮演了重要角色。商事调解具有高度尊重当事人意思自治、方式灵活便捷、包容扩展性强、解决争议效率高效果好等优点，深受当事人欢迎，因此它既可以独立运作以定分止争，也可以与其他争议解决方式兼容而成为多元对接的亮点。

2018 年以来，我国的立法、司法和行政机关以及相关的仲裁、调解机构贯彻执行社会治理理念，全面推进多元化纠纷预防和化解社会矛盾机制建设，深化改革，继续在立法保障、制度创新、规范操作、协调衔接和国际合作等方面对商事

---

① 费宁，北京汇仲律师事务所执行合伙人。蒋弘，北京汇仲律师事务所合伙人。刘京，北京汇仲律师事务所高级顾问。

② 张文显：“中国社会治理的法治思维”，载《法制日报》2019 年 1 月 30 日，第 9 版。

调解给予高度重视和支持，取得了可喜的成绩。

在调解办案方面，人民法院和仲裁机构等专门争议解决机构近年来受理和审结的调解案件持续增加。2018 年 2 月上线的人民法院调解平台[①]统计数据表明，截至 2019 年 1 月 20 日，在人民法院调解平台上参与的人民法院 1,486 家，专业调解组织 2,578 个，专业调解员 18,890 名，调解案件 67,985 件。2018 年各地法院积极开展诉前和诉中调解工作，如山西省法院全年诉前调解各类纠纷共 1.7 万余件[②]；重庆市法院深入践行新时代"枫桥经验"，诉前诉中委托调解 70,991 件，运用纠纷多元化解一体化平台调解纠纷 10,021 件[③]；上海市法院成立行政争议多元调解中心，促成双方和解后原告撤诉 1,364 件，占一审结案数的 22.8%[④]；上海知识产权法院自 2018 年 3 月全面开展诉中委托调解以来，积极探索法官与调解员"协调配合，共同调解"的诉调协作机制，共委托调解案件 304 件，调解成功 123 件，调解成功率 40.46%[⑤]；吉林法院坚持发展"新时代枫桥经验"，14,997 起矛盾纠纷实现诉前化解，加强智慧法院建设，在线调解案件 2,742 件，成功调解 1,430 件[⑥]；云南省法院大力推进矛盾纠纷多元化解机制改革，通过委派委托成功调解案件 14,113 件。[⑦]前述调解案件数据包括人民调解、行业调解、商事调解、行政调解等诸多数据在内，虽不是单独的商事调解案件的数据，但是调解案件的总体增长和受重视程度也同样反映了商事调解的不断增长和受到社会的日益重视。

仲裁机构及调解机构的商事调解工作继续取得良好成绩。以北京仲裁委员会/北京国际仲裁中心（BAC/BIAC，以下简称北仲）为例，北仲 2018 年全年以调解形式结案 631 件，占总结案数的 15.30%，比上一年度同期增加 104 件，增长率为

---

① 人民法院调解平台官方网站为 www.tiaojie.court.gov.cn。

② 山西省高级人民法院："山西省高级人民法院工作报告"，https：//s.wcd.im/v/2lavhZ72/?qr=，访问时间：2019 年 1 月 30 日。

③ 华龙网："图解 |2018 重庆市高级人民法院工作报告"，http：//cq.cqnews.net/html/2019-01/29/content_50260279.htm，访问时间：2019 年 1 月 30 日。

④ 中央人民广播电台："一图读懂 | 上海市高级人民法院工作报告"，http：//www.cnr.cn/shanghai/tt/20190129/t20190129_524497743_1.shtml，访问时间：2019 年 1 月 30 日。

⑤ 人民网："2018 年上海调解知识产权纠纷案件数量创新高"，http：//ip.people.com.cn/n1/2019/0220/c179663-30807005.html，访问时间：2019 年 2 月 20 日。

⑥ 澎湃新闻："地方两会 | 一图看懂 2019 吉林省高级人民法院工作报告"，https：//www.thepaper.cn/newsDetail_forward_2920189，访问时间：2019 年 2 月 20 日。

⑦ 澎湃新闻："【两会聚焦】一图读懂云南法院 2018 工作报告"，https：//www.thepaper.cn/newsDetail_forward_2934617，访问时间：2019 年 2 月 20 日。

19.73%[①]。由深圳国际仲裁院牵头在中国前海自贸区创建的粤港澳仲裁调解联盟通过联盟合作机制解决大量跨境商事纠纷，仲裁和调解当事人来源国超过100个。[②]

下文将着重回顾在过去一年里中国商事调解在法制建设、制度建设、调解办案和调解热点问题等方面的新动向，并归纳总结值得注意的一些问题。

二、新出台的法律法规或其他规范性文件

2018年，中国在多元化纠纷解决机制的法制建设方面继续落地落细。在中共中央、国务院《关于完善矛盾纠纷多元化解机制的意见》和《最高人民法院关于人民法院进一步深化多元化纠纷解决机制改革的意见》等政策意见的指引下，各级人民法院和各级地方政府均在多元化解纠纷的细化落实方面进行了有益的探索并取得了新的进展。

（一）在进一步深化改革开放和自由贸易试验区建设中重视多元纠纷解决

2018年4月11日，中共中央、国务院发布《关于支持海南全面深化改革开放的指导意见》，强调要强化政策保障，支持建立国际经济贸易仲裁机构和国际争端调解机构等多元纠纷解决机构。

2018年8月1日，最高人民法院发布了《关于为海南全面深化改革开放提供司法服务和保障的意见》（法发〔2018〕16号），支持海南建立多元化国际商事纠纷解决机构，发挥多元化纠纷解决机制作用，完善诉调对接平台建设，充分运用现代信息技术，开展在线调解、在线司法确认等，依法确认调解协议效力。加强“一站式”纠纷解决机制建设，特别是在旅游、养老、道路交通、医疗卫生、涉外商事等领域，发挥各类调解组织的功能，积极开展律师参与调解，充分发挥律师在国际商事调解中的作用。

2018年5月4日及2018年9月25日，国务院相继印发了关于广东、福建、海南三地自由贸易试验区的改革开放方案（国发〔2018〕13号、15号及34号），均明确要建立包含行政执法、仲裁、调解等在内的多元化知识产权争端解决与维

① 北京仲裁委员会/北京国际仲裁中心：“2018年工作总结”，http://www.bjac.org.cn/news/view?id=3375，访问时间：2019年2月20日。

② 法制网：“粤港澳仲裁调解联盟五周年当事人来源国超百个”，http://www.legaldaily.com.cn/Arbitration/content/2018-12/20/content_7723565.htm，访问时间：2019年2月20日。

权援助机制，探索建立自贸试验区重点产业知识产权快速维权机制。

2018 年 6 月 10 日，国务院在其发布的《关于积极有效利用外资推动经济高质量发展若干措施的通知》（国发〔2018〕19 号）中，继续强调了要加强维权援助和纠纷仲裁调解，推进纠纷仲裁调解试点工作，推动完善知识产权保护体系。

（二）在国际商事纠纷解决中重视多元化纠纷解决的机制和人才建设

1. 最高人民法院积极推进国际商事纠纷多元化解决机制方面的建设

为贯彻中央全面深化改革领导小组通过的《关于建立“一带一路”争端解决机制和机构的意见》，2018 年 6 月 27 日，最高人民法院发布了《关于设立国际商事法庭若干问题的规定》（法释〔2018〕11 号），决定设立国际商事法庭作为最高人民法院的常设审判机构，并组建国际商事专家委员会，选定符合条件的国际商事调解机构、国际商事仲裁机构与国际商事法庭共同构建调解、仲裁、诉讼有机衔接的纠纷解决平台，形成“一站式”国际商事纠纷解决机制。2018 年 6 月 29 日，最高人民法院第一、第二国际商事法庭分别在深圳市和西安市揭牌，开始正式办公。

在最高人民法院建设的“一站式”国际商事纠纷解决平台中，诉讼是主体，仲裁和调解是有益的补充，同时，通过诉讼手段为仲裁和调解提供必要的协助。例如，国际商事法庭在受理案件后 7 日内，经当事人同意，可以委托国际商事专家委员会成员或者国际商事调解机构调解。

作为前述最高人民法院法释〔2018〕11 号规定的配套，最高人民法院于 2018 年 8 月 24 日发布了《关于成立国际商事专家委员会的决定》（法〔2018〕224 号），决定聘请中外专家成立国际商事专家委员会，接受国际商事法庭的委托为当事人解决国际商事纠纷提供调解等服务。就其具体实施，最高人民法院于 2018 年 11 月 21 日发布了《最高人民法院国际商事专家委员会工作规则（试行）》（法办发〔2018〕14 号），进一步明确了国际商事专家委员会成员的选拔条件及相关工作规则，为专家委员履行职责提供相应的制度保障和物质保障。

2018 年 11 月 21 日，最高人民法院办公厅发布了《最高人民法院国际商事法庭程序规则（试行）》（法办发〔2018〕13 号），规定在原告起诉时应当填写《审前分流程序征询意见表》，如果原告表示同意审前调解的，则可以暂不收取案件的受理费；原告不同意调解的，予以正式立案。该规定体现了调解所带来的重大经济价值，并通过暂不收取案件受理费的方式进一步扩大调解在多元化纠纷解决机制中的地位和作用，有利于引导当事人积极选择调解的方式解决纠纷。

2018年11月13日，最高人民法院办公厅发布了《关于确定首批纳入“一站式”国际商事纠纷多元化解决机制的国际商事仲裁及调解机构的通知》（法办〔2018〕212号），确定中国国际经济贸易仲裁委员会、上海国际经济贸易仲裁委员会、深圳国际仲裁院、北京仲裁委员会、中国海事仲裁委员会以及中国国际贸易促进委员会调解中心、上海经贸商事调解中心，作为首批纳入“一站式”国际商事纠纷多元化解决机制的仲裁和调解机构，当事人可以根据相关规定选择纳入机制的调解机构进行调解。当事人经调解机构调解达成调解协议的，国际商事法庭可以依照法律规定和当事人的要求出具调解书或制作判决书。该规定使得纳入“一站式”机制的相关仲裁和调解机构的调解成果能够得到最高司法机关的认可，转化为国际商事法庭出具的调解书或裁决书，大大提升了调解的吸引力、调解文书的权威性和和解协议的执行力，有利于推进调解与诉讼的有机衔接，有利于公正、高效、便利地解决国际商事纠纷。

2. 最高人民法院积极与其他社会团体之间合作，在具体领域深入探索和落实多元化纠纷解决机制

2018年3月8日，最高人民法院、中华全国归国华侨联合会共同发布了《关于在部分地区开展涉侨纠纷多元化解试点工作的意见》（法〔2018〕69号），决定在吉林、上海、江苏、浙江、安徽、福建、湖南、广东、广西、海南、云南等11省（自治区、直辖市）开展涉侨纠纷多元化解试点工作，并进一步健全调解组织的建设。各级侨联组织应当广泛吸纳归侨侨眷和各类专业人员加入人民调解组织。有条件的地区可以探索建立具有民办非企业单位性质的涉侨纠纷调解中心。经人民法院委派或者涉侨调解组织调解达成协议，当事人可以申请人民法院依法确认调解协议效力。

2018年11月13日，最高人民法院、中国证券监督管理委员会共同发布了《关于全面推进证券期货纠纷多元化解机制建设的意见》（法〔2018〕305号），决定建立、健全有机衔接、协调联动、高效便民的证券期货纠纷多元化解机制，依法保护投资者的合法权益；建立证券期货纠纷特邀调解组织和特邀调解员名册制度，供当事人自愿选择。调解组织受理中小投资者的纠纷调解申请，不收取费用。经调解组织主持调解达成的调解协议，当事人也可以申请司法确认。

3. 最高人民法院对利用互联网进行调解的支持和促进

2018年2月28日，由最高人民法院开发建设的人民法院调解平台正式上线，并在全国法院试运行。当事人可以在人民法院调解平台上提出调解申请，法院可

以将类案推送给适合调解案件的当事人，引导当事人选择调解方式解决纠纷。该平台能够集合法院的审判调解资源和全社会的纠纷化解资源，共同做好纠纷调解工作；能够打通线下线上多种渠道，灵活组织开展调解；可以实现在线制作调解协议和在线司法确认，提高调解效率；对调解不成功的案件，法官引导当事人在线申请立案。

2018 年 8 月 9 日，最高人民法院发布了《关于增设北京互联网法院、广州互联网法院的方案》（法〔2018〕216 号），为满足新时代人民群众多元司法需求，在总结杭州互联网法院试点经验的基础上，增设北京互联网法院、广州互联网法院，推动起诉、调解、立案、庭审、判决、执行等诉讼环节全程网络化。2018 年 9 月 6 日，最高人民法院发布了《最高人民法院关于互联网法院审理案件若干问题的规定》（法释〔2018〕16 号），明确案件的调解一般应当在线上完成，并支持当事人及其他诉讼参与人通过在线确认、电子签章等在线方式对调解协议进行确认。方便当事人通过调解的方式迅速解决争议。

（三）有关部委和省市积极推进多元化解纠纷工作的落实

1. 国家知识产权局在知识产权保护领域推动多元解决纠纷制度的建设

2017 年 3 月 7 日，国家知识产权局办公室发布了《开展知识产权纠纷仲裁调解试点工作的通知》（国知办函协字〔2017〕122 号），要求加强行业性知识产权纠纷调解组织的培育工作，探索构建知识产权纠纷仲裁调解专家库，实现知识产权仲裁、调解、行政执法、司法保护之间的高效衔接，积极推动知识产权纠纷仲裁调解工作。2017 年 6 月 21 日，国家知识产权局办公室发布了《关于确定第四批知识产权纠纷仲裁调解试点地区的通知》（国知办函协字〔2017〕476 号），确定河北省、上海市、江苏省、浙江省、福建省、湖北省、重庆市、甘肃省和山东省威海市作为第四批知识产权纠纷仲裁调解试点地区，试点周期自 2017 年 6 月至 2019 年 6 月。2018 年 3 月 15 日，国家知识产权局办公室发布了《关于开展知识产权仲裁调解机构能力建设工作的通知》（国知办发协字〔2018〕7 号），考虑到国内外创新主体对通过仲裁调解方式解决知识产权纠纷的需求日趋旺盛，国家知识产权局每年将遴选确定 20—30 家知识产权仲裁调解机构作为能力建设工作单位，开展能力建设工作，争取经过 3—5 年时间，推动 100 家左右知识产权仲裁调解机构切实提升综合能力。2018 年 7 月 4 日，国家知识产权局办公室发布了《关于确定首批能力建设知识产权仲裁调解机构并启动相关工作的通知》（国知办函协字〔2018〕436 号），确定了中国专利保护协会知识产权纠纷人民调解委员会等 29

家机构开展能力建设工作。

2. 律师调解试点工作由部分省市扩大到全国范围

在 2017 年 9 月最高人民法院、司法部联合发布的《关于开展律师调解试点工作的意见》的指导下，北京、黑龙江、上海、浙江、安徽、福建、山东、湖北、湖南、广东和四川等 11 个省（直辖市）积极开展试点工作，鼓励律师在人民法院、公共法律服务中心、律师协会以及有条件的律师事务所内设立律师调解工作站或调解工作室，可以按照有偿和低价的原则向双方当事人收取调解费，在调解不成的情况下由各律师调解组织确定律师个人所获报酬的标准，充分发挥律师职能作用，有效化解各类矛盾和纠纷。经律师调解达成调解协议后，当事人也可以向法院申请确认其效力或支付令。山东省律师协会于 2018 年 8 月 8 日发布了《山东省律师协会律师调解管理办法》（鲁律协〔2018〕24 号），规定了律师调解员回避等制度，进一步规范律师调解员的行为。

2018 年 12 月 26 日，最高人民法院、司法部再次联合发布《关于扩大律师调解试点工作的通知》（司发通〔2018〕143 号），强调要充分认识扩大律师调解试点工作的重要意义，决定将律师调解试点工作扩大至全国范围。到 2019 年年底，律师调解工作要在所有地市级行政区域进行试点，力争每个县级行政区域都有律师调解工作室。

三、商事调解行业整体发展情况

（一）商事调解机构的发展情况

1. 融商“一带一路”商事调解中心发展迅速

2018 年，北京融商“一带一路”法律与商事服务中心主管的融商“一带一路”国际商事调解中心发展迅速，不仅继续加深在各自贸区的服务建设，也与法院深化了合作关系。

2018 年，融商“一带一路”商事调解中心继续加深在各自贸区的服务建设。2018 年 4 月 15 日，陕西自贸区设立“一带一路”服务机制办公室和“一带一路”国际商事调解中心调解室。[①]2018 年 9 月 3 日，粤港澳大湾区暨“一带一路”

① “一带一路”服务机制：“陕西自贸区设立‘一带一路’服务机制办公室、‘一带一路’国际商事调解中心调解室”，http://www.bnrsc.com/Home/Article/eventsDetail/aid/114/id/363.html，访问时间：2019 年 1 月 20 日。

法律服务集聚区揭牌的同时，“一带一路”服务机制南沙办公室和“一带一路”国际商事调解中心南沙调解室同时入驻粤港澳大湾区暨“一带一路”法律服务集聚区。① 以国际商事调解服务助力当地打造具有竞争力的营商环境。2018 年 5 月 18 日，“一带一路”国际商事调解中心前海法院调解室揭牌，进一步深化了调解中心和法院的合作。②

2. 商事调解机构在自贸区持续发展

为响应国务院《关于建立“一带一路”国际商事争端解决机制和机构的意见》，商事调解机构在自贸区持续得到重视和发展。重庆自贸试验区、珠海横琴自贸试验区均设立了商事调解中心。

2018 年 3 月 8 日，珠海首家专业商事调解机构“横琴新区国仲民商事调解中心”在横琴自由贸易试验区正式揭牌。该中心由珠海国际仲裁院、横琴新区金融行业协会、横琴新区消费者协会共同发起成立，调解范围包括当事人在贸易、投资、金融、证券、知识产权、技术转让、房地产、工程承包、运输、保险等领域的各类合同纠纷。③

2018 年 12 月 19 日，中国（重庆）自由贸易试验区商事调解中心正式揭牌成立，旨在为自贸试验区内的国内外商事主体提供以调解的方式，独立、公正地帮助中外当事人解决商事、海事等争议，打造重庆法治化、国际化、便利化的营商环境。④

3. 仲调对接合作广泛开展

仲调对接，即仲裁与调解相结合，在国际上被称为缘起于中国的“东方经验”，国内仲裁机构对其一直高度重视，多年来积极开展仲调对接的实践，精益求精。2018 年，许多仲裁机构或者在修订的仲裁规则中改进了仲调对接的规定，或者制定了单独的调解规则，同时与专业调解机构开展广泛合作。

---

① “一带一路”服务机制：“‘一带一路’服务机制和‘一带一路’国际商事调解中心进驻粤港澳大湾区暨‘一带一路’法律服务集聚区”，http：//www.bnrsc.com/Home/Article/detail/id/389.html，访问时间：2019 年 1 月 20 日。

② “一带一路”服务机制：“‘一带一路’国际商事调解中心前海法院调解室揭牌成立”，http：//www.bnrsc.com/Home/Article/detail/id/370.html，访问时间：2019 年 1 月 20 日。

③ 中国横琴政府智慧门户网：“3 月 8 日民商事调解中心揭牌”，http：//www.hengqin.gov.cn/hengqin/xxgk/201803/656a22af9397427e918e096a3e3a27f7.shtml，访问时间：2019 年 1 月 20 日。

④ 中国（重庆）自由贸易试验区：“重庆自贸试验区有了商事调解中心”，http：//ftz.cqmcc.gov.cn/publiccms/webfile/indexrd/2018-12-24/302.html，访问时间：2019 年 1 月 20 日。

2018年10月1日，中国海事仲裁委员会制定的《调解规则》正式施行。此《调解规则》结合了自身实践经验，借鉴了国际调解的积极成果，是对现行《仲裁规则》的补充和完善。[①]2018年11月15日通过的新《深圳国际仲裁院仲裁规则》继续完善调解与仲裁结合机制，当事人达成协议的，可以请求仲裁庭依照和解协议、调解协议内容快速作出裁决书、调解书或申请撤销案件，而不受规则规定有关期限的限制。[②]

2018年，仲裁机构亦与专业调解机构之间广泛开展合作。2017年与中证中小投资者服务中心签订仲调对接合作框架协议后[③]，北仲又于2018年10月30日与融商“一带一路”商事调解中心签署了《关于建立仲裁与调解相衔接的“一带一路”多元化纠纷解决机制之合作协议》。[④]同月，中国国际经济贸易仲裁委员会与融商“一带一路”商事调解中心签署了关于仲调结合的合作协议。[⑤]2018年4月28日，上海银行业纠纷调解中心与南京仲裁委员会签署了关于建立仲调对接合作机制的合作协议。[⑥]

上述情况表明，仲裁机构不仅注重改进自身传统的仲调对接实践，而且加大了与外部独立的调解机构之间的横向合作，形成联动，促进了仲裁与调解的有效衔接。调解与仲裁相衔接的机制是多元化纠纷解决机制的重要组成部分，它不仅能够方便当事人经济高效地解决争议，也能够更好地服务于国家“一带一路”建设。

---

① 中国海事仲裁委员会：“中国海仲制订《调解规则》，贡献争议解决的‘东方智慧’”，http://www.cmac.org.cn/?p=4888，访问时间：2019年1月22日。

② 深圳国际仲裁院：“特区国际仲裁：新规则、新突破——深圳国际仲裁院发布新版仲裁规则”，http://www.sccietac.org/web/news/detail/1834.html，访问时间：2019年1月22日。

③ “北京仲裁委员会2017年度工作报告”，http://www.bjac.org.cn/news/view?id=3137，访问时间：2019年2月20日。

④ 中国国际经济贸易仲裁委员会：“中国国际经济贸易仲裁委员会与北京融商‘一带一路’国际商事调解中心签署仲调对接合作协议”，http://www.cietac.org.cn/index.php?m=Article&a=show&id=15632，访问时间：2019年1月20日。

⑤ 北京仲裁委员会：“北京仲裁委员会/北京国际仲裁中心与北京融商‘一带一路’法律与商事服务中心暨‘一带一路’国际商事调解中心签署合作协议”，http://www.bjac.org.cn/news/view?id=3314，访问时间：2019年1月20日。

⑥ 南京仲裁委员会：“上海银行业纠纷调解中心与我委建立仲调对接合作机制”，http://ac.nanjing.gov.cn/zczx/gzdt/201804/t20180428_5383049.html，访问时间：2019年1月22日。

（二）商事调解学术会议与培训

1.《联合国关于调解达成的和解协议公约》与对外开放论坛[①②]

2018 年 11 月 6 日，由商务部主办的“《联合国关于调解达成的和解协议公约》与对外开放论坛”在上海召开。该论坛是首届中国国际进口博览会的配套活动之一。商务部、最高人民法院、联合国贸易法委员会的特邀嘉宾出席本次论坛并致辞。论坛围绕《联合国关于调解达成的国际和解协议公约》与中国对外开放，就商事调解的历史演进、调解公约的内容、调解公约与营商环境、调解公约对国际商事争议解决机制的影响、调解公约与国内法衔接等业界高度关注的问题进行了讨论。来自国内外重要商事争议调解机构、知名律师事务所等实务界代表，以及企业代表、有关学者等近 200 名嘉宾出席了本次论坛。

2. 粤港澳仲裁调解联盟五周年纪念活动[③]

2018 年 12 月 19 日，联盟第三届第一次主席会议暨五周年纪念活动在深圳国际仲裁院举行。联盟的 15 家成员机构的代表，以及最高人民法院、司法部、中华全国律师协会等相关部门领导共同出席了纪念活动。

3. 国际调解高峰论坛[④]

2018 年国际调解高峰论坛在湖南长沙隆重召开。来自 10 多个国家和地区的近 400 位法官、律师、调解员、仲裁员、法学专家、企业法务等专业人士出席论坛。本次高峰论坛以“协商性纠纷解决机制探究”为主题，设置了“落实‘一带一路’倡议，预防和化解贸易和投资纠纷”“构建和创新多元纠纷解决方式”“贸法会关于国际商事调解协议的承认和执行的最新进展”“调解的过去、现在和未来发展趋势”“律师在协商性纠纷解决机制中的作用”等五大议题。本次论坛中，中国贸促会调解中心还分别与泰国仲裁中心、新加坡国际调解中心、英国 CCI 信用管理公司签署了合作备忘录。

---

① 商务部：“商务部在上海举办《调解协议公约》与对外开放论坛”，http：//www.mofcom.gov.cn/article/ae/ai/201811/20181102803554.shtml，访问时间：2019 年 1 月 22 日。

② 中国国际经济贸易仲裁委员会：“《联合国关于调解达成的和解协议公约》与对外开放论坛在上海成功举办”，http：//www.cietac.org.cn/index.php?m=Article&a=show&id=15672，访问时间：2019 年 1 月 22 日。

③ 深圳国际仲裁院：“粤港澳仲裁调解联盟五周年　当事人来源国超百个——大湾区深化仲裁调解合作”，http：//www.sccietac.org/web/news/detail/1832.html，访问时间：2019 年 1 月 22 日。

④ 多元化纠纷解决机制：“2018 年国际调解高峰论坛在长沙成功举办”，https：//mp.weixin.qq.com/s/nVQq0kT9p8Yl-tXA-5_DOQ，访问时间：2019 年 1 月 22 日。

4. 第四届沪港商事调解论坛[①]

2018 年 5 月 19 日，由上海经贸商事调解中心、香港联合调解专线办事处、香港调解会共同主办的第四届沪港商事调解论坛在香港举行。本次论坛主题为“调解与‘一带一路’地区、内地及香港的发展、机遇与未来”，来自沪港两地的法官、学者、调解机构代表、调解员等就该议题进行了深入的交流。

5. 商事调解培训

在联合国大会通过了《联合国关于调解达成的国际和解协议公约》、最高人民法院发布了《关于人民法院进一步深化多元化纠纷解决机制改革的意见》等利好信息的推动下，商事调解将在未来争议解决中扮演更加重要的角色。相应地，培养专业调解人才就变得尤为重要。

2018 年 9 月 17 日至 19 日，第一届上海商事调解周在上海举行。本届调解周以交流、推广、共赢为宗旨，围绕商事调解领域热点话题，设计了包括专题培训在内的一系列调解宣传推广活动。其中，最高人民法院领导以“国际商事争端特征及审判思路”为主题，为调解员做了《国际商事审判的要点》和《域外商事调解的特征及我国商事调解发展的现状》等专题培训，帮助调解员进一步拓宽调解思路，提高调解能力。同时，为更好地结合调解理论与调解实践，本次调解周还以实践案例为素材，精心安排了模拟调解庭。[②]

2018 年 11 月 15 日至 16 日，中证中小投资者服务中心第四期全国调解员业务培训班在厦门举行，来自全国 32 个辖区的投服中心调解员及部分证监局投保业务骨干参加了此次培训。根据中证中小投资者服务中心现有调解员的人员结构以及调解工作实际需求，本次培训有针对性地设置了相关课程，除就新形势下调解工作、相关监管政策以及调解技巧进行教学外，还专门设置了调解员讨论与交流环节。[③]

---

① 上海经贸商事调解中心：“第四届沪港商事调解论坛在香港成功举行”，http：//www.scmc.org.cn/page67?article_id=316，访问时间：2019 年 1 月 22 日。

② 上海经贸商事调解中心：“第一届上海商事调解周在沪成功举行”，http：//www.scmc.org.cn/page67?article_id=327，访问时间：2019 年 1 月 22 日。

③ 投服中心：“投服中心第四期全国调解员业务培训班在厦门举行”，https：//www.investor.gov.cn/rights_interests_protection/mediation_service/mediation_news/201811/t20181119_333358.shtml，访问时间：2019 年 2 月 20 日。

四、典型案例

我国各级人民法院、各地仲裁机构和各地调解机构每年均办理数以万计的商事调解案件。由于调解的保密性，绝大多数通过调解结案的案件并未公之于众。通过检索2018年已公布的数量有限的调解案例，笔者认为如下案例具有典型意义。

【案例1】

首例适用小额速调机制纠纷案例①

【基本案情】

2014年3月，投资者W购买了F证券公司“某集合资产管理计划”产品，公司在宣传该产品时明确表示“不直接投资二级市场”。2014年5月，沪深交易所出台交易新规，管理人需增大二级市场投资。2015年8月，该产品发放投资红利后，W又追加了投资。同年11月，该基金净值亏损，W认为F公司在投资者不知情的情况下自行决定增大二级市场投资，严重违背之前承诺，要求F公司赔偿其损失。F公司认为，其投资二级市场是因交易新规所致，W后来已知晓该情况仍追加投资，因此在计算W损失时应将其获利金额合并计算；但W认为，其投资收益是合理获利，在计算自身损失数额时应予剔除。双方各执一词，纠纷久拖未决，W遂向中证中小投资者服务中心（以下简称投资者服务中心）申请启动调解程序。

【调解过程】

在北京证监局指导协调下，调解员对双方争议点进行了系统的法律分析。首先，在责任判定上，根据《中华人民共和国民事诉讼法》（以下简称《民事诉讼法》）和《最高人民法院关于民事诉讼证据的若干规定》，F公司因监管部门出台新规而变更投资策略，属于法律规定的可变更合同理由，但并不能免除其应当履行的告知义务，而F公司没有通知W该情况，其行为存在瑕疵；同时，W事实上已知晓该产品投资于二级市场却仍追加投资，也有一定责任。因此，参照以往司法判例

① 本案为最高人民法院2018年12月1日发布的《最高人民法院发布证券期货纠纷多元化解十大典型案例》中的第九个案例“九、首例适用小额速调机制纠纷案例”，http：//www.pkulaw.com/chl/34563d857d4e3d04bdfb.html?keyword=%E6%9C%80%E9%AB%98%E4%BA%BA%E6%B0%91%E6%B3%95%E9%99%A2%E5%8F%91%E5%B8%83%E8%AF%81%E5%88%B8%E6%9C%9F%E8%B4%A7%E7%BA%A0%E7%BA%B7%E5%A4%9A%E5%85%83%E5%8C%96%E8%A7%A3%E5%8D%81%E5%A4%A7%E5%85%B8%E5%9E%8B%E6%A1%88%E4%BE%8B，访问时间：2019年2月21日。

并结合公平原则，认定F公司和W分别承担70%和30%的过错责任。其次，在损失数额计算上，调解员根据最高人民法院相关审判指导意见中提出的损益相抵原则，认为W的投资收益在计算其损失时应当合并计算。最终，调解员提出将W的总损失金额扣除投资收益，再乘以70%的过错责任比例，即为F公司赔偿金额的调解方案。W表示认可该方案，因北京辖区经营机构均签署了适用小额速调机制的合作备忘录，该方案自动对F公司发生效力，双方签署调解协议并现场履行。

【纠纷观察】

本案是证券期货市场首例适用小额速调机制的调解案例。实践中，许多金额不大、案情简单的调解纠纷久拖未决，既占用调解资源，又耗费双方时间精力。基于此，投资者服务中心借鉴国际经验，创新实行了倾斜保护中小投资者的小额速调机制，即针对诉求金额较少（实践中主要为5000元以下，个别地方5万元以下）的证券期货纠纷，市场机构通过自律承诺、自愿加入、签署合作协议等方式，作出配合调解工作的承诺：一是只要投资者提出申请，机构积极配合调解工作；二是调解协议只需投资者同意，机构无条件接受并自觉履行；三是如投资者不同意调解结果，则调解协议对争议双方均无约束力，投资者可寻求其他救济途径。

小额速调机制为纠纷解决和投资者快速获得赔偿提供了新的路径，提高了调解效率，对行政救济、司法救济等投资者维权途径起到有益补充作用。目前，该机制已在18个省（市）成功试点推广，实践中已有多起成功案例。

【案例2】

A股市场上首例经调解化解的上市公司控制权争夺纠纷①

【基本案情】

上海证券交易所上市公司长园集团股份有限公司（证券代码：600525，以下简称长园集团）和其股东深圳证券交易所上市公司深圳市沃尔核材股份有限公司（证券代码：002130，以下简称沃尔核材）分别于2002年、2007年在沪深交易所上市。长园集团与沃尔核材实际控制人围绕长园集团法人治理结构、经营发展规

① 本案为最高人民法院2018年12月1日发布的《最高人民法院发布证券期货纠纷多元化解十大典型案例》中的第二个案例“二、上市公司控制权之争纠纷案例”，http://www.pkulaw.com/chl/34563d857d4e3d04bdfb.html?keyword=%E6%9C%80%E9%AB%98%E4%BA%BA%E6%B0%91%E6%B3%95%E9%99%A2%E5%8F%91%E5%B8%83%E8%AF%81%E5%88%B8%E6%9C%9F%E8%B4%A7%E7%BA%A0%E7%BA%B7%E5%A4%9A%E5%85%83%E5%8C%96%E8%A7%A3%E5%8D%81%E5%A4%A7%E5%85%B8%E5%9E%8B%E6%A1%88%E4%BE%8B，访问时间：2019年1月14日。

划和重大项目投资等问题引发控制权之争。

【调解过程】

2017年年底，在深圳证监局的引导下，双方同意将争议提交由深圳证监局和深圳国际仲裁院（以下简称深国仲）共同发起设立的深圳证券期货业纠纷调解中心（以下简称证券调解中心）调解。通过为期半个月的调解工作，双方于2018年年初达成和解并申请由深国仲根据相关和解内容快速作出仲裁裁决，以圆满化解纠纷。

【纠纷观察】

本案的圆满解决，有三点典型意义：一是本案通过调解方式化解控制权之争为今后同类纠纷处理探索了一条可资借鉴的新路径。2018年5月，在总结本案调解成功经验的基础上，证券调解中心和深国仲合作成立境内资本市场首家“并购争议解决中心”，以加强上市公司并购纠纷等方面的研究、防范和化解。二是深圳证监局、证券调解中心、深国仲通力协作，短时间内解决长达4年的上市公司控制权争夺纠纷，充分体现了“专业调解＋商事仲裁＋行业自律＋行政监管”四位一体争议解决机制在化解资本市场复杂矛盾纠纷方面的优势和成效。三是通过调解化解纠纷后，双方实现了共赢。长园集团优化了股权结构、负债结构和产业结构，赢得了良好的经营环境，沃尔核材转让相关股份、承诺放弃控制权争夺，更加专注主业发展。

【案例3】

多元纠纷解决机制顺利解决系列国际纠纷[①]

【基本案情】

2013年年底至2014年6月，希腊卡迪夫海事有限公司（Cardiff Marine Inc.）（以下简称卡迪夫公司）以其设立的包括哈皮那船舶公司（Harpina Owning Company Limited）（以下简称哈皮那公司）在内的六家单船公司名义，与扬子江船业（控股）有限公司（以下简称扬子江公司）旗下的江苏天元船舶进出口有限公司（以下简

① 本案为最高人民法院2018年8月8日发布的《最高人民法院发布2017年度十件海事审判典型案例》中的第九个案例“哈皮那船舶公司（Harpina Owning Company Limited）与江苏天元船舶进出口有限公司、江苏新扬子造船有限公司和扬子鑫福造船有限公司船舶建造合同纠纷案”，http://www.pkulaw.com/chl/d5e0c81385854b87bdfb.html?keyword=%E6%9C%80%E9%AB%98%E4%BA%BA%E6%B0%91%E6%B3%95%E9%99%A2%E5%8F%91%E5%B8%832017%E5%B9%B4%E5%BA%A6%E5%8D%81%E4%BB%B6%E6%B5%B7%E4%BA%8B%E5%AE%A1%E5%88%A4%E5%85%B8%E5%9E%8B%E6%A1%88%E4%BE%8B，访问时间：2019年1月14日。

称天元公司）、江苏新扬子造船有限公司（以下简称新扬子公司）、扬子鑫福造船有限公司（以下简称扬子公司）等分别签订6份船舶建造协议。双方除第一艘船舶正常交接外，其余5艘船舶均存在争议。2017年3月1日，哈皮那公司向武汉海事法院申请海事强制令，要求天元公司、新扬子公司和扬子公司立即交付“世外桃源”轮。同月16日，哈皮那公司又向伦敦海事仲裁委员会提出仲裁。此外，围绕其他几艘船舶的建造合同，相关各方还有3起在伦敦海事仲裁委员会进行的仲裁，以及1起在英国法院进行的诉讼。

【调解过程】

在武汉海事法院的主持下，双方当事人达成和解：哈皮那公司等支付涉案款项、扬子江公司交付涉案船舶；哈皮那公司永久性地撤销英国伦敦仲裁并负担全部仲裁费用；双方当事人就本和解协议所涉事项不可撤销地相互放弃主张。为保证调解协议的顺利履行，武汉海事法院于调解协议达成当日即制作调解书并送达双方当事人，双方当事人都按期履行了各自义务。本案调解协议达成并履行后，卡迪夫公司和扬子江公司等相关当事人，按照本案调解模式，就其他船舶建造合同项下的纠纷，也分别达成调解协议并实际履行。

【纠纷观察】

本案系在国际航运市场持续走低背景下发生的涉外船舶建造合同纠纷，具有如下典型意义：第一，践行多元纠纷解决机制，维护各方当事人的合法权益。本案纠纷涉及多国当事人，通过一般诉讼程序解决耗时费力，执行难度大，武汉海事法院从提高效率、降低成本的角度出发，确立了调解方案，引导当事人理性面对和解决纠纷。调解结案，不仅使哈皮那公司及早将20万吨级的“世外桃源”轮投入运营，也避免了天元公司等可能面临的船舶营运损失索赔。第二，涉案纠纷的顺利调解解决，为卡迪夫公司和扬子江公司之间的诸多国际仲裁和诉讼，提供了可资借鉴的处理思路，在当事人都可接受的利益平衡点上，借鉴中国调解经验，最终解决了系列国际纠纷。

【案例4】

灵活恰当运用调解“一揽子”化解复杂的关联纠纷[①]

---

① 本案为上海海事法院2018年8月9日发布的《上海海事法院涉“一带一路”审判情况及十大典型案例通报》中的第八个案例，http://shhsfy.gov.cn/hsfyytwx/hsfyytwx/spdy1358/hsspbps1434/bps.html?name=2017.pdf，访问时间：2019年1月14日。

【基本案情】

原告德国 DS 运输公司与第三人蒙古之光公司签订长期运输协议，由原告负责将货物从意大利经海路运至中国天津后再经陆路运输至蒙古乌兰巴托，原告委托被告中远海运集运公司负责海运区段运输。因原告与第三人对案外货物运输的运费存在争议，原告意图通过留置货物主张运费。但货物运至天津港后，其中涉案两票货物被无单放行，另有一票货物仍扣留在天津港。原告以无单放货侵害货物留置权为由诉至法院，要求被告承担无单放货责任。

【调解过程】

涉案运输是“一带一路”沿线国际贸易中采取的常见运输方式，且法律争议较大，标的金额较高，涉及大量案外业务往来和陆路运输区段的纠纷，后续可能引发连环追索，滞箱、仓储费用等损失也在进一步扩大。法院经研判后认为，促成三方和解是解决本案争议的最佳途径，遂及时追加第三人、组织庭前证据交换，搭建平台组织原告与第三人跨国对账，厘清基本案件事实以及争议焦点，合理限定调解范围，推动争议得到实质解决。

【纠纷观察】

在牵涉主体众多、法律关系复杂、可能引发后续连环纠纷的复杂案件中，恰当灵活地使用调解方式解决纠纷，“一揽子”化解关联的利益纷争，是兼顾司法公正与效率的可靠途径。调解工作的开展可不局限于本案的争议，适度发掘纠纷发生的根本原因加以化解，既免去了当事人在本案判决后再行追索的负担，也有利于境外当事人在调解后自觉履行。同时，法院居中组织对账、调解等工作也消除了各方之间存在的信任危机，在多方主体涉外的案件中发挥了重要作用。

上述四则调解案例所涉及的商事纠纷，分别在行业调解机构、仲裁机构和人民法院主持的调解下获得了圆满解决。其共同的典型意义在于各案均较好地体现了调解作为争议解决方式所具有的自愿、灵活、高效、包容的特征，不仅能够解决当事人之间的现有争议，同时对“一揽子”解决与案外人之间的相关纠纷、保持和发展当事人之间的商业关系也大有裨益。调解的独特价值奠定了其在多元化纠纷解决方式中的实用地位，也是驱动我国调解法制建设、规则建设不断向前发展的原动力。

五、热点观察

2018 年，我国商事调解领域新规则、新事物、新现象不断涌现，其中不少具有全局性和长远意义，形成了社会关注的热点。现择其要者简述如下。

（一）国际商事法庭整合调解、仲裁、诉讼资源，“一站式”国际商事纠纷多元化解决平台正式落成，并进入运行阶段

2018年年末，最高人民法院发布并实行《最高人民法院办公厅关于确定首批纳入“一站式”国际商事纠纷多元化解决机制的国际商事仲裁及调解机构的通知》[①]《最高人民法院国际商事法庭程序规则（试行）》以及《最高人民法院国际商事专家委员会工作规则（试行）》三份规范性文件。这不仅是落实中共中央办公厅、国务院办公厅《关于建立“一带一路”国际商事争端解决机制和机构的意见》过程中的重要成果，更是为“一站式”国际商事纠纷多元化解决机制赋予生命。在制度设计上，国际商事法庭已实现调解、仲裁、诉讼三位一体的有机衔接，但专家认为国际商事法庭在实践层面上需要更加精细的规则。

最高人民法院充分支持当事人自由选择争议解决方式，并且在国际商事法庭这一综合性、国际化的平台上为当事人提供多元的选项。这一设计初衷得到了众多专家委员会委员的肯定。[②]当事人在国际商事法庭可以选择进行诉讼、仲裁或调解。当事人可选择纳入“一站式”国际商事纠纷多元化解决机制的2家调解中心主持调解。经调解机构主持调解，当事人达成调解协议的，国际商事法庭可以依照法律规定制发调解书；当事人要求发给判决书的，可以依协议的内容制作判决书送达当事人。国际商事法庭专家委员会可以根据国际商事法庭的委托主持调解，达成调解协议的可由国际商事法庭制作调解书或判决书。[③]若当事人选择仲裁，当事人可以选择纳入“一站式”国际商事纠纷多元化解决机制的5家仲裁机构进行仲裁。国际商事法庭可以受理证据、财产或者行为保全的申请、撤销仲裁裁决或执行仲裁裁决的申请。最高人民法院副院长罗东川表示，国际商事法庭的制度创新契合国际商事交往中的高效与便捷的特点，国际商事纠纷能够实现“一

---

① 中国国际经济贸易仲裁委员会、北京仲裁委员会、深圳国际仲裁院、上海国际经济贸易仲裁委员会、中国海事仲裁委员会五家国际商事仲裁机构以及中国国际贸易促进委员会调解中心、上海经贸商事调解中心两家国际商事调解机构作为首批纳入“一站式”国际商事纠纷解决平台多元化解决机制的仲裁和调解机构。

② 人民法院报，“共话国际商事争端解决的机构与机制建设——部分专家委员在国际商事专家委员会首届研讨会上的发言”，http：//cicc.court.gov.cn/html/1/218/62/164/1081.html，访问时间：2019年2月20日。

③《最高人民法院国际商事专家委员会工作规则（试行）》第3条、第13条。

裁终局”。[①]

有观点认为国际商事法庭是在我国现行法律框架下进行精心出的新型争议解决机构，利用协议管辖、移送管辖、提级管辖等制度赋予国际商事法庭管辖权，但没有突破现行框架，因此不需要修改宪法和法律设立。[②]但这并不代表我国不需要进一步完善关于国际商事法庭的立法、司法解释或规范性文件。现有司法解释为国际商事法庭“一站式”平台的调解打下了初步基础，但随之而来的下列问题仍然需要立法和司法机关进行尽快出台指导性文件：国际商事法庭应当如何进行调解、调解人员资质是否有具体要求、调解—仲裁—调解如何转换衔接、如何保持调解的中立性、国际商事法庭制作的调解书在国内以及域外的执行程序等。

（二）联合国大会通过《联合国关于调解达成的国际和解协议公约》：商事调解协议有望得到跨国执行，但我国加入《公约》尚面临诸多挑战

联合国国际贸易法委员会第 51 届会议于 2018 年 6 月 27 日通过了《联合国关于调解达成的国际和解协议公约》（以下简称《公约》）。2018 年 12 月 20 日，第 73 届联合国大会审议通过了该公约。《公约》将于 2019 年 8 月 1 日在新加坡开放签署。《公约》在商事调解领域的地位与作用被认为可以与《纽约公约》对于国际商事仲裁的意义相媲美。《公约》将有利于执行经调解产生的具有国际性的和解协议，进一步加强调解作为争议解决机制之一的地位并助推国际贸易的发展。对于我国是否应当加入《公约》以及何时加入《公约》等问题，有关部门和学者们都进行了有益的探讨。

目前，和解（调解）协议在我国主要通过几种方式执行：（1）由法院作出具有强制执行力的调解书[③]；（2）由仲裁庭作出具有强制执行力的调解书或裁决书[④]；

① 曹音：“国际商事法庭：服务‘一带一路’建设，营造法治化营商环境”，http：//cicc.court.gov.cn/html/1/218/149/156/1185.html，访问时间：2019 年 2 月 20 日。

② 杜涛、叶珊珊：“国际商事法庭：一个新型的国际商事纠纷解决机构”，http：//rmfyb.chinacourt.org/paper/html/2018-07/10/content_141048.htm?div=-1，访问时间：2019 年 2 月 20 日。张勇健：“国际商事争端解决机制的实践与完善”，http：//cicc.court.gov.cn/html/1/218/62/164/1074.html，访问时间：2019 年 2 月 20 日。

③ 《民事诉讼法》第 93 – 97 条。

④ 《仲裁法》第 51 – 52 条。

（3）向人民法院申请对调解协议进行司法确认[①]；（4）向人民法院申请支付令[②]；（5）向公证机关申请强制执行公证[③]。若我国加入《公约》，那么如何将《公约》的直接执行等制度融合在《民事诉讼法》《中华人民共和国人民调解法》《中华人民共和国仲裁法》及其相关司法解释[④]以及司法部、各级政府及法院发布的规范性文件的体系中将成为一个棘手的问题。

尽管有关部门和业界学者对我国加入《公约》的前景持乐观态度，但我国加入《公约》仍将面临不小的挑战。

首先是存在执行和司法审查机制上的不确定性。尽管《公约》采用直接执行原则，不要求主管机关对和解协议进行审查，但在我国的现行框架下，若司法机关完全不进行审查恐怕是不现实的。那么，司法机关是否应当借鉴承认和执行外国仲裁裁决程序中的报核制度[⑤]，人民法院是否应当对申请执行和解公约的程序进行归口办理[⑥]，司法审查的尺度如何把握等问题需要立法和司法机关作出明确的指示。此外，《公约》没有明确规定和解协议的内容，若某些非金钱类的和解协议无法满足我国民诉法和执行相关规定对执行标的明确性和具体性的要求，将会妨碍执行程序的顺利进行。

可以预见的是，若我国加入《公约》，我国将有必要修改或完善现行法律以适应《公约》的要求。我国法律、司法解释和规范性文件在完善的过程中大致有以下几个方向：制定独立的《调解法》，并将《公约》的相关规定纳入其中；修改《民事诉讼法》司法确认部分；修改《民事诉讼法》承认执行外国判决、仲裁裁决和裁定部分，将国际性的和解协议也纳入其中；结合最高人民法院国际商事法庭的

---

① 《人民调解法》第31－33条。《最高人民法院关于人民调解协议司法确认程序的若干规定》（法释〔2011〕5号）第7－9条。最高人民法院、司法部《关于开展律师调解试点工作的意见》（司法通〔2017〕105号）第12条。

② 《民事诉讼法》第214－217条。

③ 《民事诉讼法》第238条。

④ 《最高人民法院关于设立国际商事法庭若干问题的规定》（法释〔2018〕11号）、《最高人民法院办公厅关于确定首批纳入“一站式”国际商事纠纷多元化解决机制的国际商事仲裁及调解机构的通知》（法办〔2018〕212号）、《最高人民法院关于人民法院进一步深化多元纠纷解决机制改革的意见》（法发〔2016〕14号）、《最高人民法院关于人民法院特邀调解的规定》（法释〔2016〕14号）、《最高人民法院关于人民调解协议司法确认程序的若干规定》（法释〔2011〕5号）等。

⑤ 《最高人民法院关于仲裁司法审查案件报核问题的有关规定》（法释〔2017〕21号）、《最高人民法院关于审理仲裁司法审查案件若干问题的规定》（法释〔2017〕22号）。

⑥ 《最高人民法院关于仲裁司法审查案件归口办理有关问题的通知》）（法〔2017〕152号）。

"一站式"争议解决平台，补充规定国际性的和解协议也可以借助于该平台得到执行。立法机关需要选择合适的路径，充分考虑不同方向的利与弊，保证《公约》与国内法的有效衔接。

其次是与商事调解配套的辅助机制尚未成熟。《公约》不对调解员的资格以及调解程序作出要求，然而为了规范调解行业的发展以及保证经调解达成的和解协议的可执行性，我国应当进一步明确有权主持国际性调解的不同主体，除法院、仲裁机构、调解机构主持的调解外，律师和个人可否主持国际性的调解？与之相配套，调解员的培训标准和调解员名册制度等也有必要进一步考量。

最后是如何建立健全国内机制防范和应对虚假和解问题。我国一旦加入《公约》，就将承担由人民法院按照《公约》条件执行全球范围内达成的商事和解协议的国际义务。如果当事人和解协议的内容均在其有权自行处分的财产权益范围之内，执行该和解协议应该不存在障碍。但如果和解协议的当事人越权处分了他人的、集体的或国家的财产权益，损害了他人的、集体的或国家的利益，则存在虚假和解或者滥用和解权的问题。对于虚假和解和滥用和解权，法律一般持否定态度。《公约》第 5 条"拒绝给予救济的理由"第 1（c）（2）项关于和解协议义务"无法理解"或者第 2（a）项关于"准予救济将违反公约该当事方的公共政策"的规定可以用作反制虚假和解或滥用和解权的有力工具。《公约》当事方也可以通过国内立法或判例法进一步落实《公约》的上述规定。因此，我国加入《公约》之后，似有必要通过司法解释明确防范和处置虚假和解和滥用和解权的司法审查标准，在保护和解协议当事人合法权益的同时，确保他人利益或我国的社会公共利益不受和解协议的不当侵害。

（三）《CEPA 投资争端调解规则》以及调解员名册正式发布：香港、澳门投资者与内地行政机构或部门的投资争议以调解方式解决

2017 年 6 月 28 日，经国务院批准，商务部与香港特别行政区的代表在香港签署了内地与香港《〈关于建立更紧密经贸关系的安排〉投资协议》（以下简称《CEPA 投资协议》），自 2018 年 1 月 1 日起正式实施。该协议旨在保护和推动内地与香港间的相互投资，并规定了两地在保护适格投资者和《CEPA 投资协议》所覆盖的投资项目的实质性义务，如公正和公平待遇、充分保护安全、国民待遇、最惠待遇以及合法征收，将对香港来内地投资和内地赴香港投资实现更加全面、完善的投资保护。

《CEPA 投资协议》选择了调解作为争议解决的方式，并在《〈内地与香港关

于建立更紧密经贸关系的安排〉投资协议投资争端调解机制》（以下简称《CEPA投资争端调解机制》）中对《CEPA投资协议》第19条（香港投资者与内地一方争端解决）和第20条（内地投资者与香港一方争端解决）的情形进一步作出说明。港澳投资者可以依据《CEPA投资协议》第19条的规定，向处理内地投资者与香港一方争端的调解机构申请调解其与内地实施具体行政行为的特定部门或机构之间的投资争端。内地投资者则可以依据《CEPA投资协议》第20条的规定，向处理内地投资者与香港一方争端的调解机构申请调解。

被批准处理香港（内地）投资者与内地（香港）一方争端的两家内地调解机构是中国国际贸易促进委员会/中国国际商会调解中心和中国国际经济贸易仲裁委员会。两家香港机构是香港国际仲裁中心下设的香港调解会（HKMC）和内地—香港联合调解中心（MHJMC）。[①]

2018年10月30日，中国国际贸易促进委员会/中国国际商会通过《中国国际经济贸易仲裁委员会〈CEPA投资协议〉投资争端调解规则》（以下简称《规则》），并于2018年12月12日起施行。同时通过并施行的还有《贸仲委CEPA投资争端调解员名册》。[②]名册上现有调解员55名，其中内地38名，香港13名，澳门4名。

根据《规则》第9条，该调解程序不具有强制性，被申请人应当在收到调解通知之日起15天内书面回复是否同意参加调解程序；逾期回复或明确回复不参加调解程序的，调解程序即行终止。如被申请人决定参加调解程序，则其有权提交答复意见。双方当事人可以自行约定调解员的人数及产生方式，如没有约定，则《规则》第12条默认由两位调解员进行调解，双方各指定一名调解员。关于调解方式，《规则》第16条授权调解员"按其认为适当的方式进行调解"，包括与一方当事人单独会见、听取证人证言、进行实地考察等。关于调解结案的具体形式，《规则》第18条规定，不论双方当事人自行达成协议或在调解员的主持下达成协议，调解员均应根据协议内容制作对双方有拘束力的和解协议。

香港政府律政司为投资争端的解决起草了调解规则，该调解规则与上述贸仲委发布的规则大同小异。香港政府指定的两家调解机构将按照该调解规则促进在

① 香港特别行政区政府工业贸易署：《内地与香港关于建立更紧密经贸关系的安排》（《安排》）"投资争端解决机制"，https://www.tid.gov.hk/tc_chi/cepa/investment/mediation.html，访问时间：2019年1月7日。

② 傅成伟："贸仲委CEPA投资争端调解规则及调解员名册正式公布实施"，http://www.ccpit.org/Contents/Channel_3528/2018/1212/1099976/content_1099976.htm，访问时间：2019年1月7日。

调解员名册中调解员的委任并协助调解员开展调解程序。香港国际仲裁中心具有管理投资条约仲裁的经验，该中心的法律顾问还可在此类仲裁中受聘担任仲裁庭秘书。

较之于诉讼和仲裁，调解具有高度和谐的特质，在处理国内不同司法辖区的区际争端中最受青睐。可以预见，调解将在促进内地和港澳台经济交往和相互投资的发展、完善我国投资争端解决机制过程中发挥越来越重要的作用。

六、总结与展望

综观2018年以来我国商事调解发展情况，可以看出有如下几个突出特点：

第一，在我国共建共享共治的社会治理格局中，多元化纠纷解决机制持续受到高度重视。2018年是党中央、国务院《关于完善矛盾纠纷多元化解机制的意见》继续落地落细的一年，我国多元化纠纷解决机制改革和创新出现了重大进展。其中，调解机制的改革和创新最为显著。在商事仲裁领域，以最高人民法院设立国际商事法庭和建立诉讼、仲裁、调解有机衔接的“一站式”国际商事纠纷多元化解决机制平台为标志，调解的重要性已经从以往处于边缘化的弱势地位逐渐过渡到与诉讼和仲裁平起平坐。在“一国两制”下内地与香港区际投资争端解决机制中，调解被内地和香港政府选定为解决投资者与东道政府之间投资保护争端的最优方法，其重要性超越了诉讼和仲裁。在中国商事调解的发展历史上，2018年应该是浓墨重彩的一年。

第二，在商事调解的组织发展层面，出现了区域细分、行业细分的新景象。着眼于营造自贸区、“一带一路”法治化营商环境的调解组织在增加，其中尤以融商一带一路国际商事调解中心、粤港澳仲裁调解联盟的发展势头最为强劲。在知识产权、证券期货、涉外商事、互联网和民营企业等行业，各类调解组织的数量日益增大。例如，截止到2018年12月底，服务于民营经济纠纷解决的全国工商联系统各类商会调解组织就已达1,520家。[①] 最高人民法院、各地人民法院、互联网法院、仲裁机构、调解机构和律师行业等都加强了调解的组织保障、规则保障和人力物质保障。其中，最高人民法院国际商事法庭的调解工作别具一格。《最高

① 数据来源：“规范商会调解组织　助力民营经济发展—最高人民法院、全国工商联相关负责同志就《关于发挥商会调解优势推进民营经济领域纠纷多元化解机制建设的意见》答记者问”，http://www.court.gov.cn/zixun-xiangqing-141021.html，访问时间：2019年1月27日。

人民法院国际商事法庭程序规则（试行）》第17条至第26条对国际商事法庭程序中审前调解作出了特别规定，而法庭聘请的国际商事专家委员首条职责便是“主持调解国际商事案件”，足以显示出国际商事法庭程序中专业调解的重要性。使用境外国际商事专家委员进行调解，一方面并未触及《中华人民共和国法官法》《中华人民共和国人民法院组织法》的法官国籍限制，另一方面也可以避免法官兼任调解员而产生的调解与审判程序的不平衡，可谓一举两得。

第三，在商事调解的技术层面，除了独立调解之外，诉调对接和仲调对接是调解技术发展的重头戏。无论是法院系统还是仲裁行业，调解均受到了持续的欢迎，调解因其自愿性、灵活性和可塑性而能很好地与诉讼或仲裁相衔接。诉调对接和仲调对接综合了和解的长处和诉讼、仲裁的执行力优势，弥补了调解协议自身不具备强制执行力的短板，可谓相得益彰。正因如此，最高人民法院国际商事法庭才有能力、有信心聚合诉讼、仲裁、调解领域最为优质的资源，推动建立诉讼与调解、仲裁有效衔接的多元化纠纷解决机制，形成便利、快捷、低成本的“一站式”纠纷解决平台，为“一带一路”国际商事争端的当事人提供优质高效的法律服务。可以说，调解作为重头戏加入国际商事法庭未来框架的搭建并不令人意外。

第四，互联网时代的调解在与时俱进。我国法院、调解机构、仲裁机构和争议协调服务机构纷纷开通网上调解业务，并且把线上调解与线下调解结合起来，高效快捷地解决网上争议和传统的线下争议，把调解的范围拓展到了新的境界。在总结杭州互联网法院经验的基础上，2018年最高人民法院上线了人民法院调解平台，发布了《关于增设北京互联网法院、广州互联网法院的方案》和《关于互联网法院审理案件若干问题的规定》，支持线上调解并允许当事人通过在线确认、电子签章等在线方式对调解协议进行确认。互联网法院的调解实践为仲裁机构和调解机构的线上调解提供了很好的借鉴。

从前文涉及的情况来看，我国的商事调解尚有如下主要问题有待进一步研究和加以解决：

第一，如何应对《联合国关于调解达成的国际和解协议公约》即将开放签署问题。调解在我国有悠久的历史，调解的原则也符合我国秉持的和平解决争端、构建和谐社会的法律文化观。《联合国关于调解达成的国际和解协议公约》反映了在联合国主持下国际社会共同促进多元化纠纷机制建设的最新成果。在我国已经加入了1958年《纽约公约》和2015年《海牙选择法院协议公约》的情况下，我国择机签署或加入《联合国关于调解达成的国际和解协议公约》以全面实现在仲裁、诉讼和调解三个领域的国际合作，势在必行。但是，加入该公约后，我国现有的法律、辅助机制和司法理念如何改进使其与公约的顺利实施相配套，是需要认真研究和及时解决的。

第二，在商事调解领域，如何加快实现共建共享共治的社会治理理念问题。近年来，我国的调解组织在地域和各行业都有长足的发展，但是囿于调解的保密性和组织机构的分散性，有关调解的信息比较严重地缺乏透明度，影响了外界对调解现状进行客观的评估和研判。建议在国家层面建立一个统一的调解信息沟通和发布平台，加强数据统计、理论研究、案例研究、规则制定、实务指南、国际合作和调解员培训等方面的协调管理工作，助力我国商事调解实现质的飞跃。

第三，调解在解决投资者和东道政府之间的投资争端领域尚处于萌芽状态。由于国际上对现有投资争端仲裁机制诟病甚多，欧盟甚至在 2018 年通过立法禁止其成员国相互之间施行投资仲裁，调解作为该类纠纷的一种替代性的争议解决方式其实有很大的发展余地。《CEPA 投资协议》将调解作为解决纠纷的首选方式值得赞许。由于调解全程始终基于当事人的意思自治，调解成功的可能性将极大地取决于当事人在争点上的强弱、心理因素和环境因素，以及调解员的专业素养和调解技术。因此，国家对调解员的培训和调解员队伍的建设工作必须加强。

第四，目前我国商事调解的组织发展势头迅猛，调解与仲裁、诉讼的衔接受到重视，调解资源的共享与合作颇有起色，但对关涉商事调解长远生命力的其他一些重要问题的研究和规制也需加强和深入。例如，商事调解员是否需要资质认证和资质互认、商事调解的所有和解协议是否都可以纳入司法确认范围、商事调解规则的完善、商事调解组织的市场化收费制度等问题。国际商事法庭的建立也是商事调解发展历程中的大事，国际商事法庭如何处理运用商事调解方式化解国际商事争端，尚需及早做前瞻性研究。

第五，如同以往的年度观察所关注的一样，我们认为我国应该尽快加强商事调解的法治化建设，特别是由立法机关制定一部单独的成文的全国性的调解法。加快进行调解立法工作，是把我国调解业务做大做强的需要，也是中国向世界贡献中国智慧、中国方案的需要。

中国建设工程争议解决年度观察（2019）

周显峰　郑艳丽　王树柠[①]

一、概述

（一）建筑业“放管服”改革继续深化，对中国建设工程争议解决影响深远

2018年，我国政府职能转变和“放管服”改革工作继续深入进行，其中两大改革举措对建设工程争议解决领域影响深远。

第一项重大改革举措是国家发展和改革委员会（以下简称国家发改委）于2018年上半年出台了关于必须招标的工程项目的新规定，大幅度缩减了必须招标的工程项目范围，特别是商品住宅、市政工程、科教文卫体和旅游、生态环境保护等社会资本较活跃的领域，不再属于必须招标的“大型基础设施、公用事业等关系社会公共利益、公众安全的项目”。这一重大变化，将从根源上杜绝或减少因强制招标范围过大而导致的一系列疑难争议的发生，如因未招标导致合同无效、“黑白合同”等。

第二项重大改革举措根据国务院关于工程建设项目审批制度改革试点工作的总体部署，住房和城乡建设部（以下简称住建部）于2018年9月28日取消了施工合同备案制度。施工合同备案制度在实施过程中的过度行政规制，是产生“黑白合同”现象的制度性根源之一。该制度的取消，对于“黑白合同”的表现形式和争议解决途径，均将带来新的挑战和深远影响。

---

① 周显峰，君合律师事务所基础设施与项目融资组合伙人。郑艳丽，君合律师事务所争议解决组合伙人。王树柠，君合律师事务所基础设施组律师。同时，作者感谢君合律师事务所基础设施组刘辙律师、杨天博伦律师对本报告作出的卓有成效的贡献。

（二）最高人民法院《施工合同司法解释（二）》正式出台，中国建设工程争议解决进入新阶段

2018年10月29日，最高人民法院原则通过《关于审理建设工程施工合同纠纷案件适用法律问题的解释（二）》（法释〔2018〕20号，以下简称《施工合同司法解释（二）》），并于2018年12月29日正式公布，自2019年2月1日起施行。

制定《施工合同司法解释（二）》是适应建筑业投资经营方式和监管政策变化的客观需要。特别是在2018年必须招标项目范围大幅缩减、建设工程施工合同备案制度取消，而《中华人民共和国合同法》（以下简称《合同法》）、《中华人民共和国建筑法》（以下简称《建筑法》）、《中华人民共和国招标投标法》（以下简称《招标投标法》）等法律法规并无变化的时代背景下，如何适应新的建筑业发展实践，需要进一步发挥司法智慧，提出司法方案。

同时，制定《施工合同司法解释（二）》也是应对建设工程争议案件司法审判面临挑战的客观需要。2004年《最高人民法院关于审理建设工程施工合同纠纷案件适用法律问题的解释》（以下简称《施工合同司法解释（一）》）施行14年来，建设工程施工合同纠纷案件数量和涉案标的额双双大幅提升。2017年，全国法院审理一审建设工程施工合同纠纷案件10.29万件。2018年，全国法院审理一审建设工程施工合同纠纷案件11.32万件。在司法实践中，新类型案件、新问题不断涌现，对统一建设工程施工合同纠纷裁判标准提出了新挑战。

在上述背景下，《施工合同司法解释（二）》的发布和施行，对于在全国范围内统一裁判标准，解决建设工程争议中带有普遍性的问题，具有重大意义。

"凡是过往，皆为序章。"如同《施工合同司法解释（一）》的实践发展轨迹一样，《施工合同司法解释（二）》在解决一系列现存问题的同时，也将产生新的问题和面临新的挑战。而中国建设工程争议解决的实践，正是按照波浪式的轨迹不断向前发展。

（三）对外承包工程业务营业额和合同额双降，境外工程纠纷概率增加

2018年，我国对外承包工程业务完成营业额1.12万亿元人民币，同比下降1.7%（折合1690.4亿美元，同比增长0.3%），新签合同额1.6万亿元人民币，同比下降10.7%（折合2418亿美元，同比下降8.8%）。[①]

① 2019年1月22日中华人民共和国商务部对外投资和合作司"2018年1-12月我国对外承包工程业务简明统计"，http://hzs.mofcom.gov.cn/article/date/201901/20190102829083.shtml，访问时间：2019年2月11日。

中国对外承包工程市场的萎缩，在将导致市场竞争进一步加剧的同时，对于存量境外工程而言，发生纠纷的概率也大幅度增加。其中，发生在中资企业之间的境外工程价款、独立保函等纠纷，将成为中国境内法院、仲裁机构更加关注的热点问题。例如，为服务和保障“一带一路”建设，最高人民法院于2018年6月27日发布《最高人民法院关于设立国际商事法庭若干问题的规定》，正式设立最高人民法院国际商事法庭，并组建国际商事专家委员会。又如，2018年9月6日，由北京仲裁委员会/北京国际仲裁中心（BAC/BIAC，以下简称北仲）和中国对外承包工程商会联合举办的“一带一路同行，中企间纠纷源于何因：评断中企间国际纠纷仲裁案研讨会”，是对中资企业境外工程争议解决的具有前瞻性和实践价值的总结和探索。

二、新出台的法律法规或其他规范性文件

（一）国家发改委《必须招标的工程项目规定》和《必须招标的基础设施和公用事业项目范围规定》

2018年3月27日，国家发改委颁布了《必须招标的工程项目规定》（以下简称16号令），自2018年6月1日起施行。2000年5月1日发布并实施的《工程建设项目招标范围和规模标准规定》（2000年5月1日原国家发展计划委员会发布，以下简称原3号令）废止。

2018年6月6日，国家发改委发布和实施《必须招标的基础设施和公用事业项目范围规定》（以下简称843号文），对16号令中未具体规定的“必须招标的大型基础设施、公用事业项目范围”进行了界定。

16号令和原3号令均采用“范围+规模”的方式对必须招标的工程项目进行界定，即只有同时符合范围和规模要求的项目才是必须招标的。

1. 必须招标范围

16号令缩小“全部或者部分使用国有资金投资或者国家融资的项目”的范围。在原3号令中，使用国有资金投资或者国家融资的工程建设项目，实际不论比例大小，均属于依法必须招标的范围。但是，此次16号令则限缩为两种情形：（一）使用预算资金200万元人民币以上，并且该资金占投资额10%以上的项目；（二）使用国有企事业单位资金，并且该资金占控股或者主导地位的项目。

关于必须招标的“大型基础设施、公用事业项目”的范围，843号文将原3

号令12大类限缩至5大类，具体包括：（一）煤炭、石油、天然气、电力、新能源等能源基础设施项目；（二）铁路、公路、管道、水运，以及公共航空和A1级通用机场等交通运输基础设施项目；（三）电信枢纽、通信信息网络等通信基础设施项目；（四）防洪、灌溉、排涝、引（供）水等水利基础设施项目；（五）城市轨道交通等城建项目。843号文还删除了原3号令中“其他基础设施项目”和“其他公用事业项目”的兜底条款，避免“大型基础设施、公用适用项目”的范围在实践中被任意扩大。

2. 必须招标规模标准

16号令将原3号令规定的合同估算金额的标准提高了一倍，其中（1）施工单项合同的合同估算金额从200万元人民币提高到400万元人民币；（2）重要设备、材料等货物的采购单项合同的合同估算金额从100万元人民币提高到200万元人民币；（3）勘察、设计、监理等服务单项合同的合同估算金额从50万元人民币提高到100万元人民币。同时，16号令删除了原3号令中“单项合同的合同估算金额低于各分项标准，但如果项目总投资额超过3000万元人民币，也必须进行招标”的规定。

3. 地方政府权限

16号令删除了原3号令中“省、自治区、直辖市人民政府根据实际情况，可以规定本地区必须进行招标的具体范围和规模标准，但不得缩小本规定确定的必须进行招标的范围”的规定，这将有利于统一全国各地的强制招标的范围和标准。

国家发改委16号令及843号文的实施，对中国建设工程争议解决领域的影响重大且深远。由于必须招标范围的大幅度限缩且全国统一，大量工程项目不再属于必须招标项目范围，因此产生的积极效果将是：一方面，因“必须进行招标而未招标”而导致合同无效的情形预测将大幅度减少；另一方面，因招标人和中标人另行订立背离中标合同实质性内容的协议的情形（即“黑白合同”）预测也将大幅度减少。尽管如此，仍需要注意的是：

第一，尽管16号令删除了原3号令中“省、自治区、直辖市人民政府根据实际情况，可以规定本地区必须进行招标的具体范围和规模标准，但不得缩小本规定确定的必须进行招标的范围”的规定，但由于16号令并未明令禁止地方政府制定实施细则，因此，不排除地方政府通过行政手段，扩大必须招标的工程项目的范围，这样仍会持续产生“黑白合同”问题。

第二，在实践中，部分发包人出于思维定式、廉政合规等不同原因，对于按16号令及843号文已经不属于必须招标范围的工程项目，仍采用招标的发包方式。对此，根据《施工合同司法解释（二）》第9条，对于非必须招标的工程项目，如果发包人自愿采用招标发包方式，那么一旦发承包双方另行订立背离中标合同实质性内容的合同，除非当事人能够证明“因客观情况发生了在招标投标时难以预见的变化”，否则，在很大程度上仍可能会产生“黑白合同”问题。

（二）国务院办公厅《关于开展工程建设项目审批制度改革试点的通知》

2018 年 5 月 14 日，国务院办公厅印发《关于开展工程建设项目审批制度改革试点的通知》（以下简称《通知》），决定在北京市、天津市、上海市、重庆市、沈阳市、大连市、南京市、厦门市、武汉市、广州市、深圳市、成都市、贵阳市、渭南市、延安市和浙江省开展试点。

《通知》要求按照深化“放管服”改革和优化营商环境的部署要求，对工程建设项目审批制度进行全流程、全覆盖改革。2018 年，试点地区建成工程建设项目审批制度框架和管理系统，审批时间压减一半以上。2019 年，在全国范围开展工程建设项目审批制度改革，上半年将审批时间压减至 120 个工作日。2020 年，基本建成全国统一的工程建设项目审批和管理体系。

在《通知》规定的一系列改革内容中，对建设工程发承包当事人产生直接影响的主要包括：

第一，优化审批阶段。将工程建设项目审批流程主要划分为立项用地规划许可、工程建设许可、施工许可、竣工验收等四个阶段。

第二，精简审批事项和条件。其中包括取消施工合同备案、建筑节能设计审查备案等事项；社会投资的房屋建筑工程，建设单位可以自主决定发包方式。

第三，合并审批事项。其中包括将消防设计审核、人防设计审查等技术审查并入施工图设计文件审查；将工程质量安全监督手续与施工许可证合并办理；规划、国土、消防、人防、档案、市政公用等部门和单位实行限时联合验收，统一竣工验收图纸和验收标准，统一出具验收意见。

第四，调整审批时序。其中包括环境影响评价、节能评价、地震安全性评价等评价事项不作为项目审批或核准条件。用地预审意见可作为使用土地证明文件申请办理建设工程规划许可证，用地批准手续在施工许可前完成即可。将供水、供电、燃气、热力、排水、通信等市政公用基础设施报装提前到施工许可证核发后办理，在工程施工阶段完成相关设施建设，竣工验收后直接办理接入事宜。

为保障工程建设项目审批制度改革顺利推进，住建部梳理了工程建设项目审批涉及国家层面 90 余部法律、行政法规、规章、规范性文件和标准规范，并对第一批 18 部法律法规和政策文件提出了具体修改建议，其中包括：

第一，《房屋建筑和市政基础设施工程施工招标投标管理办法》（建设部令第89号）。主要进行了如下修改：一是减少证明事项，删除了招标文件中应包含银行出具的资金证明文件的内容；二是取消备案环节，删除了要求中标人将施工合同送主管部门备案的内容；三是删除了招标代理机构资质管理的有关内容；四是减少施工许可的前置条件，对于评标委员会组成、提交招标情况书面报告等行为加强事中事后监管，删除了作为施工许可前置条件的有关内容。

第二，《建筑工程施工许可管理办法》（住建部令第18号）。主要进行了如下修改：一是进一步减少证明事项，将施工许可条件中的“建设资金到位证明”修改为“建设资金已经落实承诺书”，同时住房城乡建设主管部门加强事中事后监管；二是减少施工许可前置条件，删除了施工许可条件中“无拖欠工程款承诺书”和“按照规定应当委托监理的工程已委托监理”的要求；三是压缩审批时限，将施工许可审批时间由15个工作日压缩至7个工作日。

第三，《住房城乡建设部办公厅关于进一步加强建筑工程施工许可管理工作的通知》（建办市〔2014〕34号）。主要进行了如下修改：一是减少证明事项，将资金证明修改为“提供建设资金已经落实承诺书”；二是实行告知承诺制，并加强事中事后监管，对申请人未履行承诺的，撤销施工许可决定并追究申请人的相应责任，同时，将申请人的不良行为向社会公开；三是简化施工许可前置条件，删除施工许可证申请表（样本）中的“无拖欠工程款情形的承诺书”“监理合同或建设单位工程技术人员情况”。

第四，《关于加强民用建筑工程节能审查工作的通知》（建科〔2004〕174号）和《关于认真做好〈公共建筑节能设计标准〉宣贯、实施及监督工作的通知》（建标函〔2005〕121号）。废止这两个文件，取消建筑节能设计审查备案。

从建设工程争议解决的角度，在住建部的以上一系列改革措施中，取消施工合同备案制度的影响最大，业界普遍认为长期存在的“黑白合同”现象将因此消失。但是，我们认为，在《房屋建筑和市政基础设施工程施工招标投标管理办法》（建设部令第89号）所规定的备案制度体系下，施工合同备案制度仅是一系列合同备案的最后阶段。事实上，对施工合同内容的备案，在该办法第19条所规定的“招标文件备案”阶段即已经实质性进行①。换言之，如果招标文件备案制度仍

① 《房屋建筑和市政基础设施工程施工招标投标管理办法》（建设部令第89号）第19条：“依法必须进行施工招标的工程，招标人应当在招标文件发出的同时，将招标文件报工程所在地的县级以上地方人民政府建设行政主管部门备案。建设行政主管部门发现招标文件有违反法律、法规内容的，应当责令招标人改正。”

持续存在，那么仅取消施工合同备案制度，实际并不能从根本上消除“黑白合同”现象。相反，“黑白合同”问题可能会呈现出更复杂的表现形式，其争议解决也很可能会面临新的挑战。关于“黑白合同”的深入讨论，详见本文第四部分“热点观察”之“（一）黑白合同”。

（三）住建部《建筑工程施工发包与承包违法行为认定查处管理办法》

2019 年 1 月 3 日，住建部发布《建筑工程施工发包与承包违法行为认定查处管理办法》（建市规〔2019〕1 号，以下简称 1 号文），并自 2019 年 1 月 1 日起实施。2014 年 10 月 1 日起施行的《建筑工程施工转包违法分包等违法行为认定查处管理办法（试行）》（建市〔2014〕118 号，以下简称 118 号文）废止。

在我国，由于违法发包、转包、违法分包、挂靠等违法行为，不仅是导致建设工程合同无效的主要原因，还是建设工程争议解决领域的主要方面。因此，尽管该办法仅为效力等级较低的部门规章，但其在相关违法行为的具体认定标准方面对建设工程争议解决实践的影响，值得业界高度重视。

与原 118 号文相比，1 号文的变化集中体现在如下几个方面：

1. 关于违法发包情形

第一，删除了原 118 号文中的“建设单位将施工合同范围内的单位工程或分部分项工程又另行发包的”，可能的原因是：一方面，避免与认定肢解发包情形重复规定；另一方面，如果不构成肢解发包，则属于民事违约范畴，不宜纳入行政管理违法行为查处①。

第二，删除了原 118 号文中的“建设单位违反施工合同约定，通过各种形式要求承包单位选择其指定分包单位的”，可能的原因是：第一，《建筑法》《建设工程质量管理条例》等上位法均未禁止指定分包工程；第二，住建部 2014 年 8 月 27 日《房屋建筑和市政基础设施工程施工分包管理办法》（第 19 号令）第 7 条虽然规定“建设单位不得直接指定分包工程承包人”，但该规定实际并无上位法依据，因此也未设定具体行政处罚；第三，对于发包人直接指定分包工程的民事责任承

---

① 韩如波：《〈建筑工程施工发包与承包违法行为认定查处管理办法〉十大修订亮点》，2019 年 1 月 10 日发表于《建纬律师》微信公众号，https: //mp.weixin.qq.com/s?src=11&timestamp=1553002270&ver=1494&signature=*dGNxvIHHn0qvATfgLXIC1IDW7gzxXVBMybW43VvVzvCbaid8cZVSMVb3I6h1OWZcs4KJzOrRdSAbNWm1oditRCsBqvatNkjTzqhAkq-xXGJ0zHQPH9NBZN88Brt05QU&new=1，访问时间：2019 年 1 月 31 日。

担，最高人民法院《施工合同司法解释（一）》第 12 条已规定发包人“直接指定分包人分包专业工程”，造成建设工程质量缺陷，应当承担过错责任，因此不宜纳入行政管理违法行为查处[①]。

2. 关于转包、挂靠和违法分包情形

第一，将原 118 号文中按挂靠认定的几种特殊情形按转包进行认定。

第二，明确“母公司承接建筑工程后将所承接工程交由具有独立法人资格的子公司施工的情形”构成转包。

第三，明确“联合体一方不进行施工也未对施工活动进行组织管理的，并且向联合体其他方收取管理费或者其他类似费用的，视为联合体一方将承包的工程转包给联合体其他方”。

第四，取消关于转包和挂靠情形的兜底规定。

第五，1 号文删除了原 118 号文中“施工合同中没有约定，又未经建设单位认可，施工单位将其承包的部分工程交由其他单位施工的”这一情形。

3. 新增认定违法行为联动机制

1 号文第 14 条规定：“县级以上地方人民政府住房和城乡建设主管部门如接到人民法院、检察机关、仲裁机构、审计机关、纪检监察等部门转交或移送的涉及本行政区域内建筑工程发包与承包违法行为的建议或相关案件的线索或证据，应当依法受理、调查、认定和处理，并把处理结果及时反馈给转交或移送机构。”从建设工程争议解决角度，以上联动机制如能有效实施，将有利于增加违法行为当事人的违法成本，进而有利于从根本上制约此类违法行为的发生。

4. 新增行政处罚追溯时限

1 号文第 16 条规定：“对于违法发包、转包、违法分包、挂靠等违法行为的行政处罚追溯期限，应当按照法工办发〔2017〕223 号文件[②]的规定，从存在违法发包、转包、违法分包、挂靠的建筑工程竣工验收之日起计算；合同工程量未全部完成而解除或终止履行合同的，自合同解除或终止之日起计算。”

---

① 张炯、张丽娜：《违法承发包　新规可知否 | 表析〈建筑工程施工发包与承包违法行为认定查处管理办法〉》，2019 年 1 月 10 日发表于《中伦视界》微信公众号，http://mp.weixin.qq.com/s?src=11&timestamp=1553002961&ver=1494&signature=RxbJX6j51uRuALEkp7n8bUaZ4Fpm-XkBgBPquKvJ7*VgGqaZflS7OLUqyIx5IaICYw6IT3SRy2JgnaGrYmWqyshnlHzcjKFK7WHgdocVWLcsADgAxRqzBP1vBjwVKBNo&new=1，访问时间：2019 年 1 月 31 日。

② 即全国人民代表大会常务委员会法制工作委员会《对建筑施工企业母公司承接工程后交由子公司实施是否属于转包以及行政处罚两年追溯期认定法律适用问题的意见》。

（四）最高人民法院《施工合同司法解释（二）》

《施工合同司法解释（二）》共26个条文，对建设工程施工合同效力、工程价款结算、建设工程鉴定、建设工程价款优先受偿权和实际施工人权利保护等问题作出规定。关于《施工合同司法解释（二）》的要点解析，详见本文第四部分“热点观察”。

（五）其他

国家标准《建设工程造价鉴定规范》（GB/T51262-2017）于2018年3月1日实施。该规范包括总则、术语、基本规定、鉴定依据、鉴定、鉴定意见书、档案管理七个部分及主要文书格式附录。在第五部分“鉴定”中，该规范分列有合同争议、证据欠缺、计量争议、计价争议、工期争议、索赔争议、签证争议及合同解除争议的鉴定，具有较好的实践可操作性。该规范重在法律法规与专业技术的有机结合，对解决目前工程造价鉴定工作中的难点、疑点问题，更好地规范工程造价鉴定行为，具有积极意义。

此外，为规范工程总承包，住建部继在2017年发布《建设项目工程总承包费用项目组成（征求意见稿）》和《房屋建筑和市政基础设施项目工程总承包管理办法（征求意见稿）》之后，于2018年12月12日发布《房屋建筑和市政基础设施项目工程总承包计价计量规范（征求意见稿）》。该规范将是我国第一部针对工程总承包的计价计量规范，对于明确和统一工程总承包计价规则，减少相关争议具有意义。但是，必须指出的是，该规范征求意见稿存在较为突出的“越界”问题，即对工程总承包合同具体内容的干预程度较深。

三、典型案例

（一）境内建设工程领域典型案例

【案例1】“黑白合同”认定标准和“逾期失权”条款效力①

【基本案情】

本仲裁案申请人为通过法定招标程序中标而获得工程的承包人（以下简称申

① 出于仲裁保密原则，本文对案件事实部分进行了处理。

请人），被申请人为本案工程的建设单位（以下简称被申请人）。本案工程是国家级大型民生工程中的控制性隧道工程（以下简称本案工程），被申请人在招标文件规定约定工期自2010年12月至2011年9月，申请人中标合同金额为2,000万元人民币。申请人接到中标通知书后，未能在法定时间内与被申请人签订中标合同。

2011年1月24日，在申请人已经进场并开展“四通一平”等前期工作后，被申请人通知申请人变更隧道断面设计，将设计断面面积由原招标文件规定的3.0米×3.0米变更为3.4米×3.4米。2011年9月28日，双方确认了调整后的合同价款和工期，并签署了《××隧道工程施工合同》（以下简称本案合同）。本案合同条款与招标文件相比，除了设计断面面积调整以外，承包范围没有实质性变化，合同总价款调整至3,000万元人民币，工期调整为2011年8月30日至2012年6月30日。此外，合同组成文件、索赔程序、围岩变更处理原则等也发生变更。

申请人于2013年2月1日停止了本案工程施工，实际完成了约定工作量的44%。2013年2月22日，被申请人通知申请人解除合同。当事人双方解除本案合同后，被申请人将本案剩余工程未经招标程序直接发包给了第三方。

本案合同通用条款第23条约定：“在导致合同双方任何一方提出索赔的情况出现后，索赔应按下述规定的期限及合同的其他相关规定向合同相对方提出索赔的意向要求；23.1在导致索赔的情况出现后十四（14）日内，发起方提出书面的索赔意向通知。发起方在发出索赔意向通知后二十八（28）日内向相对方提交索赔报告……23.2若发起方未能按规定的期限和要求向相对方提出有效的书面索赔要求，则视为自动放弃了该项索赔的权利。”

【争议焦点】

第一，中标后变更工期和工程价款是否属于实质性变更；

第二，未按照合同约定的索赔程序主张权利是否有效；

第三，更换施工单位所造成的损失是否应由申请人承担。

【裁判观点】

第一，对于变更工期和工程价款是否属于实质性变更的问题，申请人主张依据《招标投标法》第46条第1款规定，“招标人和中标人应当自中标通知书发出之日起30日内，按照招标文件和中标人的投标文件订立书面合同。招标人和中标人不得再行订立背离合同实质性内容的其他协议”，由于工程隧道设计变更后未履行招标投标程序，合同应该无效。对此，仲裁庭认为，本案合同的签订因隧道截面变更而导致签约合同价和工期安排与招标文件所确立的不一致，不能简单和教条地等同于《招标投标法》第46条所规定的实质性内容不一致。该重大变更引起的合同价格的变化依然可以依据通过招标投标竞争产生的中标单价和招标文件规定的计价原则确定，依然能够充分体现招标投标的竞争性效果。在申请人未能明确本案工程应当依法重新招标的法律根据的前提下，仲裁庭认为本案工程无须重新进行招标，进而确认施工合同有效。

第二，关于未按照索赔程序主张权利是否有效的问题，仲裁庭认定本案工程延误包括延期开工、设计变更以及被申请人未能及时履行征地义务等原因，同时受到“十八大”等政治活动的影响，这些原因导致的工期延误不应归责于申请人。工期顺延需要履行合同约定的索赔程序，但申请人现有的证据只能证明其只因围岩等级变化取得了 70 天的工期顺延，申请人向仲裁庭提交的现有证据不足以证明其因征地、其他设计变更和“十八大”等原因而获得过其他被申请人同意的工期顺延。尽管如此，按照合同约定，承包商如果出现了某种程度的延误，被申请人应对申请人提出警告并对工程量进行调整。由于被申请人未采取上述行动，仲裁庭认为当事人双方均对工期延误负有一定责任。

第三，关于施工合同解除后被申请人能否主张另行发包所造成的价差损失，被申请人主张，本案合同解除后，被申请人因更换施工单位产生损失 1,600 万元人民币，应由申请人承担；申请人则主张，被申请人证明其损失的结算书所依据的剩余工程施工合同没有依法经过招标，而应被认定无效。仲裁庭认为，本案工程属于法律规定的强制招标项目范围，本案合同解除后本案工程剩余部分也符合进行强制招标的项目范围，依法应当通过招标投标程序选择剩余工程的施工承包单位。但被申请人以直接发包的方式与第三人签订了相应的施工合同，其合同价款未经过招标投标竞争机制的挤压。而仲裁庭无法根据被申请人现有的证据分析判断出如果经过招标投标程序选择后续的施工单位，本案工程剩余部分的实际工程价款是否一定会高于依据本案合同确定的剩余工程的价款，被申请人应当承担举证不能的不利后果，故申请人不需要额外承担给被申请人造成的损失。

【纠纷观察】

第一，随着建设工程争议解决实践的发展，司法实践对“黑白合同”争议处理的认识逐渐趋向深刻和科学。建设工程的特性决定了施工合同在执行过程中需要进行变更和细化，即使通过招标投标确立的施工合同，不宜过严或机械地认定属于“实质性内容”的变更。在本案中，仲裁庭支持了由于重大设计变更导致的工期和工程价款不属于背离中标合同实质性内容，核心考量在于双方依然采用了招标投标程序确立的计价原则，其结果较好地平衡了合理变更和“黑白合同”的界限。

第二，索赔程序作为施工合同中的程序性权利义务，应该被合同双方严格遵守并承担由于不当遵守而造成的不利后果。一方面，本案仲裁庭认可在索赔时限内进行索赔才享有相应的工期顺延请求权的条款效力；另一方面，在适用该条款时又基于被申请人的减损义务，对此类“逾期失权条款”的适用进行了严格解释，进而对发包人的合同解除权进行了严格限制。

第三，对于必须招标项目，即使发包人有权以承包人违约为由解除合同，对于剩余工程另行发包所产生的价差损失能否得以主张，剩余工程是否采用了招标形式，将是重要的裁判要素之一。

【案例2】环保政策及公共事件对建设工程合同履行的影响[①]

【基本案情】

2006年11月20日，发包人艾博特公司与总承包商中南设计院签订了《腾龙芳烃热电厂（3×480t/h＋2×100MW）施工总承包合同》（以下简称《施工总承包合同》）。根据合同约定，一旦合同的全部或部分服务提前终止，总承包商应有权获得下列款项：（1）经独立注册会计师事务所审计和认定的、到提前终止日止总承包商按合同要求履行服务时必须且不可避免发生的，而发包人以前未予支付的一切费用；（2）总承包商实际发生的用于购买构成工程一部分的设备、材料、装置或其他必需物品，而又未自发包人处得到实际支付的一切费用。另外，合同载明，不可抗力是指任何一方在签署合同时不能预见、不能避免、不能克服的事件或情况，具体范围由合同专用条件约定。合同还对因不可抗力事件而引起的风险和费用承担作了约定。

2007年5月30日，由于涉案工程所配套的二甲苯（PX）项目受到厦门市民集体抵制，厦门市人民政府宣布PX项目缓建。2008年1月15日，艾博特公司向中南设计院发函，载明由于不可抗力，《施工总承包合同》暂缓履行。

后因双方在已完工程费用、迁址和变更费用等方面未能达成一致，艾博特公司于2009年8月10日发函主张中南设计院违反双方签订的承包合同通用条款及专用条款的约定变更合同总价款，构成重大违约，并要求解除双方签订的《施工总承包合同》，同时根据合同约定进行相应的索赔。

中南设计院以艾博特公司违约解除合同为由起诉，请求判令艾博特公司继续

---

① 中国电力工程顾问集团中南电力设计院有限公司与艾博特（厦门）设备工程有限公司建设工程合同纠纷案，（2018）最高法民终105号（2018年6月4日作出判决）。

履行《施工总承包合同》并支付因工程改址而增加的费用；后来，中南设计院将诉讼请求变更为判令艾博特公司赔偿67,724,509元（其中现场临建设施费2,217,183元，工程开工至停工前总承包发生的费用5,444,373元，工程开工至停工前分包商发生的费用1,595,380元，停工缓建费用20,536,002元，法定利润17,855,571元，赔偿施工分包商20,076,000元）等。艾博特公司以中南设计院违约为由，请求判令解除《施工总承包合同》。

【争议焦点】

第一，案涉《施工总承包合同》解除事由及合同双方是否违约；

第二，案涉《施工总承包合同》解除前因履行合同产生的成本和费用应如何承担；

第三，中南设计院要求赔偿可得利润损失的诉请应否得到支持。

【裁判观点】

第一，关于《施工总承包合同》解除原因及合同双方是否违约问题，法院认为，2006年11月20日，艾博特公司与中南设计院签订《施工总承包合同》，后在该合同履行过程中，受到厦门市民抵制，并于2007年5月30日被厦门市政府宣布项目缓建，国家相关部委批准项目搬迁，该事件属于当事人在订立合同时无法预见的、非不可抗力造成的、不属于商业风险的重大变化，项目迁址的原因是情势变更，而不是不可抗力。在合同项目建设地发生重大变化后，当事人就迁址后后续工作、费用调整、进度安排等问题展开协商，但长期不能就合同价款等达成合意。考虑到项目已由第三方施工且已经竣工，《施工总承包合同》已经事实上不能履行，因此《施工总承包合同》应予解除。

第二，关于《施工总承包合同》解除前因履行合同产生的成本和费用应如何承担问题，法院认为，由于《施工总承包合同》因情势变更不能履行，业主与承包商对此不可预见及无法控制，主观上均没有过错。根据公平原则及合同约定，业主应对合同解除前承包商为履行合同已经支出或必须支出的费用予以赔偿，但无须承担违约责任。

第三，关于中南设计院要求赔偿可得利润损失问题，法院认为项目因情势变更迁址后由第三方完成施工，中南设计院主张可得利润损失，缺乏合同依据且于法无据，未支持该主张。

【纠纷观察】

近年来，随着大量环保相关法律法规的出台，各地环境执法日趋严格，环境保护逐渐成为建设工程领域的热点问题，越来越受到重视。在本案中，涉案工程因环境保护原因而缓建和迁址，涉案合同也因情势变更而最终解除，双方均不构成违约，均不需要向对方承担违约赔偿。

在本案中，涉案《施工总承包合同》解除后的结算也是焦点问题之一。法院通过司法造价鉴定最终认定的结算金额为3,791,741.39元（项目开工、停工缓建期间费用）和797万元（解除合同支付给分包商费用）。事实上，建设工程合同（特别是固定总价合同）在解除后如何结算，是建设工程争议解决实践中的疑难问题之一。特别是近年来，受宏观经济、环保政策、房地产调控政策、融资政策等因素的影响，大批在建工程不能顺利完成施工，导致合同长期暂停乃至解除，进而引发结算争议，并已逐渐成为实践和研究的热点问题之一。

【案例3】EPC合同的效力认定与优先受偿权的价款范围①

【基本案情】

2014年9月，赤峰光大光伏农业发展有限公司（以下简称光大公司）在未进行招投标的情况下，与山东电力建设第三工程公司（以下简称电建公司）签订名为《光大公司一期10MWP设施农业光伏发电示范项目EPC总承包合同》（以下简称《光伏发电EPC合同》），约定由电建公司总承包光大公司一期10MWP设施农业光伏发电项目（以下简称10MWP光伏发电项目），总承包范围包括工程设计、设备采购、建筑、安置、调试等。合同约定工程启动、试运行和移交生产验收后进行工程竣工验收，工程竣工验收委员会由电力行业有关主管部门、审计部门、环境保护、消防、质量监督等行政主管部门和有关专家组成。

2014年11月10日，同样在未进行招投标的情况下，光大公司与电建公司签署了《光大公司66KV线路工程EPC总承包合同》（以下简称《线路工程EPC合同》）约定由电建公司作为总承包，负责光大公司66KV线路工程范围内的工程设计、采购、施工、调试、工程移交试生产和性能保证；光大公司负责施工过程中的对外协调工作。

2016年6月24日，66KV清新线及66KV清泉山变电站内相关一、二次设备均安装、调试、试验完毕，经有关单位验收合格具备投运条件。2016年6月30日，电建公司向光大公司提交工程竣工验收申请表，载明：其已按合同要求完成了10MWP光伏并网发电项目工程，经公司三级自检验收合格，请予以竣工验收。

---

① 赤峰光大光伏农业发展有限公司与山东电力建设第三工程公司建设工程施工合同纠纷案，（2018）最高法民申5547号。

后附竣工验收签证，光大公司在竣工验收签证上盖章。

2016年9月1日，光大公司取得电力业务许可证。同年9月26日，光大公司签订《光大公司清泉山光伏电站购售电合同》。同年10月28日，光大公司签订《光大公司10MWP清泉山光伏电站并入赤峰电网调度协议》。自此，10MWP光伏发电项目正式投入运营。

因两份EPC合同项下发生工程价款结算纠纷，电建公司起诉光大公司，请求确认《光伏发电EPC合同》《线路工程EPC合同》无效；判令光大公司支付价款106,087,757.64元及利息；电建公司对涉案工程具有优先受偿权。

【争议焦点】

第一，涉案两份EPC合同的效力；

第二，涉案工程是否已经竣工；

第三，电建公司是否对涉案工程享有优先受偿权。

【裁判观点】

第一，法院认为，涉案项目属于关系公共利益、公众安全的基础设施项目，因此属于必须进行招标的项目。根据相关司法解释，建设工程施工合同涉及的建设工程必须进行招标而未招标或者中标无效的，应当根据《合同法》第52条第5项的规定，认定无效。电建公司与光大公司签订两份EPC合同前，未对工程进行招投标，故双方所签《光伏发电EPC合同》《线路工程EPC合同》无效。

第二，法院认为，建设工程未经竣工验收，发包人擅自使用的，以转移占有建设工程之日为竣工之日。涉案工程虽未按合同约定经电力主管部门、审计部门、环保、消防、质监等行政主管部门进行综合验收，但光大公司已于2016年6月30日接收了涉案工程且实际投入使用，应认定为已经竣工。据此，合同约定的支付条件应已成就。

第三，法院认为，电建公司作为涉案工程承包人，主张对涉案工程享有优先受偿权的请求符合《合同法》第286条的规定，应当予以支持。

【纠纷观察】

本案对当前建设工程领域签订EPC合同，特别是EPC合同承包商是否享有优先受偿权问题具有现实的指导意义，具体体现在：

首先，优先受偿权不以合同有效为前提。本案中，虽然涉案建设工程施工合同因为未按法定的程序进行招标而被认定为无效，但法院依然支持了承包人就该工程折价或者拍卖的价款享有优先受偿权。

其次，关于优先受偿权适用的价款范围，《施工合同司法解释（二）》第17条规定与发包人订立建设工程施工合同的承包人享有优先受偿权，但对于建设工程勘察、设计合同下的勘察费、设计费是否适用优先受偿权未予明确规定。对此，部分地方法院在审判指导意见中明确规定工程勘察人或设计人不能就工程勘察或设计费主张优先受偿权。[①]

在 EPC 工程总承包合同中，由于总承包人统一负责设计、采购和施工，因此 EPC 工程总承包合同的价款构成更加复杂，包括设计费、设备采购费、建筑安装费等。鉴此，EPC 合同全部价款是否可适用优先受偿权，存在一定的模糊性。在本案中，最高人民法院不仅认可了优先受偿权对案涉 EPC 合同的适用，而且并未将设计费、咨询费从优先受偿范围中扣除。因此，本案对确定 EPC 合同优先受偿权的适用范围具有积极的参考价值。

（二）境外工程领域重大案例

【案例 4】独立保函欺诈例外的认定标准、有限审查原则以及例外的例外原则[②]

【基本案情】

2010 年 1 月 16 日，东方置业房地产有限公司（以下简称东方置业）作为开发方，与作为承包方的安徽省外经建设（集团）有限公司（以下简称外经集团公司）、作为施工方的安徽外经建设中美洲有限公司（以下简称外经中美洲公司）共同签订了工程项目的《施工合同》。

外经集团公司于 2010 年 5 月 26 日向中国建设银行股份有限公司安徽省分行（以下简称建行安徽省分行）提出申请，并以哥斯达黎加银行作为转开行，向作为受益人的东方置业开立履约保函。

2010 年 5 月 28 日，哥斯达黎加银行开立编号为 G051225 的见索即付履约保函。执行此保函需要受益人给哥斯达黎加银行中央办公室外贸部提交一式两份的证明文件，指明执行此保函的理由，另外由受益人出具公证过的声明指出通知外经中美洲公司因为违约而产生此请求的日期，并附上保函证明原件和已经出具过的修改件。

建行安徽省分行同时向哥斯达黎加银行开具编号为 34147020000289 的见索即

① 浙江省高级人民法院执行局《关于印发〈执行中处理建设工程价款优先受偿权有关问题的解答〉的通知》（2012 年 1 月 10 日浙高法执〔2012〕2 号）。

② 最高人民法院 2019 年 2 月 25 日发布第 21 批第 109 号指导案例。

付反担保函，并约定“遵守国际商会出版的458号《见索即付保函统一规则》”。

《施工合同》履行过程中，2012年1月23日，项目监理人员Jose Brenes和Mauricio Mora出具《项目工程检验报告》。该报告认定了施工项目存在“施工不良”“品质低劣”且需要修改或修理的情形。2012年2月7日，外经中美洲公司以东方置业为被申请人向哥斯达黎加建筑师和工程师联合协会争议解决中心就拖欠价款问题提交仲裁请求。2月8日，东方置业向哥斯达黎加银行提交保函兑付文件，要求执行保函。2月10日，哥斯达黎加银行向建行安徽省分行发出电文，称东方置业公司提出索赔，要求支付G051225号银行保函项下2,008,000美元的款项，哥斯达黎加银行进而要求建行安徽省分行须于2012年2月16日前支付上述款项。2月12日，应外经中美洲公司申请，哥斯达黎加共和国行政诉讼法院第二法庭下达临时保护措施禁令，裁定哥斯达黎加银行暂停执行G051225号履约保函。

2月23日，外经集团公司向法院提起保函欺诈纠纷诉讼，一审法院裁定中止支付保函项下款项，并通过建行安徽省分行向哥斯达黎加银行告知了裁定事项。3月6日，哥斯达黎加共和国行政诉讼法院第二法庭判决外经中美洲公司申请预防性措施败诉，解除了临时保护措施禁令。3月20日，应哥斯达黎加银行的要求，建行安徽省分行延长了34147020000289号保函的有效期。3月21日，哥斯达黎加银行向东方置业支付了G051225号保函项下款项。

2013年7月9日，哥斯达黎加建筑师和工程师联合协会做出仲裁裁决，该仲裁裁决认定东方置业在履行合同过程中严重违约，并裁决终止《施工合同》，东方置业向外经中美洲公司支付1号至18号工程进度款共计800,058.45美元及利息；第19号工程因未获得开发商验收，相关工程款请求未予支持；因G051225号保函项下款项已经支付，不支持外经中美洲公司退还保函的请求。

本案一审、二审法院均认定东方置业构成独立保函欺诈。但是，最高人民法院再审撤销了二审、一审判决，驳回外经集团公司诉讼请求。

【争议焦点】

第一，关于东方置业作为受益人是否具有基础合同项下的初步证据证明其索赔请求具有事实依据的问题；

第二，关于独立保函受益人基础合同项下的违约情形，是否必然构成独立保函项下的欺诈索款问题；

第三，关于本案涉及的与独立保函有关的独立反担保函问题。

【裁判观点】

第一，最高人民法院认为，外经集团公司主张东方置业的行为构成独立保函项下的欺诈，应当提交证据证明东方置业在实现独立保函时具有下列行为之一：（1）为索赔提交内容虚假或者伪造的单据；（2）索赔请求完全没有事实基础和可信依据。本案中，保函担保的是施工质量和其他违约行为。因此，受益人只需提交能够证明存在施工质量问题的初步证据，即可满足保函实现所要求的“说明执行保函理由的证明文件”。本案基础合同履行过程中，东方置业的项目监理人员出具的《项目工程检验报告》认定了施工项目存在“施工不良”“品质低劣”且需要修改或修理的情形，构成证明存在施工质量问题的初步证据。本案当事方在《施工合同》中以及在保函项下并未明确约定实现保函时应向哥斯达黎加银行提交《项目工程检验报告》，因此，东方置业有权自主选择向哥斯达黎加银行提交“证明执行保函理由”之证明文件的类型，其是否向哥斯达黎加银行提交该报告不影响其保函项下权利的实现。因外经集团公司未能提供其他证据证明东方置业实现案涉保函完全没有事实基础或者提交虚假或伪造的文件，东方置业据此向哥斯达黎加银行申请实现保函权利具有事实依据，不构成保函欺诈。

第二，关于东方置业《施工合同》项下的违约情形，是否必然构成独立保函项下的欺诈索款问题，最高人民法院认为，独立保函独立于委托人和受益人之间的基础交易，出具独立保函的银行只负责审查受益人提交的单据是否符合保函条款的规定并有权自行决定是否付款，担保行的付款义务不受委托人与受益人之间基础交易项下抗辩权的影响。东方置业作为受益人，无论是否启动任何争议解决程序，或者基础合同进入争议解决程序但尚未作出基础交易债务人没有付款或者赔偿责任的最终认定，即使构成基础合同项下的违约，前述情况不影响受益人保函权利的实现。虽然哥斯达黎加建筑师和工程师联合协会作出仲裁裁决，针对外经集团的请求认定东方置业在履行合同过程中违约，但并未认定外经集团公司因对方违约行为的存在而免除付款或者赔偿责任。因此，不能依据上述仲裁裁决的内容认定东方置业构成《最高人民法院关于审理独立保函纠纷案件若干问题的规定》（以下简称《独立保函司法解释》）第 12 条第 3 项规定的保函欺诈。另外，双方对工程质量发生争议的事实以及哥斯达黎加建筑师和工程师联合协会争议解决中心作出的《仲裁裁决书》中涉及工程质量问题部分的表述能够佐证，外经中美洲公司在《施工合同》项下的义务尚未完全履行，本案并不存在东方置业确认基础交易债务已经完全履行或者付款到期事件并未发生的情形。现有证据亦不能证明东方置业明知其没有付款请求权仍滥用权利。东方置业作为受益人，其自身在基础合同履行中存在的违约情形，虽经仲裁裁决确认但并未因此免除外经集团公司的付款或者赔偿责任。综上，即使按照外经集团公司的主张适用独立保函司法解释，本案情形亦不构成保函欺诈。

第三，关于本案涉及的与独立保函有关的独立反担保函问题。最高人民法院认为，即使存在受益人在独立保函项下的欺诈性索款情形，亦不能推定担保行在独立反担保函项下构成欺诈性索款。只有担保行明知受益人系欺诈性索款且违反诚实信用原则付款，并向反担保行主张独立反担保函项下款项时，才能认定担保行构成独立反担保函项下的欺诈性索款。在本案中，外经集团公司以保函欺诈为由提起本案诉讼，其应当举证证明哥斯达黎加银行明知东方置业存在独立保函欺诈情形，仍然违反诚信原则予以付款，并进而以受益人身份在见索即付独立反担保函项下提出索款请求并构成反担保函项下的欺诈性索款。现外经集团公司不仅不能证明哥斯达黎加银行向东方置业支付独立保函项下款项存在欺诈，亦没有举证证明哥斯达黎加银行在独立反担保函项下存在欺诈性索款情形，其主张止付独立反担保函项下款项没有事实依据。

【纠纷观察】

本案作为最高人民法院第109号指导案例，在《独立保函司法解释》的基础上，进一步确立了关于独立保函欺诈纠纷的如下裁判原则：

第一，认定构成独立保函欺诈需对基础交易进行审查时，应坚持有限及必要原则，审查范围应限于受益人是否明知基础合同的相对人并不存在基础合同项下的违约事实，以及是否存在受益人明知自己没有付款请求权的事实。

第二，受益人在基础合同项下的违约情形，并不影响其按照独立保函的规定提交单据并进行索款的权利。

第三，认定独立反担保函项下是否存在欺诈时，即使独立保函存在欺诈情形，独立保函项下已经善意付款的，人民法院亦不得裁定止付独立反担保函项下款项。

本案就独立保函欺诈例外的认定标准、独立保函欺诈纠纷的有限审查原则、独立保函欺诈例外的例外原则等问题所确立的裁判标准，为独立保函欺诈纠纷案件的审理提供了指引，具有较强的示范和指导意义。

四、热点观察

（一）黑白合同

《施工合同司法解释（一）》第21条规定了关于“黑白合同”的基本处理原则。随着司法实践的发展，该条规定已经不能适应复杂多变的“黑白合同”问题争议解决。鉴此，《施工合同司法解释（二）》在四个条文中对“黑白合同”的处理原则进行了细化和调整，如下表所示。

条文	内容
第一条	招标人和中标人另行签订的建设工程施工合同约定的工程范围、建设工期、工程质量、工程价款等实质性内容，与中标合同不一致，一方当事人请求按照中标合同确定权利义务的，人民法院应予支持。 招标人和中标人在中标合同之外就明显高于市场价格购买承建房产、无偿建设住房配套设施、让利、向建设单位捐赠财物等另行签订合同，变相降低工程价款，一方当事人以该合同背离中标合同实质性内容为由请求确认无效的，人民法院应予支持。
第九条	发包人将依法不属于必须招标的建设工程进行招标后，与承包人另行订立的建设工程施工合同背离中标合同的实质性内容，当事人请求以中标合同作为结算建设工程价款依据的，人民法院应予支持，但发包人与承包人因客观情况发生了在招标投标时难以预见的变化而另行订立建设工程施工合同的除外。
第十条	当事人签订的建设工程施工合同与招标文件、投标文件、中标通知书载明的工程范围、建设工期、工程质量、工程价款不一致，一方当事人请求将招标文件、投标文件、中标通知书作为结算工程价款的依据的，人民法院应予支持。
第十一条	当事人就同一建设工程订立的数份建设工程施工合同均无效，但建设工程质量合格，一方当事人请求参照实际履行的合同结算建设工程价款的，人民法院应予支持。

1. 关于“中标合同”

在《施工合同司法解释（一）》第 21 条中采用“经过备案的中标合同”来代表“白合同”。但是，一方面，考虑到施工合同备案制度主要存在于房屋建筑与市政基础设施工程领域，而在其他行业领域实际并不存在施工合同备案制度；另一方面，施工合同备案制度已由住建部于 2018 年 9 月 28 日取消，鉴此，《施工合同司法解释（二）》第 1 条和第 9 条改用“中标合同”这一定义代表“白合同”，显然比“经备案的中标合同”更准确。但是，对《施工合同司法解释（二）》第 1 条、第 9 条、第 10 条、第 11 条进行整体理解，我们认为“中标合同”并不当然等同于“白合同”。在实践中，对“中标合同”的理解和适用，需要注意如下几点：

第一，“中标合同”应是根据招标文件、投标文件和中标通知书来签订的。根据《施工合同司法解释（二）》第 10 条，如果“中标合同”与招标文件、投标文件和中标通知书在工程范围、建设工期、工程质量、工程价款方面不一致，那么

“中标合同”实际也将构成“黑合同”，并不能作为当事人的有效结算依据。

第二，当事人不依据招标文件、投标文件和中标通知书签订“中标合同”的情形很可能仍会持续存在，并不会因施工合同备案制度的取消而消失，原因是住建部目前尽管取消了《房屋建筑和市政基础设施工程施工招标投标管理办法》（建设部令第 89 号）第 47 条第 1 款所规定的“施工合同备案”制度，但并未取消第 19 条所规定的“招标文件备案”制度。我们预判，“施工合同备案”制度的取消和“招标文件备案”制度的存续，不仅不会使得“黑白合同”现象大幅度减少或消除，反而可能导致“中标合同”与招标文件、投标文件和中标通知书的实质性内容不一致的情形增加，即“中标合同”构成“黑合同”的可能性增加。

第三，如果当事人因招投标活动违法导致招标、投标或中标无效的，那么构成“白合同”基础的招标文件、投标文件和中标通知书也将无效，而此后订立的施工合同也均无效，即全部构成“黑合同”。在此情形下，根据《施工合同司法解释（二）》第 11 条规定，应当参照实际履行的“黑合同”结算建设工程价款。

2. 关于“非必须招标项目”

在《施工合同司法解释（二）》发布之前，对于非必须招标项目是否适用《招标投标法》第 46 条第 1 款及《施工合同司法解释（一）》第 21 条关于“黑白合同”的处理原则，不仅各地法院司法裁判尺度不统一，即使同一法院在不同时期的实践标准也有不同。以江苏省为例，针对建设工程施工合同纠纷，江苏省高级人民法院在 2008 年和 2010 年先后出台的意见①和指南②中，均规定非必须招标项目采用招投标的，应当以中标合同作为结算依据；但是，在 2018 年最新发布的解

---

① 《江苏省高级人民法院关于审理建设工程施工合同纠纷案件若干问题的意见》（2008 年 12 月 21 日发布）第 11 条第 2 款：“法律、行政法规未规定必须进行招标投标的建设工程，应当以当事人实际履行的合同作为工程价款的结算根据；经过招标投标的，当事人实际履行的建设工程施工合同与中标合同实质性内容不一致的，应当以中标合同作为工程价款的结算根据。”

② 《江苏省高级人民法院建设工程施工合同案件审理指南》（2010 年 1 月 31 日发布）：“一种意见认为，当事人自愿进行招投标的项目，在备案的合同之外，如果又另行签订的合同并不违反法律禁止性规定，则不存在黑白合同的问题，根据合同是否体现当事人真实意思表示对其效力予以认定。另一种意见认为，虽然工程项目非强制招投标范围，但当事人自愿进行招投标，应当受《招标投标法》的约束，同样也存在黑白合同问题。我们赞同此说，因为招标投标法所保护的不仅是当事人自身的利益，更是对社会招投标市场的规范，事关不特定投标人利益的保护，涉及市场竞争秩序的维护，因此，只要根据招标投标法进行的招投标并因此签订的合同均应受该法约束，当事人不得在此之外签订黑合同。”

答[①]中，则修改为以实际履行合同作为结算依据。

事实上，《招标投标法》第46条第1款的适用范围，不仅限于必须招标项目，还包括非必须招标但发包人采用招标方式的工程建设项目。鉴此，《施工合同司法解释（二）》第9条对于非必须招标项目因招标而导致的“黑白合同”纠纷，仍应当以“白合同”作为结算依据的规定，实际是《招标投标法》第46条第1款针对特定情形的具体适用，这对于在全国范围内统一相关司法裁判标准，具有重要意义。

尽管《施工合同司法解释（二）》第9条与《招标投标法》第46条第1款保持一致，在法律正确性方面应无疑义，但在实践层面，仍需要注意的是，对于大部分非必须招标项目的发包人而言，“主动”采用招标发包方式，往往是出于惯性或思维定式，其本意往往并非“自愿”适用《招标投标法》。但是，根据《招标投标法》第2条所确立的适用规则，只要在中华人民共和国境内进行的“招标投标活动”，就需要遵守《招标投标法》，包括《招标投标法》第43条、第46条第1款等一系列强制性规定。这样一来，《招标投标法》及《施工合同司法解释（二）》第9条对非必须招标项目的强制适用，往往会产生严重偏离当事人合理的意思自治的问题。鉴此，特别是在必须招标项目的范围已经大幅缩减的背景下，对于非必须招标项目的发包人而言，更理性的做法是避免“主动”采用招标发包方式。

（二）无效施工合同的损失赔偿

1. 关于损失赔偿的确定规则

《合同法》第58条规定：“合同无效或者被撤销后，因该合同取得的财产，应当予以返还；不能返还或者没有必要返还的，应当折价补偿。有过错的一方应当赔偿对方因此所受到的损失，双方都有过错的，应当各自承担相应的责任。”

在施工合同无效的情形下，《施工合同司法解释（一）》第2条，即“建设工程施工合同无效，但建设工程经竣工验收合格，承包人请求参照合同约定支付工程价款的，应予支持”，确立了如何进行“折价补偿”的基本规则。但是，对于因施工合同无效的损失如何处理，《施工合同司法解释（一）》并没有具体规定。对此，《施工合同司法解释（二）》第3条确立了如下规则：

---

① 《江苏省高级人民法院关于审理建设工程施工合同纠纷案件若干问题的解答》（2018年6月26日发布，以下简称《江苏高院2018年解答》）第7条第3款：“非强制招投标的建设工程，经过招投标或备案的，当事人在招投标或备案之外另行签订的建设工程施工合同与经过备案的合同实质性内容不一致的，以双方当事人实际履行的合同作为结算工程价款的依据。”

“建设工程施工合同无效，一方当事人请求对方赔偿损失的，应当就对方过错、损失大小、过错与损失之间的因果关系承担举证责任。

损失大小无法确定，一方当事人请求参照合同约定的质量标准、建设工期、工程价款支付时间等内容确定损失大小的，人民法院可以结合双方过错程度、过错与损失之间的因果关系等因素作出裁判。”

根据最高人民法院王毓莹、陈亚法官在《〈关于审理建设工程施工合同纠纷案件适用法律问题的解释（二）〉逐条解读》一文[①]中的观点，在施工合同无效的情况下，当事人不能直接援引违约责任条款主张损失赔偿。如果发包人或者承包人主张因工程质量、工期延误、停工窝工等原因导致的损失赔偿，不仅损失大小难以确定，而且工程质量是否存在问题、工期是否存在延误、是否存在停窝工也都难以证明。基于此，该条第2款沿用了《施工合同司法解释（一）》第2条的做法，允许当事人参照合同约定的质量标准、建设工期、工程价款支付时间等内容来证明工程质量存在瑕疵、工期存在延误、进度款支付迟延等事实，并以此为基础确定实际损失的大小。

2. 关于“过错”

根据《施工合同司法解释（二）》第3条所确立的规则，当事人的过错程度、过错与损失之间的因果关系，是确定损失大小的重要裁判因素。关于如何理解该条中的“过错”，根据《最高人民法院建设工程施工合同司法解释（二）理解与适用》（以下简称《施工合同司法解释（二）理解与适用》）中的观点，应指的是导致合同无效的过错[②]，即缔约过错。例如，在“江苏省第一建筑安装集团股份有限公司与唐山市昌隆房地产开发有限公司建设工程施工合同纠纷案”[③]中，最高人民法院认为：

“在无法确定双方当事人真实合意并实际履行的合同时，应当结合缔约过错、已完工程质量、利益平衡等因素，根据《合同法》第五十八条规定由各方当事人按过错程度分担因合同无效造成的损失。一审法院认定本案中无法确定真实合意履行的两份合同之间的差价作为损失，基于昌隆公司作为依法

① 该文载于微信公众号“法盏”，https：//mp.weixin.qq.com/s?src=11&timestamp=1553041375&ver=1495&signature=mOElNlVlQsZq*EB3BdeFEtyqZXtQumNvktvSUj5GC9WYCfzLYroalHiqgwlBR6P22YCaGl2u1aqeSXemnx1ow*0F3C48vcxBehR9Ipa9Ze2oND8VxGpAvbRNw4o16Omp&new=1，发表日期为2019年1月3日。

② 最高人民法院民事审判第一庭编著：《最高人民法院建设工程施工合同司法解释（二）理解与适用》，人民法院出版社2019年版，第77页。

③《最高人民法院公报》2018年第6期，（2017）最高法民终175号。

组织进行招投标的发包方，江苏一建作为对于招投标法等法律相关规定也应熟知的具有特级资质的专业施工单位的过错，结合本案工程竣工验收合格的事实，由昌隆公司与江苏一建按 6 : 4 比例分担损失并无不当。”

（三）与工期索赔有关的问题

近年来，建设工程诉讼和仲裁案件中关于工期延误争议和索赔的案件呈逐年递增的趋势。与工期相关的争议问题也成为建设工程争议案件中难度较大、判别较困难的问题。

目前我国缺乏工期延误分析鉴定方法与准则，国内建设工程工期延误争议的解决，主要依靠专家的主观经验来确定，而专家的经验因专家个体的不同存在着很大的差异性。由于缺乏工期延误相关的分析鉴定方法和准则，容易导致工期判定不准确或误判。如何通过流程的设置及方法、准则的选用，减少主观因素在工期延误的识别及量化方面的影响，是我国工期延误争议和索赔分析鉴定中急需解决的问题。

为了给建设工程工期延误争议和索赔及工期鉴定提供参考，提高建设工程工期延误争议和索赔事件的处理水平，规范因建设工程工期争议引发的鉴定行为，北仲于 2017 年以科研基金资助项目，开展了“建设工期延误与索赔研究”，并于 2018 年 8 月编制《工期索赔（鉴定）及争议仲裁指南》。该指南目的在于对建设工程工期延误争议和索赔事件的解决提供参考方法或指导意见，也可以为合同起草或项目进度管理提供参考。该指南共分为九章，主要内容包括总则、术语、基本规定、工期争议索赔证据资料、工期争议鉴定方法及相关准则、工期延误分析流程、与工期延误有关的索赔、工期争议索赔鉴定的仲裁程序、工期争议索赔仲裁。该指南主要借鉴了国内、国际上主要的工期延误分析方法的研究成果，并结合了我国在工期延误分析鉴定方面的相关工程实践。

与以北仲为代表的专业仲裁机构在工期索赔方面的探索相比，我国各级法院的实践相对滞后，但在《施工合同司法解释（二）》中，也进行了一些有实践价值的总结。

1. 关于“开工日期”的认定

《施工合同司法解释（一）》第 14 条[①] 对如何认定竣工日期进行了明确规定，

---

① 《施工合同司法解释（一）》第 14 条：“当事人对建设工程实际竣工日期有争议的，按照以下情形分别处理：（一）建设工程经竣工验收合格的，以竣工验收合格之日为竣工日期；（二）承包人已经提交竣工验收报告，发包人拖延验收的，以承包人提交验收报告之日为竣工日期；（三）建设工程未经竣工验收，发包人擅自使用的，以转移占有建设工程之日为竣工日期。”

实践效果良好。但是，对于如何认定“开工日期”，并没有具体规定。对此，《施工合同司法解释（二）》第5条规定：

“当事人对建设工程开工日期有争议的，人民法院应当分别按照以下情形予以认定：

（一）开工日期为发包人或者监理人发出的开工通知载明的开工日期；开工通知发出后，尚不具备开工条件的，以开工条件具备的时间为开工日期；因承包人原因导致开工时间推迟的，以开工通知载明的时间为开工日期。

（二）承包人经发包人同意已经实际进场施工的，以实际进场施工时间为开工日期。

（三）发包人或者监理人未发出开工通知，亦无相关证据证明实际开工日期的，应当综合考虑开工报告、合同、施工许可证、竣工验收报告或者竣工验收备案表等载明的时间，并结合是否具备开工条件的事实，认定开工日期。”

首先，根据该条第1项，“开工条件”是否具备对认定开工日期非常重要。但是，此处规定的“开工条件”是仅指合同约定的开工条件，还是也包括法律规定的开工条件（如施工许可证）？结合本条第1项、第2项、第3项的上下文逻辑，此处的“开工条件”应主要指合同约定的开工条件，即施工许可证并非“开工条件”的必要条件。对此，最高人民法院在《施工合同司法解释（二）理解与适用》中认为：“《建筑法》第64条关于施工许可证的规定属建设主管部门的行政管理范畴，没有办理施工许可证现行动工的，主管部门应指令其进行更正……但是这对开工日期并不必然产生实质性影响。如果发包人已经实际进场施工，又以没有施工许可证或施工许可证颁发延迟为工期迟延的抗辩理由，需要进一步举证证明因缺乏施工许可证而未能开工，或者被建筑主管部门通知暂停施工。”①

其次，根据该条第2项，“实际进场施工”时间对认定开工日期也非常重要。实践中，在不具备约定或法定开工条件下，当事人即约定实际进场施工的情形较为普遍。鉴此，对于如何与本条第1项的规定进行协调，在实践中将很容易发生争议。例如，承包人常常主张现场实际并不具备施工条件，进场仅是进行前期施工或者辅助性施工。对此，最高人民法院在《施工合同司法解释（二）理解与适用》中认为：“这种情况能否算作承包人已经实际进场施工，应该结合施工条件是否具备的事实作出认定。如果承包人经发包人同意进场，但是现场不具备施工条

① 最高人民法院民事审判第一庭编著：《最高人民法院建设工程施工合同司法解释（二）理解与适用》，人民法院出版社2019年版，第129页。

件，亦不能将实际进场时间作为开工时间。”[①]

2. 关于“逾期失权”条款

在实践中，建设工程合同约定承包人未在约定期限内提出工期和（或）费用索赔即丧失权利的条款越来越普遍，此类“逾期失权”条款甚至正式进入了国家行政主管部门颁布的合同示范文本中。以《建设工程施工合同（示范文本）》（GF–2017–0201）为例，该示范文本通用合同条款第 19.1 款约定：

“根据合同约定，承包人认为有权得到追加付款和（或）延长工期的，应按以下程序向发包人提出索赔：

（1）承包人应在知道或应当知道索赔事件发生后 28 天内，向监理人递交索赔意向通知书，并说明发生索赔事件的事由；承包人未在前述 28 天内发出索赔意向通知书的，丧失要求追加付款和（或）延长工期的权利；

（2）承包人应在发出索赔意向通知书后 28 天内，向监理人正式递交索赔报告；索赔报告应详细说明索赔理由以及要求追加的付款金额和（或）延长的工期，并附必要的记录和证明材料；

（3）索赔事件具有持续影响的，承包人应按合理时间间隔继续递交延续索赔通知，说明持续影响的实际情况和记录，列出累计的追加付款金额和（或）工期延长天数；

（4）在索赔事件影响结束后 28 天内，承包人应向监理人递交最终索赔报告，说明最终要求索赔的追加付款金额和（或）延长的工期，并附必要的记录和证明材料。”

对于此类“逾期失权”条款的效力，在司法实践中争议较大，此前仅浙江、广东两省高级人民法院在相关解答中有所涉及，且均认可此类条款的效力，即遵循从约原则[②]。对此，《施工合同司法解释（二）》第 6 条第 2 款规定：

---

① 最高人民法院民事审判第一庭编著：《最高人民法院建设工程施工合同司法解释（二）理解与适用》，人民法院出版社 2019 年版，第 126 页。

② 《浙江省高级人民法院民事审判第一庭关于审理建设工程施工合同纠纷案件若干疑难问题的解答》（2012 年 4 月 5 日发布）六、如何认定工期顺延？发包人仅以承包人未在规定时间内提出工期顺延申请而主张工期不能顺延的，该主张不能成立。但合同明确约定不在规定时间内提出工期顺延申请视为工期不顺延的，应遵从合同的约定。

《广东省高级人民法院关于审理建设工程合同纠纷案件疑难问题的解答》（2017 年 7 月 19 日发布）20. 承包人未依约提出工期顺延申请的能否视为放弃工期顺延权利　发包人仅以承包人未在合同约定的期限内提出工期顺延申请而主张工期不能顺延的，不予支持，但合同明确约定承包人未依约提出顺延工期申请视为放弃权利的，按照约定处理。

“当事人约定承包人未在约定期限内提出工期顺延申请视为工期不顺延的，按照约定处理，但发包人在约定期限后同意工期顺延或者承包人提出合理抗辩的除外。”

根据该条规定，索赔期限经过可能会导致工期索赔权利的消灭，但同时又规定，发包人在索赔期限后同意工期顺延，或者承包人提出合理抗辩的除外。考虑到对于承包人的“合理抗辩”在司法实践中的解释空间可能非常大，这样可能导致“逾期失权”条款的实际效力大大削弱。

（四）建设工程价款优先受偿权

《施工合同司法解释（二）》中共计 7 条对建设工程价款优先受偿权问题进行了规定，具体如下表所示。

条文	内容
第十七条	与发包人订立建设工程施工合同的承包人，根据合同法第二百八十六条规定请求其承建工程的价款就工程折价或者拍卖的价款优先受偿的，人民法院应予支持。
第十八条	装饰装修工程的承包人，请求装饰装修工程价款就该装饰装修工程折价或者拍卖的价款优先受偿的，人民法院应予支持，但装饰装修工程的发包人不是该建筑物的所有权人的除外。
第十九条	建设工程质量合格，承包人请求其承建工程的价款就工程折价或者拍卖的价款优先受偿的，人民法院应予支持。
第二十条	未竣工的建设工程质量合格，承包人请求其承建工程的价款就其承建工程部分折价或者拍卖的价款优先受偿的，人民法院应予支持。
第二十一条	承包人建设工程价款优先受偿的范围依照国务院有关行政主管部门关于建设工程价款范围的规定确定。 承包人就逾期支付建设工程价款的利息、违约金、损害赔偿金等主张优先受偿的，人民法院不予支持。
第二十二条	承包人行使建设工程价款优先受偿权的期限为六个月，自发包人应当给付建设工程价款之日起算。
第二十三条	发包人与承包人约定放弃或者限制建设工程价款优先受偿权，损害建筑工人利益，发包人根据该约定主张承包人不享有建设工程价款优先受偿权的，人民法院不予支持。

1. 优先受偿权的权利主体

根据《施工合同司法解释（二）》第 17 条的规定，与发包人订立建设工程施工合同的承包人，享有优先受偿权，这对《合同法》第 286 条中规定的优先受偿权的权利主体，即建设工程合同的承包人的范围进行了限制。而根据最高人民法院在《施工合同司法解释（二）理解与适用》中的观点①：

首先，与发包人订立建设工程勘察合同、设计合同的勘察人、设计人不是享有建设工程价款优先受偿权的主体。但是，对于工程总承包合同中约定的设计费甚至勘察费应属于工程款的范围，工程总承包人可以就相关费用主张优先受偿权。但是，对于设备采购费、试运行服务费等，并未明确涉及。值得注意的是，在前述【案例 3】中，最高人民法院支持了工程总承包人就全部 EPC 工程价款享有优先受偿权的主张。

其次，实际施工人与发包人没有直接合同关系，不应享有建设工程价款优先受偿权。这与《2011 年全国民事审判工作会议纪要》第 29 条规定保持一致，即"因违法分包、转包等导致建设工程合同无效的，实际施工人请求依据合同法第二百八十六条规定对建设工程行使优先受偿权的，不予支持"。但是，值得注意的是，最高人民法院在司法实践中，仍存在支持实际施工人享有优先受偿权的判例②。

最后，仅与总包人订立合同的分包人不享有优先受偿权，原因是在这种情形下，根据合同相对性原理，发包人与分包人之间没有直接的权利义务关系，即发包人对分包人没有支付工程款的义务。但是，一方面，如果发包人、总包人、分包人三方共同订立合同，那么总包人与分包人连带享有优先受偿权；另一方面，对于指定分包人，如果其完全替代总承包人就特定工程项目履行合同义务，总承

---

① 最高人民法院民事审判第一庭编著:《最高人民法院建设工程施工合同司法解释（二）理解与适用》，人民法院出版社 2019 年版，第 364-370 页。

② 例如，在"青岛昶德建设集团有限公司、杨永定建设工程施工合同纠纷案"[（2017）最高法民申 4000 号] 中，最高人民法院认为："（四）关于建设工程价款优先受偿权的主体及范围问题。首先，根据一审、二审法院认定的事实，昶德公司将涉案工程项目分包给了杨永定施工，双方构成事实上的劳务分包合同关系，杨永定实际对涉案工程进行了施工，其主张相应的工程价款及优先权，并不违反《中华人民共和国合同法》第二百八十六条以及《最高人民法院关于审理建设工程施工合同纠纷案件适用法律问题的解释》第二十六条的规定，泰隆公司作为发包方及工程接收方亦未提出异议，故作为违法分包人的昶德公司主张杨永定不享有建设工程价款优先受偿权，理据不足。"

包人仅承担配合盖章手续等义务，即在指定分包人与发包人之间形成了事实合同关系，那么指定分包人也应当享有工程价款优先受偿权。

2. 优先受偿权的适用条件

根据《施工合同司法解释（二）》第 19 条、第 20 条的规定，建设工程质量合格是承包人行使优先受偿权的先决条件，在此条件下，即使建设工程未竣工，也不影响承包人享有优先受偿权。在此基础上，最高人民法院在《施工合同司法解释（二）理解与适用》中进一步展开如下观点[①]：

首先，应当以建设工程质量合格的法定标准为依据来判断承包人是否享有优先受偿权，而不能以当事人约定的高于或低于法定标准作为依据。

其次，合同有效并非承包人享有优先受偿权的先决条件。对于合同无效情形，需要区分导致合同无效的原因：如因承包人资质、违反招标程序等导致合同无效的，承包人可在一定范围内享有建设工程价款优先受偿权；但对于其他情形导致的合同无效，如发包人未取得建设工程规划许可证，即使建设工程质量合格，因无法实现工程价款的折价、拍卖等程序的完成，承包人不享有工程价款优先受偿的权利。

3. 优先受偿权的适用范围

关于优先受偿权的适用范围，《最高人民法院关于建设工程价款优先受偿权问题的批复》（法释〔2002〕16 号）第 3 条仅包括承包人实际支付的工作人员报酬、材料款等实际支出的费用。但是，《施工合同司法解释（二）》第 21 条规定："依照国务院有关行政主管部门关于建设工程价款范围的规定确定。"而根据住建部、财政部《建筑安装工程费用项目组成》（建标〔2013〕44 号），建筑安装工程费用不仅包括人工费和材料款，还包括施工机具使用费、企业管理费、利润、规费和税金等，这样优先受偿权的适用范围得到了大幅扩展。更进一步的，如果住建部于 2017 年 9 月 4 日发布的《建设项目工程总承包费用项目组成》（征求意见稿）得以正式实施，那么除建筑安装工程费外，设备购置费、总承包其他费等是否也可以纳入优先受偿权的适用范围，值得关注。

此外，针对利息是否属于优先受偿权的范围，存在不同司法实践。《施工合同司法解释（二）》第 21 条明确规定逾期支付工程款的利息不能纳入优先受偿权的适用范围。

---

① 最高人民法院民事审判第一庭编著：《最高人民法院建设施工合同司法解释（二）理解与适用》人民法院出版社 2019 年版，第 407-408 页。

4. 优先受偿权的行使期限

关于优先受偿权期限起算时间，《最高人民法院关于建设工程价款优先受偿权问题的批复》规定从实际竣工或约定竣工之日起 6 个月，而《2011 年全国民事审判工作会议纪要》则进一步对未按期竣工、合同解除终止的情形作了细化，规定以合同解除或终止履行之日作为起算点。尽管如此，在司法实践中，最高人民法院和各地法院对 6 个月起算点的掌握呈现多样化。

《施工合同司法解释（二）》第 22 条将优先受偿权期限起算时间修改为“发包人应当给付建设工程价款之日”。关于如何确定“发包人应当给付建设工程价款之日”，则可根据《施工合同司法解释（一）》第 18 条的规定。

但是，考虑到进度款、结算款、质保金等工程价款的支付时间均不相同，优先受偿权期限是否也应分别起算？如果一项工程中既存在拖欠的进度款又存在拖欠的结算款，优先受偿权期限以哪个应付时间为准，还是可以分别计算？对此，最高人民法院在《施工合同司法解释（二）理解与适用》中认为“应以工程最终的竣工总价款的应付款时间作为建设工程优先受偿权的起算时间”①。

5. 放弃优先受偿权的效力

关于承包人放弃建设工程价款优先受偿权的效力，《施工合同司法解释（二）》第 23 条规定视是否损害建筑工人利益，而作不同处理。优先受偿权制度主要是为了保护第三人（建筑工人）利益而设立的制度，承包人的弃权应以不损害建筑工人的利益为前提。

（五）实际施工人权利保护

《施工合同司法解释（一）》第 26 条第 2 款规定：“实际施工人以发包人为被告主张权利的，人民法院可以追加转包人或者违法分包人为本案当事人。发包人只在欠付工程价款范围内对实际施工人承担责任。”

该款规定虽然对于在特定时期解决农民工工资拖欠问题起到一定积极作用，但由于突破合同相对性，导致争议不断，也给司法实践带来不少困惑。在此背景下，《施工合同司法解释（二）》（征求意见稿）第 24 条试图对此问题进行调整和规范。其中，第一种意见是完全回归合同相对性，不支持实际施工人以与其没有合同关系的发包人为被告主张工程款权利；第二种意见是将《施工合同司法解释

① 最高人民法院民事审判第一庭编著：《最高人民法院建设施工合同司法解释（二）理解与适用》，人民法院出版社 2019 年版，第 462 页。

（一）》第 26 条第 2 款限定为下列条件："实际施工人有证据证明与其具有合同关系的缔约人丧失履约能力或者具有下落不明等情形，导致其劳务分包工程款债权无法实现。"

但是，对于上述征求意见稿中的两种意见，《施工合同司法解释（二）》最终均未采用，而是仍然延续《施工合同司法解释（一）》的思路，相应规定如下：

第 24 条："实际施工人以发包人为被告主张权利的，人民法院应当追加转包人或者违法分包人为本案第三人，在查明发包人欠付转包人或者违法分包人建设工程价款的数额后，判决发包人在欠付建设工程价款范围内对实际施工人承担责任。"

与《施工合同司法解释（一）》相比，《施工合同司法解释（二）》的修改主要有两处：一是法院应当（而不再是"可以"）追加转包人或者违法分包人作为第三人；二是判决发包人承担责任的前提条件，是查明发包人欠付转包人或者违法分包人建设工程价款的数额——换言之，如果经审理查明发包人并不存在欠付的，则不应判决发包人承担责任。

在实践中，由于实际施工人起诉时，发包人与转包人并不一定完成了最终结算，很可能出现发包人进度款已付清但结算金额尚未确定的情况。在此情况下，发包人对转包人不一定存在到期欠付工程款；或者因各方证据资料缺失，无法确认欠付工程款的金额。[①] 最高人民法院王毓莹、陈亚法官在《〈关于审理建设工程施工合同纠纷案件适用法律问题的解释（二）〉逐条解读》一文中表示，如果根据现有证据确实无法查清发包人欠付工程款的具体数额时，则由实际施工人承担举证不能的不利后果。但是，《江苏高院 2018 年解答》则明确要求发包人应当对已向总包方支付的工程款数额承担举证责任。

五、总结与展望

2018 年，我国建筑业的两大"放管服"举措，即大幅减少必须招标项目范围和取消施工合同备案制度，将在很大程度上减轻行政监管对建设工程交易的过度干预，进而从源头上减少因违反招标投标相关强制性法律规定而产生的一系列复杂的合同效力问题及相关争议，这对我国建设工程争议解决的发展将产生深远

① 周月萍、周兰萍：《〈施工合同司法解释二精读专题〉26 条合辑》，2019 年 2 月 1 日发表于"周月萍律师"微信公众号，访问时间：2019 年 2 月 10 日。

影响。

与此同时，最高人民法院《施工合同司法解释（二）》的发布和施行，也将对我国建设工程争议解决的实践发展产生重要影响，其在解决一系列现存问题的同时，也将产生新的问题和面临新的挑战。

而在工程总承包领域，住建部在2017—2018年先后发布的三部征求意见稿如果能够在2019年正式实施，不仅将有利于进一步推动我国工程总承包市场的发展，还将为EPC总承包领域的争议解决提供具有实践价值的规范依据。

在境外工程争议解决领域，除境外工程合同效力、外国法的查明、域外取证等典型问题外，总承包商通过“背靠背”条款向分包商转嫁总承包合同项下风险、责任和损失的机制安排，将会日益成为新型焦点问题之一。而对“背靠背”条款效力问题研究与实践的延伸，将会在更大程度上把中国境内建设工程与国际工程的争议解决实践联系在一起。在此，笔者衷心希望我国建设工程争议解决的裁判重点能够逐渐从黑白合同、挂靠及违法分包、合同效力、实际施工人等具有中国特色的争议领域，向与国际工程争议解决接轨的方向发展，推动中国建设工程争议解决向更高层次迈进。

中国房地产争议解决年度观察（2019）

赵 平　马志成　夏明亮　陈 锐[①]

一、概述

（一）2018年房地产行业发展概况

2018年，中国房地产行业整体业绩规模进一步增长，其中TOP100房企全年的销售金额同比增长35%。[②]2018年1—12月，全国房地产开发投资120,264亿元，比上年增长9.5%。2018年，房地产开发企业房屋施工面积822,300万平方米，比上年增长5.2%，房屋新开工面积209,342万平方米，同比上年提高10.2个百分点。2018年，商品房销售面积171,654万平方米，比上年增长1.3%，商品房销售额149,973亿元，比上年回落1.5个百分点。同时，2018年，千亿房企数量达到30家，相比2016年、2017年的12家和17家有了较大幅度的增加。[③]

有统计显示，2018年，全国各地出台的有关房地产市场调控的政策高达405次，比2017年上涨近80%，几乎每天都有一项措施出台，刷新了历史纪录。房地产调控的基调为：房住不炒，坚决遏制房价上涨，稳地价、稳房价、稳预期。2018年年底的中央经济工作会议继续坚持“房住不炒”的定位，强调未来的房地产调控将因城施策、分类指导，夯实城市政府主体责任。

---

① 赵平，北京金诚同达（上海）律师事务所高级合伙人。马志成，北京金诚同达律师事务所高级合伙人。夏明亮，北京金诚同达（上海）律师事务所高级合伙人。陈锐，北京金诚同达（上海）律师事务所合伙人。

② 克而瑞网：http：//www.cricchina.com/News/Details/8216，访问时间：2019年1月28日。

③ 国家统计局网：http：//www.stats.gov.cn/tjsj/zxfb/201901/t20190121_1645782.html，访问时间：2019年1月28日。

2018年以来，房地产金融进一步发展。在去杠杆的大背景下，融资环境进一步收紧，房地产企业原来的非标融资渠道严重受限，非标转标的房企证券化融资成为一个很好的替代渠道，包括购房尾款ABS、供应链ABS、物业收费权ABS、CMBS和类REITs等各类证券化产品进一步发展。

2018年，住房租赁市场呈现出前所未有的成长势能。与租赁需求相对应，2018年房屋租赁市场房源供应量保持持续增长。其中，2018年全国租赁房源同比增长36%，上海、北京、深圳租赁房源供应量位居全国前三。除传统商业板块外，2018年长租公寓延续了2017年的热潮，依旧是被各大房企多次提起的热点领域。据不完全统计，在TOP30房企中，已进军或表示将布局长租公寓的房企有近20家，可见长租公寓已成为房企布局多元业务的重要关注点。

2018年，城市更新与存量市场进一步发展。近年来，随着增量市场逐渐逼近天花板，以城市更新为主的存量市场，无论是在规模还是增速上，都呈现出了长期上扬的态势；以存量资产的运营收入作为基础资产进行金融化或证券化安排，促进房地产的金融化。2018年4月，证监会、住房和城乡建设部发布《关于推进住房租赁资产证券化相关工作的通知》，明确表达了对房企进行住房租赁资产证券化的鼓励，进一步推动了城市更新与房地产租赁市场的发展。

（二）2018年房地产争议的特点[①]

房屋买卖合同纠纷、房屋租赁合同纠纷以及物业服务合同纠纷仍然是2018年房地产争议的重要类型。据不完全统计，2018年房屋买卖合同纠纷为341,073件，较2017年的364,315件有所回落。房屋租赁合同纠纷105,076件，较2017年的112,661件略有下滑。物业服务合同纠纷367,835件，较2017年的364,821件略有上升。

2018年建设用地使用权合同纠纷2,754件，2017年为2,988件；2018年土地租赁合同纠纷10,711件，2017年为10,505件；2018年农村土地承包经营权纠纷25,900件，2017年为28,295件。上述三类土地类案件的数量与2017年大体持平。随着《中华人民共和国土地管理法》（以下简称《土地管理法》）等法律、法规的进一步修改，集体经营性建设用地入市的逐步落实，未来相关纠纷数量将会呈现

① 本节数据自中国裁判文书网搜索总结而成，本节中的纠纷数量指的是一审、二审、再审、再审审查与审判监督及其他程序中产生的判决书、裁定书、调解书、决定书、通知书等文件的数量。鉴于中国裁判文书网的数据存在不断更新的情况，本节数据仅为笔者查询之日中国裁判文书网上记载的数据。中国裁判文书网：http://wenshu.court.gov.cn/，访问时间：2019年2月20日。

增长态势。

2018年，房地产企业之间的委托代建、项目转让、合资合作开发纠纷逐步增加。据不完全统计，2018年房地产开发经营合同纠纷共计2,298件，其中合资、合作开发房地产合同纠纷1,608件，项目转让合同纠纷139件，委托代建合同纠纷229件。随着近年来房地产业的发展，房地产开发市场进一步细分，且项目单体价值动辄十几亿、几十亿元，房地产开发企业为了降低资金投入或为了项目的专业化定位，以及分散开发风险等原因，相互之间的委托代建、项目转让、合资合作开发等合作在逐步增加。房地产黄金时期通过高周转率消化房地产企业合作中的冲突解决成本的情形不复存在，这导致房地产开发企业中的委托代建、项目转让、合资合作开发纠纷逐渐增加。

城市更新项目中的违约纠纷增加。城市更新项目往往涉及拆迁安置补偿合同纠纷、合资、合作开发房地产合同纠纷、房屋租赁合同纠纷等。2018年涉及城市更新项目的案件数量为140件，较2017年的62件呈现出快速增长之势。随着房地产行业从增量市场向存量市场转变，城市存量资产的更新、改造、运营等业务将逐渐成为房地产业的主要经营模式，城市更新领域有关资产转让、租赁合同解除等方面的纠纷也将继续增长。

2018年涉及房地产企业的金融借款纠纷案件数量为38,299件。涉及房地产企业的金融借款纠纷案件数量在2014年呈现爆发式增长之后，近几年相关案件数量一直呈稳步上升的趋势。2018年下半年，如果按照集中度占行业15%的11家大型房企总负债8万亿元来算的话，整个房地产行业的负债总额可能达到了50万亿元。恒大研究院报告显示，截至2018年6月底，除去民间融资和类金融机构贷款，房企有息负债余额约19.2万亿元。可以预见，未来此类纠纷将会持续高发。

二、新出台的房地产法律法规和其他规范性文件

（一）新出台的法律法规及法律草案

1.《民法典合同编》《民法典物权编》（草案）

2018年12月23日，《民法典合同编》（以下简称《合同编》）草案、《民法典物权编》（以下简称《物权编》）草案提请十三届全国人大常委会第七次会议审议。《合同编》和《物权编》的修改与房地产争议息息相关。其中，《物权编》涉及房地产部分的修改内容主要包括：增加居住权为用益物权、降低业主选聘和解聘物

业服务企业或者其他管理人的法定标准、扩大按份共有人管理共有物之重大事项的范围、规定共有物优先购买权的行使方法、确定土地经营权的概念等。《合同编》涉及房地产的部分主要是增加了承租人的优先承租权制度。《物权编》和《合同编》的多处修改势必会对未来的房地产争议产生影响，目前《合同编》《物权编》草案（二次审议稿）征求意见已结束，期待两部《民法典》分编的正式颁布与实施。①

2.《土地管理法》《城市房地产管理法》（修正案草案）

2018 年 12 月 23 日，《土地管理法》《中华人民共和国城市房地产管理法》（以下简称《城市房地产管理法》）修正案草案提请十三届全国人大常委会第七次会议审议。本次《土地管理法》修正案草案删去了现行《土地管理法》关于从事非农业建设使用土地的，必须使用国有土地或者征为国有的原集体土地的规定；对土地利用总体规划确定为工业、商业等经营性用途，并经依法登记的集体建设用地，允许土地所有权人通过出让、出租等方式交由单位或者个人使用。《城市房地产管理法》则在关于城市规划区内的集体土地必须先征收为国有后才能出让的规定，新增加一句“法律另有规定的除外”，以衔接《土地管理法》的修改，扫清集体经营性建设用地入市的法律障碍。②

3. 新修改的《农村土地承包法》

2018 年 12 月 29 日，全国人民代表大会常务委员会通过《全国人民代表大会常务委员会关于修改〈中华人民共和国农村土地承包法〉的决定》，该决定于 2019 年 1 月 1 日正式实施。新修改的《农村土地承包法》明确了土地“经营权”归土地经营权人享有，土地经营权可以自由流转，不再受是否具有农村集体组织成员身份的限制，并可以“再流转”。

（二）其他规范性文件

1. 房地产调控政策

2018 年 5 月 19 日，住房和城乡建设部发布《住房城乡建设部关于进一步做好房地产市场调控工作有关问题的通知》（建房〔2018〕49 号），继续强调“房子是用来住的、不是用来炒的”，推动各城市加快制定实施住房发展规划，鼓励热点城市积极探索推动供地主体多元化，在权属不变、符合土地利用总体规划和城乡

① 中国人大网：http://www.npc.gov.cn/npc/lfzt/rlyw/node_35174.htm，访问时间：2019 年 2 月 3 日。

② 中国人大网：http://www.npc.gov.cn/npc/lfzt/rlyw/node_35754.htm，访问时间：2019 年 2 月 3 日。

规划的情况下，非房地产企业依法取得使用权的国有土地可作为租赁住房用地。①

2018 年 9 月 14 日，住房和城乡建设部和财政部共同制定《推行政府购买公租房运营管理服务的试点方案》，为进一步完善公租房运营管理机制，更好地吸引企业和其他机构参与公租房运营管理，住房和城乡建设部、财政部根据地方自愿原则以及公租房发展情况，确定在浙江、安徽、山东、湖北、广西、四川、云南、陕西等 8 个省（区）开展政府购买公租房运营管理服务试点工作。②

2019 年 1 月 16 日，自然资源部办公厅发布《自然资源部办公厅　住房和城乡建设部办公厅关于福州等 5 个城市利用集体建设用地建设租赁住房试点实施方案意见的函》，原则同意福州、南昌、青岛、海口、贵阳等 5 个城市利用集体建设用地建设租赁住房试点实施方案。③

除此之外，2018 年各地纷纷出台房地产监管政策，各地住房政策的主旨在于贯彻落实“坚持房子是用来住的、不是用来炒的”定位。

2. 规范保险资金参与长租市场

2018 年 5 月 28 日，中国银行保险监督管理委员会发布《中国银行保险监督管理委员会关于保险资金参与长租市场有关事项的通知》（银保监发〔2018〕26 号），明确保险公司通过直接投资，保险资产管理机构通过发起设立债权投资计划、股权投资计划、资产支持计划、保险私募基金等方式间接参与长租市场，保险资产管理机构发起设立投资于长期租赁住房项目的债权投资计划、股权投资计划等保险资产管理产品及保险私募基金所需要满足的条件，规范保险资金投资住房租赁市场行为，防范投资风险。④

3. 规范不动产登记资料查询

2018 年 3 月 2 日，原国土资源部发布《不动产登记资料查询暂行办法》（国土资源部令第 80 号），明确不动产登记资料的范围，进一步细化不动产登记资料的法定查询主体。该办法旨在规范不动产登记资料查询活动，加强不动产登记资

---

① 自然资源部网：http：//www.mohurd.gov.cn/wjfb/201805/t20180520_236128.html，访问时间：2019 年 1 月 14 日。

② 住房和城乡建设部网：http：//www.mohurd.gov.cn/wjfb/201810/t20181016_237917.html，访问时间：2019 年 1 月 14 日。

③ 自然资源部网：http：//gi.mnr.gov.cn/201901/t20190116_2387957.html，访问时间：2019 年 1 月 28 日。

④ 中国银行保险监督管理委员会网：http：//www.cbrc.gov.cn/chinese/newShouDoc/91D61ACE07234C1FBB523B2D750C764F.html，访问时间：2019 年 1 月 14 日。

料管理、保护和利用，维护不动产交易安全，保护不动产权利人的合法权益。[①]

三、典型案例

【案例 1】国有土地使用权出让合同案例——关于土地交付标准的认定[②]

【基本案情】

2014 年 3 月 10 日，建昌丰宏公司与建昌国土局签订《国有建设用地使用权出让合同》。合同签订后，建昌丰宏公司认为宗地上存在未接受补偿、未被拆迁的情况，宗地上还有 21 根线杆、高压线，其无法施工。与国土局沟通无果后，起诉请求解除双方签订的《国有建设用地使用权出让合同》、建昌国土局承担违约责任。辽宁省高院二审支持了建昌丰宏公司的诉请，建昌国土局不服，向最高院申请再审。

【争议焦点】

本案的争议焦点在于建昌丰宏公司与建昌国土局签订的《国有建设用地使用权出让合同》应否解除。

建昌国土局主张，双方签订的《国有建设用地使用权出让合同》明确约定案涉土地交付条件，交付现状土地条件后面空白处标有“/”，建昌丰宏公司在完全知悉标的情况下签署《成交确认书》及《国有建设用地交地确认书》。建昌国土局在一审后移除高压线及解决拆迁户房屋安置问题，并不是消除违约情形，而是代替建昌丰宏公司处理事务，并非合同义务。本案不存在不能交付出让土地的任何情形，不存在解除合同的法定条件。

建昌丰宏公司认为，建昌国土局违反合同，未交付符合合同目的的净地，出让宗地上存在房屋未接受补偿、未被拆迁，宗地上还有 21 根线杆，有高压线，致使建昌丰宏公司无法施工。建昌国土局严重违反了合同约定及法律规定，导致建昌丰

---

① 自然资源部网：http：//f.mnr.gov.cn/201803/t20180320_1764492.html，访问时间：2019 年 1 月 14 日。

② 案号：（2018）最高法民申 676 号，“建昌县国土资源局、建昌县丰宏房地产开发有限责任公司建设用地使用权出让合同纠纷再审审查与审判监督民事裁定书”，载中国裁判文书网，http：//wenshu.court.gov.cn/content/content?DocID=1d43fddc-d06e-4db1-9a3c-a8cd00bd9022，访问时间：2019 年 1 月 24 日。

宏公司不能实现合同的根本目的，造成重大经济损失，符合解除合同的法定条件。

【裁判观点】

最高院认为，案涉合同第 6 条对于出让土地的场地平整、周围基础设施达到条件及现状土地条件等，均以“/”表示，即双方对出让土地交付条件没有约定。在此情况下，建昌国土局应交付符合国土资源部《闲置土地处置办法》第 21 条规定要求的土地。国土资源部《闲置土地处置办法》第 21 条规定：“市、县国土资源主管部门供应土地应当符合下列要求，防止因政府、政府有关部门的行为造成土地闲置：（一）土地权利清晰；（二）安置补偿落实到位；（三）没有法律经济纠纷；（四）地块位置、使用性质、容积率等规划条件明确；（五）具备动工开发所必需的其他基本条件。”本案中，建昌国土局虽然履行了书面的、程序上的交地手续，但是在签订案涉合同时，直至本案一审判决作出前，案涉土地上存在有一户未拆迁补偿安置到位及高压线路未拆移等情形，阻碍了建昌丰宏公司进行整体开发，二审法院认定上述情形客观上导致建昌丰宏公司不能实现合同目的，符合法律规定的合同解除条件，该认定并无不当，本院予以维持。

【纠纷观察】

本案中，双方对土地交付条件没有明确的约定。尽管建昌丰宏公司在合同签订之前与建昌国土局对案涉土地曾经有过踩点，也签订了《成交确认书》及《国有建设用地交地确认书》，可以认为建昌丰宏公司对土地的现状有一定的了解，但是法院依然认为土地的交付需要达到一定的标准。如果在合同中对土地的交付条件约定不明，法院倾向于在法律、法规等规范性文件中寻找相关标准，而不是简单地认为企业已经签订了《交地确认书》或相关文件就是对所交付的土地进行了确认。究其根本，企业与国土局签订《建设用地使用权转让合同》的目的就在于开发，如果国土局交付的土地不能满足企业开发的目的，解除合同就成了其唯一的救济途径。

【案例 2】房地产开发合同转让案例——如何认定一、二级项目联动情况下转让协议的效力？①

【基本案情】

2012 年 7 月，汉寿县人民政府与恒丰公司签订《新西套市场升级改造项目

① 案号：（2018）最高法民再 154 号，“湖南金天地房地产开发有限公司项目转让合同纠纷再审民事判决书”，载中国裁判文书网，http：//wenshu.court.gov.cn/content/content?DocID=977f2e40-e1dc-4d29-85f2-a93b00ccbcd1，访问时间：2019 年 1 月 30 日。

合同书》（以下简称《项目合同书》），约定由恒丰公司对新西套市场进行拆迁、改造，建设现代综合市场。2013 年 9 月，恒丰公司与金天地公司签署《转让开发协议书》，约定恒丰公司将新西套市场及周边土地“开发权”以 2,200 万元转让给金天地公司，汉寿县人民政府出具书面文件同意转让。后恒丰公司因金天地公司未能按协议约定支付项目转让款，向人民法院提起诉讼主张支付转让款及违约金。金天地公司不服湖南省高院的二审判决，申请再审，最高院依法提审本案。

【争议焦点】

1.《项目合同书》的效力问题

金天地公司认为，《项目合同书》约定的改造项目应该采取招标形式，汉寿县人民政府以《项目合同书》形式将项目交由恒丰公司开发、建设，违反法律规定，应认定为无效。

2.《转让开发协议书》的效力问题

恒丰公司认为，《转让开发协议书》真实有效，即使《转让开发协议书》中包含土地使用权转让的内容，根据《国有土地使用权合同纠纷解释》第 9 条的规定，该协议有效。

金天地公司认为，恒丰公司在签署《转让开发协议书》时未取得土地使用权，亦未支付土地使用权出让金，在转让时没有达到项目土地开发投资总额 25% 以上的法定转让条件，该协议无效。

3. 如金天地公司应向恒丰公司支付转让费用，是否应在金天地公司向汉寿县人民政府支付的土地出让金中抵扣

恒丰公司认为，其和汉寿县人民政府签订的《项目合同书》与本案不属于同一法律关系，和本案争议的事实无关。

金天地公司认为，征收补偿的义务主体即汉寿县人民政府。无论是恒丰公司还是金天地公司，为征收补偿所付出的成本都应该向汉寿县人民政府追偿或者从土地出让金中予以核减抵扣。

【裁判观点】

1.《项目合同书》的效力问题

最高院认为，《项目合同书》约定恒丰公司进行项目的土地征收、房屋拆迁安置补偿工作，负责项目建设的费用，按汉寿县人民政府批准的用地规划办理用地手续，缴纳出让金；恒丰公司取得土地使用权后，对项目用地进行规划设计，办理用地规划、建设报批等手续。从该合同约定，汉寿县人民政府未通过该合同将土地使用权直接转让给恒丰公司。同时，该合同也没有否认汉寿县人民政府是对

外拆迁安置补偿的义务主体。因此,《项目合同书》未违反相关法律规定，是有效合同。

2.《转让开发协议书》的效力问题

最高院认为，恒丰公司的权利是依照《项目合同书》约定取得的开发权益，而义务包括与项目相关的土地征收、房屋拆迁安置及补偿工作，依法办理用地手续，缴纳土地出让金，恒丰公司与金天地公司签订《转让开发协议书》及系列补充协议，约定恒丰公司将汉寿县新西套市场改造项目转让给金天地公司完成，恒丰公司退出项目，恒丰公司与金天地公司之间实际形成的是合同权利义务的整体转让关系。该合同权利义务的概括转移经过了合同相对人汉寿县人民政府的书面同意,《转让开发协议书》未违反《房地产管理法》《城乡规划法》的规定，合法有效。

3. 金天地公司应向恒丰公司支付转让费用，是否应在金天地公司向汉寿县人民政府支付的土地出让金中抵扣

最高院认为，本案审理的基础法律关系是金天地公司与恒丰公司签订《转让开发协议书》《项目转让协议》而形成的项目转让合同关系，金天地公司取代恒丰公司地位与汉寿县人民政府建立的合同关系是另一层法律关系。至于金天地公司向恒丰公司支付的项目转让费用，是否应在金天地公司向汉寿县人民政府支付的土地出让金中抵扣，应由金天地公司和汉寿县人民政府另行解决。因此，本案无须追加汉寿县人民政府作为当事人参加诉讼。

【纠纷观察】

在土地收储、棚户区或城中村改造过程中，前期土地征收与拆迁补偿工作需大量资金，政府通常会采取与社会资本（多为房地产开发公司）合作进行一级土地开发的模式，并签署相关项目合同。社会资本除基于一级土地开发获取约定的开发收益外，通常会参与该等土地的招拍挂竞买，且往往具有一定的优势。由此，在土地出让市场出现了大量的一、二级联动的项目开发协议。

从最高院就本案事实的认定来看：1. 在《项目合同书》中，项目的拆迁安置的义务主体仍为政府，恒丰公司仅作为受托方以政府机关的名义开展拆迁安置工作；2.《转让开发协议书》转让的标的物并不是房地产开发项目，也不是国有建设用地使用权，而是对恒丰公司在《项目合同书》项下权利义务的概括转让，且该转让行为取得了项目合同书的相对方汉寿县人民政府的同意；3. 金天地公司作为《项目合同书》项下权利义务的受让方，其向恒丰公司支付的转让款是否能够从其未来应支付的土地出让金中扣除或者获得返还的问题，取决于《项目合同书》的

原始约定，当然这也提示拟通过该等交易方式以未来获得土地使用的开发企业，在受让时应优先关注该等约定，并对该等费用能否作为土地成本在缴纳土增税时予以扣除，提前向税务机构征询确认，以便在相关交易文件中根据不同的情形进行约定。

【案例3】房地产工程项目案例——委托代建工程纠纷案①

【基本案情】

2004年11月，山盛公司以挂牌方式取得济宁市某地块国有土地使用权，建设阳光城市花园小区。同月，山盛公司与济宁市国土资源局、济宁市建设委员会签订《委托代建安置房框架协议书》，约定由山盛公司在阳光城市花园小区内为职工代建安置房。2010年6月，山盛公司与城投公司签署《合作协议》，城投公司委托山盛公司在阳光城市花园小区内建设职工宿舍。由于规划调整，阳光城市花园小区的项目容积率、建筑面积几次提升，产生了后续补缴土地出让金的情况，前后累计需补缴土地出让金71,847,418元。在安置房建设过程中，山盛公司与城投公司就安置房代建房款的金额产生争议，山盛公司向山东省高级人民法院起诉，诉请城投公司支付代建房款112,699,526元，一审法院实际支持36,169,915.58元。山盛公司向最高院提起上诉，要求判决城投公司分摊因容积率调整产生的土地出让金42,338,866.05元。

【争议焦点】

1. 山盛公司与城投公司之间是否存在委托代建关系

一审过程中，双方对于2010年6月签署的《合作协议》属于委托代建合同还是建设工程施工合同存在争议。

2. 城投公司是否应分摊土地成本42,338,866.05元（二审）

山盛公司认为，其补缴的71,847,418元土地出让金是整个阳光城市花园小区的土地成本，应计入房地产开发项目的共同成本。在整个小区开发完毕后，安置房应按照其占地面积分摊相应的土地出让金。

城投公司认为，（1）安置房所在的A1地块的建设用地、住宅总面积、容积率完全符合最初挂牌出让合同约定的内容；山盛公司补缴的土地出让金及土地出让金

---

① 案号：（2017）最高法民终456号，“山东山盛置业有限公司、济宁市城建投资有限责任公司委托代建合同纠纷二审民事判决书”，载中国裁判文书网，http：//wenshu.court.gov.cn/content/content?DocID=0111bb25-1329-4c34-a517-a90700bd9fd5，访问时间：2019年1月30日。

差价是因为其开发的A2地块提高容积率、增加建筑面积而产生的，与A1地块无关。（2）A2地块的增建部分由山盛公司出售并获取巨大经济利益，山盛公司是规划调整、提高容积率、增加建筑面积的受益者，自然也应当是补缴土地出让金的承担者。

【裁判观点】

最高人民法院认为：1.《合作协议》的性质问题：从《合作协议》中约定的双方权利义务来看，双方存在委托建设职工宿舍的关系。因此，山盛公司与城投公司之间是委托代建关系；2.补缴土地出让金的分摊问题：（1）《合作协议》就代建安置房数量、面积、标准等作出约定后，直至最后建成交付，安置房的数量、面积并无明显变化。同时，根据政府相关文件的表述内容来看，所补缴土地出让金的计算方法是根据批准价格与对应的楼面地价计算的，补缴的出让金理应由增加部分住宅建筑面积承担，安置房由于未超出原规划容积率、面积，不应当予以分摊。（2）由于容积率的调整，整个项目与最初挂牌时相比，商品房住宅建筑面积增加了十万余平方米。增加的建筑面积并未给城投公司带来超出合同约定的利益，而山盛公司是所增加建筑面积的受益方。因此，上诉人山盛公司要求城投公司分摊土地出让金的诉讼请求不应予以支持。

【纠纷观察】

1.委托代建法律关系与合资合作开发、建设工程施工法律关系的区别

委托代建法律关系经常与建设工程施工、合资合作开发等法律关系相混淆，从而使得法律关系的定性成为当事人之间的争议焦点。

委托代建是指委托人与代建人协商约定，将建设项目委托给代建人实施建设所形成的民事法律关系。委托人与代建人之间的关系是代理关系，在民事审判实践中，人民法院也会适用《民法总则》(《民法通则》)关于代理的规定作出判决[如江苏省高级人民法院（2017）苏民终1539号判决书]。

在委托代建关系中，委托人的委托事项是整个项目的开发，而非工程建设，代建人在代建项目中的经营活动为开发建设，应当具有房地产开发资质；建设工程施工合同关系中，施工方负责工程全部或部分的施工工作，其应当具备的是建设工程施工资质；合资合作开发则是双方当事人一方提供土地、一方提供资金，共享收益，共担风险，要求合资设立的项目公司或实施开发的一方具有房地产开发资质。

2.开发企业投资建设的商品房与受托代建的安置房，因容积率调整带来的补缴土地出让金义务的分摊

最近几年的土地出让市场，开发企业在通过招拍挂取得土地使用权时，往往

附有在出让土地配建或代建公租房、安置房的条件。开发企业自身投资建设的商品房与配建、代建的安置房、配建房在公摊、费用、物业管理以及因容积率调整而补缴出让金等方面经常产生争议。

在国土部门未对土地出让金的补缴义务进行明确分配时，尽管补缴通知中声明了补缴金额系针对宗地整体收取，但如果相关协议中没有就该等费用的承担作出约定，人民法院会根据各方的获益情况对补缴义务进行分配。最高人民法院的判决显示，如果开发企业可以举证安置房的委托方获得了合同约定以外的利益，或通过审计、鉴定等方式证明己方并未从规划调整中获益，则分摊土地出让金补缴义务的请求或可获得人民法院的支持。如果在实际投资开发过程中，开发企业能够就该等情形在相关代建协议中进行明确约定，则可以避免争议，保障自己的权利。

【案例4】房屋租赁合同纠纷——部分违约情形下的违约金认定标准①

【基本案情】

2010年，金钻公司与松原大润发公司签订《租赁合同》，约定松原大润发公司租用金钻公司某地块商业用房，开设大型综合超市。关于租金，合同第9.2.1.1条约定："该商业用房（含附属场地、设施）的年租赁费用，按照乙方大型超市的不含税之营业额（不含增值税，且不含乙方转租区域的营业额）的2.5%计付。"合同签订后，金钻公司按约定向松原大润发公司交付了出租的商业用房及附属场地，合同开始履行。松原大润发公司开设的大型超市于2010年11月对外营业。后双方就给付租金问题、提供报表材料事宜产生争议，金钻公司起诉要求松原大润发公司支付违约金3,000万元。一、二审法院判决松原大润发公司向金钻公司支付违约金1,000万元。松原大润发公司不服，向最高院提请再审。

【争议焦点】

1. 关于松原大润发公司缴纳租金是否符合合同约定的问题

松原大润发公司认为，该合同条款中的"营业额"特指需要缴纳增值税的营业收入，松原大润发公司获得的展位费、促销费等收入需要缴纳的是营业税，不

① 案号：（2018）最高法民再238号，"松原大润发商业有限公司与吉林省金钻购物广场有限公司房屋租赁合同纠纷一案再审民事判决书"，载中国裁判文书网，http://wenshu.court.gov.cn/content/content?DocID=de739c2b-c24c-4865-9c44-a9cb0115e02c，访问时间：2019年1月30日。

属于需要缴纳增值税的收入范围，因此显然不属于双方当事人在合同中约定的应当计提租金的收入范围。因此，该部分收入无须计提租金，松原大润发公司缴纳租金符合合同约定。

金钻公司认为，松原大润发公司没有按照合同约定将展位费和促销费作为计提租金基数向金钻公司足额计提和支付租金。

2. 关于松原大润发公司应承担的违约金数额的认定问题

松原大润发公司认为，其 2010 年至 2012 年收入的展位费、促销费总金额为 13,526,834.35 元，即使将该笔收入计提租金，则按照双方当事人在合同中约定的 2.5% 的提取租金标准，松原大润发公司欠缴租金的金额为 338,170.85 元，此金额即为金钻公司的实际损失。

金钻公司认为，松原大润发公司收取的 13,526,834.35 元展位费、促销费，对应有高达数亿元的营业额，该营业额被松原大润发公司隐瞒，从而给金钻公司造成了高额租金损失。

【裁判观点】

1. 关于松原大润发公司缴纳租金是否符合合同约定的问题

最高院认为，按照合同第 9.2.1.1 条约定，计提租金的基数为“不含税之营业额（不含增值税）”，但双方并未明确“不含税之营业额”的具体范围，诉讼中亦不能达成一致。因展位费、促销费属于应缴纳营业税的收入，其收入来源于松原大润发公司的商品销售行为，与商品销售额直接相关，系松原大润发公司广义上的营业额的组成部分，故应认定松原大润发公司租赁期间的展位费、促销费应计提租金。松原大润发公司在诉讼中认可其未支付展位费、促销费金额对应的租金。据此，应认定松原大润发公司未按约支付租金，构成违约。

2. 关于松原大润发公司应承担的违约金数额的认定问题

最高院认为，原审法院就松原大润发公司的展位费、促销费收入数额委托松原智信会计师事务所作出松智会鉴字[2015]002 号司法会计鉴定书。鉴定意见载明：松原大润发公司 2010—2012 年展位费、促销费收入 13,526,834.35 元，上述费用由松原大润发公司开具发票、账目记载确定，应予认定。按照当事人约定 2.5% 的租金计提标准，松原大润发公司相应欠缴租金的金额为 331,420 元，金钻公司亦无证据证明存在其他损失，故该欠缴租金应认定为金钻公司的实际损失数额。松原大润发公司已按照合同约定实际交付绝大部分租金，未履行部分仅为争议展位费、促销费对应租金，数额占应交租金的比例较小。根据上述分析，案涉《租赁合同》所约定的违约金 3,000 万元显然高于实际损失。松原大润发公司未实际缴纳展位费、促销费对应的租金，客观上也与双方对营业额的范围约定不明确有关，其主观过错程度较低。综合考虑本案事实和法律规定，本院酌定松原大润发公司赔偿金钻公司与租金损失相当的违约金 331,420 元。

【纠纷观察】

本案的争议源于双方对租金支付范围存在分歧，具体而言就是双方对合同第 9.2.1.1 条中的“不含税之营业额”存在不同解读。就松原大润发公司是否已按照合同约定支付租金的问题，一、二审法院及再审法院的观点一致，认为松原大润发公司取得的展位费、促销费是其使用租赁房屋销售商品而获得的相关利益，属于超市商品销售收入的一部分。因此，松原大润发公司支付租金不符合合同约定，构成违约。

值得注意的是一、二审法院及再审法院对于本案违约金金额的不同观点。一审法院认为，双方签订的合同第 16.3 条约定：“双方中的任何一方若构成对本合同的违约，违约金均为人民币 3000 万元，如不足弥补守约方实际损失，则须赔偿其实际损失。”违约方以约定的违约金过高主张减少的，应由其举证证明守约方的实际损失。松原大润发公司未举证予以证明，松原大润发公司应承担不予举证证明金钻公司实际损失的不利后果。考虑双方合同履行期限为 20 年，现已履行三分之一，尚有三分之二的时间需要继续履行，根据公平原则和诚实信用原则，酌情将违约金调减为 1,000 万元。二审法院认为，松原大润发公司在司法鉴定过程中不配合，导致无法查清金钻公司的实际损失是多少，也就无法确定一审判决酌定松原大润发公司支付金钻公司违约金 1,000 万元是否属违约金过高情形，是否足以弥补金钻公司的实际损失。因此，一审判决综合考虑合同履行等情况，酌定松原大润发公司支付金钻公司违约金 1,000 万元并无不当之处。

最高院则认为，根据《最高人民法院关于适用〈中华人民共和国合同法〉若干问题的解释（二）》第 29 条的规定，违约方主张违约金过高，请求调整违约金的，应以守约方的实际损失为基础加以认定。本案中，松原大润发公司实际欠缴租金 331,420 元，违约金与租金损失相当也为 331,420 元。案涉《租赁合同》的履行时间并不当然与金钻公司主张的违约损失相关联，原审判决以案涉《租赁合同》实际履行近三分之一的时间为由，判令松原大润发公司承担 1,000 万的违约金，缺乏事实依据。从最高院对本案违约金的认定可以看出，其在违约金的认定上还是比较保守。实践中，合同双方可能约定了比较高的违约金，带有惩罚性质，但这种带有惩罚性质的违约金很难得到法院的支持。

【案例 5】房屋租赁合同纠纷——不定期租赁的构成要件

【基本案情】

2012 年，申请人 A 公司与被申请人 B 公司签订《房屋租赁合同》，约定 A 公司将某大楼裙楼租借给 B 公司使用。《房屋租赁合同》对房屋的租赁期限、租金及违约金均有约定。合同期满后，双方就续租事宜进行多次磋商，但就租金无法达成一致意见。其后申请人多次书面要求被申请人腾退房屋，被申请人未置可否，继续占用案涉房屋。

申请人提起仲裁，要求被申请人立即腾退房屋并支付占用房屋使用费及违约金。被申请人提起反请求，要求申请人返还租赁保证金并赔偿装修损失。经审理，仲裁庭支持了申请人的主要仲裁请求，驳回了被申请人的全部反请求。

【争议焦点】

本案的争议焦点在于租赁合同到期后双方之间的法律关系应如何认定？

申请人认为，合同到期后，双方经过多次磋商，未就租金事宜达成合意，申请人向被申请人发送终止合同告知书，告知被申请人解除租赁合同，要求其腾退房屋并交纳逾期租金，但被申请人没有按要求腾退并交纳租金，之后申请人向被申请人发出律师函，被申请人依然未置可否。

被申请人认为，双方签订及履行租赁合同期间，合作关系良好，合同到期之后，双方均有续租的意向，因此被申请人未腾退涉案房屋并非违约，而是基于与申请人继续租赁的信赖。

【裁判观点】

仲裁庭认为，依据《中华人民共和国合同法》（以下简称《合同法》）第 232 条、第 236 条规定，租赁期间届满，承租人继续对租赁物为占有使用收益，出租人亦不反对的，可以推定双方以实际履行行为达成继续租赁关系的合意，租赁期限视为更新，当事人之间由定期租赁更改为不定期租赁。由此可见，不定期租赁为租赁合同的一种，双方亦需要对形成租赁关系的意思表示达成一致，仅是对于租赁的具体期限未予明确，但任何一方均无权强制他方接受形成租赁的合意。本案中，双方在租赁合同到期后确实就续租相关事宜进行过多次磋商，但如被申请人所述双方最终未就租赁合同的核心条款，即房屋租金价格达成一致，被申请人也未实际支付在此期间发生的房屋使用费，并且，申请人多次向被申请人发函，明确双方未就续租事宜达成一致，并要求被申请人及时腾退涉案房屋。

因此，仲裁庭认定，双方在租赁合同到期后未就续租事宜达成合意，申请人的发函等行为也表明其不同意被申请人继续占用涉案房屋，双方之间不构成不定期租赁的法律关系，被申请人继续占有涉案房屋没有合同及法律依据，属于无权占有，故申请人要求被申请人腾退涉案房屋，并交还申请人，依据充分，仲裁庭予以支持。

【纠纷观察】

本案涉及不定期租赁的认定问题。《合同法》中涉及不定期租赁的条文分别是第 215 条、第 232 条和第 236 条。这三个条文分别规定了不定期租赁的三种情形：1. 租赁期限六个月以上未采用书面形式订立合同的，即租赁合同的形式；2. 当事人对租赁期限没有约定或者约定不明确，即租期不明；3. 租赁期间届满，承租人继续使用租赁物，出租人没有提出异议的，原租赁合同继续有效，即续租。

本案涉及第三种情形，双方在合同到期后最初确实存在续租的意愿并且就房屋的续租进行了磋商。但双方对租赁关系中最为重要的“租金”无法达成一致意见，申请人多次发函要求被申请人搬出案涉房屋。虽然申请人在发函时要求被申请人支付合同到期后的“租金”而非“占有使用费”，但这应当被理解为申请人用词的不准确而非同意被申请人继续承租的意思表示。既然出租人对承租人继续使用租赁物提出了明确的异议，双方之间也就不构成不定期租赁关系。被申请人除了需要腾退房屋之外，还需要支付相应的房屋占有使用费。

【案例 6】房地产金融争议案例——以抵押资产偿还资产管理公司债务案①

【基本案情】

2012 年 12 月 17 日，李立贤与中坤公司签订了《北京市商品房现房买卖合同》，约定中坤公司将案涉房屋出售给李立贤，双方办理了网签手续。东方资产重庆公司出具的《抵押权人同意抵押房屋销售的证明》为该合同的附件。2015 年 4 月 20 日，重庆市高级人民法院作出民事判决，判决中坤公司偿还东方资产重庆公司借款本金 2 亿元及利息，东方资产重庆公司有权在债务金额范围内就相关抵押物优先受偿。

判决生效后，东方资产重庆公司向重庆高院申请强制执行。李立贤以其系该

① 案号：（2018）最高法民终 222 号，“中国东方资产管理股份有限公司重庆市分公司、李立贤执行异议之诉二审民事判决书”，载中国裁判文书网，http：//wenshu.court.gov.cn/content/content?DocID=ebf97417-8a19-4e6c-a76e-a93d012730f6，访问时间：2019 年 1 月 24 日。

房屋的实际所有人为由提出了书面异议，请求解除对案涉房屋的查封。后重庆市高级人民法院作出执行裁定，中止对案涉房屋的执行。东方资产重庆公司不服，向最高人民法院提起上诉。

【争议焦点】

本案的争议焦点在于李立贤就案涉房屋是否享有足以排除强制执行的民事权益。

东方资产重庆公司认为，李立贤没有提供合法、有效的证据证明其向中坤公司支付了涉案房屋全部价款，也没有提供合法、有效的证据证明案涉房屋在法院查封之前，其已经持续地实际使用。李立贤的付款时间早于买卖合同签署时间，且付款人系案外人，不是李立贤。因此，不能认定付款行为与房屋买卖合同之间是相同的法律关系，有可能存在恶意串通行为。

李立贤认为，其与中坤公司签订合法有效书面合同，已经实际支付了全部购房款，已经合法占有案涉房屋，案涉房屋未办理产权登记并非出于李立贤的原因。本案符合《最高人民法院关于人民法院办理执行异议和复议案件若干问题的规定》（以下简称《执行异议规定》）第28条规定。

【裁判观点】

最高人民法院认为，李立贤在一审法院查封案涉房屋之前已经与中坤公司签订了《北京市商品房现房买卖合同》并办理了网签手续。案涉房屋的抵押权人东方资产重庆公司出具了《抵押权人同意抵押房屋销售的证明》并作为上述买卖合同附件。东方资产重庆公司未举示证据证明李立贤与中坤公司之间存在恶意串通的事实。另外，李立贤的物业费发票等证据可以证明其已经实际占有使用了该房屋。关于李立贤是否已经支付价款的问题，合同签订后，案外人睿策公司出具的《情况说明》记载其系代李立贤支付房款，且中坤公司亦向李立贤出具购房发票并将案涉房屋交付给李立贤，可以相互印证李立贤向中坤公司支付了全部购房款。

关于是否非因李立贤自身原因未办理过户登记的问题，虽然本案所涉房屋上存在抵押权，但该房屋销售之前，东方资产重庆公司出具了《抵押权人同意抵押房屋销售的证明》。李立贤基于东方资产重庆公司同意销售抵押房屋行为而产生东方资产重庆公司将会配合办理过户登记的合理信赖，其作为买受人，对这一问题已尽到充分的注意义务。

因此，在一审法院查封案涉房屋之前，李立贤与中坤公司就该房屋签订了合法有效的商品房买卖合同并办理了网签手续，依照合同约定支付了全部价款，李立贤在一审法院查封之前已经实际占有使用案涉房屋，未办理过户登记也并非因李立贤自身的原因。根据《执行异议规定》第 28 条的规定，李立贤就本案所涉房屋享有足以排除强制执行的民事权益。

【纠纷观察】

本案中，最高人民法院依据《执行异议规定》第 28 条的规定驳回了东方资产重庆公司的上诉。《执行异议规定》第 28 条规定："金钱债权执行中，买受人对登记在被执行人名下的不动产提出异议，符合下列情形且其权利能够排除执行的，人民法院应予支持：（一）在人民法院查封之前已签订合法有效的书面买卖合同；（二）在人民法院查封之前已合法占有该不动产；（三）已支付全部价款，或者已按照合同约定支付部分价款且将剩余价款按照人民法院的要求交付执行；（四）非因买受人自身原因未办理过户登记。"该条文所规定的排除执行的前三个条件比较容易理解和满足，第四个条件则相对比较模糊。

实践中，很多时候债权人（抵押权人）出于希望债务人获得更多流动资金，以此加强债务人偿付能力的考虑，选择同意债务人（抵押人）出售作为抵押物的房屋，如本案中的东方资产公司重庆公司就出具了《抵押权人同意抵押房屋销售的证明》。买受人在看到作为《商品房买卖合同》附件的《证明》时，不可避免地会产生房屋能够顺利办理过户登记的信赖，这恰恰满足了《执行异议规定》第 28 条第 4 项"非因买受人自身原因未办理过户登记"的规定。在当前保障公民住宅的大背景下，债权人（抵押权人）对《执行异议规定》第 28 条应当引起足够的重视。

四、热点观察

（一）农村集体经营性建设用地使用权入市试点期限再次延长

2018 年 12 月 29 日，第十三届全国人民代表大会常务委员会第七次会议决定，将《全国人民代表大会常务委员会关于授权国务院在北京市大兴区等三十三个试点县（市、区）行政区域暂时调整实施有关法律规定的决定》规定的调整实施有关法律规定的期限延长至 2019 年 12 月 31 日。再次延长期限的目的在于进一步深入推进农村土地征收、集体经营性建设用地入市、宅基地管理制度改革试点，更好地总结试点经验，为完善土地管理法律制度打好基础，并做好试点工作和《土地管理法》修改工作的衔接。

关于集体经营性建设用地入市，目前试点已经取得部分共识，一是明确入市的条件和范围。试点实践中，试点地区形成了比较完整的工作制度和政策体系，建立了集体经营性建设用地入市管理办法和交易规则，目前交易较为活跃。部分试点地区建议，允许在符合规划和用途管制的前提下，新增集体建设用地也可以入市。建议对土地利用总体规划等法定规划确定为工业、商业等经营性用途，并经依法登记的集体建设用地，允许土地所有权人通过出让、出租等方式交由单位或者个人使用。二是明确集体经营性建设用地入市规则和监管措施。试点实践中，试点地区普遍参照国有建设用地交易制度，建立了集体经营性建设用地入市后的管理措施。建议为维护土地管理秩序，明确要求集体建设用地使用权人严格按照土地利用总体规划等法定规划确定的用途使用土地；集体经营性建设用地使用权的最高年限、登记等，参照同类用途的国有建设用地执行。

（二）利用集体建设用地建设租赁房屋进入实施阶段

2018年3月15日，北京市发展和改革委员会发布了关于丰台区南苑乡成寿寺村集体租赁住房项目核准的批复；2018年8月24日，丰台区南苑乡成寿寺村集体土地租赁房项目正式开工建设，这是北京市首个实现开工的集体土地租赁房项目。2018年10月22日，上海市松江区泗泾镇SJSB0001单元07—09号（集体土地试点入市）地块的农村集体经营性建设用地使用权已经地块所属农民集体决策同意，并经松江区人民政府批准出让，由有巢科技投资（深圳）有限公司竞得。该地块是上海市首个公开出让、用于建设租赁住房的农村集体建设用地。

在建设用地指标最为紧张的北京市、上海市，利用集体建设用地建设租赁房屋都已进入实施阶段，其他试点城市利用集体建设用地建设租赁房屋的工作也已经逐步开展。2019年1月16日，自然资源部办公厅发布了《自然资源部办公厅　住房和城乡建设部办公厅关于福州等5个城市利用集体建设用地建设租赁住房试点实施方案意见的函》，原则同意福州、南昌、青岛、海口、贵阳等5个城市利用集体建设用地建设租赁住房试点实施方案，意味着实施范围的进一步扩大。集体建设用地用来建设租赁住房，这赋予了村镇集体对集体土地享有建设商品性住宅的开发权，虽然目前只是试点，却是对集体土地利用的一个突破，将深刻地改变中国的土地权利结构。2018年1月15日，国土资源部部长姜大明在2018年全国国土资源工作会议上表示，中国将研究制定“权属不变、符合规划条件下，非房地产企业依法取得使用权的土地作为住宅用地的办法，深化利用农村集体经营性建设用地建设租赁住房试点，推动建立多主体供应、多渠道保障租购并举的住房制度，让全体人民住有所居”。这显然和目前利用集体建设用地建设租赁房屋的实践是相契合的，将来，政府将不再是居住用地的唯一提供者。

在集体建设用地上建设租赁住房，对盘活存量土地资源、多渠道增加租赁住房供应，促进住房租赁市场平稳发展具有重要作用，同时还能盘活和放大土地价值，增加农民收益。

根据《利用集体建设用地建设租赁住房试点方案》确定的试点方案，村镇集体经济组织可以自行开发运营，也可以通过联营、入股等方式建设运营集体租赁住房。从目前试点区域的实践来看，利用集体建设用地建设租赁房屋，除试点方案所确定的联营、入股等方式外，还出现了出让、出租方式，显化了集体土地的价值。值得注意的是，目前的试点实践虽然对试点方案有所突破，但是并没有给出现有小产权房“转正”的解决方案。

（三）一线城市商办用房改建为租赁住房，土地用途调整为居住用地政策操作方案尚待完善

随着城市的发展，部分区域商办面积过剩，导致功能比例失调，在建筑寿命期内推倒重建将带来大量资源浪费，通过合理的城市更新方案，将商业、办公的规划性质用地改建成住宅形式的房屋，不失为优化城市功能的合理选择。但是，自 2016 年 5 月 17 日，国务院办公厅公布《关于加快培育和发展住房租赁市场的若干意见》（国办发〔2016〕39 号）之后，一直缺少具体的操作方案。虽然该意见第 12 条规定允许将商业用房等按规定改建为租赁住房，土地使用年限和容积率不变，土地用途调整为居住用地，调整后用水、用电、用气价格应当按照居民标准执行。但是土地用途调整还涉及城市规划，“商改住”还涉及基础设施以及公共服务设施的建设等。另外，《中华人民共和国城乡规划法》对于城乡规划的实施和修改都作出了相应的规定，如果不对相应的法律法规作系统梳理和调整，并制订具体的操作方案，该意见实施将有很大的难度。

2017 年 7 月 20 日，住建部会同八部门联合发布《关于在人口净流入的大中城市加快发展住房租赁市场的通知》，鼓励积极盘活存量房屋用于租赁，国有企业将闲置和低效利用的国有厂房、商业办公用房等，按规定改建为租赁住房。2017 年 9 月 15 日，上海市出台了《关于加快培育和发展本市住房租赁市场的实施意见》，允许商办用房等按照规定改建用于住房租赁，对于区域商办闲置过大、职住不平衡的，按照“以区为主、总量控制、守住底线”的原则，在符合规划要求，保证使用安全、消防安全、配套完善的前提下，将商办用房等按照规定改建为租赁住房。上述通知和意见仍显原则，操作路径和方案尚不完善。

对于一线城市而言，商办用房改建为租赁住房，不仅仅是为了缓解住房供需

矛盾问题，更是随着社会的发展，解决区域城市规划合理性的问题。从用地性质的规划上看，一线城市住宅地块供应不足，而商办用地过剩，只有顺应时代发展，合理调整城市规划，才能更好地促进城市发展。综合系列政策变迁和实践情况来看，一线城市商办用房改建为租赁住房，土地用途调整为居住用地政策还需进一步完善。

（四）《土地管理法》将迎来大修

2017年8月，原国土资源部将《土地管理法修正案（征求意见稿）》报送国务院，2018年12月23日，《土地管理法修正案（草案）》提请十三届全国人大常委会第七次会议审议，2019年1月4日，全国人大公布征求意见稿，《土地管理法》将面临第四次大的修改。从修改草案内容来看，修改后的《土地管理法》将对未来的土地市场以及房地产市场产生重要影响，自然会延伸到房地产领域的争议解决。此次修改主要是在过去几年对农村土地征收、集体经营性建设用地入市、宅基地制度改革基础上完成的，有关房地产市场的内容有：

1. 允许符合规划的农村集体建设用地入市

土地利用规划为工业、商业等经营性用途，并经依法登记的集体建设用地，可以不经过征地程序而直接进入土地市场。允许土地所有权人通过出让、出租等方式交由单位或者个人使用，并应当签订书面合同，明确用地供应、动工期限、使用期限、规划用途和双方其他权利义务；相关建设用地使用权的收回依照双方签订的书面合同办理。

2. 缩小征地范围

修改现行《土地管理法》中关于从事非农业建设使用土地的，必须使用国有土地或者征为国有的原集体土地的规定；明确因政府组织实施基础设施建设、公共事业、成片开发建设等六种情形需要用地的，可以征收集体土地。其中成片开发可以征收土地的范围限定在土地利用总体规划确定的城镇建设用地范围内，此外不能再实施“成片开发”征地，为集体经营性建设用地入市预留空间。

此次《土地管理法》的修改，有利于进一步推进城镇化和建立城乡统一的建设用地市场。有更多土地可以直接通过出让加入土地供应市场，此类土地后续很大一部分将用于租赁住房建设，有助于市场租赁房屋的供应。《土地管理法》修改后，随着集体建设用地的大量入市及在该等土地上的房地产开发，房地产领域将出现与该等土地特性相关的一些争议，如在权利主体（很多地方的集体经济组织已不存在）、土地边界、决策程序、规划用途、配套基础设施、道路通行等方面与相关交易主体的争议。有关土地、房产的争议解决机构和参与人，可以进行前瞻性的研究。

（五）房地产证券市场进一步发展

房地产证券化市场进一步发展，而且随着房地产市场逐渐从增量市场转向存量市场，房地产的证券化将不仅是房地产企业融资的必选项，也将是房地产领域商业模式的重大转变，房地产领域也将出现新的争议类型。

2018年4月25日，中国证券监督管理委员会、住房和城乡建设部联合发布《关于推进住房租赁资产证券化相关工作的通知》，明确了开展住房租赁资产证券化的基本条件、优先和重点支持领域。受此利好推动，租赁住房资产证券化获得长足发展，房企通过发行ABS增加融资渠道，多个具有市场重大突破意义的“首单”纷纷落地。戴德梁行发布的《2018亚洲房地产投资信托基金（REITs）研究报告》显示，2018年，仅前10个月成功发行的房地产证券化产品数量就已超过2017年全年总和，发行规模接近2017年全年总和。截至2018年10月31日，国内已成功发行的房地产资产证券化产品共计93单，发行规模2,197.4亿元。

同时，有关房地产证券化的创新与拓展还在进一步推进，上海证券交易所在2019年的新年致辞中提出“进一步深化债券产品创新，推动公募REITs试点，加快发展住房租赁REITs，积极引入债券国际投资者”。央行也提出，房企积极创新和探索通过资产证券化拓展融资，有利于中央提出的“推动租售并举的房地产市场的建设”。

对房地产企业来说，房地产证券化不仅解决融资问题，而且有利于优化其财务状况，改善其资产结构，更重要的是，随着房地产从增量市场转向存量市场及REITs的进一步推行，房地产证券化将改变房地产企业的商业模式，从重资产向轻资产转变，房企可通过类REITs或公募REITs等金融工具，实现轻资产运营。该等商业模式的转变也将带来房地产领域交易模式的改变，自然也将产生很多新的争议类型。

（六）从房地产争议的角度看，国有土地使用权出让和转让、房地产项目开发、房地产租赁方面的案件数量增加，争议类型增多

原来国有土地使用权出让和转让的案件以补交土地出让金为主，现在更多地涉及交付条件、拆迁等问题，有时候争议还涉及拆迁公司等。在同时发生项目

转让的情况下，争议会更加复杂。在房地产开发案件中，涉及共同开发的案件和项目转让的案件争议较多，标的很大，并且部分案件涉及合同的效力问题。房屋租赁案件持续增加，争议类型多样化，包括合同效力、合同解除、租赁期间、租金支付、租金计算标准、房屋交付日期和交付条件、房屋装修等，处理难度增加。

房地产争议很多时候与项目争议和工程争议交叉。房地产项目开发从直接开发发展到PPP项目、BOT项目等多种类型，从单一项目开发发展到整个区域、小镇、联合体综合开发、公共设施建设和改造等新类型，涉及的法律关系复杂，参与的主体多、合同种类和数量多，往往与融资和公司法律交织在一起。

五、总结与展望

从过去的一年看，如第一部分所述，房地产争议在数量上继续增长，在类型上趋于多样化。展望2019年，房地产争议有以下趋势：

（一）房屋租赁合同纠纷在总量继续增加的基础上，涉及房屋租赁期限的争议将会增多

值得注意的是，2019年是《合同法》实施20周年，而一些大型商场、超市在《合同法》实施之前签署的租赁合同一般为30年，这些租赁合同在2019年都将基本届满20年。由于20年前租金与现在市场租金的巨大差异，部分出租方有可能以超出20年租赁期限无效为由提出确认之诉或者合同解除之诉，由此带来大型商场、超市租赁纠纷的增多。

（二）房地产行业的金融争议无论是在数量还是在标的金额上，增长的趋势明显

2019年房地产企业对金融机构的金融借款争议将有所增加。房地产行业的资产证券化和其他金融产品存在一定的违约风险，2018下半年到2021年是集中兑付期。结合目前房地产市场的现状和融资难度等特点，2019年房地产企业的金融借款争议将有所增加，房地产行业的购房尾款ABS、供应链ABS、物业收费权ABS、CMBS和类REITs等各类证券化产品可能存在一定的违约风险和潜在争议。同样，以房抵债等争议将继续呈现新的类型，有关法院和仲裁机构也面临虚假诉讼和虚假仲裁案件的考验。

（三）房地产项目争议，以及围绕项目发生的股权争议，将呈现继续上升的趋势

近年来，出于资金、资质及国有建设用地使用权等条件的限制，越来越多的企业选择互相合作、同体投资房地产项目。由于宏观经济形势的变化和房地产市场的调整，不论是从数量还是从标的角度来看，委托代建，项目转让，合资、合作开发房地产的纠纷均呈持续上涨态势。

（四）房地产资产管理方面的纠纷预计出现新的类型

2019 年，以商办资产为标的物的资产管理或委托经营纠纷会增加。黄金时期的房地产主要的商业模式是增量开发，因此很多开发企业并没有培养、储配自己的资产运营团队，因此在存量资产的运营方面，将不得不委托外部专业机构进行招商、管理、运营，由此将带来资产管理或委托经营纠纷的增加。

中国能源争议解决年度观察（2019）

张伟华 ①

一、概述

2018 年在地缘政治形势变化、大国贸易关系紧张和政治经济关系不确定的影响下，全球能源业延续着变革的节奏，低碳、清洁、高效仍然是能源业的主题词。

2018 年国际油价跌宕起伏，主要受地缘政治和需求下滑影响，前三季持续攀升至第四季暴跌；天然气在全球能源转型中继续处于主导地位，全球天然气消费继续增长。美国能源独立、中东地缘政治形势因美俄博弈加剧而日益复杂、委内瑞拉经济陷入困境、欧佩克影响力减弱为全球油气市场带来诸多动荡。清洁能源发展势不可当。2018 年全球清洁能源投资达到 3,331 亿美元，成为在清洁能源领域连续超过 3000 亿美元的第五个年头。欧洲是清洁能源投资的急先锋，2018 年在清洁能源上的投资超过 2017 年投资 27%，达到 745 亿美元。② 能源消费正在向亚洲迁移，全球能源结构正在发生重大变化，电力日益成为首选“燃料”，可再生能源发电迅速增长，推动电力行业成为减排先锋。③

中国油气体制改革、电力改革继续深化。油气管网运行机制改革、油气基

---

① 张伟华，香港上市公司联合能源集团副总经理兼总法律顾问，国际石油谈判者协会（AIPN）董事会成员，国务院国资委特聘“海外并购法律专家”。联合能源法律部张茵莉对本报告亦有贡献。

② Bloomberg NEF 发布，参见2018 年度报告：https：//data.bloomberglp.com/professional/sites/ 24/BNEF−Clean−Energy−Investment−Trends−2018.pdf，访问时间：2019 年 2 月 2 日。

③ 国际能源署（IEA）《世界能源展望 2018》：https：//webstore.iea.org/download/summary/190?fileName=Chinese−WEO−2018−ES.pdf，访问时间：2019 年 2 月 7 日。

础设施公平开放、完善中长期电力交易机制、配售电改革、提高电力市场化交易比重等深化措施取得进展，对输配电、新能源上网电价和居民用气价格进行市场化改革。2018 年下半年，在中美贸易摩擦不断升级的背景下，在全球油气上游投资仍显不足的情况下，国家主席习近平敦促三大石油公司加大国内油气勘探开发工作力度，保障国家能源安全。能源领域开放继续进行。2018 年 6 月 28 日，中华人民共和国商务部（以下简称商务部）和中华人民共和国国家发展和改革委员会（以下简称发改委）下发了《外商投资准入特别管理措施（负面清单）（2018 年版）》，取消了《外商投资产业指导目录（2017 年修订）》中对于电网的建设、经营需中方控股、加油站（统一外国投资者设立超过 30 家分店、销售来自多个供应商的不同种类和品牌成品油的连锁加油站，由中方控股）建设、经营的限制。

中国能源企业重拾海外收购动量，"一带一路"合作继续加强。亚马尔项目液化天然气首船到达中国，亚马尔项目第三条生产线提前一年建成，中国石油天然气集团公司（以下简称中石油）、振华石油控股有限公司入股阿联酋阿布扎比国家石油公司（ADNOC），民营企业中标伊拉克油气招标项目，中国与"一带一路"沿线国家油气合作加速推进。另外值得一提的是，在 2018 年 11 月，中国政府和菲律宾政府签署了关于油气开发合作的谅解备忘录，为南海争议区油气合作提供了可能性。

在全球仲裁领域，国际能源仲裁无疑是最为活跃、最能体现仲裁国际性的。由于能源项目通常复杂、投资大、周期长，又兼涉众多利益相关方，和政治、文化特性相关，因此，无论是能源业的商事仲裁，还是能源投资者与资源国的投资仲裁，国际仲裁都是争议解决的重要手段。

根据国际投资争端解决中心（ICSID）的统计，2017 年 ICSID 中来自能源业的仲裁案件占其总案件的 42%，2018 年能源业新发仲裁案占到总新发仲裁案 41%，排名行业之首 ①；伦敦国际仲裁中心（LCIA）在 2017 年，新发案件中来自能源业的案件占到了 24%，和银行与金融业共同排名第一，34% 的被申请方来自能源和资源业。② 根据国际商会国际仲裁院（ICC）的统计，2017 年，来自能

① 国际投资争端解决中心 2018 年案件数据统计，该统计区分了油气和电力，41% 是油气、电力和其他能源争议相加的结果。载国际投资争端解决中心官方网站，https：//icsid.worldbank.org/en/Pages/News.aspx?CID=314. 访问时间：2019 年 2 月 2 日。

② Page 8，The Guide to Energy Arbitration third edition. 2019 Law Business Research Ltd.

源业的新发案件在所有行业中排位第二，共计 155 起，占 2017 年所有新发案件的 19%。[①] 根据中国国际经济贸易仲裁委员会（CIETAC）2018 年统计，2018 年新发案件 2962 件，其中自然资源和矿产资源类纠纷为 84 件，占所有新发案件比例为 2.836%。[②] 香港国际仲裁中心（HKIAC）2017 年新发案件 532 件，其中能源业纠纷占比 1.9%。[③]

以北京仲裁委员会 / 北京国际仲裁中心（BAC/BIAC，以下简称北仲）2018 年受理的能源领域案件情况为例，北仲 2018 年受理能源案件数及受理案件标的额可见下图：

北仲2018年受理能源领域案件数和构成比例

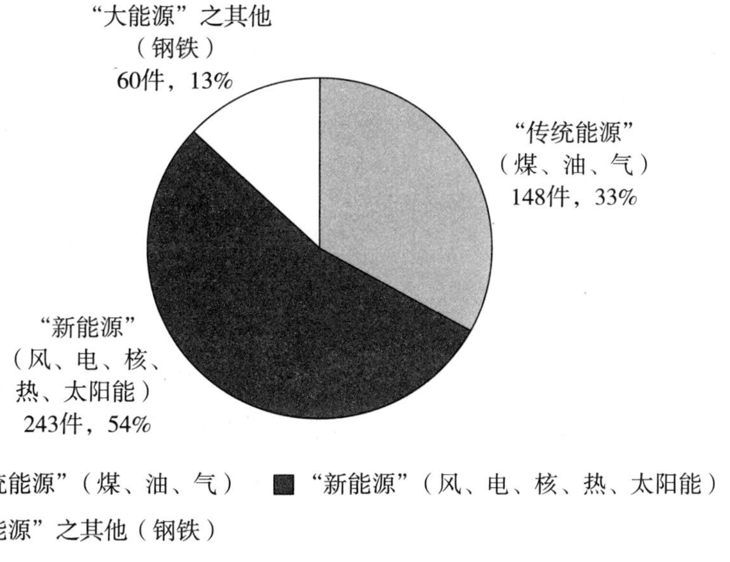

① ICC Dispute Resolution Bulletin?| 2018 Issue 2，载国际商会官方网站，https：//cdn.iccwbo.org/content/uploads/sites/3/2018/07/2017-icc-dispute-resolution-statistics.pdf，访问时间：2019 年 2 月 2 日。

② 中国国际经济贸易仲裁委员会 2018 年业务工作总结和 2019 年业务工作计划，载中国国际经济贸易仲裁委员会官方网站，http：//www.cietac.org.cn/index.php?m=Article&a=show&id=15804. 访问时间：2019 年 2 月 2 日。

③ 2017 年仲裁案件统计数据，见香港国际仲裁中心官方网站：http：//www.hkiac.org/about-us/statistics. 访问时间：2019 年 2 月 2 日。

北仲2018年受理能源领域案件标的额和构成比例

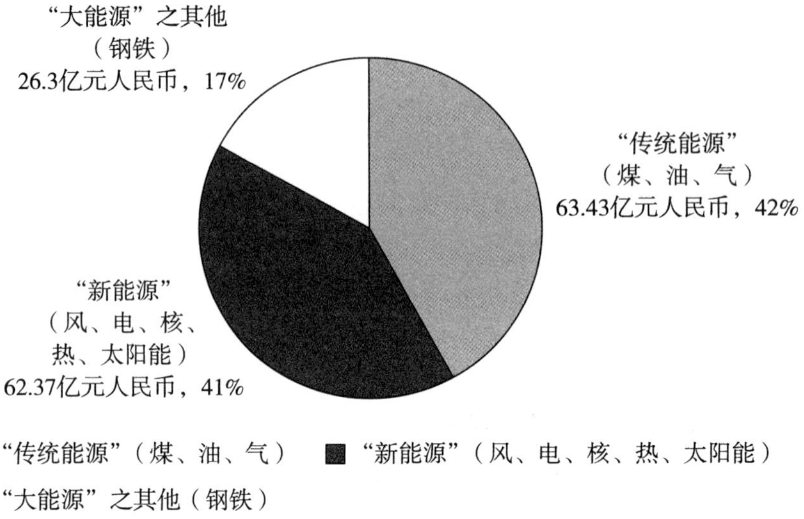

依照图示，北仲 2018 年受理能源案件数量为 451 件，比 2017 年受理能源案件数 389 件增长 16%。2018 年受理案件的一个特点是，新能源案件数量（243 件）上升，超过了传统能源（148 件）案件数。

北仲 2018 年受理能源案件标的额为 152.1 亿元（指人民币，下同），比 2017 年受理能源案件标的额为 83.56 亿元增长 82%。2018 年受理案件的一个特点是，新能源案件标的额（62.37 亿元）和传统能源案件标的额（64.43 亿元）相近。

总的来看，2018 年北仲仲裁案件共计 4,872 件，案件标的总额为 751.55 亿元。折算下来，能源案件数量占总比约为 9.26%；争议金额占比约为 20.24%。从上述各类仲裁机构处理能源仲裁案件的数据可以得出一个基本结论，国际化程度高的仲裁机构所处理的能源仲裁案占所有案件比例相对来说也较高。

二、法律法规及政策的重要变化

（一）石油天然气行业

1. 继续推进油气体制改革

2018 年油气体制改革，集中在对 2017 年发布的《关于深化石油天然气体制改革的若干意见》（以下简称《若干意见》）中各方面改革任务的落实。

在上游油气方面，《若干意见》要求在油气勘查开采领域引入竞争机制，允许符合资质的企业参与竞标油气探矿权竞争出让的实践继续推进：2018 年 1 月，新疆维吾尔自治区国土资源交易中心首次挂牌出让 5 个石油天然气勘查区块的探矿权宣布结果，来自国内的 7 家企业参与竞价，申能股份有限公司、新疆能源（集团）石油天然气有限责任公司、中曼石油天然气集团股份有限公司最终成功竞得 3 个区块的探矿权，总成交价达 27 亿余元。2018 年 12 月，山西省煤层气勘查区块探矿权也对 2 个煤层气勘查区块探矿权挂牌公开出让，对比以往年度的油气勘查区块出让，新进行的探矿权出让明确了“年度最低平均勘查投入”“勘察期投入与探矿权延续与勘查区域面积退还、核销探矿权挂钩”“探矿权首次设立有效期内不得将探矿权转让给他人”“竞得人与山西省自然资源厅签订探矿权出让合同后方可办理勘查登记手续”“探明具有商业价值的成果后办理试采 / 采矿权登记手续时，须在山西省境内注册独立的法人公司”“探矿权与环保区域冲突需削减面积”“探矿权范围内已设置的非煤层气矿业权，需承诺不影响其勘查开采活动”等符合国际油气出让惯例的规定，也体现了对以往探矿权出让工作中的一些经验教训的总结。

《若干意见》要求完善油气储备体系，提升油气战略安全保障供应能力。2018 年 4 月 26 日，发改委、国家能源局发布了《关于加快储气设施建设和完善储气调峰辅助服务市场机制的意见》（以下简称《储气意见》）。《储气意见》强调了构建储气调峰辅助服务市场机制，支持企业通过自建合建、租赁购买储气设施，或者购买储气服务等手段履行储气责任。储气责任方面，明确规定供气企业和管道企业承担月调峰责任和应急责任。其中，管道企业在履行管输服务合同之外，重在承担应急责任。城镇燃气企业承担所供应市场的小时调峰供气责任。地方政府负责协调落实日调峰责任主体，供气企业、管道企业、城镇燃气企业和大用户在天然气购销合同中协商约定日调峰供气责任。

《若干意见》要求改革油气产品定价机制，进一步完善居民用气定价机制。2018年5月25日，发改委发布《关于理顺居民用气门站价格的通知》（以下简称《价格通知》），将居民用气由最高门站价格管理改为基准门站价格管理，价格水平按非居民用气基准门站价格水平（增值税税率 10%）安排。供需双方可以基准门站价格为基础，在“上浮 20%、下浮不限”的范围内协商确定具体门站价格，实现与非居民用气价格机制衔接。由于中国国内的海上气、液化天然气、页岩气、煤层气、煤制气，以及直供用户用气、储气设施购销气和进入交易中心公开交易的天然气价格已完全由市场形成，其余非居民用气价格也基本理顺，建立了以基准门站价格为基础“上浮 20%、下浮不限”的弹性价格机制。借由《价格通知》，政府开始了对居民用气价格的市场化工作，也强调了对城乡低收入群体和北方地区农村“煤改气”家庭等给予适当补贴。

《若干意见》要求改革油气管网运营机制，提升集约输送和公平服务能力。2018 年 8 月 3 日，发改委就《油气管网设施公平开放监管办法》公开征求意见。该征求意见稿提出的“公平开放”总体思路是：在保障现有用户现有服务并具备剩余能力的前提下，油气管网设施运营企业应无歧视地与符合开放条件的用户签订服务合同，按照合同约定向用户提供油气输送、储存、气化、装卸、转运等服务。并明确规定：国家鼓励和支持油气管网设施互联互通和公平接入，逐步实现油气资源在不同管网设施间的灵活调配。天然气管网设施运营企业不得阻碍符合规划的其他天然气管网设施的接入，并应为接入提供相关便利。在 2018 年，中国海洋石油集团有限公司（以下简称中海油）已经通过上海石油天然气交易中心，对外公开提供“进口 LNG 窗口期交易服务”，对第三方提供与进口 LNG 相关的，包括进口 LNG 资源代（协）采、报关、报检、计划管理、多点资源调配、接收站及配套基础设施协调等多项服务。①2018 年，中石油内部宣布《关于进一步调整优化天然气销售管理体制的通知》，将以市场为中心，按照规划一体化、区域一体化、批零一体化的目标，对中石油天然气销售分公司、昆仑能源有限公司实施管理整合，合并管理机构和人员，组建专业化天然气销售公司，构建天然气销售业务一体化运营管理平台和投融资平台。这被视为中石油应对国家管道独立、运销分离后，为把握终端市场采取的重要举措②。

2. 继续促进天然气利用

天然气在全球能源转型中处于主导地位，中国在全球所有增长的天然气需求中占到三分之一③。发改委的数据表明，中国 2018 年天然气表观消费量 2,803 亿立方米，同比增长 18.1%，增长超过 400 亿立方米，为中国天然气消费历史增长最大的一年。中国进口天然气总量为 1,247 亿立方米，同比增长 32%，超过日本跃

---

① 参见上海石油天然气交易中心，“关于进口 LNG 窗口期交易首期试点安排的公告”，https://www.shpgx.com/news/show/4d38e8283f474e2fa32a200793b8d627，访问时间：2019 年 2 月 2 日。

② 《重磅 | 中石油再次调整天然气销售管理体制，成立天然气销售分公司（昆仑能源有限公司）》，载南方能源观察公众号 2018 年 10 月 30 日，https://mp.weixin.qq.com/s?src=11&timestamp=1549694632&ver=1417&signature=IPPvMMd*VuKNPbZkIJplR4GrXyPg17hxIc9QKBEwMFoFPHHP94TvAzFCLa1P9ZnBMR*f5HKNwspplbFXoF7PTtfdfFoVvCIb5t7-78N1E8SW1UKV0O2rE*kwrvA-uFG2&new=1，访问时间：2019 年 2 月 2 日。

③ Gas 2018: Analysis and forecasts to 2023，国际能源署，载国际能源署官方网站，https://www.iea.org/gas2018/，访问时间：2019 年 2 月 2 日。

居世界第一。根据英国石油公司（BP）的预测，到2040年，中国将占全球能源消费总量的24%、净增长量的27%；中国的能源结构将继续演变，煤炭在一次能源中的占比将从2016年的62%降至2040年的36%，天然气比重将翻一番至13%，可再生能源将从2016年的3%升至2040年的18%，届时占全球可再生能源的31%；能源产量在消费中的占比将从2016年的80%升至2040年的82%；到2040年，中国将占全球核电发电量的36%，并成为仅次于美国的第二大页岩气生产国，产量增至220亿立方英尺/日。①

2018年8月30日，国务院发布了《关于促进天然气协调稳定发展的若干意见》，从加快天然气产供储销体系建设和促进天然气协调稳定发展两个方面，提出了十大举措，举措覆盖上游增产增供、中游基础设施配套、下游市场建设以及应急保障体系完善等各方面。强调：（1）加大国内勘探开发力度，力争到2020年年底前国内天然气产量达到2,000亿立方米以上，严格执行油气勘查区块退出机制，全面实行区块竞争性出让，鼓励以市场化方式转让矿业权，完善矿业权转让、储量及价值评估等规则；（2）健全天然气多元化海外供应体系，加快推进进口国别（地区）、运输方式、进口通道、合同模式以及参与主体多元化；（3）构建多层次储备体系，建立以地下储气库和沿海液化天然气（LNG）接收站为主、重点地区内陆集约规模化LNG储罐为辅、管网互联互通为支撑的多层次储气系统。

（二）煤炭行业

煤炭业继续推进煤炭供给侧结构性改革，煤炭行业去产能由总量性去产能为主转向系统性去产能、结构性优产能为主，重点处置“僵尸企业”、淘汰落后产能，大力破除无效低效供给，为优质产能更好发挥作用腾出市场空间。为实现该等目标，政府发布了一系列的相关政策。

2017年12月19日，发改委、财政部、人力资源和社会保障部、国土资源部、环境保护部、人民银行、国有资产监督管理委员会、国家市场监督管理总局、安全监管总局、中国银行业监督管理委员会、国家能源局和煤矿安全监察局十二个机构联合发布《关于进一步推进煤炭企业兼并重组转型升级的意见》，要求促进煤炭企业加快兼并重组和上下游深度融合发展，大幅提高煤矿规模化、集约化、现代化水平，实现煤炭行业转型升级，并提出了到2020年年底，争取在全国形成若

① 《BP世界能源展望》2018年版：https://www.bp.com/zh_cn/china/reports-and-publications/_bp_2018_.html，访问时间2019年2月7日。

干个具有较强国际竞争力的亿吨级特大型煤炭企业集团，发展和培育一批现代化煤炭企业集团。各地纷纷进行煤炭企业的兼并重组工作：2018 年 5 月 25 日，鄂尔多斯市伊金霍洛旗整合 12 家旗属涉煤国有企业，组建内蒙古圣圆能源集团有限责任公司；2018 年 11 月 19 日，辽宁省能源产业控股集团有限责任公司正式挂牌成立，该集团系由辽宁省 9 家省属国有企业组建而成，共有煤矿 31 座，煤炭可采储量约为 33.8 亿吨，核定生产能力 6,525 万吨。发电权益装机容量 429.41 万千瓦。

2018 年 4 月，国家能源局发布全国生产和建设煤矿产能情况公告，要求各类煤矿必须严格遵守国家有关法律、法规、规章、规程、标准和技术规范，自觉接受政府部门监管和社会公众监督，不得批小建大、超能力生产。

2018 年 9 月 11 日，发改委、国家能源局发布《关于深入推进煤电联营促进产业升级的补充通知》（以下简称《联营通知》），《联营通知》针对煤电联营提出了多项优先的支持政策：如优先将煤电联营项目纳入发展规划、优先对实施煤电联营的项目办理核准手续、优先释放煤电联营企业优质产能、优先安排煤电联营企业运力、优先对煤电联营提供投融资支持、优先将煤电联营纳入混合所有制改革等。

（三）电力行业

1. 继续深化电力体制改革

2018 年 1 月，发改委发布了《区域电网输电价格定价办法（试行）》《跨省跨区专项工程输电价格定价办法（试行）》和《关于制定地方电网和增量配电网配电价格的指导意见》，标志着覆盖跨省跨区输电工程、区域电网、省级电网、地方电网、增量配电网的全环节输配电价格监管制度已经建立。2018 年 3 月 13 日，发改委、国家能源局发布了《增量配电业务配电区域划分实施办法（试行）》，明确“增量配电业务配电区域”是指拥有配电网运营权的售电公司向用户配送电能，并依法经营的区域；提出在一个配电区域内，只能有一家售电公司拥有配电网运营权。2018 年 7 月，国家能源局印发《关于积极推进电力市场化交易，进一步完善交易机制的通知》，明确要求扩大市场主体参与，完善电力市场交易机制，提出 2018 年放开煤炭、钢铁、有色、建材等 4 个行业电力用户发用电计划。2018 年 8 月，国家能源局印发《关于推进电力交易机构规范化建设的通知》，要求在全国所有省份均建立了电力交易机构的基础上，按照多元制衡的原则对电力交易中心进行股份制改造。按照《关于进一步深化电力体制改革的若干意见》，继续推行售电竞争机制、输配电价改革和电力现货市场建设。

为了消除经济下行的风险，发改委于2018年3月28日发布了《关于降低一般工商业电价有关事项的通知》，明确分两批实施降价措施，落实一般工商业电价平均下降10%的目标要求。2018年7月，发改委办公厅发布《关于清理规范电网和转供电环节收费有关事项的通知》，要求各地价格主管部门要严格监管，进一步清理电网企业收费，降低工商企业用电成本。2018年11月20日，发改委办公厅发布了《关于切实做好清理规范转供电环节加价工作有关事项的通知》，为切实做好清理规范转供电环节加价工作，确保降价成果真正惠及终端用户，提出了六项具体要求。在电力改革向市场化进展的过程中，降低工商业电价的行为是为了实现稳经济、保发展目标。

对于发电权交易，2018年4月27日，国家能源局发布了《关于进一步促进发电权交易有关工作的通知》，强调在发电权交易过程中，需要落实节能减排政策。在发电权交易过程中，也出现了一些违规现象，如浙能嘉华发电公司将其100万千瓦级、并经环保超低排放改造机组的部分发电计划，让其他企业60万千瓦级机组替发，从而违反了发电权替代交易应遵循电网安全、节能减排原则，必须由高效环保机组替代低效、高污染机组发电等规定。2018年7月16日，发改委、国家能源局发布了《关于积极推进电力市场化交易进一步完善交易机制的通知》，提出在电力市场化交易过程中，各相关部门要建立健全交易合同纠纷协调仲裁机制，对市场主体在合同履约过程中产生的纠纷及时进行裁决，营造公平公正的市场环境，坚决避免因合同纠纷造成用户可靠供电受到影响。

2018年8月28日，发改委、国家能源局发布了《关于推进电力交易机构规范化建设的通知》，明确要求国家电网公司、南方电网公司和各省（区、市）按照多元制衡的原则，对北京电力交易中心、广州电力交易中心和各省（区、市）电力交易中心进行股份制改造；电力交易机构应体现多方代表性，股东应来自各类交易主体，非电网企业资本股比应不低于20%，鼓励按照非电网企业资本占股50%左右完善股权结构；各电力交易机构股份制改造工作应于2018年12月底前完成，并持续推进电力交易机构相对独立工作。

2.《中华人民共和国电力法》修改

2018年12月29日，全国人民代表大会常务委员会发布《关于修改〈中华人民共和国电力法〉等四部法律的决定》，对《中华人民共和国电力法》进行修改，取消了《供电营业许可证》，保留《电力业务许可证》。

3. 电力央企海外投资积极

电力央企在海外投资积极，以国家电网和华能集团为例：截至2017年6月底，国家电网公司已成功投资运营巴西、菲律宾、葡萄牙、澳大利亚、意大利、希腊和中国香港特别行政区等七个国家和地区的骨干能源网，境外投资 195 亿美元，境外权益资产 600 亿美元；截至 2018 年 8 月，华能集团境外装机近 1,000 万千瓦，分布在澳大利亚、新加坡、缅甸、英国、柬埔寨和巴基斯坦等六国。2018 年尤其值得一提的是，三峡集团在地缘政治形势紧张的情况下，一开始用“不请自来”的方式对葡萄牙电力发起了超过 100 亿美元带有恶意的收购，随后转化为一起双方配合的交易。由于欧盟监管审批和美国监管审批的不确定性，这起交易的未来尚有风险。

（四）新能源行业

1. 推进新能源市场化

2018 年 4 月 2 日，国家能源局发布《关于减轻可再生能源领域企业负担有关事项的通知》，要求严格执行可再生能源发电保障性收购制度。2018 年 4 月，国家能源局正式下发《分散式风电项目开发建设暂行管理办法》，明确分散式风电接入电压等级、消纳范围、审批管理方式、金融支持方案等。2018 年 5 月 18 日，国家能源局发布《关于 2018 年度风电建设管理有关要求的通知》，提出鉴于我国风电装机规模稳步增长，运行消纳情况明显好转，技术水平不断提升，产业发展呈现出稳中向好的势头，要求降低度电补贴强度。2019 年 1 月 9 日，国家能源局进一步发布《关于积极推进风电、光伏发电无补贴平价上网有关工作的通知》，表示随着风电、光伏发电规模化发展和技术快速进步，在资源优良、建设成本低、投资和市场条件好的地区，已基本具备与燃煤标杆上网电价平价（不需要国家补贴）的条件，明确要求开展平价上网项目和低价上网试点项目建设。

2. 继续推进可再生能源消纳

2018 年 4 月 3 日，国家能源局发布《分散式风电项目开发建设暂行管理办法》，明确了对分散式风电项目开发建设的支持。

2018 年 10 月 30 日，发改委、国家能源局发布了《清洁能源消纳行动计划（2018—2020 年）》，明确提出 2018 年，清洁能源消纳取得显著成效；到 2020 年，基本解决清洁能源消纳问题。

2018 年 11 月 13 日，发改委办公厅发布《关于同意四川省、青海省开展可再生能源就近消纳综合试点方案的复函》，同意四川省、青海省开展产业园区可再生能源就近消纳综合试点，鼓励可再生能源发电企业无补贴平价上网。

3. 新能源汽车步入市场化

2018 年 2 月 12 日，财政部、工业和信息化部、科学技术部、发改委联合发布《关于调整完善新能源汽车推广应用财政补贴政策的通知》，规定根据成本变化等情况，调整优化新能源乘用车补贴标准，合理降低新能源客车和新能源专用车补贴标准，燃料电池汽车补贴力度保持不变，燃料电池乘用车按燃料电池系统的额定功率进行补贴，燃料电池客车和专用车采用定额补贴方式，自 2018 年 6 月 12 日正式实施新的补贴标准。

4. 加强核电安全及标准化

发改委、国家能源局、生态环境部、国防科技工业局四机构在 2018 年 5 月 22 日发布《关于进一步加强核电运行安全管理的指导意见》，明确要求将网络安全纳入核电安全管理体系，保障核电机组安全稳定运行，促进核电安全高效发展。2018 年 7 月 23 日，国务院办公厅发布了《关于加强核电标准化工作的指导意见》，为完善当前核电标准体系，从优化完善核电标准体系、推动核电标准广泛应用、扩大核电标准国际影响、强化核电标准能力建设、提升标准自主创新水平等五方面提出十一项重点任务，同时明确建立机制、政府引导、企业配套、资金支持等落实措施。

5. 中国核工业集团有限公司与中国核工业建设集团有限公司实施重组

中国核工业集团有限公司（以下简称中核）与中国核工业建设集团有限公司（以下简称中核建）实施重组，中核与中核建重组是中国能源行业继中国电力投资集团与国家核电技术公司、中国国电集团公司与神华集团有限公司合并后，第三例落地的央企重组。两家公司的合并将有利于加大我国核工业资源力量整合力度，打造具有完整产业链的综合核工业集团，提升国际竞争力，加快核电走出去，统筹发展我国自主三代、四代核电技术，提升核电技术创新能力，加快核工业转型升级。未来央企的重组将继续在能源、通信、化工、电力等领域推行，能源领域仍然会是下一时期的重点工作。

（五）环境保护的法律与政策

2018 年 6 月，中共中央、国务院发布《关于全面加强生态环境保护坚决打好污染防治攻坚战的意见》，提出到 2020 年，生态环境质量总体改善，主要污染物排放总量大幅减少，环境风险得到有效管控，生态环境保护水平同全面建成小康社会目标相适应；到 2035 年，节约资源和保护生态环境的空间格局、产业结构、生产方式、生活方式总体形成，生态环境质量实现根本好转，美丽中国目标基本实现；到21世纪中叶，生态文明全面提升，实现生态环境领域国家治理体系和治理能力现代化。

2018年7月10日，全国人民代表大会常务委员会发布《关于全面加强生态环境保护依法推动打好污染防治攻坚战的决议》，明确要求建立健全最严格、最严密的生态环境保护法律制度，大力推动生态环境保护法律制度全面有效实施。

2018年12月29日，全国人民代表大会常务委员会发布《关于修改〈中华人民共和国劳动法〉等七部法律的决定》，对《中华人民共和国环境影响评价法》及《中华人民共和国环境噪声污染防治法》进行修改。取消了环评资质，建设单位可以委托技术单位对其建设项目开展环境影响评价，编制建设项目环境影响报告书、环境影响报告表；建设单位具备环境影响评价技术能力的，可以自行对其建设项目开展环境影响评价，编制建设项目环境影响报告书、环境影响报告表。明确规定建设项目中需要配套建设的环境噪声污染防治设施没有建成或者没有达到国家规定的要求，擅自投入生产或者使用，造成重大环境污染或者生态破坏的，责令停止生产或者使用；或者报经有批准权的人民政府批准，责令关闭。

（六）能源执法动向

国家市场监督管理总局（以下简称市场监管总局）将发改委的价格监督检查和反垄断的执法职责，商务部的经营者集中反垄断执法，以及工商总局的反垄断执法职能整合到一起，进一步加强了对能源企业合法性的执法力度，从2018年市场监管总局的执法情况看，随着机构整合在地方层面的进一步展开，未来能源企业所面临的价格监管和反垄断执法的强度、数量等将会持续上升。

2018年4月18日，市场监管总局发布《关于2018年继续深入开展整治公用企业限制竞争和垄断行为突出问题专项执法行动的通知》，要求各地执法机构切实加强事中事后监管，进一步落实公平竞争审查制度，废除妨碍统一市场和公平竞争的各种规定和做法，打破行政性垄断，防止市场垄断。

2018年7月27日，市场监管总局发布对中石油天然气销售大庆分公司、中石油天然气大庆油田公司天然气分公司的行政处罚决定书，对两家公司的价格垄断行为，责令立即停止违法行为，同时罚款4,530万元和3,876万元。

为落实政府对于工商业电价平均下降10%的目标，市场监管总局发布了《关于开展电网和转供电环节电价重点检查的通知》，对转供电主体企业收取高价电费，使商业主体未能享受到国家及地方降价的政策红利的情况进行清理，并对关于部分转供电主体不执行国家电价政策的情况进行典型案例的通报。在2018年入冬季节到来后，市场监管总局价格监督检查和反不正当竞争局、反垄断局在京联合召开天然气价格法规政策提醒告诫会，提醒告诫三大天然气销售公司遵守价格法规政策，加强价格自律，规范价格行为，公平有序竞争，不得超出政府指导价上限或者政府定价、不得相互串通操纵价格、不得哄抬价格、不得价格歧视、不得实施滥用市场支配地位行为、不得达成和实施垄断协议。

三、能源领域典型案例

（一）石油天然气行业

【案例 1】饶阳晶裕玻璃制品有限公司（以下简称晶裕公司）、利华能源储运股份有限公司（以下简称利华公司）供用气合同纠纷（河北省衡水市中级人民法院二审）

【基本案情】

2017 年 3 月 10 日，晶裕公司与利华公司签订天然气供用合同，约定自 2017 年 3 月 20 日起至 2018 年 3 月 20 日止，利华公司为晶裕公司稳定供应 LNG 天然气，日用气量为 8,000 立方米，每天用气 24 小时，天然气价格为 2.5 元 / 立方米，如遇国家调整天然气价格或当地政府行为及上游气价调整，根据调整政策，气价作相应调整，气款实行预付。2017 年 9 月 18 日，利华公司向晶裕公司发出通知，天然气结算价格调整为 2.9 元 / 立方米。2017 年 9 月 28 日，利华公司再次发出通知，天然气结算价格调整为 3.3 元 / 立方米。晶裕公司不同意涨价，认为应当按照合同约定的 2.5 元 / 立方米结算天然气款，退还多收取的气款并支付利息。截至判决之日，晶裕公司因生产要求限制仍在使用利华公司供应的天然气，合同一直在履行过程中。但供气价格也在持续上涨，2017 年 11 月 20 日涨为 3.75 元 / 立方米，11 月 26 日涨为 4.8 元 / 立方米，12 月 1 日涨为 6 元 / 立方米。

一审法院认为，根据发改价格规（2017）1582 号规定，自 2017 年 9 月 1 日起降低非居民用气基准门站价格，河北省调整后的基准门站价为 1.88 元 / 立方米。随后，衡水市物价局于 2017 年 10 月 23 日下发衡价管（2017）14 号文件，规定饶阳县非居民用气销售价格由 3.48 元 / 立方米降为 2.96 元 / 立方米。非居民用气价格为中准价，企业可以根据上游供气价格上浮幅度等额上浮，最高上浮额不高于基准门站价格的 20%，下浮不限。因此，饶阳县的非居民用气销售价为 2.96 元 / 立方米，因上游供气价格上浮的最高额度为 1.88 元 / 立方米 ×20%=0.376 元 / 立方米，非居民用气最高销售价为 2.96 元 / 立方米＋ 0.376 元 / 立方米 =3.336 元 / 立方米。

一审法院判决：驳回晶裕公司要求按照 2.5 元 / 立方米收取天然气费的诉讼请求，并要求利华公司在合同存续期间自 2017 年 11 月 20 日起至发改委再次调整非居民用气价格止按政府指导价 3.336 元 / 立方米收取晶裕公司天然气费。

双方均不服判决，提起上诉。

【争议焦点】

双方争议的焦点为：1. 供气合同气价调整条款的适用问题，即对合同文本中文本“遇国家调整天然气价格或当地政府行为及上游气价调整”如何理解；2.LNG 车辆运输天然气运输费用是否不适用管道气指导价格。

【法院观点】

二审法院认为，利华公司与晶裕公司所签天然气供用合同中天然气价格条款约定：“1. 利华公司供给晶裕公司的天然气价格为 2.5 元 / 立方米。2. 如遇国家调整天然气价格或当地政府行为及上游气价调整，根据调整政策，气价作相应调整。”利华公司认为该条款列举了价格调整的三种情形，只要国家调整天然气价格、当地政府调整价格或上游气价调整即可调价。一审法院认为该合同条款表述了两种调整情形。第一种为国家调整天然气价格或当地政府行为；第二种为上游气价调整。但天然气行业实行的是政府指导价，由政府主管部门制定销售价格。故国家调整优于上游价格调整，上游价格是有限制的调整，其调整范围只限于政府制定销售价的红线内。二审法院认为，该条款仅列举了价格调整的三种情形，但以上游哪家公司的涨价作为本案调价依据及调整幅度如何确定均没有约定，导致合同履行过程中，双方对应否调价及应按何标准调整产生争议，且不能达成补充协议，按照合同有关条款或者交易习惯亦不能确定。

根据《中华人民共和国合同法》第 62 条规定，当事人就有关合同内容约定不明确，依照本法第 61 条的规定仍不能确定的，适用下列规定：价款或者报酬不明确的，按照订立合同时履行地的市场价格履行；依法应当执行政府定价或者政府指导价的，按照规定履行。本案合同标的物为天然气，天然气行业实行的是政府指导价，政府价格主管部门或者其他有关部门规定基准价及其浮动幅度，在根据上游价格调整合同价款时亦应将销售价格限定在政府规定的最高销售价格范围内。《河北省物价局关于规范天然气价格管理的指导意见》（以下简称《意见》）（冀价管〔2015〕119 号）规定：“其他燃气销售价格管理可参照本指导意见相关规定执行。”本案所涉 LNG 虽是一个新兴的能源利用方式，作为液态的 LNG 由于物理特性的不同，很难全部适用管道气的法规标准，但本案可参照上述《意见》执行。

案涉天然气供用合同约定合同履行地为晶裕公司，晶裕公司住所地为河北省饶阳县，故《衡水市物价局关于饶阳华港燃气有限公司天然气销售价格的通知》（衡价管〔2017〕14号）作为合同履行地政府价格主管部门对天然气销售价格的指导意见，本案亦应参照执行。因此，一审法院参照饶阳县非居民用气销售价，在河北省基准门站价基础上上浮20%，计算出自2017年10月23日（即执行衡价管〔2017〕14号文之日），至发改委再次调整非居民用气价格止，本案天然气调整后的价格上限应为3.336元/立方米，下浮不限，较为公平合理，本院予以维持。利华公司自2017年11月20日早8时起调整后的价格高于最高销售价3.336元/立方米，高出部分本院不予支持，对应的价款应予退还。利华公司称其屡次涨价，皆因上游涨价，其是随行就市，符合双方合同约定，但利华公司在合同调价约定不明的情况下，仅以通知的方式告知调价结果，没有达成调价合意，价格调整的依据不足且超出了政府制定的销售价格红线，故一审法院未采信其抗辩理由，并无不当。关于晶裕公司所提应按合同定价2.5元/立方米履行的诉讼请求，亦与合同约定及市场涨价行情不符，一审法院对其该项主张不予支持，亦无不当。

【纠纷观察】

1.对于实行政府指导价的天然气销售合约来说，交易双方如何分担交易中因为天然气价格变化而带来的风险，需要采取合约约定或者其他商业安排的方式来进行处理。天然气销售方和下游签署的销售合同，要和其上游方签署的合同条款、风险加以对应和比照，以便能将风险传递给下游方。2018年国务院要求工商业电价下浮10%，也在实务中带来了不少的争议。在实践中，也有不少交易方通过其他安排来规避政府指导价，这些安排的效力也可能发生争议。值得注意的是，二审判决中，对于衡价管〔2017〕14号文件中“企业可以根据上游供气价格上浮额度等额上浮”进行了错误的理解：交易双方订立合同后，上游天然气价下降到1.88元/立方米，因此法院判定据此上浮价格是违反规定的。

2.合约文本中“和、或”的使用。在本案中，一审法院和二审法院对于“遇国家调整天然气价格或当地政府行为及上游气价调整”列举几种情况有不同认识。类比英国法下，“and/or”的使用也是长期以来造成纠纷争议的一个常见问题。律师和/或商务人员认为连用“and/or”这样的词汇使得合约文本看起来会更加具有商务感，但往往忽略了这是纠纷的起源。在实务中，如何处理“和、或”？一是穷尽，如本案例中的“遇国家调整天然气价格或当地政府行为及上游气价调整”，写为“在如下任一情况发生时，进行调整：”即可有效避免争议；二是写明不同情况下的处理方式，如“遇国家调整天然气价格，调整方式为：”“遇当地政府行为，调整方式为：”三是把所有情况列明，然后逐一进行区分适用。在普通法的判例中，对“and/or”的使用大加讽刺挖苦的法官不在少数，法官们曾经使用“sloppy thinker”（懒惰者）、脑袋不清醒的起草者来对使用“和、或”不清的合约方进行批评。其中，最为著名的对 and/or 的批评来自 *Bonitto v. Fuerst Bros* 一案中，英国法庭的法官对“and/or”其带有感情色彩的直斥为“混蛋连接词”（bastard conjunction）。

【案例 2】安徽瑞升新能源科技发展有限公司（以下简称瑞升集团）、中天创智（湖南）投资有限公司（以下简称中天创智）、长沙市开福区玉恒投资管理有限公司（以下简称玉恒公司）股权转让纠纷（湖南省高级人民法院二审）

【基本案情】

2005 年 11 月 17 日，恩施市政府作为甲方与乙方湖南中油管道燃气有限公司（以下简称湖南中油）签订了一份《湖北省恩施市管道天然气特许经营合同》，约定恩施市政府同意湖南中油在恩施市政府界定区域内投资开发、经营管道天然气（车用压缩天然气 CNG 除外），经营期限为 25 年（2005 年 12 月 30 日至 2030 年 12 月 30 日）。2006 年，因中石油内部调整将上述特许经营合同的主体由湖南中油变更为恩施中石油昆仑燃气有限公司（以下简称恩施昆仑）。自该合同签订之日起，一直由恩施昆仑履行该特许经营合同的所有权利义务，由其向恩施市政府提交管道燃气质量检测报告、管道燃气发展、投资项目计划报告、年度经营计划等相关需要报送的资料，在恩施市政府特许经营范围内投资开发、经营管道天然气。2014 年 6 月，湖南中油进入破产清算。

玉恒公司为中天创智全资出资的一家投资管理公司，其与中石油昆仑燃气有限公司共同成立了恩施昆仑，玉恒公司持有恩施昆仑 49% 的股份。瑞升集团控股的安徽安瑞升新能源股份有限公司（以下简称安瑞升公司）是一家新三板上市公司。为进一步完善安瑞升公司的产业链结构，瑞升集团与中天创智就玉恒公司股权收购（间接收购恩施昆仑的 49% 股权）事项进行协商，于 2016 年 6 月 16 日签订了一份《合作框架协议》，协议签订后，瑞升集团分别于 2016 年 6 月 27 日、7 月 4 日分三次依约向中天创智支付了 1,635 万元的定金。

瑞升集团为了满足全国股转系统对挂牌公司的收购审批程序，委托上海天衍禾律师事务所于 2016 年 8 月 22 日对收购标的恩施昆仑进场调查。同年 9 月 5 日，上海天衍禾律师事务所出具了《法律尽职调查报告》，认为：根据恩施市政府与湖南中油签署的《湖北省恩施市管道天然气特许经营合同》，湖南中油在经营期限内享有恩施市政府特许经营范围内的管道燃气独家经营权，未经恩施市政府同意，湖南中油不得转让该项目。恩施昆仑与湖南中油属于两个独立的法人主体，恩施昆仑在原属于湖南中油经营权的区域内进行经营，未取得恩施市政府批准，且未与湖南中油办理转让手续，存在经营风险。恩施昆仑持有的《燃气经营许可证》中规定恩施昆仑经营区域为恩施市境内（特许经营合同指定的范围），导致其经营的合法性与特许经营相关联。如果没有特许经营，则其合法经营的事实基础不存在。

瑞升集团向一审法院起诉请求：1. 判令解除瑞升集团与中天创智于 2016 年 6 月 16 日签订的《合作框架协议》；2. 判令中天创智与玉恒公司双倍返还 20% 的定金 2,180 万元，退还多交的 10% 定金 545 万元及利息。

一审法院判决解除瑞升集团与中天创智于 2016 年 6 月 16 日签订的《合作框架协议》；中天创智没收瑞升集团定金 1,090 万元，但返还瑞升集团定金 545 万元。

瑞升集团不服判决，提起上诉。

【争议焦点】

1.《合作框架协议》的性质；2. 本案如何适用定金罚则。

【法院观点】

二审法院认为，是本约还是预约合同，需要综合双方意图进行事实认定。本案《合作框架协议》中的内容简要，缺乏重要条款的具体约定，并明确约定最终的股权交易方案、交易条件及条款以最终签署的股权交易文件的约定为准，表明签订框架协议的目的是瑞升集团控股的安瑞升公司与中天创智签订正式股权转让协议即本约合同，故《合作框架协议》应认定为预约合同性质。

此外，《合作框架协议》约定收购价格为 5,450 万元，但对 1,635 万元说法不一，有作为定金的、有作为股权对价款的，但定金表述只有一处。仅从合同条款内容来看，1635 万元作为定金的意思表示并不十分明确。然而从协议后的磋商及双方诉求来看，双方当事人均已认可所付款项为定金，故瑞升集团所付款项应认定为定金而非诚意金、保证金。根据《中华人民共和国担保法》第 91 条规定“定金的数额由当事人约定，但不得超过主合同标的额的百分之二十”，本案双方约定了收购价款为 5450 万元，定金数额应以不超过标的额 20% 为限，一审判决确认定金数额为 1090 万元并无不当。

双方《合作框架协议》约定了未经双方同意，任何一方不得提前终止或解除协议，亦即双方不得擅自解约。本案中，中天创智虽利用获取资金优势提出一些不利于瑞升集团的条件，但尚不构成恶意磋商，也没有表示拒绝订立本约合同，在此情况下，瑞升集团诉请解除《合作框架协议》，不愿再订立正式股权转让协议，构成违约。一审判决中天创智没收瑞升集团定金1,090万元并无不当。

综上，二审法院判决：驳回上诉，维持原判。

【纠纷观察】

1. 本案二审判决中，认为瑞升集团与中天创智未达成本约违反了预约合同，判决没收定金。瑞升集团无法和中天创智达成本约，需要重点考虑如下问题：第一是瑞升集团是否在磋商中违反了诚信、公平及善意磋商之义务而导致未达成本约，判决中并未对此进行分析；第二是瑞升集团未能和中天创智达成本约的核心原因之一在于恩施昆仑未与恩施市政府签订特许经营权协议，且中天创智亦未能让恩施市政府出具特许经营权授权书，不仅不满足股转系统审批条件，也带来“合同目的落空”的可能性，是否应当判决支付缔约保证金、适用定金罚则存疑；第三是瑞升集团支付的缔约保证金的实际性质问题，从交易双方的实际约定来看，合同项下名为“定金”的款项，实质上更多的是一个预付款性质，从交易事实来看，瑞升集团并未预期在双方未定签订本约的情况下将遭受没收的后果。

2. 能源业股权交易中先行订立备忘录、框架协议或意向书再行签署正式协议的方式非常常见。备忘录、框架协议或意向书在正式协议未能签署下的性质就非常重要。有经验的交易方，会明确约定备忘录、框架协议或意向书的约束性性质，同时明确约定正式协议未能签署的后果。本案中二审法院将“协议中只有瑞升集团支付收购价款30%款项、转让前的利润分配、委托管理等事项的简要内容，但没有后续款项支付、股权变更、管理权移交等具体条款的约定”作为《合作框架协议》认定为预约合同性质理由之一的说理并不是认定本约、预约的关键原因，关键原因在于《合作框架协议》本身并未对自身性质进行阐明，并约定有“最终的股权交易方案、交易条件及条款以双方最终签署的股权交易文件的约定为准”。这个判断标准，和英国法下的“agreement to agree”（约定将来达成协议）没有最终约束力的理由是相似的。无独有偶，英国上诉院在2018年12月就 *PHILIP MORRIS v. SWANTON CARE & COMMUNITY LIMITED* 一案中作出的判决，进一步确认了即使交易双方在合约中通过约定“合理努力”或者“最大努力”来谈判达成将来的协议，也意味着“agreement to agree”，因而无法得到执行。

3. 在签署有约束力的备忘录、框架协议或意向书之前，如果买方尚未进行确认性尽职调查，应当将完成满意的确认性尽职调查放入先决条件中，以便更好地保护自身利益；而从本案卖方的角度看，在最终协议未能达成的情况下，框架协议中并未约定双方谈判最终协议的义务及违反的后果，也未约定在最终协议未达成以框架协议为准，最终通过“立约定金”的方式来获得赔偿。

（二）矿业权纠纷

【案例 3】郴州饭垄堆矿业有限公司（以下简称饭垄堆公司）、中华人民共和国国土资源部[①]（以下简称国土资源部）国土资源行政复议决定（最高人民法院再审）

【基本案情】

湖南省国土资源厅于 2006 年向郴州市兴光矿业有限公司颁发红旗岭矿的《采矿许可证》，开采矿种为“锡矿、钨、砷”。其后，采矿权人变更为中信兴光矿业有限公司（以下简称中信兴光公司），并于 2011 年经国土资源部延续该采矿证。同时，国土资源部在该采矿许可证上标注：“请在本证有效期内解决重叠问题，重叠问题解决后，再申请办理延续登记。否则不再予以延续。”

湖南省国土资源厅（授权郴州市国土资源局）于 2006 年向饭垄堆公司颁发饭垄堆矿的《采矿许可证》，开采矿种为“铅矿、锌、银”。之后于 2011 年，湖南省国土资源厅延续该《采矿许可证》，并将开采矿种变更为“锡矿、铅、锌，综合回收钨、银、铜”。

据地质资料和矿山储量核实，红旗岭矿与饭垄堆矿存在矿区垂直投影重叠。因在采矿许可证有效期内无法解决重叠问题，中信兴光公司于 2012 年 11 月向国土资源部提出行政复议申请，并取得撤销饭垄堆公司所获《采矿许可证》的复议决定结果。饭垄堆公司就该复议决定提起了行政诉讼，其诉讼及上诉请求均被驳回。

【争议焦点】

1. 湖南省国土资源厅委托郴州市国土资源局向饭垄堆公司颁发《采矿许可证》是否违法；2. 饭垄堆公司与中信兴光公司的采矿权是否存在重叠，是否足以导致涉案采矿许可证被撤销。

---

① 根据中共中央印发《深化党和国家机构改革方案》要求，新组建自然资源部继续承担原国土资源部绝大多数职责，同时整合国家发展和改革委员会的组织编制主体功能区规划职责，住房和城乡建设部的城乡规划管理职责，水利部的水资源调查和确权登记管理职责，农业部的草原资源调查和确权登记管理职责，国家林业局的森林、湿地等资源调查和确权登记管理职责，国家海洋局的职责，国家测绘地理信息局的职责。

【法院观点】

中华人民共和国最高人民法院（以下简称最高院）认为，国土资源管理部门一旦实施了首次许可，那么在其后的延续许可，以至于行政复议机关、人民法院对延续许可合法性进行审查时，既要考虑首次许可的适法性，也要考虑维持许可是否必然损害公共利益，以及是否有必要的措施防范可能的不利影响并保障被许可人的信赖利益等问题。在审查许可延续行为的合法性时，只有首次许可具有重大明显违法或者存在显而易见的违法且无法补正情形的，复议机关才可以撤销延续许可。具体到本案，尽管湖南省国土资源厅将审批发证权限违法下放至郴州市国土资源局，但饭垄堆公司持有的2006年《采矿许可证》，系通过采矿权公开挂牌拍卖出让、签订采矿权出让合同、缴纳采矿权价款、办理相关行政许可手续等法定程序依法取得，其合法的矿产资源权益应当受到法律保护。尤为重要的是，郴州市国土资源局颁发的2006年《采矿许可证》于2011年到期后，延续许可的审批主体已经由郴州市国土资源局变更为湖南省国土资源厅，并由湖南省国土资源厅以自己的名义颁发了2011年《采矿许可证》。因此，2006年许可行为存在的越权情形，已经得到2011年许可行为的治愈，其越权颁证的后果已经消除，并不构成违法性继承问题。中信兴光公司有关2011年《采矿许可证》系从2006年《采矿许可证》发展而来，2006年颁证越权违法，2011年颁证亦属违法的主张，不能成立。

对于能否重叠问题，现行法律、法规、规章并无明确规定；对于何为重叠，也缺少明确的认定方法和处理程序。一般认为，采矿权矿区范围垂直投影重叠，是指两个分别处于上、下位置的采矿权矿区范围，虽然不发生物理交叉，但垂直投影后在平面上形成重叠。由于可供开采的矿产资源分布于地表上下，不同种类矿藏可能在不同深度的垂直空间分层分布，采矿权矿区范围垂直投影重叠也就难以完全避免。基于特定的矿藏以及不同开采工艺水平限制等因素考虑，强调在特定历史时期，垂直投影重叠的采矿权原则上由同一个矿业权人拥有，有其积极意义，应当得到支持。而在现行法律、法规并未禁止设立垂直投影重叠的采矿权的情形下，国土资源管理部门对因历史原因已经设立的部分重叠的采矿权，则应在不影响安全生产和环境保护且更有利于不同种类矿产资源全面节约利用的前提下，综合衡量矿产资源形成状态和地质条件，尊重不同矿业权人的不同开采意向、开采能力与开采工艺以及矿藏的开发规律等因素，区别进行处理。

现行法律、法规、规章以及被诉复议决定所引用的相关规范性文件，对类似于本案因历史原因形成的重叠的采矿权撤销程序、步骤、方法及具体情形均无具体规定。实践中，解决重叠有多种方式，包括将不同采矿权主体推动整合为同一采矿权主体、调整并缩小采矿许可证范围以解决重叠问题、在不同采矿权主体间建立开采协调机制、区分矿产资源开发时序且在确保安全生产的前提下签订承诺协议、撤销一方采矿许可并通过补偿或者赔偿等方式弥补损失，等等。本案存在部分重叠属实，但被诉复议决定既未认定重叠的比例和计算方法，也未认定现有重叠是否存在影响安全生产等情形，又未征求安全生产等行政主管部门意见或者专业机构鉴定意见，即简单以构成重叠为由作出撤销决定，未能全面认定事实，属于认定事实不清。

综上，最高院判决撤销一、二审法院判决，撤销国土资源部复议决定，责令国土资源部重新作出行政复议决定。

【纠纷观察】

1. 在国际油气或者能源业，在不同层系或者深度的矿藏成立不同的矿权，授予不同的矿证或探矿、采矿权益是普遍现象。另外，对于跨界能源矿藏的联合开发问题，也欠缺明确的法律法规进行规定。

2. 中国法并未禁止在同一立体空间上成立不同矿权，《国土资源部关于矿产资源勘查登记、开采登记有关规定的通知》（国土资发〔1998〕7 号）附件二《矿产资源开采登记有关规定》第 1 条规定：“（三）划定矿区范围……审批机关在划定矿区范围时，应依据以下原则确定……4. 保护已有探矿权、采矿权人利益。申请人申请划定的矿区范围，其地面投影或地表塌陷区与已设立探矿权、采矿权的区块范围、矿区范围重叠或有其他影响的，采矿登记管理机关在审批矿区范围时应以不影响已有的探矿权人或采矿权人权益为原则。采矿权申请人应与已有的探矿权人或采矿权人就可能造成对探矿权或采矿权影响的诸方面签有协议。探矿权人或采矿权人同意开采的，采矿登记管理机关可划定矿区范围；探矿权人或采矿权人认为有影响且出具充分证明的，采矿登记管理机关可以组织技术论证。论证结果确有影响且无法进行技术处理的，不予划定矿区范围。”此规定说明，在同一立体空间依法可以存在两个采矿权（或探矿权），在不影响已有采矿权、已有采矿权人同意开采的情况下，采矿登记管理机关审核后，可以依法划定重叠的矿区范围。

3. 最高院的判决明确表明，行政机关在做出行政复议决定的时候，有义务对裁量决定进行充分的说理，“不说明裁量过程和没有充分说明理由的决定，既不能说服行政相对人，也难以有效控制行政裁量权，还会给嗣后司法审查带来障碍”。对能源企业来说，在面临行政机关作出具体行政行为和复议决定，有权要求行政机关对于作出的决定进行充分说理。

【案例 4】榆林市凯奇莱能源投资有限公司（以下简称凯奇莱）与西安地质矿产勘查开发院（以下简称西勘院）合作勘查合同纠纷（最高人民法院二审）

【基本案情】

2004 年 2 月 19 日，凯奇莱公司与西勘院签订了落款时间为 2003 年 8 月 25 日的《陕西省榆林市横山县波罗—红石桥地区煤炭资源合作勘查合同书》（以下简称《合作勘查合同》）。该合同约定，双方共同出资对陕西省榆林市横山县波罗—红石桥煤炭资源进行详查及精查。该勘查区探矿权由西勘院（甲方）依法取得，并由西勘院投资进行了煤矿普查，对已取得的探矿权，经法定评估机构进行评估，并报陕西省国土资源厅备案。之后，西勘院提出《合作勘查合同》系为规避 2003 年陕西省人民政府第 21 次常务会议纪要精神“没有下游转化项目，不得转让探矿权”而倒签，因违反《中华人民共和国合同法》第 52 条之规定而无效；《合作勘查合同》的性质是探矿权转让。依据《中华人民共和国矿产资源法》第 6 条、国务院《探矿权采矿权转让管理办法》第 10 条规定，探矿权转让必须向地质矿产主管部门提出转让申请并经主管部门批准，而双方当事人并未取得主管部门批准，因此合同无法履行，双方由此引发争议。

凯奇莱公司诉称，凯奇莱公司在与西勘院缔约前无从了解陕西省人民政府第 21 次常务会议纪要精神，谈不上与西勘院串通规避该文件，陕西省国土资源厅〔2005〕65 号文表明，陕西省人民政府已经同意了双方当事人合作勘查，据此亦不应认定合同无效。根据《矿业权出让转让管理暂行规定》第 42 条的规定，在不设立合作合资法人的前提下，采用合作勘查方式转让探矿权的，批准不是必备手续，只要备案即可。

一审判决认为，双方签署的《合作勘查合同》系探矿权转让合同，但仅仅以报送勘查合同备案代替探矿权转让合同审批程序，故意规避法律法规，勘查合同系无效合同。

【争议焦点】

《合作勘查合同》的性质是否是探矿权转让？效力如何界定？

【法院观点】

最高院认为，一审判决将《合作勘查合同》认定为探矿权转让合同是不妥的。从《合作勘查合同》的内容来看，其基本性质是合作勘查合同，合同的主要内容是西勘院和凯奇莱公司合作勘查陕西省榆林市横山县波罗—红石桥勘查区煤炭资源的约定，即确定在合作勘查过程中双方各自所享有的权利和应承担的义务。同时合同中也涉及了关于探矿权转让的问题。但转让探矿权是在取得勘查成果后，由双方按所占权益比例成立有限责任公司联合开发或者西勘院将其所享有的权益评估后转让给凯奇莱公司，由后者单独开发。《合作勘查合同》对未来探矿权转让意向性的表示，不能影响案涉合同表述的合作勘查合同的性质。关于《合作勘查合同》效力的问题，法律法规要求对于矿产资源的合作勘查合同进行备案而非审批，法律规定某些合同签订后需要向政府主管部门备案的目的在于方便政府主管部门掌握信息、进行必要的监督。备案本身并不创设权利，因而也不是合同生效的要件，故该合同备案与否，并不影响其效力。只要是双方的意思表示真实、一致，即发生法律效力。

【纠纷观察】

1. 对于探矿权的转让来说法律规定需要进行审批。根据国务院《探矿权采矿权转让管理办法》，探矿权人或者采矿权人在申请转让探矿权或者采矿权时，应当向审批管理机关提交转让申请书、转让合同、受让人资质条件的文件等资料。以本案来说，投资者与其在合同中约定未来对探矿权进行转让，还不如直接约定在探矿权所附着利益上分成。这样既避免了未来不获政府审批的风险，也防止了未来探矿权转让有可能无法谈成的风险。

2. 从探矿权人的角度来看，在未明确地下资源价值的情况下直接转让探矿权的比例也带有价值流失的风险，因此探索既能吸引投资，又能保障自身利益的资源分成、风险投资服务等多种合约方式值得考虑。

（三）新能源行业

【案例5】中能首科（北京）投资发展有限公司（以下简称首科公司）与中能桑普科技股份有限公司（以下简称桑普公司）股权转让纠纷（北京市第一中级人民法院二审）

【基本案情】

2011年11月，桑普公司的控股股东北京市太阳能研究所有限公司（以下简称太阳能公司）与甘肃阿克塞县政府签订了100兆瓦并网光伏发电项目投资协议，约定分三期建设项目，由太阳能公司负责筹资。桑普公司为此成立全资子公司中能桑普阿克塞县科技有限公司（以下简称阿克塞县公司），负责项目投资、建设与运营。

2012年11月，太阳能公司向甘肃省电力公司出具《弃电承诺》，承诺项目并网后如果出现弃电风险，由太阳能公司承担弃电损失。

2012年12月，甘肃省发展与改革委员会（以下简称甘肃发改委）向酒泉市发展与改革委员会下发2199号批复，同意建设阿克塞20兆瓦并网光伏发电项目，明确项目业主为阿克塞县公司，该工程总装机容量20兆瓦，年平均上网电量2960万千瓦时，发电量由省电力公司统一调度，上网电价根据有关规定另行上报审批。

2013年5月，桑普公司（作为甲方）与首科公司（作为乙方）签订了《股权转让合同》，约定首科公司收购阿克塞县公司（作为标的公司）100%的股权。此外，《股权转让合同》中约定：一期项目装机规模20兆瓦，项目25年平均年发电量2960万度；第10条第3款约定：甲方保证，甲方及标的公司已经向乙方完整地提供了其在决定是否购买标的公司股权时要求甲方以及标的公司提供的所有信息、资料以及文件，以及标的公司认为对于乙方作出购买股权的决定会产生重大影响的全部信息，并保证，甲方向乙方提供的信息、资料以及文件均真实、准确，无任何虚假、误导性陈述或重大遗漏。

首科公司诉称：桑普公司违反《股权转让合同》约定，故意隐瞒其控股股东太阳能公司向甘肃省电力公司承诺承担弃电损失的《弃电承诺》、阿克塞县公司发电量经省电力公司统一调度的2199号批复。上述事实的隐瞒导致首科公司错误理解《股权转让合同》中约定的每年发电量2,960万千瓦为全部可上网电量。而实际的上网电量远远低于合同约定的标准，由此产生重大损失。

一审法院对首科公司的诉讼请求不予支持。首科公司不服，提起上诉。

【争议焦点】

《股权转让合同》第10条第3款中约定，甲方保证，对于标的公司认为对乙方做出购买股权的决定会产生重大影响的全部信息，甲方向乙方提供的信息、资料以及文件均真实、准确，无任何虚假、误导性陈述或重大遗漏。桑普公司是否违反了上述约定。

【法院观点】

二审法院认为：第一，《电网调度管理条例》第16条规定："发电厂必须按照调度机构下达的调度计划和规定的电压范围运行，并根据调度指令调整功率和电压。"上述规定属于行政法规，首科公司对此应当知悉。第二，《股权转让合同》中上述关于年均发电量的表述并非保证性承诺，且2199号批复中也对此作出了相同表述，该表述并无违法之处。第三，《股权转让合同》中明确约定了桑普公司保证工程各项指标符合甘肃省发改委2199号批复规定的标准，该文件的相关内容应当包括在合同之中，首科公司作为合同一方当事人理应对该文件进行查阅，而2199号批复中载明“年平均上网电量2960万千瓦时，发电量由省电力公司统一调度。上网电价根据有关规定另行上报审批”，故首科公司对电站发电量需统一调度应属明知。综上，首科公司应当知晓《电网调度管理条例》第16条的规定，对电站发电量需统一调度应属明知，故其认为桑普公司违反《股权转让合同》第10条第3款约定，据此要求赔偿损失的诉讼请求依据不足，本院不予支持。

【纠纷观察】

1. 能源行业的投资者应掌握行业相关的法律法规和政策规定，并应重视投资前的尽职调查工作，对于应知悉的法律法规和政策规定，或者通过适当审查即可知悉的事项，无论出让方是否实际披露该等事项，法院都可能会认为出让方并未违反收购合同的陈述与保证条款。

2. 在交易过程中，如果需要对某交易特别事项进行赔偿的约定，买方可以要求卖方就该等事项进行特别的陈述与保证，并在交易文件中约定沙袋条款（Sandbagging）[①]，可以达到买方尽管在交易前知悉违反陈述与保证的事实，但交易后仍有权向卖方进行索赔。

（四）跨境争议

【案例6】中机新能源开发有限公司（以下简称中机公司）诉美洲豹能源危地马拉公司（以下简称能源公司）、AEI危地马拉美洲豹公司（以下简称AEI公司）（新加坡高等法院，2018年4月26日）

【基本案情】

中机公司与能源公司签署了电厂修建的总承包合同，AEI公司为该合同提供

① Sandbagging条款是解决并购交易中买方在签署合约后交易交割之前知悉卖方违反在交易中所作的陈述及保证，但选择继续交割情况下是否有权要求卖方赔偿的问题。主要分为Pro-sandbagging（正沙袋条款）及Anti-sandbagging（反沙袋条款）两类，Pro-sandbagging指的是交易合约中规定即使买方知悉了卖方违反陈述与保证的事实，买方仍然可以保留在交割后索赔的权利；Anti-sandbagging指的是交易合约中规定如果买方知悉了卖方违反陈述与保证的事实，则买方在交割后丧失了索赔的权利。

担保。总承包合同中约定纽约法管辖，采用国际商会仲裁规则于新加坡仲裁，并约定了快速仲裁程序，即选定第三名仲裁员后仲裁裁决须于90日内作出，或者仲裁庭多数决定在90日基础上另行延长90天。

由于能源公司的融资款未能及时到位，中机公司和能源公司、AEI公司在开工后签署了一个延迟付款担保协议，由能源公司向中机公司签发欠款本票替代项目里程碑付款，能源公司用能源公司和AEI公司的资产作为抵押。

中机公司未能按照总承包合同约定完工，也未在收到能源公司要求补正的通知后进行补救。能源公司按照合同向中机公司发出终止合同通知并要求接管现场，双方发生了争议并开始了仲裁。仲裁庭裁决能源公司有权解除合同并获得违约金。中机公司向新加坡高等法院申请撤销仲裁裁决。

【争议焦点】

1. 仲裁庭在文件披露过程中采取的Attorney eyes only（AEO，仅律师可阅）披露方法是否不当地剥夺了中机公司阐述案件的机会；

2. 仲裁庭未考虑中机公司的反诉请求是否违反了自然正义；

3. 仲裁庭是否没有平等地对待仲裁双方；

4. 能源公司采取“游击战术”是否违反了仲裁中的善意义务；

5. 仲裁庭是否违反其职责而未调查有关腐败的指控，仲裁裁决和公共政策相违背。

【法院观点】

新加坡高院驳回了中机公司撤销国际商会国际仲裁院仲裁裁决的申请。在法院的裁定中，法院强调了对于声称违反自然正义的最低程度干预，并支持了仲裁庭对于仲裁程序掌控的权利。对于仲裁庭采取的AEO披露，法院认为仲裁庭有权在国际商会仲裁规则下在仲裁案件中适用，仲裁庭认为中机公司有可能不当使用能源公司披露的相关文件信息但仲裁庭给予中机公司有权申请特定雇员对有关文件的浏览，中机公司并未使用该权利；仲裁庭考虑了中机公司对于延迟付款担保协议的反诉并驳回了中机公司的诉求；关于平等对待问题，法院认为，仲裁庭并不因发布AEO令就会导致不公平对待双方，中机公司有权申请特定雇员浏览特定文件；关于仲裁中的善意义务问题，法院认为仲裁双方有义务在仲裁程序中进行配合，但是否仲裁中有善意义务并不明确，能源公司的行为发生在仲裁之前，并不能说明其不正当的阻止、破坏了仲裁；关于腐败问题，法院认为，如果腐败问题影响到仲裁庭所考虑的仲裁事项，那么仲裁庭有义务对腐败事项进行调查，但这个对能源公司腐败行为的指控和仲裁事项并无关联。

【纠纷观察】

对于所有采取国际仲裁作为纠纷解决机制的中国公司来说，这个判决中至少有如下启示：

1. 对于大型、复杂的能源建设项目，要谨慎采用快速仲裁程序，否则可能给一方在仲裁程序管理、时间等方面带来不利的后果。

2. 尽管在新加坡仲裁是保密的，但仲裁庭仍然有权决定在何种情况下授予 AEO，只要仲裁庭有合理的理由认为采用 AEO 能够保护申请一方的保密信息。采取国际商会仲裁规则进行仲裁的合同方需要意识到 AEO 可能带来的负面影响。

3. 新加坡法院对于仲裁庭在仲裁程序方面享有的自主权给予充分的尊重，对于撤销仲裁裁决有很高的标准，这给维护仲裁裁决的可预期性和稳定性提供了保障。

4. 仲裁双方是否在仲裁中有"善意"的默示义务在新加坡法下仍然没有明确答案；明确的是，仲裁双方有的是在仲裁程序中配合的义务。

5. 腐败行为是否应当得到仲裁庭的调查，需要看其和仲裁庭所决事项的相关度，仲裁庭调查腐败指控义务仅在特定因素存在时才产生。如果被指控的非法行为与仲裁双方所争议的诉求之间不存在因果相关性，仲裁庭没有义务去调查腐败指控。因此，腐败指控义务本身并不导致仲裁裁决可以违反公共政策为由被撤销。

四、热点观察

（一）产品分成合同更科学

香港上市公司光汇石油（控股）有限公司（以下简称光汇石油）于 2018 年 12 月 28 日发布公告，作为主要合作伙伴，中海油通过旗下国际融资租赁和中海石油两家公司，为本公司提供总额约 7 亿美元的融资和资金支持，包括为本公司的曹妃甸油田约 4 亿美元为期 5 年的融资，以及额外提供约 3 亿美元额度的垫资计划，以确保油田综合开发调整方案的顺利实施和实现增产目标。[①] 在《中国能源争议解决年度观察（2018）》中曾经提及民营企业通过利用中国产品分成合同中关于优先购买权的漏洞来进入中国油气上游领域，即通过购买外国卖方持有产品分成合同下权益的离岸公司而间接进入中国的上游油气业，这揭示了现有中国产品

① 光汇石油官方网站：http：//bwoil.com/attachment/2018122820320500073361287_tc.pdf，访问时间：2019 年 2 月 5 日。

分成合同机制设置的一些问题。从产品分成合同的角度看，国家石油公司给合作方进行垫资和借款是非常少见的情况。这实际上是国家石油公司在油气生产过程中为投资者提供了“carry”（垫资），为什么国家石油公司会给投资者提供垫资？根源在于中国油气产品分成合同中强调“双赢”机制。以中国海上油气产品分成合同为例，联合管理委员会对于石油联合作业中的所有重大事项均采取“一致决”的方式。这种“一致决”方式的好处是能够充分尊重投资者，在油气合作伙伴之间充分讨论进行生产作业。但这种方式往往也带来联合作业决议事项久拖不决的问题。以此为例，光汇石油与中海油合作的曹妃甸油田调整开发方案如果没有光汇石油的同意无法进行，因此，为了及时进行调整开发项目，中海油只能在光汇石油不愿或者不能提供资金的情况下为其垫资。

在其他资源国产品分成合同中，将联合作业的决议事项和外国投资者的回报放在一起。在外国投资者的投入尚未回收之前，采取“一致决”的方式；而在外国投资者的投入收回之后，先采取“协商”的方式，如果协商达不成一致，由国家石油公司决策。在不可抗力发生后，一般来说，产品分成合同都会约定不可抗力发生的期间应当顺延产品分成合同的期间，但现有的中国油气产品分成合同的漏洞在于：（1）在不可抗力事件发生的期间显著过长的情况下，是否仍然需要无限制延长合同期？还是应当有延长的最长时间限制？（2）因不可抗力事件发生后延长的合同期，能否突破产品分成合同中最长合同期的限制？再比如，在油气发现商业价值确定的情况下，中国的油气产品分成合同仅仅约定了在外国投资者不参与开发的情况下，有权以缴纳“进入金”的方式，重新参加开发。但却未约定如果国家石油公司不参与开发，是否有权重新参加？以何种代价重新参加开发？欠缺逻辑上的完整性。比如，在培训费的问题上，仅仅约定合同者为培训国家石油公司的人员和技术转让发生的费用每年不少于某个金额，但条款在逻辑上欠缺“如果培训费未能用尽的情况下，合同者是否需要将培训费支付给国家公司”的明确约定。中国产品分成合同中某些条款给予外国投资者的权利稍显过大。比如，在产品分成合同项下，约定了外国投资者有权进行独承风险的油气作业。而在很多资源国的合同中，仅仅只有政府或者国家石油公司有权进行独承风险油气作业，而不允许外国投资者进行独承风险油气作业。其中所隐含的道理为：外国投资者事先所定好的工作计划和工作预算，在政府审批后即不得变化。而且如果外国投资者有权进行独承风险的油气作业，则有了商业发现之后，政府不应当支付相关比例的罚金进入。

因此，中国的产品分成合同科学化是一个值得研究的话题。

（二）PPP 项目合同的可仲裁性

政府与社会资本合作（PPP）是近年来的热点话题，根据有关机构的统计，2018 年财政部口径共成交 2,185 个项目，总投资规模为 2.73 万亿；全口径共成交 2,513 个项目，总投资规模为 3.16 万亿。①

随着 PPP 的日益发展，PPP 项下产生的纠纷也日益增多。自 2013 年以来，案件数量不断上升，2013 年至 2016 年分别审结 21 件、115 件、107 件和 183 件，2016 年案件数量上升达 71%。②

PPP 合同争议解决方式一直以来是处理 PPP 纠纷中的一个重要问题，财政部在其发布的《2014 年的政府和社会资本合作模式操作指南（试行）》中就争议解决提到："在项目实施过程中，按照项目合同约定，项目实施机构、社会资本或项目公司可就发生争议且无法协商达成一致的事项，依法申请仲裁或提起民事诉讼。"但根据 2015 年 4 月 22 日最高院发布的《关于适用〈中华人民共和国行政诉讼法〉若干问题的解释》，其第 11 条第 1 款对行政协议进行了界定，将"政府特许经营协议"纳入行政协议的范畴。同时，在发改委牵头发布的《基础设施和公用事业特许经营管理办法》中，对于特许经营协议中的争议解决仅仅提到了"实施机构和特许经营者就特许经营协议履行发生争议的，应当协商解决。协商达成一致的，应当签订补充协议并遵照执行"，以及"特许经营者认为行政机关作出的具体行政行为侵犯其合法权益的，有陈述、申辩的权利，并可以依法提起行政复议或者行政诉讼"，并未明确规定其他争议解决方式。在最高院不同的判例中，就 PPP 项目合同性质并无统一性的定论。如果将 PPP 项目合同的性质界定为行政合同，则一般认为不具有可仲裁性；如果将 PPP 项目合同性质界定为民商事合同，则其具有可仲裁性。不少专业人士认为，应当将 PPP 项目合同归为一类特殊的合同，因为这类合同不仅涉及行政法律关系，还涉及民事法律关系。

2018 年 2 月，最高院发布的《关于适用〈中华人民共和国行政诉讼法〉的解释》中删除了行政协议定义，并未将特许经营协议明确为行政协议，而仅在第 68 条中写明《行政诉讼法》第 49 条第 3 项规定的"有具体的诉讼请求"包括了请求解决行政协议争议事项。在司法实践中，如果法院认定 PPP 项目争议所涉事项为行政

① 中策大数据，2018 年全国 PPP 项目年度报告，参见：https：//www.china0001.com.cn/news/139.html，访问时间：2019 年 3 月 2 日。

② 江苏省高级人民法院民一庭课题组：《政府与社会资本合作（PPP）的法律疑难问题研究》，载《法律适用》2017 年第 17 期。

法律关系，即使 PPP 项目协议中约定有仲裁争议解决方式，争议方仍应当采取行政复议或行政诉讼方式进行解决；如果法院认定 PPP 项目争议所涉事项为民商事法律关系，则可以通过仲裁解决争议各方的争议事项。

另外，随着外资企业参与国内 PPP 项目日益增多以及我国企业在“一带一路”沿线国家参与 PPP 项目的增加，投资仲裁以及国际商事仲裁在 PPP 项目争议中的适用也将成为一个重要话题。相比允许投资仲裁及国际商事仲裁在 PPP 项目争议解决机制中的适用，一些国家仍然坚持 PPP 项目仅能使用当地仲裁机构进行仲裁。

五、总结与展望

全球能源业正处于重要的转型期，全球能源结构正在发生重大变化。中国也正处于能源转型期，2018 年，中国的政策取向着力于补短板、强基础、调结构、促改革、惠民生，努力构建清洁低碳、安全高效的能源体系。[①]2019 年，中国能源政策的基调也将延续这一主题。能源立法也将随着能源变革继续深化，2019 年 1 月 18 日，国家能源局印发《能源行业深入推进依法治理工作的实施意见》的通知，提出大力推进《能源法》《电力法》等法律立法审查工作，加快推进《煤炭法》《石油天然气管道保护法》等法律的修订工作，积极做好《石油天然气法》《能源监管条例》等法律法规的立法研究和起草修订工作。2018 年 2 月 23 日，最高院与最高人民检察院发布的《最高人民法院、最高人民检察院关于检察公益诉讼案件适用法律若干问题的解释》，为人民检察院参与能源环境民事公益诉讼及行政公益诉讼提供了更为详尽的司法指引。2018 年，全国法院共受理检察机关提起的环境公益诉讼案件 1,737 件，审结 1,252 件。同比 2017 年，受理数增加 433 件，上升 33.21% ；审结数增加 277 件，上升 28.41%。[②] 可以预期的是，在社会公益组织提起的环保公益诉讼增加的背景下，人民检察院在履职过程中发现的因破坏生态环境和资源保护等损害社会公共利益而提起的公益诉讼也将日益增多。

对于产生投资者与政府争议最多行业之一的能源业来说，投资者与政府间的国际投资仲裁体系面临挑战：一些国家试图废止或者重谈双边投资协定；国际投资

① 参见国家能源局 2018 年 2 月 26 日发布的《2018 年能源工作指导意见》，http://zfxxgk.nea.gov.cn/auto82/201803/t20180307_3125.htm，访问时间：2019 年 2 月 2 日。

② 参见最高人民法院《中国环境资源审判 2017—2018》《中国环境司法发展报告 2017—2018》及生态环境保护典型案例新闻发布会：https://www.chinacourt.org/chat/fulltext/listId/51171/template/courtfbh20190302.shtml，访问时间：2019 年 3 月 2 日。

仲裁中成本过高、难以执行、缺乏公正性及公信力等弊端日益显现，联合国国际贸易法委员会（UNCITRAL）和国际投资争端解决中心（ICSID）正在推进对投资仲裁的改革，包括对 ICSID 仲裁规则的修改；除用欧盟力推的投资法庭体系来替代投资仲裁方式外，2018 年，欧洲法院在 *The Slovak Republic v. Achmea BV* 一案中也判决，欧盟成员国之间的双边投资协定中投资者与投资国之间仲裁的安排不符合欧盟法律，因此，欧盟成员国内的实体无法依据欧盟成员国之间所缔结的双边投资保护协定来获得保护。2018 年 7 月，欧盟委员会更进一步地发布指引，确认在欧盟单一市场内，投资者与投资国之间不适用双边投资保护协定下投资者—投资国之间的仲裁，欧盟成员国投资者也不能适用《能源宪章条约》向另一成员国提起能源宪章下的仲裁。预计能源业投资者与政府之间的投资争议，将继续会在资源国有化、税务争议、环保弃置责任等方面产生。

地缘政治形势的紧张和政治经济的不确定性，能源与政治、经济的高度相关性，能源项目的长期性、高投资和复杂性，使得能源领域的争议一向是纠纷争议的重头戏。油价的波动、新技术的出现、行业的变革、并购交易的增长、第三方资助日益频繁、全球气候变化诉讼争议渐涨，使得能源业的纠纷争议持续增长。中国能源企业随着海外投资和运营的增多，所涉纠纷日益增多，越来越多的中国能源企业通过国际仲裁解决争议，保护其海外投资利益。

2018 年，在中国苏州举办的“一带一路”能源部长会议和国际能源变革论坛，通过了《建立“一带一路”能源合作伙伴关系部长联合宣言》，确定要在 2019 年正式成立“一带一路能源合作伙伴关系”。这一宣言进一步表明中国的“一带一路”倡议对中国企业对外能源投资的影响，也必将为提升中国的能源安全、加强“一带一路”能源国际合作、促进绿色能源高质量发展、深化全球清洁能源产业融合、推进全球能源科技创新合作，营造良好的能源变革国际环境带来更大的促进作用。中国最高人民法院国际商事法庭的设立，在未来将对“一带一路”沿线国家和地区的商事纠纷解决发挥作用，对日益增多的海外能源工程 PPP 项目所引发的争议解决的参与度将日益增强，“调解、仲裁、诉讼”三位一体的“一站式”国际纠纷解决机制有望扩大其影响力，有利于不断增强中国对国际商事规则的话语权。

相较于 ICC、LCIA 等国际仲裁机构能源争议案的比例，中国仲裁机构在能源国际商事争议解决上还将有更大的可为空间，中国能源企业在“一带一路”的投资也将给中国仲裁机构带来在涉及中国能源企业的争议解决方面发挥更大作用的可能性。

中国投资争议解决年度观察（2019）

鲍 治　李海峰　王泽坤[①]

一、概述

2018年是中国经济环境发生重大变化的一年。习近平总书记指出："世界经济深层次、结构性问题和地缘政治冲突、保护主义、单边主义直接影响到新兴市场国家和发展中国家发展的外部环境。当前，单边主义、保护主义愈演愈烈，多边主义和多边贸易体制受到严重冲击。"面对这些挑战，我国坚持顺应历史潮流，继续推进改革开放，并推出了一系列稳定投资、扩大开放的具体措施。具体在投资领域方面，补短板、调结构、积极扩大有效投资、扩大外资投资领域、保护在华外资企业合法权益成为今年的主题。

根据笔者对北京仲裁委员会/北京国际仲裁中心（BAC/BIAC，以下简称北仲）等机构于2018年度处理的投资争议案件的观察，本年度的投资争议案件的类型分布体现出以下特点：其一，投资合同履行顺序相关纠纷仍然是本年度重要的纠纷类型；其二，关于解除相关投资合同并赔偿损失的案件数量比重持续上升；其三，关于投资合同对赌条款是否生效的纠纷，也占据了相当的比重。

究其原因，笔者认为，可能涉及如下因素：首先，随着我国内外部宏观经济环境的变化以及产业结构的调整，一方面，会导致投资者对特定行业投资收益的预期发生改变，使得投资者倾向于解除投资合同；另一方面，也会影响被投资企业的经营业绩，从而触发对赌条款。其次，在金融领域严监管的影响下，部分投资者的流动资金受限，可能会导致相关投资合同存在不能按期履行的风险。最后，

---

① 鲍治，北京市奋迅律师事务所合伙人。李海峰，北京市奋迅律师事务所合伙人。王泽坤，北京市奋迅律师事务所律师。

在此前我国经济高速发展的时期，某些法律意识不强的企业在投资行为中为追求效率、节约成本，投资合同的条款设计存在严重缺陷，也促使了投资纠纷的产生。前述投资环境的变化给我国 2018 年投资立法与纠纷类型带来的重要改变，是本文重点关注的问题。

在下文中，笔者试图对 2018 年度与投资相关的重要立法及市场关注的争议案件进行梳理和总结，并提出自己的理解与分析，并试图对今后的市场形势作出研判。

二、新出台的法律法规或其他规范性文件

根据笔者观察，2018 年度是我国投资领域法律制度发生重大变化的一年，“改革”成为今年投资领域法律制度变化的主题，即坚持向“改革”要动力，推动全方位对外开放，深化市场准入等领域改革，创造公平竞争的制度环境。具体而言，放宽市场准入、全面实施准入前国民待遇加负面清单管理制度、保护外商在华合法权益特别是知识产权、允许更多领域实行独资经营等构成了我国本年度投资领域法律法规变化的主要方面。笔者认为，2018 年是投资立法目的与立法价值发生重大转变的一年，这种变化产生的深远影响，值得我们持续关注。

（一）全面实施市场准入负面清单制度

市场准入负面清单制度，即“非禁即入”，具体而言，是指负面清单以外的行业、领域、业务等，各类市场主体皆可依法平等进入。2013 年，党的十八届三中全会提出实行统一的市场准入负面清单制度；2016 年 3 月，《市场准入负面清单草案（试点版）》（以下简称《清单（试点版）》）在天津、上海、福建、广东四省市先行开展试点；2017 年，负面清单的试点范围扩大到 15 个省市。2018 年 12 月 21 日，国家发展和改革委员会（以下简称发改委）、商务部《市场准入负面清单（2018 年版）》（以下简称《负面清单》）公布实施，标志着我国全面实施市场准入负面清单制度。

全面实施市场准入负面清单制度，是我国深化投资领域改革的一项重大举措。在负面清单制度推出前，我国实行的是政府审批的“正面清单”制度。随着经济的不断发展，“正面清单”的不利影响开始逐步体现：其一，“正面清单”投资领域立法的部分法律规定层级较低，如相关规定为部门规章，可能导致投资合同效力和投资领域监管效果产生割裂的情形；其二，部分“正面清单”表述模糊或不能适应新行业、新领域的发展，为投资行为与投资合同的合法合规性带来不确定

性；其三，部分“正面清单”领域前置审批的流程过长，也降低了投资行为的效率。在近年来“放管服”的要求下，适时推出市场准入负面清单制度，不啻为投资领域注入了一针强心剂。

《负面清单》主体包括禁止准入类4项，许可准入类147项，一共有151个事项，581条具体管理措施，与2016年公布的《清单（试点版）》相比，事项减少了177项，具体管理措施减少了288条，全面实行市场准入负面清单制度后，负面清单以外的行业、领域、业务等，各类市场主体皆可依法平等自主选择是否进入，无论是国企还是民企，无论是内资还是外资，无论是大企业还是中小企业，都一视同仁，享有同等的市场准入待遇，这样就有利于打破各种形式的不合理限制和隐性壁垒，将“剩余决定权”和“自主权”赋予市场主体，激发各类市场主体特别是非公有制经济的活力。这也意味着我国在市场准入领域确立了统一公平的规则体系。

（二）进一步扩大开放，鼓励利用外资

回顾2018年全年，为进一步扩大开放，鼓励利用外资，我国密集出台了多项外商投资法律制度。2018年6月28日，发改委、商务部发布《外商投资准入特别管理措施（负面清单）（2018年版）》（以下简称《外商投资负面清单》），该清单于2018年7月28日正式实施。2018年6月29日，商务部发布《外商投资企业设立及变更备案管理暂行办法》（以下简称《暂行办法》）。2019年3月15日，《中华人民共和国外商投资法》（以下简称《外商投资法》）正式发布，并将于2020年1月1日起施行。

1.《外商投资准入特别管理措施（负面清单）（2018年版）》

在《外商投资产业指导目录（2017年修订）》中，限制性措施共计63条（包括限制类条目35条、禁止类条目28条），而在《外商投资负面清单》中，大幅放宽了市场准入，清单条数进一步降低为48条，共在22个领域推出开放措施，主要包括：一是大幅扩大服务业开放，二是基本放开制造业，三是放宽农业和能源资源领域准入。在一些投资者高度关注的领域，结合我国产业发展水平，大幅减少外资限制。金融领域，取消银行业外资股比限制，将证券公司、基金管理公司、期货公司、寿险公司的外资股比放宽至51%，2021年取消金融领域所有外资股比限制。制造业领域，汽车行业取消专用车、新能源汽车外资股比限制，2020年取消商用车外资股比限制，2022年取消乘用车外资股比限制，以及合资企业不超过两家的限制。取消船舶、飞机设计、制造、维修等各领域限制，基本形成全行业开放。

值得注意的是，在负面清单与相关区际协议、国际协议与条约的适用关系方面，相比《外商投资产业指导目录（2017 年修订）》,《外商投资负面清单》删除了“我国法律法规另有规定的，从其规定”的说明，按照全面落实准入前国民待遇加负面清单管理制度的要求，明确负面清单之外的领域，按照内外资一致原则实施管理。与此同时,《国务院关于积极有效利用外资推动经济高质量发展若干措施的通知》也特别提出，对于负面清单之外的领域，各地区各部门不得专门针对外商投资准入进行限制。

2.《外商投资企业设立及变更备案管理暂行办法》(以下简称《暂行办法》)

2016 年，商务部发布《暂行办法》，对于不涉及国家规定实施准入特别管理措施的外商投资企业的设立及变更，由审批制改为备案制管理。2017 年，商务部对《暂行办法》进行了第一次修订，将不涉及准入特别管理措施和关联并购的外国投资者并购境内非外商投资企业与对上市公司实施战略投资纳入备案制范围。

2018 年,《暂行办法》迎来了第二次修订，本次修订旨在进一步简化外商投资企业设立程序，实现商务备案与工商登记“一口办理”。此前，在我国设立外商投资企业既要到商务部门进行外资备案，又要到工商部门进行企业注册。而新政实行后将实现“一个打通，两个单一”，即打通地方商务部门和工商与市场监管部门的信息共享，外资企业设立通过网站的“单一窗口”，填写“单一表格”，就可以同时办理商务备案和工商登记的手续，整个过程“无纸化”“零见面”“零收费”。

《暂行办法》的历次修订，简化了外商投资的程序，缩短了投资流程的耗时，与《外商投资负面清单》相结合，提高了外商投资的效率。

3.《外商投资法》

2019 年 3 月 15 日,《外商投资法》经第十三届全国人民代表大会第二次会议审议通过，并正式发布。

为加强对外商投资合法权益的保护,《外商投资法》从四个方面作了规定：

一是加强对外商投资企业的产权保护。规定国家对外商投资不实行征收，在特殊情况下，国家根据社会公共利益需要实行征收的，应当依照法定程序进行，并及时给予公平、合理的补偿；外国投资者在中国境内的出资、利润、资本收益等可以依法以人民币或者外汇自由汇入、汇出；国家保护外国投资者和外商投资企业的知识产权，鼓励基于自愿原则和商业规则开展技术合作，技术合作条件由投资各方遵循公平原则平等协商确定，不得利用行政手段强制转让技术。

二是强化对涉及外商投资规范性文件制定的约束。规定政府及其有关部门制定涉及外商投资的规范性文件应当符合法律法规；没有法律、行政法规依据的，不得减损外商投资企业合法权益或者增加其义务，不得设置市场准入和退出条件，不得干预外商投资企业的正常生产经营活动。

三是促使地方政府守约践诺。规定地方各级人民政府及其有关部门应当履行依法作出的政策承诺和依法订立的各类合同；因国家利益、公共利益需要改变政策承诺、合同约定的，应当依照法定权限和程序进行，并对外国投资者、外商投资企业因此受到的损失予以补偿。

四是完善外商投资企业投诉维权机制。规定国家建立外商投资企业投诉工作机制，及时处理外商投资企业或者其投资者反映的问题，协调完善相关政策措施。外商投资企业可以依法成立和自愿参加商会、协会，商会、协会依照法律法规和章程的规定开展相关活动，维护会员的合法权益。

关于对外商投资如何管理，《外商投资法》也作了明确规定。一是为落实准入前国民待遇加负面清单管理制度，规定负面清单规定禁止投资的领域，外国投资者不得投资；限制投资的领域，外国投资者进行投资应当符合规定的条件；负面清单以外的领域按照内外资一致的原则实施管理。二是与有关法律法规相衔接，规定外商投资需要办理投资项目核准、备案的，按照国家有关规定执行；外国投资者在依法需要取得许可的行业、领域投资的，应当依法办理相关许可手续；外商投资企业的组织形式、组织机构及其活动准则，适用《中华人民共和国公司法》（以下简称《公司法》）、《中华人民共和国合伙企业法》等法律的规定；外商投资企业开展生产经营活动，应当遵守法律、行政法规有关劳动保护、社会保险的规定，依照法律、行政法规和国家有关规定办理税收、会计、外汇等事宜，并接受相关主管部门依法实施的监督检查。三是规定国家建立外商投资信息报告制度，外国投资者或者外商投资企业应当通过企业登记系统和企业信用信息公示系统向商务主管部门报送投资信息。信息报告的内容和范围按照确有必要的原则确定，通过部门信息共享能够获得的投资信息不得再行要求报送。四是为维护国家安全，对外商投资安全审查制度作了原则规定，并明确安全审查决定为最终决定。

另外，笔者注意到，《外商投资法》第42条规定："本法自2020年1月1日起施行。《中华人民共和国中外合资经营企业法》、《中华人民共和国外资企业法》、《中华人民共和国中外合作经营企业法》同时废止。本法施行前依照《中华人民共和国中外合资经营企业法》、《中华人民共和国外资企业法》、《中华人民共和国中外合作经营企业法》设立的外商投资企业，在本法施行后五年内可以继续保留原企业组织形式。”长久以来，我国一直实施关于外商投资企业公司形式和组织结构专门立法的立法模式。但《外商投资法》正式施行后，将会逐渐改变此前相关专门立法的格局。届时，除外商投资企业在投资准入方面需要受到《外商投资负面清单》的规制外，其余方面均将与内资企业同等对待，一切以《公司法》等相关法律的规定为其合规依据。

值得注意的是，与2015年发布的《中华人民共和国外国投资法（草案征求意见稿）》（以下简称《外国投资法（草案）》）相比，《外商投资法》第2条第2款对“外商投资”的定义删除了“向其持有权益的境内企业提供一年期以上融资”“取得境内或其他属于中国资源管辖领域自然资源勘探、开发的特许权，或者取得基础设施建设、运营的特许权”“取得境内土地使用权、房屋所有权等不动产权利”和“通过合同、信托等方式控制境内企业或者持有境内企业权益”等列举情形，但同时新增了“外国投资者通过法律、行政法规或者国务院规定的其他方式在中国境内投资”这一兜底情形。此外，《外国投资法（草案）》中首次提出的“实际控制人”概念及相关条款也被完全删除。笔者认为，当前的形势下《外国投资法》的出台，主要目的在于改善外商投资环境，进一步扩大开放，而在此前《外国投资法（草案）》征求意见时备受关注的VIE架构相关问题，则以兜底条款的方式暂时搁置。待时机成熟，仍然会发布相关细则解决上述问题。

上述利用外资类法律制度的密集出台，兑现了中国领导人对外国投资者扩大开放的承诺，再次彰显了中国政府主动扩大对外开放、主动对接国际做法的坚定决心，彰显了中国持续推动经济全球化，实现携手共进、共同发展的坚定决心。

（三）《公司法》修订

2018年10月26日，全国人大常委会发布《关于修改〈中华人民共和国公司法〉的决定》。本次《公司法》修订仅针对第142条，即对股份有限公司可以回购股份情形进行了修订。

与《公司法》原第142条相比，修订后的条款主要变化为：一是增加了股份回购的情形，包括：（1）用于员工持股计划；（2）上市公司为配合可转换公司债券、认股权证的发行用于股权转换的；（3）上市公司为维护公司信用及股东权益所必需的；（4）法律、行政法规规定的其他情形。二是明确了前述新增第（2）（3）种回购情形下的决策程序，同时也明确将员工持股计划或者股权激励情况下回购的决策程序简化为可以由董事会作出决议。三是删去了关于公司因奖励职工收购本公司股份，用于收购的资金应当从公司的税后利润中支出的规定，同时建立了库存股制度。四是删去了“公司不得收购本公司股份”的原则性规定。

自《公司法》实施以来，资本充实、资本维持原则长期成为《公司法》的一项重要原则，然而根据笔者观察，近年来关于《公司法》的修订，表示立法者关于这一原则在逐步松动。2013年废除法定注册资本最低限额，并将实缴制改为认缴制，体现了放松市场管制、加强企业经营自主权的思路。本次修订同样可作为这一思路的延续。在过去的《公司法》相关规定中，关于股份有限公司股份回购的情形过少，不能适应当下市场环境的需要。经过本次修订，法定资本制度得到了进一步放松，新修订的条款对于稳定资本市场、优化投资环境将会起到重要的作用。

三、典型案例

（一）股东间约定固定收益的效力

【基本案情】

陆某、高某（系夫妻）为纳海公司的股东，持股比例分别为60.5%与39.5%。2011年9月28日，陆某、高某与绿地公司先后订立《框架协议》《股权转让合同》，约定陆某出让20.5%股权，高某出让39.5%股权，转让价格总计为22,860万元，由绿地公司分三期支付。双方同意由绿地公司单独负责并安排纳海公司的日常经营管理，陆某、高某不参与管理，并承诺在实际收取约定收益的前提下，放弃对纳海公司分红和新增投资部分的净资产增值的权益；绿地公司每年支付给陆某、高某股权转让基准日40%股权总价的10%作为约定收益（第八年起，双方另行评估商定每年递增比例）。

2012年2月8日，陆某与绿地公司又签署《股东协议》，约定了关于陆某不再享有按出资比例分红权利，以及绿地公司向陆某支付固定收益的事项，同时约定如绿地公司未按约定支付固定收益，则陆某有权按《公司法》的规定参与公司日常经营管理。[①]

后因绿地公司未能按期支付固定收益，陆某将绿地公司起诉至法院。

【争议焦点】

法院认为，陆某与绿地公司之间关于固定收益条款的约定，是否违反了《公

① 参见上海市高级人民法院（2016）沪民终497号判决书。虽然本案判决系于2016年作出，但由于其在2018年对业内产生较大影响，故在本文中作为典型案例予以讨论。

司法》关于公司治理和共担风险共享收益的强制性规定，以合法形式掩盖非法目的从而应属无效，是本案的争议焦点。

【裁判观点】

法院认为，当事人之间所订立的《框架协议》《股权转让合同》及《股东协议》均为真实意思表示，不违反法律规定，具有法律约束力，双方均应恪守。系争约定收益条款是上述一系列股权转让协议中不可分割的部分，是股东间平等、自愿协商后对于公司管理权、股东分红权及一方股东支付另一方股东固定收益等的特别安排。该约定不违反公司法的强制性规定，亦不损害国家、集体以及第三人和公司的合法权益，应有效。此外，针对绿地公司关于固定收益安排名为股东间支付固定收益，实为纳海公司向陆某支付固定分红的主张，法院认为其不存在事实和法律依据，不予采信。

【纠纷观察】

笔者认为，在本案中以及投资实务中，关于股东之间约定固定收益条款的效力容易发生争议的原因在于对《公司法》第20条第1款的理解上，即该项交易安排是否属于"股东从公司取得相对的固定收益"，从而损害了公司利益和公司债权人利益导致合同无效。虽然《公司法》第20条第1款并未明确规定该种情形将会导致合同无效，但自最高人民法院关于"海富案"的判决书[①]从事实上确立了这一裁判思路，并为近年来投资活动及相关争议解决实务所接受并认可。

然而，在投资活动中，关于股权投资收益获取的交易安排复杂多样，上述案例确立的裁判思路并不能完全应对各类投资交易安排，故裁判机构还需要对上述裁判思路进行进一步的说理与论证。例如，在"安徽根源公司与平湖根源公司合同纠纷"一案（以下简称"根源公司案"）[②]中，安徽根源公司在持有平湖根源公司80%的股权的情况下，与平湖根源公司进行对赌：如因另一股东（持股20%）资金未能及时到位导致平湖根源公司无法于规定期限达到投产条件，须向安徽根源公司支付每日15万元的赔偿金。法院在判决书中说道："本案对赌协议实质为公司对另一股东可能存有的违约行为而承担的违约责任。而公司股东系以其认缴的出资额或认购的股份为限对公司承担责任。安徽根源公司作为平湖根源公司的一方股东，只需对平湖根源公司的债务承担有限责任，但因平湖根源公司对另一股

① 参见最高人民法院（2012）民提字第11号判决书。在判决书中，法院认为股东从公司取得相对固定的收益"脱离了公司的经营业绩，损害了公司利益和公司债权人利益"，从而导致该等条款无效。

② 参见浙江省高级人民法院（2015）浙商提字第29号判决书。

东的违约行为承担违约责任，使得平湖根源公司债权人的利益处于过度风险之中，诱发了过高的道德风险，即可能存在通过股东的有限责任而外化道德风险，进而产生过高的代理成本。因此，股东为实现自身利益的最大化，存在着从事高风险活动的冲动，一旦成功便可获得暴利，同时在风险爆发之前将风险利益以红利方式分配殆尽。即便失败，股东也无须承担很大的损失。换言之，即公司风险行为的真正承担者，不是风险收益的领受者，而是与风险利益无关且经常无法控制风险行为的第三人。结合本案，平湖根源公司承担公司股东的违约责任，实质上损害了平湖根源公司和平湖根源公司债权人的利益。”据此，法院判决上述对赌条款无效。

从法院在判决书中的说理，可以看出，无论是“海富案”还是“根源公司案”，若论证其固定收益条款违反《公司法》第 20 条第 1 款的规定而无效，其根源均要论证该等交易安排损害了公司、其他股东或公司债权人的利益，即落脚点仍在于《公司法》第 20 条第 1 款的原文规定。换言之，如果在某一安排中，除公司股东应就其出资承担相应经营风险外，不会使任何一方当事人或第三方承担额外损失或处于额外风险之中，则不会构成对于《公司法》第 20 条第 1 款的违反。

回到本案的基本案情中，则不难发现，虽然陆某与绿地公司约定了固定收益条款，但这一条款具有合理的对价，即绿地公司通过支付对价取得了纳海公司的控制权和经营权。该等交易安排并不会导致任何一方承担额外损失或处于额外风险之中，因此，也就不存在《公司法》第 20 条第 1 款适用的空间。

基于上述内容，笔者认为，虽然在投资实务中各方关于对赌以及获取固定收益的安排复杂多样，法院关于相关交易安排效力认定的典型案例亦层出不穷。然而，无论是在投资实务还是裁判实务中，在对于某一典型案件的理解上不能局限于机械适用裁判的结论，而是应该回归法条原文，理解不同裁判结果背后相同的内在关系。只有这样，在设计投资交易安排条款和处理投资争议纠纷时，才可以使投资行为更有效率，使当事人合法权益得到充分的保护。

（二）保险公司股权代持合同的效力

【基本案情】

2011 年，天策公司与伟杰公司订立《信托持股协议》，约定天策公司通过信托的方式委托伟杰公司持有其拥有的 2 亿股君康人寿公司股份。2012 年，君康人寿公司股东同比例增资，伟杰公司直接持有的君康人寿公司股份增至 4 亿股。2014 年，天策公司向伟杰公司发出《关于终止信托的通知》，要求伟杰公司依据《信托持股协议》终止信托，将信托股份过户到天策公司名下，并结清天策公司与伟杰公司之间的信托报酬。伟杰公司向天策公司发出《催告函》，确认双方就君康人寿公司股权代持等事宜签订了《信托持股协议》，但不同意将股权过户，双方产生纠纷。天策公司遂向法院起诉，请求确认《信托持股协议》已于2014年终止，并判令伟杰公司将其持有的4亿股君康人寿公司股份过户至天策公司名下。[①]

【争议焦点】

法院认为，天策公司与伟杰公司订立《信托持股协议》是否有效，是本案的争议焦点。

【裁判观点】

法院认为，双方签订的《信托持股协议》明显违反了中国保险监督管理委员会2010年颁布的《保险公司股权管理办法》第8条关于"任何单位或者个人不得委托他人或者接受他人委托持有保险公司的股权"的规定，损害了社会公共利益，依法应认定为无效。

首先，尽管《保险公司股权管理办法》在法律规范的效力位阶上属于部门规章，并非法律、行政法规，但该管理办法关于禁止代持保险公司股权的规定与《中华人民共和国保险法》的立法目的一致。

其次，《保险公司股权管理办法》系中国保险监督管理委员会在本部门的职责权限范围内，根据加强保险业监督管理的实际需要具体制定，该内容不与更高层级的相关法律、行政法规的规定相抵触，也未与具有同层级效力的其他规范相冲突，同时其制定和发布亦未违反法定程序，因此，《保险公司股权管理办法》关于禁止代持保险公司股权的规定具有实质上的正当性与合法性。

最后，从代持保险公司股权的危害后果来看，允许隐名持有保险公司股权，将使得真正的保险公司投资人游离于国家有关职能部门的监管之外，由于保险行业涉及众多不特定被保险人的切身利益，保险公司这种潜在的经营风险在一定情况下还将危及金融秩序和社会稳定，进而直接损害社会公共利益。

综上可见，违反中国保险监督管理委员会《保险公司股权管理办法》有关禁止代持保险公司股权规定的行为，在一定程度上具有与直接违反《中华人民共和国保险法》等法律、行政法规一样的法律后果，同时还将出现破坏国家金融管理秩序、损害包括众多保险法律关系主体在内的社会公共利益的危害后果。根据《中

---

① 参见中国法院网《最高法当庭裁决：代持保险公司股权协议依法应认定无效》（网址：https://www.chinacourt.org/article/detail/2018/04/id/3278774.shtml）。

华人民共和国合同法》（以下简称《合同法》）第 52 条第 4 项，应认定合同无效。

【纠纷观察】

该案判决公布后，引起了业界的热烈讨论，问题的焦点在于，《保险公司股权管理办法》效力层级并非法律或法规，违反该等强制性规定的合同是否无效。

关于这一问题，笔者认为，虽然根据《最高人民法院关于裁判文书引用法律、法规等规范性法律文件的规定》（以下简称《裁判文书引用规定》），民事裁判文书依据的规范性法律文件层级为法律、法规以及司法解释，并不包含规章等法律文件，但根据该《裁判文书引用规定》第 6 条，对于前述之外的规范性法律文件也可作为裁判说理的依据。此外，《最高人民法院关于适用〈中华人民共和国公司法〉若干问题的规定（三）》（以下简称《公司法解释三》）第 24 条第 1 款规定："有限责任公司的实际出资人与名义出资人订立合同，约定由实际出资人出资并享有投资权益，以名义出资人为名义股东，实际出资人与名义股东对该合同效力发生争议的，如无合同法第五十二条规定的情形，人民法院应当认定该合同有效。"据此，法院依据《保险公司股权管理办法》进行说理，得出《信托持股协议》存在《合同法》第 52 条第 4 项规定的情形因而无效的结论，符合《裁判文书引用规定》和《公司法解释三》的规定。

根据笔者观察，各级人民法院从违反规章从而导致合同损害社会公共利益角度出发，判决合同无效的案件并非个例。例如，在（2017）最高法民申 2454 号裁定书中，法院同样基于《首次公开发行股票并上市管理办法》进行说理，认为上市公司股权代持协议规避了金融监管措施，必然损害到广大非特定投资者的合法权益，从而损害到资本市场基本交易秩序与基本交易安全，损害金融安全与社会稳定，并最终损害社会公共利益，因此应当认定合同无效。

然而，在投资实务中，部分投资者对违反相关行业监管规定等部门规章的合同的法律效力认识存在误区，认为只要不存在法律、法规以及司法解释直接规定的合同无效情形，则合同必然有效。针对这一误解，笔者建议在交易安排中，尽量从实质重于形式的角度出发，避免构成对相关监管措施的直接违反，以降低相关合同被认定为无效的风险。

（三）目标公司在股东对赌中承担连带责任的效力

【基本案情】

2011 年，瀚霖公司作为甲方，冷杉投资、国耀投资、强某、孙某、许某作为乙方，曹某作为丙方，三方共同签订了《增资协议书》及《补充协议书》。其中，

《增资协议书》主要约定：强某向瀚霖公司增资 3,000 万元，其中 400 万元作为瀚霖公司的新增注册资本，其余 2,600 万元作为瀚霖公司的资本公积金，强某持有瀚霖公司 0.86% 的股权。《补充协议书》第 2 条第 1 款约定：曹某承诺争取目标公司于 2013 年 6 月 30 日前获准首次公开发行股票并在国内主板或创业板证券交易所上市（以下简称合格 IPO）；第 2 款约定：如果目标公司未能在 2013 年 6 月 30 日前完成合格 IPO，强某有权要求曹某以现金方式购回强某所持的目标公司股权，回购价格为强某实际投资额再加上每年 8% 的内部收益率溢价；第 6 款约定：瀚霖公司为曹某的回购提供连带责任担保。2012 年 5 月 31 日，强某与曹某签订了《股权转让协议》，约定：强某将持有的瀚霖公司股权转让给曹某，按《补充协议书》约定的价格计算方式回购，曹某应在协议签订后 30 个工作日内全额付清转让款，逾期未付清应按欠款额每日千分之五支付违约金，逾期超过 30 日仍未付清，则强某有权要求曹某付清转让款和违约金后，退出股权。

后因瀚霖公司未能于约定的期限内完成合格 IPO，曹某与瀚霖公司亦未支付股权转让款，强某遂起诉至法院。

【争议焦点】

法院认为，《补充协议书》约定的瀚霖公司与曹某之间的担保约定是否合法有效，是本案的争议焦点。

【裁判观点】

法院认为，瀚霖公司为曹某的对赌回购义务提供连带责任担保的约定合法有效，理由是：《公司法》第 16 条之立法目的，系防止公司大股东滥用控制地位，出于个人需要、为其个人债务而由公司提供担保，从而损害公司及公司中小股东权益。本案中，案涉担保条款虽系曹某代表瀚霖公司与强某签订，但是 3,000 万元款项并未供曹某个人投资或消费使用，亦并非完全出于曹某个人需要，而是全部投入瀚霖公司资金账户，供瀚霖公司经营发展使用，有利于瀚霖公司提升持续盈利能力。这不仅符合公司新股东强某的个人利益，也符合公司全体股东的利益，瀚霖公司本身是最终的受益者。即使确如瀚霖公司所述并未对担保事项进行股东会决议，但是该担保行为有利于瀚霖公司的自身经营发展需要，并未损害公司及公司中小股东权益，不违反《公司法》第 16 条之立法目的。因此，认定瀚霖公司承担担保责任，符合一般公平原则。

【纠纷观察】

根据“海富案”以来关于对赌条款及其担保条款效力的裁判路径，强某与曹某之间对赌条款效力目前已经不存在较大争议，关于目标公司为对赌义务提供担保的效力，实务中通常认为担保条款使投资者获益脱离公司经营业绩，背离公司法法理精神，使投资者规避了投资风险，因此违反《公司法》第 20 条第 1 款的规定而无效。事实上，在本案中，瀚霖公司的抗辩理由以及一审、二审法院判决担保条款无效的理由均与“海富案”的上述裁判路径一致。本案判决担保条款有效，似乎颠覆了“海富案”的裁判路径。

实际上，最高院不通过《公司法》第 20 条第 1 款来否定公司对对赌义务提供担保条款的效力已有先例。在“通联资本管理有限公司、成都新方向科技发展有限公司与公司有关的纠纷”案（以下简称“通联资本案”）判决书中，法院认为担保条款因担保未经股东会决议通过，违反了《公司法》第 16 条第 2 款的规定，因此担保无效，但并未将《公司法》第 20 条第 1 款作为判决理由。

笔者认为，本案的裁判路径与“海富案”本质上并不存在矛盾。笔者在《中国投资争议解决年度观察（2017）》一文中曾提到，《公司法》第 20 条第 1 款在适用对赌条款效力争议方面，裁判机构具有较为宽松的自由裁量权，因此，对于裁判结果的预期，还应着眼于影响自由裁量权的当事人真实意思表示与利益衡量两个方面。上述案件与“海富案”最重要的区别在于对赌条款的具体设置。在本案中，对赌条款触发的条件为合格 IPO；而在“海富案”中，对赌条款则设置为“补偿金额 =（1–2008 年实际净利润 /3,000 万元）× 本次投资金额”。从这一公式不难看出，无论目标公司经营业绩如何，投资人自投资之始即可享有获取相对固定收益的权利，且可以向目标公司主张；而在本案以及“通联资本案”中，对赌条款为合格 IPO 设置，只有在目标公司未能完成合格 IPO 的前提下，投资人才可获得对赌补偿。从当事人真实意思表示来看，可以理解为“海富案”的投资人投资目的在于获得相对固定的收益，而本案与“通联资本案”的投资目的则在于为目标公司提升持续盈利能力，而在目标公司的经营业绩未能满足投资人的合理期待的情况下，才会启动对赌安排，对投资人进行补偿。

基于上述，笔者认为，虽然本案与“海富案”关于目标公司担保效力作出了不同认定，但两种不同的效力认定方式均与个案案情紧密关联。因此，笔者建议，在裁判实务中，不宜机械套用最高院的判决思路，而应当关注不同案件背后的本质区别，采取不同的裁判路径，在每一个案件的裁判中确保公平正义。

（四）情势变更原则在股权转让协议解除中的适用

【基本案情】

2007 年 9 月 11 日，淮北矿业集团与新光集团设立金石公司，淮北矿业集团、新光集团分别出资 6,324 万元、6,076 万元，相应占公司注册资本的 51% 和 49%。2012 年 7 月 19 日，淮北矿业集团与新光集团签订《股权转让协议书》，约定淮北矿业集团将其持有的金石公司 51% 股权转让给新光集团。根据双方认可的《资产评估报告》，金石公司的净资产评估值为 36,841.60 万元，据此股权转让价款确定为 187,892,160 元。

2012 年 9 月 11 日，淮北矿业集团依约将其持有的金石公司 51% 股权变更至新光集团名下，新光集团支付了首期股权转让款 8,000 万元，剩余 106,892,160 元尚未支付。

2016 年 3 月 15 日，淮北矿业集团与新光集团就新光集团尚未支付的股权转让款余款 106,892,160 元达成《还款协议》，约定新光集团采取分期还款的方式向淮北矿业集团支付股权转让剩余价款。其中，2016 年度 1,000 万元、2017 年度 2,000 万元、2018 年度 2,000 万元，余款 56,892,160 元（剔除金石公司已向安徽省国土资源厅缴纳的采矿权价款保证金 200 万元）2019 年度付清。

2016 年 2 月 1 日，国务院发布《关于煤炭行业化解过剩产能实现脱困发展的意见》（国发〔2016〕7 号）。2016 年 10 月 21 日，淮北市杜集区人民政府作出《关于金石公司矿井关闭退出的批复》，同意金石公司关闭。

2016 年 11 月 10 日，淮北矿业集团向新光集团发送《催款函》，要求其按照承诺在 2016 年年底前归还 1,000 万元股权转让款。2016 年 12 月 5 日，新光集团就此回函称：双方合作时淮北矿业集团是以采矿权作价入股，股权转让实质即为采矿权的转让。金石公司因国家去产能政策关闭，采矿权将被收回，按照国家相应政策，缴纳的采矿权价款亦将退回。故建议双方再次磋商，公允妥善处理股权转让款问题。

2017 年 1 月 10 日，淮北矿业集团向新光集团发出《解除合同通知书》称：因新光集团未能按照《还款协议》的约定于 2016 年支付 1,000 万元的股权转让款，新光集团已构成严重违约。淮北矿业集团通知新光集团解除《还款协议》，新光集团应按照《股权转让协议书》的约定履行付款义务。后因新光集团一直未能支付剩余股权转让款，淮北矿业集团遂向法院起诉。新光集团亦向法院反诉称，金石公司因国家去产能政策关闭，根据情势变更原则，新光集团请求解除《股权转让协议书》，淮北矿业集团应当返还新光集团已支付的股权转让款 8,000 万元。[①]

① 参见最高人民法院（2018）最高法民终 387 号判决书。

【争议焦点】

法院认为，新光集团是否有权以情势变更为由诉请解除《股权转让协议》并请求返还股权转让款，是本案的争议焦点。

【裁判观点】

一审法院认为，情势变更的适用需具备以下要件：（1）应有情势变更的事实，即合同赖以存在的客观情况确实发生变化。（2）须为当事人订立合同时所不能预见。（3）情势变更必须不可归责于双方当事人，即由除不可抗力外的其他意外事件所引起。（4）情势变更的事实发生于合同成立之后，履行完毕之前。（5）情势变更使履行原合同显失公平或者不能实现合同目的。新光集团已于2012年取得了金石公司100%的股权，而去产能相关政策系于2016年出台，故去产能政策实为金石公司的经营风险，不符合《最高人民法院关于适用〈中华人民共和国合同法〉若干问题的解释（二）》（以下简称《合同法解释（二）》）第26条规定的情势变更事实应发生在合同成立之后，履行完毕之前的条件。

二审法院认为，新光集团作为从事煤矿经营的企业，对于经营煤矿的商业风险应有所了解，其所提出的国家关于煤炭行业化解过剩产能的政策变化，并不属于《股权转让协议书》履行过程中发生的无法预见的、非不可抗力造成的情形，而是新光集团受让金石公司股权后在经营过程中的商业风险。此外，虽然案涉股权的价值以采矿权评估价值为主要依据，但采矿权所载明的矿产资源储量是依据相应勘察结果进行估算评定的，受勘探技术、矿产自然条件等因素的影响，具有一定的不确定性。此为股权价值的波动本身存在的商业风险，同时采矿权的价值也受市场因素影响。据此，新光集团的主张不能成立。

【纠纷观察】

《合同法解释（二）》第26条规定："合同成立以后客观情况发生了当事人在订立合同时无法预见的、非不可抗力造成的不属于商业风险的重大变化，继续履行合同对于一方当事人明显不公平或者不能实现合同目的，当事人请求人民法院变更或者解除合同的，人民法院应当根据公平原则，并结合案件的实际情况确定是否变更或者解除。"根据这一规定，笔者认为，在股权等权利转让合同中，双方的义务通常为转让权利与支付对价，非不可抗力导致合同无法履行的情形较少，因此判断一项客观事实是否构成情势变更，其关键点在于是否可以预见、是否属于商业风险。而判断是否可以适用情势变更原则变更或解除合同，其关键点则在于继续履行合同是否会对一方当事人明显不公平或者不能实现合同目的。

关于是否可以预见，笔者认为，首先，在股权转让合同中，作为转让标的的股权本身具有价值波动较大的属性，股权价值变化导致的风险应当推定为双方在签订合同时可以合理预见的风险。其次，按照股权投资实务的通常惯例，投资人在投资前通常都会进行一系列的尽职调查，对标的股权价值进行评估。从这一角度讲，股权价值变化的风险也不足以构成签订合同时无法预见的风险。

关于是否属于商业风险，笔者认为，按照通常理解，商业风险是指在商业活动中，由于各种不确定因素引起的，给商业主体带来获利或损失的机会或可能性的一种客观经济现象。物价的降浮、币值汇率的涨落、市场的兴衰等都可能成为商业风险与情势变更的原因。[①] 据此，在股权投资合同中，标的股权市场价格的变化通常属于商业风险。然而，如果股权价格的变化是完全由于某一非商业事件导致的，则可以认定为非商业风险。最高人民法院在其另一判决中曾论述：由于无法预料的自然环境变化的影响导致合同目的无法实现，若继续履行合同则必然造成一方当事人取得全部合同收益，而另一方当事人承担全部投资损失，可以构成情势变更。[②] 在该案中，虽然转让的标的为采砂权，但笔者认为这种情况在股权转让合同中同样可以适用。

关于政策变化是否可以构成情势变更事由，笔者认为，还需从政策背后所包含的目的来判断。在本案中，政府部门作出关停金石公司决定的出发点是因为金石公司在当时属于落后产能。而新光集团受让金石公司股权时，未能对金石公司采矿权对应的储量作出明确判断，导致未能识别金石公司被认定为落后产能的风险，仍然应属商业风险。反之，如金石公司采矿权对应的矿场遭遇自然灾害，产量大幅下降，被认定为落后产能关停，则可以构成情势变更事由。

另一方面，情势变更的客观情况发生的时间需在合同成立之后法律效果消灭之前。据此，情势变更原则的适用时点应在义务尚未履行完毕的阶段。如乙方义务已履行完毕，则该方无法再依据情势变更原则主张变更或解除合同。

---

① 参见沈德咏等主编:《最高人民法院关于合同法司法解释（二）理解与适用》，人民法院出版社 2009 年版，第 190 页。

② 参见最高人民法院（2011）民再字第 2 号判决书。本案系采砂权转让合同纠纷，在本案中，鄱阳湖遭遇 36 年未遇的罕见低水位导致采砂无法进行构成订立合同时无法预见的重大变化，可以构成情势变更。

四、热点观察

（一）问题的提出

据笔者观察，随着2018年国内外经济环境发生重大变化，我国大部分行业企业的盈利能力出现了增速减缓的趋势。在这一趋势下，由于目标公司发生盈利能力不及投资时投资人预期的情形，业绩对赌条款的生效条件更容易被触发，从而导致投资人请求行使对赌权利的纠纷案件占投资合同纠纷案件比例有所上升。

在《中国投资争议解决年度观察（2017）》的“热点问题观察”部分，笔者曾简要梳理了股权回购及对赌类案件纠纷的简要裁判思路。在该类纠纷的法律关系中，裁判机构通常会考虑到投资人在目标公司控制、经营参与程度以及信息获取等方面的弱势地位，在其合理合法的自由裁量权范围内对投资人进行适当保护。

然而，在对投资人进行保护的同时，投资交易中其他交易主体的利益将会相对受到影响，具体体现为，如果保护力度向投资人一方倾斜，对目标公司及其原股东的保护力度则会相应减轻。在前一年度的“热点问题观察”中，笔者论述了在原股东与投资人发生利益冲突，而投资人强势、原股东弱势的情况下，对原股东进行适当保护的裁判思路。在本文中，笔者将就投资人与目标公司发生利益冲突情形下的裁判思路问题进行探讨。

在近年来的投资争议解决实务中，关于投资人与目标公司对赌条款的效力，通常的裁判思路均为因违反《公司法》第20条第1款的强制性规定而认定无效，似乎“投资人与目标公司对赌”成为判断对赌条款效力的确定标准。然而，近期诸如上述典型案例（三）等案例的出现，使得关于前述确定标准的认知被打破，对赌条款有效与无效的边界，一度变得模糊起来。

笔者认为，这种判断标准仍然有规律可循。根据笔者对判定对赌无效的裁判文书的观察与总结，在裁判文书的说理部分，通常会提到相关安排“违反了公司资本维持原则”。据此，笔者理解，“资本维持原则”可以作为对赌安排效力判定的实质标准。

（二）资本维持原则的具体适用

1. 资本维持原则的含义

资本维持原则，系指公司在其存续过程中应维持与其资本总额相当的财产，具体而言，即要求公司运营中名义注册资本对应充足的实有财产，股东不得抽回出资，严格限制价值不确定的非货币财产出资，限制公司回购等。资本维持原则着眼于保护交易安全、保护债权人的利益，而维持公司存续期内资本带来的信用，则是保护前述法益的路径。2013 年《公司法》修订后，废除最低注册资本限额，取消强制验资程序，打破了资本担保的神话，标志着资本担保开始向资产信用过渡，我国立法关于资本维持原则得到进一步放宽。

2. 资本维持原则的具体适用

相对的，投资人与目标公司对赌条款的设计，则构成了对资本维持原则的直接挑战。无论是被投资公司对投资者进行现金补偿还是股权回购，都意味着被投资公司无对价地向股东支付资产，这就意味着公司不能维持相对于资本总额的资产，进而损害债权人利益，违背资本维持原则。虽然我国《公司法》并未直接明确规定资本维持原则，但在相关裁判文书对法条的引用中可以看出，如认定目标公司进行现金补偿违反资本维持原则无效，则依据通常为《公司法》第 20 条第 1 款；而如认定目标公司股权回购违反资本维持原则无效，则依据通常为《公司法》第 74 条或第 142 条。

笔者认为，资本维持原则与投资人与目标公司对赌并非完全不可调和。根据笔者观察，实务中的对赌条款涉及投资人与目标公司对赌的，补偿方式多为目标公司支付现金补偿，或为股东支付现金补偿的义务提供连带保证责任担保。上述条款设计与违反资本维持原则界限为何，笔者认为可以从《公司法》第 20 条第 1 款文义中找到依据，即是否可能损害债权人（包括潜在债权人）的利益，或置债权人利益于高度危险之中。

然而，这一判断标准仍略显模糊，而且根据现有立法的明文规定，似乎无法找到更进一步确定的标准。但通过上文中关于典型案例（一）与（三）的讨论，我们至少可以确定，如果投资人与公司对赌的条款安排完全不会影响到债权人的利益，或条款设计的真实意思表示中并非含有“与债权人争利”（即获取相对固定的收益）的目的，则在裁判中仍然存在运用自由裁量权的空间。

（三）对未来裁判路径的影响与展望

如上文所述，随着业内对于对赌条款交易安排及裁判思路理解的不断加深，在 2018 年内，“投资人与股东对赌”不再成为认定对赌条款绝对无效的标准。另一方面，在本年度的立法活动中，笔者也观察到资本维持原则存在进一步放宽可能性的迹象。

通常认为，根据《公司法》第 74 条的规定，法定情形下有限责任公司回购股权的约定有效，而不符合《公司法》第 74 条规定情形的公司回购股权则可能被认定无效。然而，在 2018 年 6 月最高人民法院发布的指导案例第 96 号中，大华公司与同时作为公司员工及自然人股东的宋某关于“人走股留”的约定，即宋某与大华公司之间的劳动关系解除后，大华公司有权回购宋某所持公司股权的约定被法院认定为有效。[①] 法院生效裁判认为,《公司法》第 74 条规定的是异议股东行使回购请求权具有法定的行使条件，而本案属于大华公司是否有权基于公司章程的约定及与宋某的合意而回购宋某股权，对应的是大华公司是否具有回购宋某股权的权利，二者性质不同,《公司法》第 74 条不能适用于本案。

业内有观点认为，法院的上述说理过程至少释放了一个信号，即不属于《公司法》第 74 条规定情形的公司回购股权并非绝对无效。更进一步讲,《公司法》第 74 条的修订，体现着立法思路对于资本充实、资本维持原则的放宽。这一思路落实在具体裁判活动中，则体现为不再将资本充实、资本维持原则作为判断股权回购合同效力或其他相关合同效力的唯一标准，而是更多地从实体公平正义角度出发，结合公平、公正、利益均衡等原则来合理行使自由裁量权，从而公平保护公司、股东、第三人的合法权益。

五、总结与展望

与传统商事争议所不同的是，投资争议具有法律关系复杂、利益主体多元、政府管控及公共政策因素较多的特点。笔者相信，在今后相当长的一段时间内，上述特点将继续存在。从时效性上来看，投资争议的类型则呈现出与投资市场发展趋势较强的相关性。从争议类型上来看，回购与对赌争议、投资合同履行顺序争议以及投资合同解除争议等案件构成 2018 年度的较为典型的案件。

鉴于投资产生的原因及其存在的特点，笔者建议，在具体的裁判实践活动中，裁判者应当在以事实为基础、以法律为准绳的前提下，从当事人真实意思出发，把握投资活动中投资者获取投资收益、回避风险的本质需求，依法行使裁判职权。同时，裁判者还应当加强与学术界、实务界的沟通和交流，把握投资市场各个主体及其行为的特点。笔者相信，在立法机关、实务界及学术界的共同努力下，我国投资市场一定会不断成熟发展，投资争议解决机制也将随之日益完善。

---

① 参见最高人民法院指导案例 96 号：宋某诉西安市大华餐饮有限公司股东资格确认纠纷案（最高人民法院审判委员会讨论通过，2018 年 6 月 20 日发布）。

中国国际贸易争议解决年度观察（2019）

刘 炯 汤旻利[①]

一、概述

（一）全球2018年度国际贸易概览

2018年，全球经济与贸易持续以稳健的步伐扩张[②]，但是受贸易保护措施等不稳定因素的影响，增幅趋缓。世界贸易组织（以下简称WTO）及联合国贸易和发展会议（以下简称UNCTAD）的数据显示，全球服务贸易量预计同比增长9.5%，截至2018年第3季度，出口同比增长4%；全球货物贸易量预计同比增长10.4%，截至2018年第3季度，出口同比增长2.7%。[③]

（二）我国2018年度国际贸易概览

2018年，我国国际贸易总基调稳中有进。尽管所面临的不确定及不稳定因素增多，单边主义和贸易保护主义抬头，经贸摩擦阴霾持续不散，但根据中华人民共和国海关总署发布的数据，我国2018年全年外贸进出口总值达30.51万亿元人民币，同比增长9.7%。其中，出口16.42万亿元人民币，增长7.1%；进口14.09

① 刘炯，锦天城律师事务所高级合伙人。汤旻利，锦天城律师事务所律师。同时，衷心感谢团队律师助理蔡闻婷、梁行、莫天淳、孙之阳、王鸿雁、赵俊俊、张宇凡的辛勤付出。

② WTO官网："WTO downgrades outlook for global trade as risks accumulate"，https://www.wto.org/english/news_e/pres18_e/pr822_e.htm，访问时间：2019年1月30日。

③ UNCTAD官网数据：https://stats.unctad.org/handbook/；https://unctadstat.unctad.org/EN/Infographics.html，访问时间：2019年1月30日。2018年全球贸易量排名前五国家，参见附录表一。

万亿元人民币，增长 12.9%；贸易顺差 2.33 万亿元人民币，收窄 18.3%。[①] 同时，我国在国际贸易领域的开拓取得新突破，成功举办首届中国国际进口博览会，圆满完成了 2018 年《政府工作报告》提出的“巩固外贸稳中向好势头”的目标任务。[②]

值得一提的是，2018 年，中国与“一带一路”沿线国家和地区的合计进出口高达 8.37 万亿元，增长 13.3%，超出全国整体增速 3.6%。可见，我国与“一带一路”沿线国家和地区的贸易合作潜力逐渐凸显，将成为推动中国外贸发展的新动力。[③]

（三）我国国际贸易领域争议解决概览

在国际贸易领域，除传统争议类型外，一些新型争议也逐步涌现，与电子商务、区块链等相关的案件也开始进入人们的视野。与之相对应，一些司法机关和仲裁机构也在积极探索利用新科技构建适合新型争议的争议解决机制。较之传统的争议解决方式，网上诉讼、网上仲裁已体现出其适应新时代下新型纠纷的优势，并成为当事方用以解决相关争议的一种新趋势。

二、新出台的法律法规或其他规范性文件

（一）推动跨境电子商务有序发展

《中华人民共和国电子商务法》[④] 于 2018 年 8 月 31 日出台，并于 2019 年 1 月 1 日正式实施，对电子商务经营者、电子商务合同、电子商务促进，以及相关法律责任作了具体规定；其中，针对跨境电商的仓储物流、报关、报检、收税、支付、数据保护等作出了框架性规定；同时，表明了国家支持企业，特别是小型、微型

① 中华人民共和国海关总署：“人民日报（海外版）：中国二〇一八年进出口总值逾三十万亿”，http://www.customs.gov.cn/customs/302249/mtjj35/2277999/index.html，访问时间：2019 年 1 月 30 日。

② 中华人民共和国商务部：“【2018 年商务工作年终综述之二十】进出口规模创历史新高 外贸高质量发展取得积极成效”，http://www.mofcom.gov.cn/article/ae/ai/201901/20190102829079.shtml，访问时间：2019 年 1 月 30 日。

③ 中华人民共和国海关总署：“人民日报（海外版）：中国二〇一八年进出口总值逾三十万亿”，http://www.customs.gov.cn/customs/302249/mtjj35/2277999/index.html，访问时间：2019 年 1 月 30 日。

④ 2018 年 8 月 31 日，中华人民共和国主席习近平签署中华人民共和国主席令（第七号），《中华人民共和国电子商务法》已由中华人民共和国第十三届全国人民代表大会常务委员会第五次会议于 2018 年 8 月 31 日通过，并于 2019 年 1 月 1 日正式生效。

企业从事跨境电商，推动建立与不同国家、地区之间跨境电商的交流合作，参与电商国际规则的制定，促进电子签名、电子身份等国际互认的支持性政策态度。

遵循《中华人民共和国电子商务法》的立法精神，中华人民共和国海关总署分别于2018年11月8日、2018年6月14日、2018年4月13日发布了《关于实时获取跨境电子商务平台企业支付相关原始数据有关事宜的公告》①《关于跨境电子商务统一版信息化系统企业接入事宜的公告》②《关于规范跨境电子商务支付企业登记管理》③等文件，对跨境电商平台企业支付相关原始数据的获取与核验④、跨境电子商务零售统一版信息化系统的推行、跨境电商支付企业的资质验核进行了规定。

2018年8月7日发布的《关于同意在北京等22个城市设立跨境电子商务综合实验区的批复》明确在北京等22个城市设立第三批跨境电子商务综合实验区。⑤2018年11月28日发布的《关于完善跨境电子商务零售进口监管有关工作的通知》则进一步确保推动我国跨境电商贸易新模式的发展。⑥

（二）"一带一路"经贸合作纵横发展

2018年，又有诸多与"一带一路"相关的政府间文件被签署，且呈现出横向地域扩展与纵向深入合作的趋势。

在横向地域扩展方面，2018年5月17日《中华人民共和国与欧亚经济联盟经贸合作协定》正式签署⑦，涵盖海关合作、贸易便利化、知识产权、政府采购、

---

① 2018年11月8日，中华人民共和国海关总署发布了第165号《关于实时获取跨境电子商务平台企业支付相关原始数据有关事宜的公告》。

② 2018年6月14日，中华人民共和国海关总署发布了第56号《关于跨境电子商务统一版信息化系统企业接入事宜的公告》。

③ 2018年4月13日，中华人民共和国海关总署发布了第27号《关于规范跨境电子商务支付企业登记管理》。

④ 该类数据包括：订单号、商品名称、交易金额、币制、收款人相关信息、商品展示链接地址、支付交易流水号、验核机构、交易成功时间以及海关认为必要的其他数据。

⑤ 中华人民共和国国务院于2018年8月7日发布《关于在北京等22个城市设立跨境电子商务综合实验区的批复》。

⑥ 2018年11月28日，中华人民共和国商务部、中华人民共和国国家发展改革委员会、中华人民共和国财政部、中华人民共和国海关总署、国家税务总局、国家市场监督管理总局联合发布《关于完善跨境电子商务零售进口监管有关工作的通知》。

⑦ 2018年5月17日，哈萨克斯坦阿斯塔纳经济论坛期间，中国商务部国际贸易谈判代表兼副部长傅自应与欧亚经济委员会执委会主席萨尔基相及欧亚经济联盟各成员国代表签署了《中华人民共和国与欧亚经济联盟经贸合作协定》。

电子商务等事项。[①] 此外，中国与智利正式签署共建“一带一路”合作谅解备忘录，智利成为第一个与中国深化自贸关系的拉美国家，成为中国投资者“投资拉美的落脚点”。[②]

在纵向深入合作方面，为进一步便利货物通关，中华人民共和国海关总署分别于 2018 年 12 月 10 日与 2018 年 4 月 16 日发布了《关于中国—智利自由贸易协定原产地电子信息联网有关事宜》[③]和《关于中国—巴基斯坦自贸协定原产地电子联网有关事宜》[④]，分别启用中国与智利及巴基斯坦间的原产地电子信息交换系统[⑤]，实时传输相关原产地证书电子数据。2018 年 5 月 9 日，《关于中日第三方市场合作的备忘录》签署，旨在促进中日双方在建立推进中日第三方市场合作工作机制、设立并举办第三方市场合作论坛，并推动第三方项目合作及企业间交流。[⑥]2018 年 11 月 12 日，《中华人民共和国政府与新加坡共和国政府关于升级〈自由贸易协定〉的议定书》签署，对原产地规则、海关与贸易便利化、贸易救济、服务贸易、投资、经济合作等六个领域进行升级，并新增电子商务、竞争政策和环境等三个领域。[⑦] 中国与哈萨克斯坦正式签署的《中哈海关“关铁通”项目试运行议定书》，

---

① 《中华人民共和国与欧亚经济联盟经贸合作协定》，原文参见：http：//t.cn/Eq6Fp3c，访问时间：2019 年 1 月 30 日。

② 2018 年 11 月 2 日，中国国家发改委主任何立峰与智利外长安普埃罗在京举行会谈，就中智共建“一带一路”合作交流意见。会后，双方签署《中华人民共和国政府与智利共和国政府关于共同推进丝绸之路经济带和 21 世纪海上丝绸之路建设的谅解备忘录》。参见：https：//www.yidaiyilu.gov.cn/xwzx/gnxw/70484.htm，访问时间：2019 年 1 月 30 日。

③ 2018 年 12 月 10 日，中华人民共和国海关总署发布了第 192 号《关于中国—智利自由贸易协定原产地电子信息联网有关事宜的公告》。

④ 2018 年 4 月 16 日，中华人民共和国海关总署发布了第 29 号《关于中国—巴基斯坦自贸协定原产地电子联网有关事宜的公告》，并于 2018 年 4 月 30 日正式启用“中国—巴基斯坦原产地电子信息交换系统”。

⑤ 中国与智利及巴基斯坦间的原产地电子信息交换系统于 2019 年 1 月 1 日起正式上线运行。

⑥ 2018 年 5 月 9 日，在中国国务院总理李克强和日本首相安倍晋三的共同见证下，中国国家发展改革委员会、商务部与日本外务省、经济产业省共同签署了《关于中日第三方市场合作的备忘录》。

⑦ 2018 年 11 月 12 日，在中国国务院总理李克强和新加坡总理李显龙的共同见证下，中国商务部国际贸易谈判代表兼副部长傅自应与新加坡贸易与工业部部长陈振声分别代表两国政府在新加坡签署《中华人民共和国政府与新加坡共和国政府关于升级〈自由贸易协定〉的议定书》。参见：http：//www.gov.cn/xinwen/2018-11/12/content_5339709.htm，访问时间：2019 年 1 月 30 日。

决定自2018年11月15日至12月31日启动中哈海关“关铁通”项目试运行①，旨在推动中欧班列沿线国家海关的数据共享、信息互换和监管互认步伐，增强中欧班列沿线国家间的互惠互利和边境监管合作；同时，建立区域性海关与铁路运营人、收发货人、货运代理人的合作伙伴关系，提高全程通关效率。

（三）规范贸易信贷信用保险管理

2018年1月5日，《关于大型出口信贷及出口信用保险项目的报批程序（修订稿）》② 出台，旨在进一步规范和加强对大型出口信贷及出口信用保险项目③ 的管理，对出口信贷及出口信用保险项目的申请、预审及报批等事项进行了期限及流程性的规定。2018年6月5日，中华人民共和国国家外汇管理局发布修订后的《贸易信贷统计调查制度》，确定了“谁进行贸易收付款，谁申报”制度，并明确了“贸易信贷”“离岸转手买卖”“主要出口国家及地区”等概念，调整“期末账面出口应收/预收款余额”“期末账面进口应付/预付款余额”等指标解释。

根据上述《贸易信贷统计调查制度》，国家外汇管理局制定了《贸易信贷统计调查业务指引（2018年版）》，对贸易信贷中的业务④ 填报说明、样本企业选取及非现场核查的方法和处理进行了具体说明，并对特殊行业⑤ 的填报给予了特别指引。

（四）透明监管简化保税报关手续

中华人民共和国海关总署发布《关于公布保税监管场所相关规章所涉及法律

---

① 2018年11月13日，中华人民共和国海关总署发布了第166号《关于启动实施中哈海关“关铁通”项目试运行有关事项的公告》。“关铁通”项目全称为“海关—铁路运营商推动中欧班列安全和快速通关伙伴合作计划”。

② 2018年1月5日，中华人民共和国商务部、中华人民共和国财政部、中国人民银行、中国银行保险监督管理委员会发布《关于大型出口信贷及出口信用保险项目的报批程序（修订稿）》。

③ 针对由有关金融机构或企业提供信贷，并向我国保险机构投保出口信用险，且承保金额在3亿美元以上（含3亿美元）的大型成套设备出口项目及对外承包工程项目。

④ 包括：汇率折算、集团合并会计报表、坏账、货物贸易混入相关服务费用、贷款抵扣、暂估金融、调账业务、代理进出口、贸易融资。参见：http://www.safe.gov.cn/safe/2018/0719/9649.html，访问时间：2019年1月30日。

⑤ 此类特殊行业包括：大型设备制造类企业、跨境电商平台类企业、融资租赁类企业、对外承包工程类企业，以及“出口不收汇/进口不付汇”特殊企业。参见：http://www.safe.gov.cn/safe/2018/0719/9649.html，访问时间：2019年1月30日。

文书及清单样式的公告》[1]，公布了《中华人民共和国海关对保税仓库及所存货物的管理规定（2018修正）》《中华人民共和国海关对保税物流中心（A型）的暂行管理办法（2018第二次修正）》《中华人民共和国海关对保税物流中心（B型）的暂行管理办法（2018第二次修正）》《中华人民共和国海关对出口监管仓库及所存货物的管理办法》等规章所涉及的法律文书及清单格式。[2] 该批法律文书及清单格式的出台，在简化保税货物报关手续的同时也为企业申报提供了模板与指引，进一步提升了监管的透明度及效率。

（五）进一步给予进出口关税优惠

针对进出口关税，中华人民共和国海关总署于2018年5月29日修正《中华人民共和国海关进出口货物征税管理办法》[3]，简化了部分申报项目所需的申报材料，使得申报更加便捷。出口退税方面，2018年1月8日完善了启运港退税政策。[4] 进口税方面，2018年10月30日颁布的《关于免税业务统一管理等7项进口税收政策的补充通知》[5]，针对相关项目[6]进口税收政策的执行，增补审批责任追究条款，规范税收执法。此外，针对具体税收类别，有关部门也出台了一系列税收政策，

---

① 2018年1月9日，中华人民共和国海关总署发布，其中四种规范性文件中三种被修正，只剩下《中华人民共和国海关对出口监管仓库及所存货物的管理办法》现行有效。

② 包括：保税仓库申请书、保税仓库注册登记证书、保税物流中心A型申请书、保税物流中心A型注册登记证书、保税物流中心B型企业注册登记书、保税物流中心B型企业设立申请书、出口监管仓库申请书、出口监管仓库注册登记证书、出口监管仓库货物入仓清单、出口监管仓库货物出仓清单。

③ 中华人民共和国海关总署于2018年5月29日修正《中华人民共和国海关进出口货物征税管理办法》。

④ 2018年1月8日，中华人民共和国财政部、中华人民共和国海关总署、国家税务总局联合发布《关于完善启运港退税政策的通知》。

⑤ 2018年10月30日，中华人民共和国财政部发布7项进口税收政策目录，进一步规范和加强进口税收政策管理。其中，中华人民共和国财政部、中华人民共和国国家发展和改革委员会、中华人民共和国工业和信息化部、中华人民共和国海关总署、国家税务总局、国家能源局发布的《关于调整重大技术装备进口税收政策的通知》"附件2、3、4"已被中华人民共和国财政部、中华人民共和国国家发展和改革委员会、中华人民共和国工业和信息化部等发布的《关于调整重大技术装备进口税收政策有关目录及规定的通知（2015修订）》废止。

⑥ 所涉7类项目分别是：中资"方便旗"船、天然气、科技重大专项、口岸进境免税店、免税业务统一管理、重大技术装备、"十三五"煤层气勘探开发。

如关于免税商店及免税品[①]、科技企业[②]、天然气[③]、重大技术装备[④]、中资“方便旗”船[⑤]、电子商务[⑥]等，均体现出税收优惠的政策方向。

在零关税方面，2018年7月1日起，新增香港享受零关税货物原产地标准[⑦]；2018年9月1日起，对原产于布基纳法索的进口货物实施零关税[⑧]；2019年1月1日起，根据《内地与香港关于建立更紧密经贸关系的安排》货物贸易协议、《内地与澳门关于建立更紧密经贸关系的安排》货物贸易协议，除我国在有关国际协议中作出特殊承诺的产品外[⑨]，对原产于中华人民共和国香港特别行政区、中华人民共和国澳门特别行政区的进口货物，全面实施零关税。

税率方面，自2018年7月1日起，对原产于孟加拉国、印度、老挝、韩国、

---

① 中华人民共和国海关总署于2018年5月29日发布《中华人民共和国海关对免税商店及免税品监管办法（2018修正）》，6月27日出台配套格式文本。具体修正见中华人民共和国海关总署第240号令（关于公布《中华人民共和国海关总署关于修改部分规章的决定》的令）。

② 2018年9月7日，中华人民共和国工业和信息化部办公厅、中华人民共和国财政部办公厅、中华人民共和国海关总署办公厅、国家税务总局办公厅联合发布《关于公布享受支持科技创新进口税收政策的国家中小企业公共服务示范平台（技术类）（2018年批次）名单的通知》。

③ 2018年10月17日，中华人民共和国财政部、中华人民共和国海关总署、国家税务总局联合发布《关于调整享受税收优惠政策天然气进口项目的通知》（财关税〔2018〕35号）、《关于调整天然气进口税收优惠政策有关问题的通知》（财关税〔2018〕36号）。

④ 2018年11月14日，中华人民共和国财政部、中华人民共和国国家发展和改革委员会、中华人民共和国工业和信息化部、中华人民共和国海关总署、国家税务总局、国家能源局联合发布《关于调整重大技术装备进口税收政策有关目录的通知（2018修订）》。

⑤ 2018年7月19日，中华人民共和国交通运输部修正发布《关于修订发布实施有关中资“方便旗”船回国登记进口税收政策的公告（2018）》，删除“优先受理具有国际船级社协会正式会员船级的船舶”的规定。2018年8月17日，中华人民共和国财政部、中华人民共和国海关总署、国家税务总局联合发布《关于第三批享受进口税收优惠政策的中资“方便旗”船舶清单的通知》，增加可享受免征关税和进口环节增值税的优惠的船舶。

⑥ 2018年9月28日，中华人民共和国财政部、国家税务总局、中华人民共和国商务部、中华人民共和国海关总署联合发布《关于跨境电子商务综合试验区零售出口货物税收政策的通知》《关于完善跨境电子商务零售进口税收政策的通知》，于2018年11月29日完善。

⑦ 中华人民共和国海关总署2018年6月6日发布《中华人民共和国海关总署公告2018年第53号——关于公布2018年7月1日起新增香港享受零关税货物原产地标准及相关事宜的公告》。

⑧ 中华人民共和国海关总署2018年8月22日发布《中华人民共和国海关总署公告2018年第108号——关于实施布基纳法索97%税目产品零关税待遇的公告》。

⑨ 2018年12月12日及12月14日，中华人民共和国商务部分别与中华人民共和国澳门特别行政区财政司、中华人民共和国香港特别行政区财政司签署了《内地与澳门关于建立更紧密经贸关系的安排》货物贸易协议、《内地与香港关于建立更紧密经贸关系的安排》货物贸易协议。

斯里兰卡的进口货物适用《〈亚洲—太平洋贸易协定〉第二修正案》协定税率[①]，根据协定税率表下调了部分进口关税。自 2019 年 1 月 1 日起，根据国务院关税税则委员会《关于 2019 年进出口暂定税率等调整方案的通知》[②]，对原产于 23 个国家或地区的部分商品实施协定税率，其中进一步降税的有中国与新西兰、秘鲁、哥斯达黎加、瑞士、冰岛、澳大利亚、韩国、格鲁吉亚自贸协定以及亚太贸易协定；增加 63 大类关税调整，主要是药妆类、酒类、快消品、油类，降幅为 20%—30%；取消氯化亚砜、新能源汽车用锂离子电池单体的进口暂定税率，恢复执行最惠国税率。[③]

（六）关注域外数据隐私保护法规

2018 年 5 月 25 日，被称为全世界最严厉的《通用数据保护条例》(General Data Protection Regulation，GDPR）在欧盟成员国内正式生效实施。除处罚严厉外[④]，GDPR 采用了“长臂管辖”机制，使其监管不仅仅针对欧盟内企业，还可延伸到收集欧盟公民信息的非欧盟企业，即凡涉及在欧盟进行数据支付对价、数据监控，就受 GDPR 限制。[⑤]

该法规的出台无疑会影响在欧盟开展业务的我国外贸企业，特别是各类外贸 B2B 平台或者自建外贸网站的外贸企业。相关企业应当注重网站隐私政策的合规问题，避免违规而招致处罚。

（七）加深与港澳间货物贸易合作

2018 年 12 月 12 日，内地与澳门《CEPA 货物贸易协议》在澳门签署；2018

---

① 中华人民共和国海关总署于 2018 年 5 月 29 日发布海关总署公告 2018 年第 65 号（关于实施《〈亚洲—太平洋贸易协定〉第二修正案》协定税率的公告），具体修正见第 240 号令《中华人民共和国海关总署关于修改部分规章的决定》。

② 2018 年 12 月 22 日，国家关税税则委员会发布《关于 2019 年进出口暂定税率等调整方案的通知》。

③ 参见“财政部：2019 年 1 月 1 日起中国调整部分进出口关税”，http：//www.huaxia.com/xw/dlxw/2018/12/5983475.html，访问时间：2019 年 1 月 14 日。

④ 根据《通用数据保护条例》第 83 条第 5 款的规定，被判违法的公司需要支付罚款，数额相当于其全球年营业额 4% 或 2000 万欧元（以较高者为准）。

⑤《通用数据保护条例》第 3 条规定，“本法适用于设立在欧盟内的控制者或者处理者对个人数据的处理，无论其处理行为是否发生在欧盟内”，“本法适用于对欧盟内的数据主体的个人数据处理，即使控制者和处理者没有设立在欧盟内”。

年 12 月 14 日，内地与香港《CEPA 货物贸易协议》在香港签署。[①] 两部文件均旨在进一步提升两地间的贸易便利化水平，采用对全税则产品统一适用的总规则与仅包含部分产品的产品特定原产地规则相结合的模式，对原产地规则的安排进行优化。同时，设立粤港澳大湾区便利化措施专章，推动口岸监管互认、信息互换、执法互助，提升通关能力和效率。协议下的各类措施将进一步促进内地与港澳间经贸交流与合作健康发展，提前实现了“十三五”规划提出的 CEPA 升级目标。

（八）进一步发展自由贸易试验区

在 2018 年出台了一系列有关自由贸易试验区发展的文件，分别针对总体框架构建及具体试验区的深化改革开放。[②]

在总体框架构建方面，2018 年 6 月 30 日中华人民共和国国家发展和改革委员会及中华人民共和国商务部联合发布《自由贸易试验区外商投资准入特别管理措施（负面清单）（2018 年版）》，并于 2018 年 7 月 30 日正式实施，具体条目数量由 2017 年版的 95 条缩减至 45 条。[③]2018 年 11 月 23 日，中华人民共和国国务院发布《国务院关于支持自由贸易试验区深化改革创新若干措施的通知》，提出 53 项切实有效的措施，涉及投资环境、贸易便利化、金融创新服务实体经济、人力资源四大板块。[④]

针对具体试验区的深化改革开放，中华人民共和国国务院于 2018 年 5 月 24 日发布《进一步深化中国（广东）自由贸易试验区改革开放方案》《进一步深化中国（福建）自由贸易试验区改革开放方案》《进一步深化中国（天津）自由贸易试验区改革开放方案》。该批方案均提出到 2020 年在自由贸易试验区率先对国际投资和贸易通行规则进一步放宽投资准入；强调提升国际贸易便利化水平、打造高标准国际化营商环境、深化金融开放和监管创新等事项；并分别提出粤港澳大湾

---

① 经中华人民共和国国务院批准，2018 年 12 月 12 日中华人民共和国商务部国际贸易谈判代表兼副部长傅自应与中华人民共和国澳门特别行政区经济财政司司长梁维特在澳门签署《CEPA 货物贸易协议》。经中华人民共和国国务院批准，2018 年 12 月 14 日中华人民共和国商务部国际贸易谈判代表兼副部长傅自应与中华人民共和国香港特别行政区财政司司长陈茂波在香港签署《CEPA 货物贸易协议》。

② 由于该系列文件数量较多，此处仅列举具有代表性的关键文件加以评述。

③ 2018 年 6 月 30 日，中华人民共和国国家发展和改革委员会、中华人民共和国商务部联合发布《自由贸易试验区外商投资准入特别管理措施（负面清单）（2018 年版）》。

④ 中华人民共和国国务院于 2018 年 11 月 23 日发布了《国务院关于支持自由贸易试验区深化改革创新若干措施的通知》。

区合作、两岸经济合作以及京津冀协同发展的建设目标。[1]

2018 年 11 月 5 日，习近平在首届中国国际进口博览会开幕式上的主旨演讲中提出将增设上海自由贸易试验区的新片区，支持上海在贸易自由化便利化方面的探索。该新片区不仅仅是简单的物理面积的扩张，更是功能性的拓展，旨在国际贸易、国际投资、知识产权等领域对接国际规则及标准体系。此举措不仅仅是个体试点，更着眼于为全国各个自贸区积累更多的推广经验。

三、典型案例

【案例 1】“纠纷先决条款”在出口信用保险理赔中的适用[2]

【基本案情】

再审被申请人广州易元纺织服装有限公司（一审原告、二审被上诉人，以下简称易元公司）因出口贸易向再审申请人中国出口信用保险公司广东分公司（一审被告、二审上诉人，以下简称信保广东分公司）投保了出口信用保险。信保广东分公司提供的格式保险条款中的“纠纷先决条款”，规定被保险人应先进行仲裁或在买方所在国家（地区）提起诉讼，在获得已生效的仲裁裁决或法院判决并申请执行之前，保险人不予定损核赔。[3] 易元公司签署的《投保人声明》[4] 表明其对保险单内容已经充分理解并无异议。

交货后，买方美国公司未足额向易元公司支付货款。易元公司遂向信保广东分公司提出索赔申请，但信保广东分公司未作答复，也未赔付。易元公司遂向法院提起诉讼，要求信保广东分公司赔付。一审法院判决信保广东分公司向易元公

---

① 中华人民共和国国务院于 2018 年 5 月 24 日发布《进一步深化中国（广东）自由贸易试验区改革开放方案》《进一步深化中国（天津）自由贸易试验区改革开放方案》《进一步深化中国（福建）自由贸易试验区改革开放方案》。

② 中国出口信用保险公司广东分公司、广州易元纺织服装有限公司进出口信用保险合同纠纷再审民事判决书，裁判文书号:（2017）粤民再 522 号。

③ 信保广东分公司提供的《短期出口信用保险综合保险条款》第 13 条第 2 项以黑体字形式标注，具体内容如下：“因贸易双方存在纠纷而引起买方拒付货款或拒绝接受货物，除非保险人书面认可，被保险人应先进行仲裁或在买方所在国家（地区）提起诉讼，在获得已生效的仲裁裁决或法院判决并申请执行之前，保险人不予定损核赔。”

④ 易元公司签署的《投保人声明》载明：“……基于保险人的提示和说明，我公司确认本保险单条款中的黑体字部分系免除或限制保险人责任的条款。我公司已经详读包括上述条款在内的本保险单全部内容，对本保险单内容已经充分理解并无异议……”

司支付保险赔偿金及支付逾期利息。信保广东分公司上诉至广东省广州市中级人民法院，二审法院维持原判，认定先行诉讼仲裁条款无效。再审申请人遂向广东省高级人民法院提出再审申请，广东省高级人民法院认定先行诉讼仲裁条款有效，但不适用于本案。

【争议焦点】

本篇报告对本案例关注的争议焦点有二：

1. 案涉纠纷先决条款是否有效；

2. 信保广东分公司能否依据纠纷先决条款拒绝赔付。

【裁判观点】

1. 案涉纠纷先决条款是否有效

案涉纠纷先决条款为保险人提供的格式条款，《中华人民共和国保险法》（以下简称《保险法》）第 17 条规定，保险人应向投保人说明格式条款内容；对免除保险人责任的条款，保险人应作出足以引起投保人注意的提示，并对条款内容以书面或口头形式向投保人作出明确说明。①

本案中的纠纷先决条款已用黑体字形式加以标注，信保广东分公司已通过让易元公司签署《投保人声明》的形式对保险单中黑体字条款内容提示注意并做了明确说明，易元公司亦明确表示对条款内容充分理解并无异议。因此，从订约程序上看，本案可以认定信保广东分公司已尽到提请注意和说明义务。

就纠纷先决条款的内容来看，《保险法》第 19 条对格式条款的内容作了限定，以公平原则为衡量标准，规定免除保险人依法应承担的义务、加重投保人或被保险人责任、排除投保人或被保险人或者受益人依法享有的权利的格式条款无效。②

出口信用保险合同的保险标的在贸易关系仍存在纠纷的情况下，保险人作为买卖合同当事人之外的第三方，确实无法单方对损失进行核定。因此，在这种情况下，合同设置纠纷先决条款，要求卖方先行诉讼或仲裁，以确定承保的债权及

---

① 《保险法》第 17 条规定："订立保险合同，采用保险人提供的格式条款的，保险人向投保人提供的投保单应当附格式条款，保险人应当向投保人说明合同的内容。对保险合同中免除保险人责任的条款，保险人在订立合同时应当在投保单、保险单或者其他保险凭证上作出足以引起投保人注意的提示，并对该条款的内容以书面或者口头形式向投保人作出明确说明；未作提示或者明确说明的，该条款不产生效力。"

② 《保险法》第 19 条规定："采用保险人提供的格式条款订立的保险合同中的下列条款无效：（一）免除保险人依法应承担的义务或者加重投保人、被保险人责任的；（二）排除投保人、被保险人或者受益人依法享有的权利的。"

其数额，符合此类合同的特性。

虽然，案涉纠纷先决条款规定了理赔的前置程序，但在多家保险公司均开展此类业务的情况下，投保人可选择条款更为有利的保险公司投保。即使案涉条款对投保人的利益有所影响，但只要尚未达到严重显失公平的程度，仍可交由市场竞争加以解决。在市场机制可以发挥作用的场合，司法应保持谦抑，不宜轻易否定条款效力。因此，法院认定案涉条款未导致当事人权利义务的严重失衡，不存在违法无效情形，应当认定为合法有效。

2. 信保广东分公司能否依据纠纷先决条款拒绝赔付

信保广东分公司主张易元公司与美国公司之间存在贸易纠纷，根据纠纷先决条款，易元公司应当先通过法律途径对债权进行确认。但案涉保险条款第 2 条已明确在买方拖欠货款、拒绝接受货物等情形下保险人应当承担保险责任。而现有证据既未反映出美国公司曾提出减少货款等主张，更不能证实易元公司存在违约等情况，在拖欠货款的事实足够明确的前提下，无法认定易元公司与美国公司之间存在实质上的纠纷。因此，虽然纠纷先决条款合法有效，但不应适用于本案，故信保广东分公司不能依据纠纷先决条款拒绝赔付。

【纠纷观察】

在“一带一路”倡议背景下，我国正大力推动国内企业的贸易进一步“走出去”，在这过程中尤其需要出口信用保险为我国企业“保驾护航”。然而，实践中，围绕着出口信用保险发生的争议也较为多见，主要集中在管辖权异议、贸易真实性、格式条款的有效性、信用限额、摊回款及保费支付等问题。笔者在此着重论述出口信用保险纠纷的法律适用以及纠纷先决条款作为格式条款的效力问题。

1. 出口信用保险纠纷的法律适用

上述案件中，法院主要依据是《保险法》的相关规定。然而，因为《保险法》所调整的保险是商业性保险①，而出口信用保险属于政策性保险②，因此对于出口信保合同是否应适用《保险法》仍存在争议。

---

① 《保险法》第 2 条规定：本法所称保险，是指投保人根据合同约定，向保险人支付保险费，保险人对于合同约定的可能发生的事故因其发生所造成的财产损失承担赔偿保险金责任，或者当被保险人死亡、伤残、疾病或者达到合同约定的年龄、期限等条件时承担给付保险金责任的商业保险行为。

② 中国出口信用保险公司广东分公司、珠海市程洋进出口贸易有限公司保险二审纠纷案：“出口信用保险是一项由国家财政提供保险准备金的非盈利性的政策性保险业务”，裁判文书号：（2017）粤 01 民终 21849 号。

目前，通说认为《最高人民法院关于审理出口信用保险合同纠纷案件适用相关法律问题的批复》（以下简称《批复》）认可《保险法》对出口信保合同的规制。《批复》确认："对出口信用保险合同的法律适用问题，《中华人民共和国保险法》没有作出明确规定。鉴于出口信用保险的特殊性，人民法院审理出口信用保险合同纠纷案件，可以参照适用《中华人民共和国保险法》的相关规定；出口信用保险合同另有约定的，从其约定。"

因此，实践中，法院在充分优先尊重涉案出口信用保险合同的同时，仍会参照《保险法》的规定对合同条款加以审查。因此，合同当事方在订立出口信用保险合同时，仍旧要关注《保险法》中的一些强制性规定，避免合同无效的情形发生。

2. 纠纷先决条款作为格式条款的效力

当保险条款中包含纠纷先决条款时，保险人往往以被保险人未先行仲裁或诉讼为由，拒绝定损核赔。该类纠纷发生后，被保险人则会主张纠纷先决条款加重了其责任，按照《保险法》第 19 条的规定应属于无效格式条款。

在司法实践中[①]，多见法院认可该类条款符合出口信用保险业务的特殊性（政策性和涉外性），认为纠纷先决条款只是程序性的约定，并没有减损出口商的实质性权利，而《保险法》第 19 条的规定实质上是在禁止格式合同提供方限制、排除相对方的实质性权利。因此，并不应该盲目地适用《保险法》第 19 条的规定而否定纠纷先决条款的效力。

此外，在前述案例中，值得注意的是，法院注重"司法谦抑"，认为当市场上有多家保险公司[②]可供投保人选择的前提下，只要相关条款未达到严重显失公平的程度，则应交由市场竞争加以解决。此种司法态度，对于法院、仲裁员及当事人来说都具有重要的参考价值。

在实践中，投保人或被保险人在理赔的过程中，需要关注纠纷先决条款的规定，区分情况加以对待——当案件确实存在纠纷先决条款所规定的须先行通过前置争议解决程序定损时，则应遵循约定，完成前置争议解决程序后再行申请理赔。而当事实背景清晰明确、不存在纠纷先决条款所述纠纷时，则可根据保险条款的规定直接申请理赔。

---

① 如本案，以及中信保广东分公司与江门市千洋贸易有限公司出口信保合同纠纷上诉案，裁判文书号：（2014）江中法民二终字第 173 号。

② 我国现在有五家保险公司承保出口信用保险，分别是中国人民财产保险股份有限公司（人保）、中国出口信用保险公司（中信保）、中国大地财产保险股份有限公司（大地财险）、中国平安财产保险股份有限公司（平安财险）、中国太平洋财产保险股份有限公司（太平洋财险）。

【案例2】涉外商事争议解决的程序性问题：内地仲裁与国际仲裁的实践操作区别

【基本案情】

本案为航空领域的中外合资纠纷，仲裁申请人为国内一家大型国资企业，被申请人系欧洲某知名航空制造业公司。①

申请人与被申请人就设立合资公司以制造、销售航空飞行器事宜签订了合作备忘录，该备忘录约定被申请人将以技术作价出资，设立合资公司，协助申请人制造案涉航空飞行器，并将授予合资公司涉案航空飞行器在中国大陆的独家经销权。案涉备忘录分中英文两个版本，并约定中英文版本具有同等效力。根据备忘录约定，申请人向被申请人支付一笔保证金，被申请人以此为条件在申请人前期尽职调查过程中，向申请人披露相关技术及商业涉密信息。在保证金是否返还的问题上，中文版备忘录约定如果由于申请人原因导致合资合同未能签订，申请人不再要求返还保证金。而英文版备忘录则约定若“both parties fail to sign the joint venture contract”（即双方未能签订合资合同），则申请人不应要求被申请人返还保证金。

其后，双方未能就合资合同的签订达成最终合意，申请人主张合资合同未能签订并非其一方的原因，因此被申请人应遵照中文版备忘录的约定，向申请人返还保证金。被申请人则认为依据英文版备忘录之约定，其无义务返还保证金。最终，申请人基于备忘录下的仲裁条款向香港国际仲裁中心提起仲裁，要求被申请人返还保证金。

【争议焦点】

本案中，当事人对仲裁管辖、仲裁时效、双方未能签订合资合同究竟归因于何方等问题都存在争议，然而最关键的一点在于订金的返还是应当适用中文版还是英文版备忘录的约定。

【裁判观点】

就备忘录版本的适用问题，申请人认为根据《中华人民共和合同法》第125条②

① 本案为笔者团队于2018年下半年处理的真实案件。在本案中，笔者团队为被申请人律师。由于仲裁的保密性，笔者在此隐去了相关涉密信息。

② 《中华人民共和国合同法》第125条规定：“当事人对合同条款的理解有争议的，应当按照合同所使用的词句、合同的有关条款、合同的目的、交易习惯以及诚实信用原则，确定该条款的真实意思。合同文本采用两种以上文字订立并约定具有同等效力的，对各文本使用的词句推定具有相同含义。各文本使用的词句不一致的，应当根据合同的目的予以解释”。

的规定，若当事方约定中英文版本具有同等效力，则应可仅依据中文版进行解释。而且，案件的适用法是中国法，主要履行地也为中国，所以基于合同目的，也应以中文版为准。根据中国本土的交易习惯，在中外合资实践中，也未见不可返还订金的实践操作。因此，当相关合同未能签订时，订金应当予以返还。

对于申请人的上述观点，被申请人主张合同下已明确约定被申请人以收取订金为条件，向申请人披露相关技术及商业涉密信息，该类具有商业价值的信息即为订金的对价。因此，在被申请人已披露相关信息后，订金不应返还。此外，由于当事人双方一方以中文为母语，一方以意大利语为母语，虽然双方在整个交易过程中均以第三国语言（英文）为沟通语言，但双方签订的合作备忘录包含中文版与英文版，故而申请人明显占据语言优势，其应从一开始即知晓中英文备忘录就订金的返还问题存在实质性的不同约定，却从未加以提示。而被申请人只懂得英文与意大利语，并基于备忘录中明确约定中英文版本具有同等效力的约定而合理依赖英文版备忘录。因此，当中英文版本存在差异时，基于诚实信用原则，应当适用英文版的解释。

最终，仲裁庭采纳了被申请人的主张，认定在决定订金是否应当返还的问题时，应适用英文版备忘录的约定。

【纠纷观察】

本案涉及中外双方的合资纠纷，被申请人以自身的技术服务出资，实则也是国际服务贸易的体现。本案的关键实体争议在于相关合同不同语言版本的优先性问题，该类争议也是国际贸易中多见的纠纷。此外，由于本案适用香港国际仲裁中心的规则，且仲裁庭由外籍仲裁员组成、仲裁语言为英语，故而极大程度上体现出国际仲裁的特征。

随着我国企业“走出去”步伐的加速，越来越多的企业在实践中需要通过国际仲裁程序来解决其与合同相对方之间的纠纷。虽同为仲裁程序，较之国内仲裁，国际仲裁仍有其特殊性，我国企业应当注意两者之间的差异，以便更好地把控争议解决过程。

在国际仲裁领域，不同法域在实践操作中也多见不同。即使是英美法内部，英式实践操作与美式实践操作也存在明显差异。本报告所指国际仲裁更多地以英式实践操作为基础。一般说来，国际仲裁案件在文书写作（writing approach）、材料披露（disclosure）、交叉质询（cross-examination）、开庭时长（hearing duration）、临时保全措施（interim measures）、引导仲裁庭的方式（the way to direct arbitral tribunals）等方面都与国内仲裁存在一定差异。

1. 文书写作

国内仲裁案件中，各方当事人一般习惯于遵循各自的叙述及辩论思路来撰写自身的仲裁文书。而在英式仲裁（包括英式诉讼）中，答辩一方的文书脉络一般都遵循其对手方（即先发一方）的行文脉络，以针对对手方的每一段论述进行相应回复的手法进行“段落对段落式”的答辩。

2. 材料披露

国内仲裁中，双方当事人都会提交且仅主动提交对自身有利的材料作为支持自身主张的证据。[①] 而在不少国际仲裁程序中，会有一个材料披露（disclosure）的程序。在该程序下，双方披露的不仅仅是各自的“证据”，而是所有与案件相关的“材料”。这也就意味着当事人甚至需要披露对自己不利的材料。

虽然，上述实践操作乍听起来有些不可思议，但材料披露的意义不仅仅在于支持某一方的论断，更在于协助仲裁庭对案件的来龙去脉进行全面且客观地了解。因此，双方一般会就需要披露哪些材料进行确认，并同时指明相应材料的持有方。如果持有方因对应材料对自身不利而借故拒绝披露，则该种行为会直接导致仲裁庭对其持质疑的负面态度，反而对该方更为不利。

3. 交叉质询

国内仲裁案件中，对于案件的事实背景，一般通过律师在文书中的叙述及对应书面证据加以佐证。而案件中的技术问题，则一般采用提交专家报告的方式进行论证。在这两种情况下事实证人或专家证人出庭接受盘问的情况均较为罕见。而在国际仲裁中，事实证人及专家证人出庭的概率较高，也随之发展出一套交叉质询（cross-examination，即双方律师互相盘问对方证人）的程序。

交叉质询对于律师的要求较高，需要律师非常精巧地设计每一个问题，以及问题与问题之间的衔接——环环相扣，由表及里，出其不意地从对方证人口中获得自己想要的答案；又或者敏锐地找到证人自我矛盾、前后表述不一的情形，从而让仲裁庭质疑证人的可信度。

4. 开庭时长

国际仲裁案件中一般有两种审理模式——书面审理与开庭审理。书面审理适用于案情较为简单，仲裁庭仅凭双方提交的仲裁文书及随附书面证据即可进行审

---

① 比如，北京仲裁委员会现行《仲裁规则》第 32 条第 1 项规定，“当事人对自己的主张承担举证责任”。

理的情况。而国内案件一般都采用开庭审理的模式，以书面审理为例外情形。[①]

在开庭审理方面，国际仲裁与国内仲裁仍旧存在显著差异。国际仲裁中，需要开庭审理的案件往往涉案法律及事实问题更为复杂、争议金额更大、需要对双方证人进行盘问。此类国际仲裁案件的开庭时长往往需要连续几日甚至超过一周——这与国内案件常见的开庭时长存在显著的区别，对当事方及其律师的脑力及体能要求也更高。

5. 临时保全措施

在国内仲裁案件中，依据我国现行法律规定，当事人申请财产及证据保全的，仲裁委员会应当将当事人的保全申请转交相关法院——仲裁庭无权自行决定。[②]我国仲裁法下对财产及证据保全以外的临时措施并没有作出具体规定。

而在国际仲裁案件中，仲裁庭的权力更大，绝大多数较为成熟的法域均赋予仲裁庭自身直接作出保全决定的权力，且其范围不仅仅局限于财产及证据保全。因此，在国际仲裁中，当事方利用临时保全措施以更好地保障当事人权利的活动空间也更大，因熟悉相关实体及程序问题，必要时能及时提出保全申请。

6. 引导仲裁庭的方式

国际仲裁中，当事方及仲裁员往往有不同的法系及文化背景。比如，在笔者处理的上述案件中，申请人来自中国大陆，被申请人来自意大利，仲裁员来自北欧。而且，当具体案件适用某一特定法域的法律时，在不少情况下也存在仲裁员并非该法域下“科班出身”的执业者，只是较为熟悉该法律，而其自身来自另一个不同法域。

在这种情况下，当事方对仲裁庭的有效指引会直接影响到案件的实质发展方向。此时，当事方应当结合具体案情对适用法的相关法律原则及规定作更为充分的援引与解释，而不能想当然地认为仲裁员对于该法域下的基本法律原则完全熟悉。

另外，当事方对于不同法域之间的基本法律原则间的明显差异也应有一定把握。比如，“诚信原则（good faith）”被许多大陆法国家普遍认可，甚至列为其民商法的基石性原则，但在不少英美法国家，却并不承认该原则。因此，当需要适

---

① 《中华人民共和国仲裁法》第 39 条规定，仲裁应当开庭进行。当事人协议不开庭的，仲裁庭可以根据仲裁申请书、答辩书以及其他材料作出裁决。

② 《中华人民共和国仲裁法》第 28 条规定，当事人申请财产保全的，仲裁委员会应当将当事人的申请依照民事诉讼法有关规定提交人民法院。同时，该法第 46 条对于证据保全亦有类似规定。

用该原则，而恰好有仲裁员来自某些英美法国家时，则需要对该原则的适用问题作进一步的解释，引导仲裁员按照对应法域下的有关原则及规定适用该原则。

同时，当事方也应当注意不同社会背景、不同法域间的文化差异问题。许多商业纠纷都会涉及商业实践操作、行业惯例等问题，而这些问题与某一地域的社会、历史、文化背景都息息相关。此时，就需要当事方充当不同文化间的桥梁，更好地指引仲裁庭基于相关背景理解对应问题。

【案例3】国际货物买卖纠纷中关联公司人格混同的认定①

【基本案情】

上诉人荣畅株式会社（一审原告，以下简称荣畅）与被上诉人可可国际控股（湖南）有限公司（一审被告，以下简称可可公司）签订一份《货款汇款计划协议》。双方认可两者之间没有货物买卖往来，《货款汇款计划协议》中所涉货款为荣畅与湖南可可进出口贸易股份有限公司（下简称可可进出口公司）之间的货物买卖往来所产生的——可可进出口公司与荣畅间签订了31份《国际货物买卖合同》及《货物进口合同》。然而，出于少缴关税等目的，《国际货物买卖合同》及《货物进口合同》中约定的价格过低，低于《货款汇款计划协议》中确定的金额。

虽然，可可公司与可可进出口公司的法定代表人为同一人，但是荣畅、可可公司及可可进出口公司之间并未就还款事宜签订过三方协议，荣畅与可可进出口公司之间、可可公司与可可进出口公司之间也未就还款事宜签订过双方协议。

其后，可可公司未按《货款汇款计划协议》付款，荣畅遂向法院起诉。一审法院认为荣畅与可可公司之间无真实的买卖合同关系，故其还款请求无事实和法律依据，故而驳回原告的诉讼请求。荣畅遂向湖南省湘潭市中级人民法院提起上诉。二审法院支持了荣畅要求还款的诉讼请求。

【争议焦点】

本篇报告对本案例关注的争议焦点有二：

1. 依据《货款汇款计划协议》，可可公司是否已经从可可进出口公司处受让了后者对荣畅所负债务，并应履行付款义务；

2. 可可公司的付款金额应以《货款汇款计划协议》下约定为准，还是以《国际货物买卖合同》及《货物进口合同》下约定为准。

① 荣畅株式会社、可可国际控股（湖南）有限公司国际货物买卖合同纠纷二审案，裁判文书号：（2017）湘民终660号。

【裁判观点】

1. 依据《货款汇款计划协议》，可可公司是否已经从可可进出口公司处受让了后者对荣畅所负债务，并应履行付款义务

一审法院认为，与荣畅存在国际货物买卖关系的是可可进出口公司，其与可可公司系两个独立的法人，为不同的法律的主体。虽然该两个公司的法定代表人均为叶伟，但这并不能影响这两个公司对外分别独立承担民事法律责任。《中华人民共和国合同法》第 84 条规定，“债务人将合同的义务全部或者部分转移给第三人的，应当经债权人同意”。由此可知债务承担须第三人与债务人就债务的转移达成合意并经债权人同意。而可可公司与可可进出口公司并未签订过任何双方协议，且三家公司之间亦未签订过任何三方协议，故本案不属于债务承担的情形。

二审法院认为，可可公司与可可进出口公司的法定代表人均为叶伟，两公司虽为独立对外承担民事责任的法人，但根据两公司的股东、出资及企业名称等事实，可证明两者属关联公司。叶伟对《货款汇款计划协议》明知并已部分履行，可见可可公司完全认可《货款汇款计划协议》。荣畅法定代表人与叶伟及可可公司相关人员的微信交谈中涉及双方贸易内容，叶伟方也并未明确交易相对方是可可公司还是可可进出口公司，其微信中提及公司地址也是可可公司的住所地地址，加之荣畅、可可公司在《货款汇款计划协议》加盖公章的行为，均表明债权人同意本案债务转移，应认定三家公司已对债务转让达成了合意，符合《中华人民共和国合同法》中对债务承担的规定。

2. 可可公司的付款金额应以《货款汇款计划协议》下约定为准，还是以《国际货物买卖合同》及《货物进口合同》下约定为准

《货款汇款计划协议》的签订时间在涉案多份《国际货物买卖合同》之后，是双方在平等、自愿的协商后作出的在后意思表示，且并未变更，故而已形成法律效力。因此，可可公司的付款金额应以后形成的《货款汇款计划协议》确定的金额为准。

【纠纷观察】

随着规模经济的发展，公司之间出现多种形式的联合，涉及关联公司的法律问题越来越多。而在国际贸易中，由于存在多方主体（进出口商、货代、运输公司等等）或是基于税收方面的考虑等现状，“一套人马，多个公司”的现象更为常见。在国际货物买卖合同中遇到有关关联公司人格混同的纠纷时，应当考虑的主要问题包括但不限于：关联公司的认定、关联公司人格混同的认定、风险防范等。

1. 关联公司的认定

我国公司法虽然未明确何为关联公司，但《企业所得税法实施条例》第109条规定："企业所得税法第四十一条所称关联方，是指与企业有下列关联关系之一的企业、其他组织或者个人：（一）在资金、经营、购销等方面存在直接或者间接的控制关系；（二）直接或者间接地同为第三者控制；（三）在利益上具有相关联的其他关系。"2012年修订的《税收征收管理法实施细则》第51条[①]也作了类似规定，因此，在公司法尚未对关联公司作出明确法律界定的情况下，上述规定在某些特定场合可能会对关联公司的认定提供参考路径。

国际上也未见对关联公司的直接认定，一般可参考《联合国关于发达国家与发展中国家间避免双重征税的协定范本》（United Nations Model Double Taxation Convention Between Developed and Developing Countries）[②]和《经济合作与发展组织关于避免双重征税的协定范本》（OECD Articles of the Model Convention with Respect to Taxes on Income and on Capital）[③]中对关联企业的定义。该两部文件中也

① 《税收征收管理法实施细则》第51条规定："税收征管法第三十六条所称关联企业，是指有下列关系之一的公司、企业和其他经济组织：

（一）在资金、经营、购销等方面，存在直接或者间接的拥有或者控制关系；

（二）直接或者间接地同为第三者所拥有或者控制；

（三）在利益上具有相关联的其他关系。

纳税人有义务就其与关联企业之间的业务往来，向当地税务机关提供有关的价格、费用标准等资料。具体办法由国家税务总局制定。"

② "United Nations Model Double Taxation Convention Between Developed and Developing Countries" Article 9 Associated Enterprises：（a）an enterprise of a Contracting State participates directly or indirectly in the management，control or capital of an enterprise of the other Contracting State，or（b）the same persons participate directly or indirectly in the management，control or capital of an enterprise of a Contracting State and an enterprise of the other Contracting State.《联合国关于发达国家和发展中国家间避免双重征税的协定范本》第9条对关联企业作了规定：任何缔约国一方的企业直接或间接地参与另一缔约成员国的企业的管理、控制或资本，或者同一人直接或间接地对缔约成员国一方的企业或缔约国另一方企业进行管理、控制或资本参与。

③ "OECD Articles of the Model Convention with Respect to Taxes on Income and on Capital" Article 9 Associated Enterprises：（a）an enterprise of a Contracting State participates directly or indirectly in the management，control or capital of an enterprise of the other Contracting State，or（b）the same persons participate directly or indirectly in the management，control or capital of an enterprise of a Contracting State and an enterprise of the other Contracting State.《经济合作与发展组织关于避免双重征税的协定范本》第9条联属企业：（a）任何缔约国一方的企业直接或间接地参与另一缔约成员国的企业的管理、控制或资本，或者（b）同一人直接或间接地对缔约成员国一方的企业或缔约国另一方企业进行管理、控制或资本参与。

强调如企业间在管理、控制、资本及人员方面有直接或间接的关系，则可将该类企业认定为关联企业。

2. 关联公司人格混同的认定

关联公司间人格混同，体现为公司与公司之间法人人格特征高度一致的状态，主要体现为人员及组织机构混同、公司间财务混同和经营业务混同。人员及组织机构混同一般体现为关联公司间管理人员的交叉任职、共享经营地址和实际办公场所等。业务混同指在公司业务、交易方式、价格制定等方面存在混同现象，实践中可体现为存在共享销售手册、经销协议的情形。财务混同一般体现为使用共同账户、同一用款批准签字人的情形。①

《中华人民共和国公司法》(以下简称《公司法》) 第 20 条第 3 款 ② 对公司与股东的人格混同进行了规定，但并未涉及公司与关联公司的人格混同。虽然现行立法未对关联公司在出现人格混同时所应承担的责任作出直接规定，但最高人民法院发布的指导案例③对该问题作出了权威解读。最高人民法院强调公司的独立财产是公司独立承担责任的物质保证，公司的独立人格也突出地表现在财产的独立上。如关联公司的财产无法区分，就丧失了独立人格及独立承担责任的基础。当关联公司相互之间界限模糊、人格混同，且利用关联公司逃避债务时，就违背了法人制度设立的宗旨，违背了诚实信用原则，其行为本质和危害结果与《公司法》第 20 条第 3 款规定的情形相当，故应参照该条款的规定，承担连带清偿责任。

3. 风险防范

在国际货物买卖合同中，由关联公司引发的一系列纠纷较为常见。比如，在订立合同过程中，借由关联公司的中英文名称等较为接近及存在其他混同行为，偷梁换柱，逃避合同项下义务的不诚信现象屡有发生。④ 为避免由关联公司所导致的纠纷，在实践中应该尤其注意以下几点：

---

① 许福忠："关联公司人格混同的认定及责任承担"，载《人民法院报》2014 年 5 月 15 日，第 7 版。徐工集团工程机械股份有限公司诉成都川交工贸有限责任公司等买卖合同纠纷案，最高人民法院指导案例第 15 号。

② 《公司法》第 20 条第 3 款："公司股东滥用公司法人独立地位和股东有限责任，逃避债务，严重损害公司债权人利益的，应当对公司债务承担连带责任。"

③ 徐工集团工程机械股份有限公司诉成都川交工贸有限责任公司等买卖合同纠纷案，最高人民法院指导案例第 15 号。

④ 山东高院："十大涉外商事典型案例（一）"，http：//www.fsccpit.org/ssfl/flfw/201806/t20180605_7124231.html，访问时间：2019 年 1 月 29 日。

正确识别合同主体。在签订合同前，应对相对方及其关联公司进行适当尽职调查，厘清相对方及其关联公司之间的关系，正确识别合同相对方的中英文名称、财务能力及人员构成，以避免“偷梁换柱”的行为发生。

正确识别沟通主体。在合同签订后，尤其要注意合同履行过程中的沟通过程，确保所沟通的个人主体确有合同相对方的正式授权，并在相应的权限范围内进行沟通。避免轻易相信关联公司中其他人员的承诺，或依据其答复行事。

正确识别责任主体。当纠纷发生后，应当对纠纷相对方的关联公司做全面梳理，以确定可能承担责任的关联主体，从人员及组织机构混同、公司间财务混同和经营业务混同等方面入手，证明关联公司之间的混同关系，并进一步主张依据《公司法》第 20 条第 3 款的规定，要求相关关联公司共同承担连带责任。

四、热点观察

（一）区块链底层技术在国际贸易领域的应用

【热点事件】

虽然，由于比特币的大热，区块链早已是一个耳熟能详的词汇，然而业内仍旧公认 2018 年是区块链底层技术应用落地的元年。2018 年间，国内外各大企业都开始对区块链底层技术的运用进行积极探索。其中，不乏区块链底层技术在国际贸易领域的运用。

IBM 正在自主研发保护条款私密性的智能合约系统。[①] 全球航运巨头马士基也与 IBM 合作开发出 TradeLens 平台，旨在将区块链技术应用于全球供应链。[②]2018 年 4 月 1 日，中远海运集装箱运输公司宣布运送搭载区块链技术的厄瓜多尔香蕉，被认为是区块链技术在国际海上集装箱运输业内的首次商业落地应用。[③] 中国外运股份有限公司（以下简称中外运）与腾讯合作，探讨借助腾讯在区块链方面的人

---

① Stan Higgins：“IBM Developing New Blockchain Smart Contract System”，https：//www.coindesk.com/ibm-developing-new-blockchain-smart-contract-system，访问时间：2019 年 1 月 29 日。

② IBM News Room：“Maersk and IBM Introduce TradeLens Blockchain Shipping Solution”，https：//newsroom.ibm.com/2018-08-09-Maersk-and-IBM-Introduce-TradeLens-Blockchain-Shipping-Solution，访问时间：2019 年 1 月 29 日。IBM 和马士基宣布联手创建区块链全球供应链平台 TradeLens。

③ 杨瑾：“中远海运集运促进区块链在集运页首次商业运用”，http：//www.zgsyb.com/html/content/2018-04/04/content_831752.shtml，访问时间：2019 年 1 月 29 日。

才和研究成果，结合中外运在物流行业的经验及应用场景，共同打造新一代互联网＋供应链金融平台。[①]

【热点观察】

区块链最初以比特币为代表的数字货币的形式进入人们的视野。其后，基于区块链技术的智能合约在证券、金融、贸易等领域得到更广泛的应用。近期，业内逐渐更加关注区块链底层技术在各行各业的运用。

事实上，区块链底层技术与国际贸易领域的需求具有高度匹配性。国际贸易一般存在交易周期较长、流程及参与主体繁杂、资金流巨大、信息不对称等问题，由此导致的货款纠纷、货物质量纠纷、货物物权纠纷、单据纠纷等也是国际贸易领域的常见纠纷，是外贸企业的痛点。而区块链去中心化、共识算法、不可篡改的特性可以较好地解决前述纠纷。

区块链去中心化的特点使得交易信息公开透明，降低交易双方之间的信息不对称风险。区块链的底层加密算法是基于参与者的共识，这也就在交易双方之间建立起了信任基础。区块链系统中的每笔交易，都会通过网络广播的形式发布给同一系统中的所有参与节点，接受所有节点的校验。而区块链不可篡改的特性能保证通过校验的每笔交易记录以唯一固定的形式写入区块链后即无法更改，这一方面保证了每笔交易可以追踪溯源，另一方面也督促各交易方更加珍惜自身商誉。

较之一开始热衷关注比特币等数字货币的情形，目前业内也转而更加关注区块链底层技术在实体行业中的实际应用。一些区块链社区甚至开始构建自身内部的争议解决机制。其中先人一步的是 EOS（Enterprise Operation System）建立的 EOS Core Arbitration Forum（EOS 核心仲裁庭，ECAF）。

EOS 是为商用设计的一款区块链操作系统，旨在支持分散应用程序的纵向和横向扩展，使用者可以在该操作系统上构建应用程序。[②]EOS 成立了 ECAF，制定了自身的仲裁规则，用于解决社区内部与 EOS 区块链相关方、资产、数据、账户、漏洞修复等相关的争议。ECAF 的仲裁规则与绝大多数仲裁机构的仲裁规则相类似，但也体现出区块链争议的特性，如其中强调了透明度规则（transparency），规定案件当事人、案件性质、仲裁员、相关裁定、最终裁决都应当在社区内部公布。如遇特殊情况需要保密的，则应公布保密理由；在撤销仲裁员委任时需要经过当事方、仲裁庭及

① 姜慧田："中国外运与腾讯携手，打造云上智慧物流"，http://m.it168.com/detailText.html?id=000003116923，访问时间：2019 年 1 月 29 日。

② Block.one："Frequently Asked Questions – Here are some common questions about EOSTM and EOSIOTM"，https://www.eos.io/faq，访问时间：2019 年 1 月 29 日。

EOS 社区三方同意；最终的仲裁裁决对案件当事方及整个 EOS 社区都有约束力。[①]

（二）中美贸易战给我国外贸企业提出新挑战

【热点事件】

自 2017 年美国正式对中国发起“301”调查[②]后，美国商务部于 2018 年 4 月 16 日至 6 月 6 日禁止美国公司向中兴出口电信零部件产品。2018 年 3 月 23 日，特朗普宣布对 600 亿美元中国进口商品增税。[③]对此，2018 年 6 月 16 日凌晨，我国商务部正式发布《关于对原产于美国的部分商品加征关税的公告》，宣布将对原产于美国的 500 亿美元商品加征 25% 的进口关税。此后，中美贸易战在 2018 年持续白热化。[④]虽然，中美双方于 2018 年 12 月 1 日达成共识，暂停加征新的关税[⑤]，但自 2018 年 12 月 1 日持续发酵的华为副董事长孟晚舟的引渡事件却再次把中美贸易战推至风口浪尖。

【热点观察】

美国频繁发起针对我国的贸易调查并最终展开全方位的贸易战，其真实目的是巩固其在科研及高新技术领域的领先地位，继续保持其在高附加值服务贸易领域出口大国的地位，并遏制我国制造业从传统的劳动密集型向资本技术密集型转变的产业升级。

对此，我国外贸企业应当提高警惕，在努力推进产业转型、产能升级的同时，

---

① ECAF：“ECAF Rules of Dispute Resolution”，https：//eoscorearbitration.io/home/governance/，访问时间：2019 年 1 月 29 日。

② 2017 年 8 月 18 日，美国宣布将根据美国《1974 年贸易法》（Trade Act of 1974）第 301 条，在涉及技术转让、知识产权和创新领域对中国正式启动贸易调查。该条规定，当美国贸易代表办公室（Trade Representative，USTR）确认某贸易伙伴的某项政策违反贸易协定，或被认定为不公平、限制美国商业时，即可采取报复措施，包括中止贸易协定、采取关税等进口限制、取消免税待遇等。参见 https：//legcounsel.house.gov/Comps/93-618.pdf，访问时间：2019 年 1 月 29 日。

③ 美国白宫：“关于调整的美国进口钢产品关税的总统公告”，https：//www.whitehouse.gov/presidential-actions/presidential-proclamation-adjusting-imports-steel-united-states/，访问时间：2019 年 1 月 29 日。

④ 中华人民共和国国务院关税税则委员会公告 2018 年第 5 号，http：//www.mofcom.gov.cn/article/b/g/201807/20180702769198.shtml，访问时间：2019 年 1 月 29 日；中华人民共和国国务院关税税则委员会公告 2018 年第 6 号，http：//www.mofcom.gov.cn/article/b/g/201809/20180902788950.shtml，访问时间：2019 年 1 月 29 日。

⑤ 人民网：“中美就经贸问题达成共识，决定停止升级关税等贸易限制措施”，http：//world.people.com.cn/n1/2018/1202/c1002-30436943.html，访问时间：2019 年 1 月 29 日。

也要额外关注美国的一系列贸易保护措施，并在与伊朗、俄罗斯、朝鲜等受美国制裁国家进行贸易往来时尤其注意来自美国贸易制裁与出口管制的风险。当受到不公平待遇时，应当积极应对，集合商会及政府的力量、善用国际规则（如 WTO 框架下的争端解决机制、ICSID 框架下的争议解决等）。从法律角度来看，中美贸易战导致的问题主要涉及关税的承担问题、对相关合同的直接及间接影响等。

就关税的承担问题，从一般国际贸易实践操作来说，买卖合同下都会对进出口关税的承担方式作出约定。国际贸易中，买卖双方也经常直接援引使用“国际贸易术语解释通则（Incoterms）”下的某一贸易术语，并根据该贸易术语下的具体规定划分买卖双方的费用负担情况。进口海运贸易中，不少中国进口商选择使用 CIF 及 CFR 贸易术语。在该两个贸易术语下，进口关税一般都由买方承担，这无疑会给我国进口商带来巨大的负面影响。

就直接相关的合同而言，一般涉及中美买卖双方之间的国际货物买卖合同。特别是对于一些低附加值商品来说，25% 的关税上涨足以影响定价和消费者对于新定价的反应。故而关税的上涨会导致中方取消或转卖现有的合同订单，并在未来从其他供货渠道寻找更价廉的替代品。可见，由此导致的一轮有关买卖合同的纠纷也将随之显现。一般较为常见的纠纷除了见于对当事人双方权利义务的划分争议，还会集中见于当事人双方对合同下合同终止、合同解除、不可抗力、合同转让、情势变更、违约与索赔等条款存在不同理解，并导致相关争议。

就间接相关的合同而言，新关税所涉商品的买卖合同只是一长串贸易链中的一个环节，该环节的变故也会如蝴蝶效应一般导致与其相关的上下游贸易链中的各类合同在履行过程中产生偏差甚至纠纷。此时，某一贸易商能否妥善处理好其所经手的各个合同之间的协调与统一，也对其是否能在这一变故中全身而退起到了至关重要的作用。各合同之间的买卖差价、不可抗力事项、索赔条款、违约事项、争议解决方式等是否已经做到“背靠背”式的互相统一，在此时就显得尤为重要。

此外，除美国外，我国主要贸易伙伴还包括欧盟、东盟、巴西、日本、韩国、澳大利亚及印度等。在中美贸易战的背景下，我国企业仍可以加强自身与前述这些国家企业间的贸易往来，以规避与美国企业交易而可能产生的关税成本。不过，需要注意的是，虽然我国企业可以试图将部分出口贸易转移至美国以外的主要贸易伙伴国家，但在这些国家中，来自中国的进口产品已然占据了极大的市场份额。在该种背景下，我国企业如想进一步突破可能并非易事。故而，我国外贸企业应该注重新市场的开拓，以期在更多的蓝海地区占据市场份额。

（三）国际商事法庭构建多元化争议解决机制

【热点事件】

2018年6月25日，最高人民法院审判委员会审议通过了《最高人民法院关于设立国际商事法庭若干问题的规定》（以下简称《规定》）①，2018年6月29日，最高人民法院第一国际商事法庭、第二国际商事法庭分别在深圳市和西安市揭牌。②根据《规定》第11条第1款的规定，最高人民法院选定符合条件的国际商事调解机构、国际商事仲裁机构与国际商事法庭共同构建调解、仲裁、诉讼有机衔接的纠纷解决平台，形成"一站式"国际商事纠纷解决机制。第14条进一步规定当事人协议选择本规定第11条第1款规定的国际商事仲裁机构仲裁的，可以在申请仲裁前或者仲裁程序开始后，向国际商事法庭申请证据、财产或者行为保全。

【热点观察】

在现代国际贸易实践中，尤其在"一带一路"建设过程中，众多商事主体开展了大量的贸易活动。在这一过程中，纠纷难以避免，而中国企业普遍担忧的问题是涉外争议审理时间过长、费用过高和对于域外程序与证据规则较为陌生等。

我国设立并发展商事法庭，有利于在争议解决领域与国际接轨，并提升中国规则的国际话语权。同时，在建立国际商事法庭的同时也支持当事人通过调解、仲裁、诉讼有机衔接来解决国际商事纠纷，有利于更加公平公正、专业高效地解决纠纷。

虽然，国际商事法庭的设立将会与国际仲裁形成一定的竞争，但这一方面会使当事人在争议解决领域有更多选择，从而降低国际商事争议解决的成本。另一方面，国际商事法庭也注重与国际商事调解机构、国际商事仲裁机构共同构建调解、仲裁、诉讼有机衔接的"一站式"国际商事纠纷解决机制。

最高人民法院办公厅于2018年12月5日发布《关于确定首批纳入"一站式"国际商事纠纷多元化解决机制的国际商事仲裁及调解机构的通知》，确定了北京仲裁委员会等五家仲裁机构及两家调解机构③作为首批纳入"一站式"国际商事纠纷

---

① 最高人民法院网站："最高人民法院关于设立国际商事法庭若干问题的规定"，http://www.court.gov.cn/zixun-xiangqing-104602.html，访问时间：2019年1月29日。

② 最高人民法院网站："最高人民法院第一第二国际商事法庭开始正式办公"，http://www.court.gov.cn/zixun-xiangqing-104752.html，访问时间：2019年1月29日。

③ 五家仲裁机构分别是北京仲裁委员会、中国国际经济贸易仲裁委员会、深圳国际仲裁院、上海国际经济贸易仲裁委员会、中国海事仲裁委员会。两家调解机构为中国国际贸易促进委员会调解中心、上海经贸商事调解中心。

解决平台多元化解决机制的仲裁和调解机构。当事人若将纠纷提交这些仲裁机构或调解机构进行解决，无疑会在申请保全措施及后续执行过程中获得更大的保障。

虽然，首批纳入“一站式”国际商事纠纷解决平台多元化解决机制的仲裁和调解机构均为内地机构，但可预见在不久的将来定会有海外机构被纳入名单。这也有利于我国外贸企业解决涉外纠纷，便于外贸企业在选择国际仲裁后以国际商事法庭为支持保障，申请相关证据、财产或者行为保全。

（四）《海商法》修订明晰国际海运纠纷责任划定

【热点事件】

现行《中华人民共和国海商法》（以下简称《海商法》）于1993年起施行，至今已历经25年。2018年11月5日，中华人民共和国交通运输部官网发布了关于《中华人民共和国海商法（修订征求意见稿）》（下简称意见稿）公开征求意见的通知，此次中华人民共和国交通运输部官网发布的意见稿共17章。其中，新增了国内水路货物运输合同、船舶污染损害赔偿两章，对国际海上货物运输合同法律制度、海事赔偿责任限制制度、诉讼时效制度以及涉外关系的法律使用规则进行了完善和健全，同时还明确了《1989年国际救助公约》与《海商法》的关系。[①]

【热点观察】

海运是“海上丝绸之路”建设的核心内容，《海商法》无疑是最重要的法律保障之一。为了更好地促进航运事业和经济贸易的发展，推进“一带一路”和“交通强国”等实施，我国《海商法》的修订工作也迫在眉睫。对于国际贸易领域，意见稿中最值得关注的是国际海上货物运输合同法律制度以及海事赔偿责任制度的修改与完善。

针对国际海上货物运输合同，意见稿扩大了“实际承运人”的范围，将接受承运人委托在港区内从事货物作业的人纳入实际承运人范畴，并享有承运人抗辩理由和责任限制；提高了承运人单位赔偿限额；引入了“电子运输记录”概念；修改了货物留置权的相关规定；参照《鹿特丹规则》[②] 增加了有关货物控制权的规定；

---

① 中华人民共和国交通运输部关于《中华人民共和国海商法（修订征求意见稿）》公开征求意见的通知，http：//xxgk.mot.gov.cn/jigou/fgs/201811/t20181105_3109896.html，访问时间：2019年1月29日。

② 即《联合国全程或部分海上国际货物运输合同公约》（United Nations Convention on Contracts for the International Carriage of Goods Wholly or Partly by Sea）。

进一步明确了航次租船合同与第四章前六节[①]之间的关系。

对于海事赔偿责任限制制度，意见稿明确规定船舶管理人可以成为海事赔偿责任限制的主体，同时提高责任限额至《〈1976年海事赔偿责任限制公约〉1996年议定书》的标准，并取消了沿海与内河船舶“双轨制”的适用。

虽然，针对《海商法》的修改，业内仍旧存在不少争论，甚至存在相悖观点。但总体来看，意见稿以促进航运贸易产业发展为基本原则，在与国际接轨的同时也注重我国航运贸易行业的特点，适应国际贸易新的发展形势，弥补了一些立法空白，有助于当事人之间更好地划分责任，具有一定的前瞻性。

五、总结与展望

（一）全球2019年国际贸易展望

国际货币基金组织（以下简称IMF）预计2019年全球贸易增长势头减弱，贸易紧张趋势将会持续加剧且不确定性高，对全球贸易造成威胁，全球经济将增长3.5%。[②]同时，英国“硬脱欧”以及中国超出预期的发展放缓都将进一步削减全球经济涨幅。此外，发达经济体的增长也将进一步放缓，其经济增长预计将从2018年的2.3%放缓至2019年的2.0%。而对于新兴市场和发展中经济体来说，则存在区域性差异——亚洲及欧洲范围内的新兴市场和发展中经济体的经济增长将减弱，而拉丁美洲及撒哈拉以南非洲地区则有进一步增长的趋势。[③]

（二）我国2019年国际贸易展望

据IMF预估，我国2019年的经济涨幅约为6.2%，在全球范围内仅次于印度。[④]IMF

① 即第一节“一般规定”、第二节“承运人的责任”、第三节“托运人的责任”、第四节“运输单证”、第五节“货物交付”、第六节“合同的解除”。

② 参见IMF于2019年1月发布的“World Economic Outlook”，第1-3页。

③ IMF官网：“World Economic Outlook Update，January 2019 - A Weakening Global Expansion”，https://www.imf.org/en/Publications/WEO/Issues/2019/01/11/weo-update-january-2019，访问时间：2019年1月29日。

④ IMF官网数据：“全球扩张减弱，风险增加”，https://www.imf.org/zh/News/Articles/2019/01/20/blog-a-weakening-global-expansion-amid-growing-risks，访问时间：2019年1月25日。此文章是对2019年1月“World Economic Outlook Update，January 2019 - A Weakening Global Expansion”观点的评述。

进一步指出，由于信贷增长减弱，贸易壁垒增加[①]，尽管我国采取了财政刺激措施，对美国关税提高的影响产生了一定的抵消作用，但在必要的金融监管收紧措施以及与美国贸易矛盾的共同作用下，经济增长将减缓。[②]

根据WTO最新发布的《2018年全球贸易数据回顾》（World Trade Statistical Review 2018）[③]，可看出全球贸易体现出以下几大特征，对我国贸易企业的发展定位非常有参考价值：

1. 制造业仍为龙头行业

当前，互联网技术及房地产等领域的迅猛发展使此类新兴行业在全球经济发展中占据重要地位，然而全球货物出口贸易中的70%[④]仍旧归于制造业。因此，不应忽视实体经济对国家经济发展的重要保驾护航作用，制造业仍应是国家产业的中流砥柱，美国在特朗普的主导下也主推通过制造业回归以达到经济体的稳定。因此，我国贸易企业在发展过程中应更多地关注与制造业挂钩。

2. 高附加值商品受青睐

根据WTO数据显示，全球贸易价值总量的增长明显高于体量增长。[⑤]这也与消费升级息息相关。如今高附加值、高科技含量的商品更受消费者和市场欢迎。我国贸易企业应该从制造传统低附加值、低技术含量的商品转而生产更多高附加值、高技术含量的商品，注重产业结构和生产水平的升级。随着一些发展中国家成为世界工厂，传统的“中国制造”的优势已不复存在。因此，我国贸易企业应当有危机感，不应再太过依赖生产、出口普通的日用品，而应致力于制造高附加值、高技术含量的商品。

3. 知识产权研发与合规

在全球服务贸易出口方面，较之其他服务种类，知识产权遥遥领先。[⑥]而美国

---

① 参见IMF于2018年10月发布的“World Economic Outlook”，概要。

② 参见IMF于2019年1月发布的“World Economic Outlook”，第4页。

③ WTO官网：World Trade Statistical Review 2018，https://www.wto.org/english/res_e/statis_e/wts2018_e/wts2018_e.pdf，访问时间：2019年1月29日。该报告为2018年的世界贸易统计报告，为求精确使用了较多2017年的数据，但仍能良好反映2018年国际贸易的重点趋势。

④ WTO官网：World Trade Statistical Review 2018，第11页，https://www.wto.org/english/res_e/statis_e/wts2018_e/wts2018_e.pdf，访问时间：2019年1月29日。

⑤ WTO官网：World Trade Statistical Review 2018，第10页，https://www.wto.org/english/res_e/statis_e/wts2018_e/wts2018_e.pdf，访问时间：2019年1月29日。

⑥ WTO官网：World Trade Statistical Review 2018，第15页，https://www.wto.org/english/res_e/statis_e/wts2018_e/wts2018_e.pdf，访问时间：2019年1月29日。

作为自主知识产权巨头，更是稳居全球服务贸易出口榜首。[①] 知识产权在服务贸易领域的重要地位对应在货物贸易领域正是高附加值、高技术含量的商品。这也再次提醒我国企业应注重产业升级、技术开发，尤其关注研发自主知识产权的商品和相关服务。同时，值得注意的是，与知识产权相关的纠纷也逐渐增多，我国企业也应当注意知识产权的合规问题。

（三）争议解决机制的完善与创新

2019 年，全球国际贸易领域仍存在极大的不确定性，面临诸多不稳定因素的干扰。在这一大背景下，可以预见国家与国家之间、个体商事主体之间都极有可能经受各类贸易纠纷。在这一发展趋势下，也应更加关注争议解决机制在国际贸易领域的发展与创新。

1. 注重国内外争议解决机制的融合对接

对于我国企业来说，在处理各类涉外纠纷时，应尤其关注域内外在实体法律问题及争议解决程序上的异同，以更好地适应在国际化环境下解决涉外争议的情况。对于我国的各类争议解决机构而言，应积极参与与其他国家和地区司法机关、仲裁机构、调解组织的交流与合作，更好地实现争议解决领域中海内外实践操作的融合及对接。

2. 关注新兴技术在争议解决领域的应用

另一方面，我国企业及争议解决机构也应关注各类新兴科技，将新技术与争议解决机制有机结合，开发并运用科技化、多元化的争议解决机制，以更快、更好地解决新时代背景下的国际贸易纠纷。

---

① WTO 官网：World Trade Statistical Review 2018，第 16 页，https：//www.wto.org/english/res_e/statis_e/wts2018_e/wts2018_e.pdf，访问时间：2019 年 1 月 29 日。

中国金融争议解决年度观察（2019）

陶修明 ①

一、概述

由于过去几年中国金融市场的持续信用扩张以及各式各样缺乏有效监管的金融创新，各类融资业务活动，特别是以资产管理业务为名开展的各类融资业务，或所谓的影子银行业务出现了快速巨量式增长。这些业务，一方面，在一定程度上满足了市场上各类机构，特别是那些难以通过传统正规融资渠道获得资金的市场主体的融资需求，对其业务运行和扩展提供了支持，但同时也增加了融资主体的债务负担和杠杆率；另一方面，由于此类融资业务的融资成本高企，业务结构复杂以及底层资产质量欠缺等多种因素，决定了这些融资业务的风险偏高，再加上体量庞大，以致系统性市场风险迅速累积，引起了中央政府的警觉。

为此，2016 年年底中央经济工作会议提出防控金融风险，确保不发生系统性金融风险。随后，各金融监管机构，包括中国人民银行、中国银行业监督管理委员会、中国保险监督管理委员会 ②、中国证券监督管理委员会（以下简称证监会）、国家外汇管理局等，开始加强对此等市场融资业务的监管。其中特别值得一提的是，2017 年 11 月 17 日公布了《关于规范金融机构资产管理业务的指导意见（征

---

① 陶修明，君泽君律师事务所创始合伙人。北京市君泽君律师事务所的张红、张晨歌、张文、邓纯参与了本文的撰写。

② 2018 年 3 月，第十三届全国人民代表大会第一次会议表决通过了关于国务院机构改革方案的决定，将中国银行业监督管理委员会和中国保险监督管理委员会的职责整合，组建中国银行保险监督管理委员会。为行文方便，本报告中提及中国银行业监督管理委员会、中国保险监督管理委员会，均简称银保监会。

求意见稿）》（以下简称资管新规征求意见稿），资管新规征求意见稿一经公布，即给资管市场带来了巨大影响和震动。

《关于规范金融机构资产管理业务的指导意见》（以下简称资管新规）于2018年4月27日正式发布。可以说，从资管新规征求意见稿公布之时到资管新规正式实施期间，市场和监管一直处于某种博弈状态，各类从事资管业务的金融机构根据自身的业务和监管要求，对资管新规征求意见稿提出了诸多修改意见。从内容上看，资管新规征求意见稿统一了不同类型金融机构资管产品的监管标准，按照资管产品的投资性质以及募集方式对资管产品进行分类，分别适用不同的投资范围、杠杆约束、信息披露等监管要求。但是，不同类型金融机构的资管业务有其特殊性，目标客户群体、投资侧重点均有所不同，资管新规征求意见稿“一刀切”的监管思路显然不能满足全部市场主体的需求（当然从统一监管标准、避免政策套利的长远角度看是有合理性的），同时必然会对金融机构的资管业务造成重大影响。随后，在部分吸取了市场机构的意见后，资管新规正式发布。

此外，在资管新规正式发布之前，监管部门还出台了一些配套规则，以防控金融风险。比如，银保监会于2018年1月5日发布《商业银行委托贷款管理办法》，禁止将受托管理的他人资金作为委托贷款，旨在限制资管产品的投资渠道；中国证券业协会以及沪深交易所于2018年1月12日分别发布了《证券公司参与股票质押式回购交易风险管理指引》和《股票质押式回购交易及登记结算业务办法》，禁止金融机构以及私募基金管理人作为股票质押式回购交易的资金融入方，目的是促使股票质押式回购业务回归服务实体经济的本源。

客观上讲，资管新规以及相关配套措施起到了降低杠杆的明显作用，但同时这种去杠杆的过程具有明显的“一刀切”的粗暴色彩，人为导致了大量企业，特别是民营企业的资金链断裂，违约频发，以致出现引发系统性风险的可能。事实上，许多市场上优质的金融产品也因此出现了违约，如截至2018年年底，沪深两市共有15家A股上市公司累计40只债券违约，涉及债券余额总计284.96亿元；上市公司的股票质押（被普遍认为是优质金融业务）也出现大面积违约现象，一些优质民营上市公司实际控制人的股票被违约处置，导致其失去上市公司的控制权。本旨在控制金融市场风险的资管新规，实施结果却是在一定程度上直接造成或加剧了市场风险。

在意识到2018年上半年去杠杆的措施对市场造成的消极影响后，政府又开始采取一系列的补救措施以稳定市场。比如，针对上市公司股票质押式回购爆仓，监管机构对各证券公司提出窗口指导，要求在处置质押股票前先向监管报告，经监管同意后才可以处置股票；修订《公司法》，放宽上市公司回购股票的资金来源、回购比例、持有时间限制和决策程序，并通过证监会、财政部、国资委共同发布的《关于支持上市公司回购股份的意见》，允许上市公司“护盘式”回购，同时给回购的上市公司再融资支持；2018 年 10 月 22 日召开的国务院常务会议决定设立民营企业债券融资支持工具，由中国人民银行运用再贷款提供部分初始资金，由专业机构进行市场化运作，通过出售信用风险缓释工具、担保增信等多种方式，重点支持暂时遇到困难但有市场、有前景、技术有竞争力的民营企业债券融资；地方政府以及资产管理机构也纷纷设立纾困专项基金，对民营企业提供财务救助。

不可否认的是，2018 年上半年去杠杆导致的违约频发、市场恐慌叠加了中美贸易战[①]引发的市场对中国经济的悲观预期。但客观而论，监管应当尊重市场规律，特别是应该充分认识到，当今的中国金融市场，经过过去十多年的发展、提升和不断创新，已经是具有相当深度的复杂市场，监管思路和手段应该与时俱进、合理有效，并在技术层面确保其与市场活动的充分对应性，不能沿用以往的简单行政干预或命令模式，不能背离市场规律，不能逆市场而行，不能朝令夕改，让市场无所适从。

尽管 2018 年的中国金融市场经历了过山车式的监管，相当惨淡，但必须承认的是，2018 年中国政府在金融投资市场对外开放方面还是决心不减，并采取了有力措施。比如，外国投资者对国内金融机构持股上限进一步放宽[②]；期货市场对外开放，境外交易者可以参与上海能源交易中心原油期货、大连商品交易所铁矿石期货以及郑州商品交易所 PTA 期货的交易[③]；中国大陆资本市场与伦敦市场互联互

---

① 2018 年 3 月 23 日，美国总统特朗普在白宫正式签署对华贸易备忘录。特朗普当场宣布，将有可能对从中国进口的 600 亿美元商品加征关税，并限制中国企业对美投资并购。同日，我国商务部发布了针对美国进口钢铁和铝产品 232 措施的中止减让产品清单并征求公众意见，拟对自美进口部分产品加征关税。由此，揭开了中美贸易战的序幕。

② 详见本报告第二部分的描述。

③ 2018 年 3 月 26 日，中国原油期货在上海期货交易所子公司上海国际能源交易中心挂牌交易。这是我国首个国际化期货品种原油期货上市。随后，分别在 2018 年 5 月和 2018 年 11 月，大连商品交易所的铁矿石期货、郑州商品交易所的 PTA 期货分别开启引入境外交易者业务。

通安排也准备就绪[①]；电信领域对外开放。[②]

应该说，在市场交易体量的巨幅膨胀、产品的复杂结构化和多层嵌套、资产管理人的专业能力不足和操作管理不当、宏观经济处于下行通道以及监管政策和措施的不当等多重因素的持续影响下，2018 年的金融投资争议，无论是案件数量，还是平均案涉金额，均呈现了爆发式的增长。除借贷、私募股权投资对赌等传统的金融投资争议外，资产管理产品、债务融资工具、基金份额、上市公司股票质押、金融衍生交易、融资融券、出口信用保险等相关类型争议构成了金融投资争议新的增长点。其中涉及的法律问题，如交易定性、管理人责任的认定、各类非典型担保 / 增信安排的法律效力认定等，是此类金融争议裁判中经常遇到的问题。

以北京仲裁委员会 / 北京国际仲裁中心（BAC/BIAC，以下简称北仲）为例，2018 年北仲共受理案件 4,872 件，比去年增加 1,522 件；其中，金融类纠纷 1,752 件，占全部案件数量的 35.96%；争议标的额达 521.72 亿元，占争议标的总额的 71.35%。

二、新出台的法律法规和其他规范性文件

2018 年中国金融市场的监管措施，既有对防范金融风险的国家宏观政策的延续落实，对监管制度和监管规则的进一步细化，也有缓解流动性、合理引导资金流向的结构性调整措施。具体而言，主要涉及以下几个方面：

（一）资管新规正式落地，统一监管时代来临

在资管新规正式出台前，一些措施的实施已经使得资管产品投资非标业务名存实亡，市场上相关业务基本处于停滞观望状态。2018 年 1 月 5 日，银保监会发

---

① 2018 年 10 月 12 日，证监会正式发布《关于上海证券交易所与伦敦证券交易所互联互通存托凭证业务的监管规定（试行）》，明确了沪伦通存托凭证发行审核制度，存托凭证跨境转换制度安排，以及境内上市公司境外发行存托凭证的监管安排。11 月初，上海证券交易所正式发布了多个实施沪伦通相关配套业务规则，明确业务及交易端的制度细节；中国结算也发布了沪伦通的登记结算业务实施细则。尽管还未正式落地，但可以预料到的是，沪伦通将成为 A 股国际化进程中又一重要的里程碑。

② 电信领域涉及个人隐私和通信数据，并非国家承诺开放领域，但在商务部副部长王受文在“中国发展高层论坛 2018 年会”提出中国将进一步扩大电信等领域的开放后，2019 年 1 月 25 日英国电信（British Telecom）成为首个获得中国工信部颁发的全国性牌照的国际电信公司，获得两项业务许可——中国全国性 IP-VPN 许可证和中国全国互联网服务提供商（ISP）许可证。

布《商业银行委托贷款管理办法》，首次提出商业银行不得接受委托人为金融资产管理公司和经营贷款业务机构的委托贷款业务申请，不得接受受托管理的他人资金及银行授信资金等发放贷款，委托贷款不得从事债券、期货、金融衍生品、资产管理产品等投资，不得用于股本权益性投资或增资扩股等要求，封堵了很多资管产品非标投资的重要渠道。

2018 年 4 月 27 日，资管新规正式出台，打破了过去资管产品分机构监管的局面，按照资管产品的类型制定了统一的监管标准，将资管业务带入了统一监管的新时代。资管新规要求金融机构对资产管理产品实行净值化管理，明确非标准化债权类资产的认定，禁止多层嵌套及通道套利，细化了投资范围、信息披露、产品分级等方面的要求，并将过渡期从资管新规征求意见稿规定的 2019 年 6 月 30 日延长至 2020 年年底，过渡期结束后不得再发行或存续违反资管新规的资管产品。

随后，为进一步落实资管新规，监管机构陆续出台一系列配套实施规则，以继续推动资管业务规范转型。具体而言：

7 月 20 日，中国人民银行办公厅发布了《关于进一步明确规范金融机构资产管理业务指导意见有关事项的通知》（以下简称央行通知），允许公募资管产品适当投资非标准化债权类资产，明确过渡期内金融机构可以发行老产品投资新资产，部分定期开放式资管产品可以使用摊余成本法计量，鼓励非标准化债权类资产回表等，在一定程度上缓和了资管新规的高压管控态势。

8 月 17 日，银保监会信托监督管理部下发《信托部关于加强规范资产管理业务过渡期内信托监管工作的通知》，虽未详细列举具体的实施细则，但明确了适用资管新规的信托产品范围，支持信托公司开展符合监管要求、资金投向实体经济的事务管理类信托业务，并规定了过渡期安排。

9 月 28 日，银保监会发布了《商业银行理财业务监督管理办法》，在非标投资、估值核算等方面沿袭了央行通知的精神。根据该办法，银行理财产品分为公募理财产品和私募理财产品，可以投资于国债、地方政府债券、中央银行票据、政府机构债券、金融债券、银行存款、大额存单、同业存单、公司信用类债券、在银行间市场和证券交易所市场发行的资产支持证券、公募证券投资基金、其他债权类资产、权益类资产以及国务院银行业监督管理机构认可的其他资产。值得关注的是，该办法要求商业银行通过具有独立法人地位的子公司开展理财业务，鼓励商业银行理财业务积极向理财子公司转型。为落实这一要求，银保监会于 12 月 2 日配套发布了《商业银行理财子公司管理办法》，允许理财子公司发行分级理财产品，对理财子公司发行的理财产品也不设销售起点，并且进一步允许理财子公司发行的公募理财产品直接投资股票。至此，银行理财产品的投资范围已经大大放宽，商业银行理财子公司的投资范围基本上已经包含标准化资产、非标准化资产等各种资产类型，事实上等同于拥有了资管业务的“全牌照”。加之银行理财业务在资金流量方面的优势，此次银行理财子公司加入资管行业的直接竞争，势必会对传统的券商和基金子公司的资管业务造成巨大的压力。《商业银行理财子公司管理办法》发布后，银保监会陆续批准了中国建设银行、中国银行、中国农业银行、交通银行等多家银行设立理财子公司的申请。

10 月 22 日，证监会发布了《证券期货经营机构私募资产管理业务管理办法》和《证券期货经营机构私募资产管理计划运作管理规定》，为证券公司、基金管理公司、期货公司及前述机构的子公司等证券期货经营机构从事私募资管业务搭建了根本性制度体系。相对于此前中国人民银行与银保监会发布规定为资管新规松绑，证监会资管细则对资管新规放松有限，此中差异也体现出不同监管机构对资管业务所持的不同监管态度。

11 月 30 日，证监会发布了《证券公司大集合资产管理业务适用〈关于规范金融机构资产管理业务的指导意见〉操作指引》，主要针对证券公司设立的投资者人数不受 200 人限制的大集合产品。该指引明确了大集合产品进一步对标公募基金的标准与程序，帮助大集合产品实现规范发展。

（二）规范银行股东行为，加强银行股权管理

随着银行业金融机构快速发展，社会资本发起设立、参股或收购银行业金融机构的积极性不断提高。但一些乱象也随之发生，如违规使用非自有资金入股、代持股份、滥用股东权利损害银行利益等。

为治理上述市场乱象、弥补监管短板，银保监会于 2018 年 1 月 5 日发布《商业银行股权管理暂行办法》，对银行股东进行穿透监管，明确银行股东不得委托他人或接受他人委托持有商业银行股权，并对关联交易和金融产品入股进行明确规制，提出了单一投资人、发行人或管理人及其实际控制人、关联方、一致行动人控制的金融产品持有同一银行股份合计不得超过百分之五等要求。同年 2 月，银保监会发布了《中国银监会办公厅关于做好〈商业银行股权管理暂行办法〉实施相关工作的通知》和《中国银监会办公厅关于规范商业银行股东报告事项的通知》两份配套文件，进一步落实《商业银行股权管理暂行办法》的要求。上述办法和通知有助于规范商业银行股东行为，保护商业银行、存款人和其他客户的合法权

益，促进商业银行持续健康发展。

（三）银行联合授信试点，企业去杠杆势在必行

从近年来渤海钢铁、东北特钢等公司的破产事件来看，大型企业一旦爆发信用风险事件，涉及的金融债务往往金额巨大、覆盖面广，而且牵扯到的银行业金融机构数量较多。究其原因，系银行在进行授信决策时同质化严重、过度依赖各类担保，导致在经济上行期，大型企业普遍存在多头融资、过度融资现象，但在经济下行期，银行集中抽贷、过度担保累积的风险蔓延，从而导致上下游产业链的信用风险集中爆发。

作为市场去杠杆措施的一部分，银保监会于 2018 年 6 月 1 日印发《银行业金融机构联合授信管理办法（试行）》，对“在 3 家以上银行业金融机构有融资余额，且融资余额合计在 50 亿元以上的企业”（主要是大中型企业）实施强制联合授信。该办法明确了联合授信制度的三大核心举措：第一，授信银行间应签署联合授信成员银行协议、组建联合授信委员会，设置企业融资风险预警线、对企业提出风险防控要求；第二，委员会全体成员银行需与企业签署联合授信框架协议，双方协商确定企业授信额度，定期复评授信额度；第三，联合授信委员会应建立联席会议制度，负责审议决定联合授信重大事项。该办法是对企业的融资行为和银行的授信行为的双向约束，有利于从源头上防范和降低因企业重大信用风险事件引发的潜在重大系统性风险隐患。对于负债总体规模相对较大、杠杆率总体偏高的企业而言，未来或将面临主要融资渠道进一步收窄甚至关闭，融资额度上限约束趋严趋紧、融资难度和融资成本双双上升、企业经营管理的透明度要求被迫提高等多重挑战。

（四）券商场外期权格局重塑，一级交易商业务集中

场外期权业务被纳入强监管范围。2018 年 5 月，证监会下发《关于进一步加强证券公司场外期权业务监管的通知》，对证券公司参与场外期权交易实施分层管理，将证券公司分为一级交易商和二级交易商，一级交易商可与符合条件的专业机构投资者进行交易，二级交易商只能申请与一级交易商开展个股对冲交易，非交易商不得开展任何形式的场外期权业务。为进一步落实相关要求，中国证券业协会随后发布《关于进一步加强证券公司场外期权业务自律管理的通知》，明确了证券公司开展场外期权业务的二级交易商备案、标的管理和数据报送的管理要求，并按季度更新挂钩标的名单。截至 2018 年年底，中国证券业协会发布了三批场外

期权业务交易商名单，共计7家一级交易商和21家二级交易商。

场外期权业务相对于其他券商业务而言风险较高，需要有更完善的风控体系、更强的头寸管理能力和更雄厚的资本金作为基础。在上述通知发布之前，场外期权业务监管以窗口指导为主，券商业务执行标准不一、业务风险不断累积。上述通知一经发布，场外期权业务向一级交易商聚拢趋势明显，对场外期权交易市场具有积极意义。

（五）金融机构放宽外资准入

2018年4月，银保监会发布《关于进一步放宽外资银行市场准入相关事项的通知》《关于放开外资保险经纪公司经营范围的通知》等文件，加快推进银行业和保险业对外开放。8月17日，银保监会发布《中国银行保险监督管理委员会关于废止和修改部分规章的决定》，取消了中资商业银行、农村商业银行和金融资产管理公司的单个境外金融机构及其关联方持股比例不得超过20%、多个境外金融机构及其关联方持股比例合计不得超过25%的比例限制。该决定同时废止了《境外金融机构投资入股中资金融机构管理办法》，遵循国民待遇原则，不再对外资入股中资金融机构作单独规定（中外资适用统一的市场准入标准和行政许可办法）。国家发展与改革委员会、商务部也于2018年6月28日联合发布《外商投资准入特别管理措施（负面清单）（2018年版）》，进一步将证券公司、证券投资基金管理公司、期货公司的外资持股比例的上限从49%放宽至51%，将寿险公司的外资持股比例上限从50%放宽至51%，并承诺至2021年取消上述四类公司的外资持股比例限制。

（六）金融监管接轨国际经验

2008年国际金融危机引起国际市场对系统重要性金融机构的广泛关注，如何解决系统重要性金融机构巨大的负外部性以及伴随"大而不能倒"问题所产生的道德风险，已成为国际金融市场改革的重要内容。重要国际组织如金融稳定理事会、巴塞尔委员会等，已相继建立起对系统重要性金融机构识别、监管和处置的规则。借鉴国际组织的相关经验，2018年11月27日，一行两会联合发布《关于完善系统重要性金融机构监管的指导意见》，明确了系统重要性金融机构的定义、范围，规定了评估流程和总体方法，并通过两条途径完善监管：一方面，制定特别监管要求，以增强其持续经营能力，降低发生重大风险的可能性；另一方面，建立特别处置机制，推动恢复和处置计划的制订，确保系统重要性金融机构发生重大风险时能够得到安全、快速、有效处置，以防范“大而不能倒”的风险。该意见充分吸纳国际经验，弥补了我国金融监管短板，有助于引导大型金融机构稳健经营，防范系统性金融风险。

三、典型案例

【案例1】委托人之间的差额补足合同的效力

【基本案情】

2017年3月，某银行（申请人）与某个人（被申请人）及某信托公司（案外人）签订信托合同，设立某信托计划；申请人以1.2亿元认购信托计划优先级份额，被申请人以6,000万元认购信托计划劣后级份额（优先级份额和劣后级份额本金比为2∶1）。同日，申请人与被申请人签订《差额补足协议》，约定如果信托计划清算后（包括提前终止的情形）资产不足以覆盖申请人的投资本金和年化6.1%的收益，则被申请人有义务向申请人履行差额补足义务，以确保申请人的投资本金和约定收益的实现。信托计划成立后运作期间，曾向申请人分配过3次收益（按照年化6.1%计算）。

2018年6月，信托公司宣布信托计划提前终止。自信托计划成立至信托计划终止（共450日），申请人共获信托利益1.15亿，距收回投资本金并按照6.1%计算获得收益差1,300余万元。鉴此，申请人向被申请人发送付款通知，要求被申请人按照《差额补足协议》向申请人支付该1,300余万元。被申请人未支付，申请人遂提起仲裁申请。

在仲裁程序中，被申请人提出：（1）《差额补足协议》为隐性刚性兑付担保合同，违反监管规定，应为无效；（2）《差额补足协议》具有场外配资性质，按相关规定，应为无效；（3）《差额补足协议》具有赠与性质，被申请人作为赠与人，在财产尚未转移时，有权撤销。

【争议焦点】

《差额补足协议》的效力。

【裁判观点】

被申请人最主要的答辩意见为《差额补足协议》无效（即使有效，被申请人也有权撤销），故被申请人不承担对申请人的差额补足义务。针对被申请人的3个答辩观点，仲裁庭一一回应：（1）资管新规虽规定劣后级委托人不得对优先级委托人的本金及/或收益作出保障承诺，但是《差额补足协议》签订时资管新规尚未实施；更为重要的是，资管新规的立法层级属于部门规章，非“法律和行政法规”，即使违反，也不当然导致合同无效；（2）信托计划投资于股票市场不违反法律和监管规定；即使其实质是场外配资，也是市场交易主体正常、合法的债务融资行为，被申请人援引的深圳市中级人民法院《关于审理场外股票融资合同纠纷案件的裁判指引》仅是地方法院在审判工作中的裁判指引，没有法律强制力，也不代表中国整体司法实践；（3）《差额补足协议》虽是单务合同，但是并无赠与的意思表示，属于诺成性合同，双方一旦签署即产生效力，被申请人应履行差额补足义务。综上，仲裁庭认定，《差额补足协议》有效，被申请人应按照约定向申请人支付差额补足款1,300余万元以及相应违约金。

【纠纷观察】

自2018年4月资管新规甚至自2016年《证券期货经营机构私募资产管理业务运作管理暂行规定》（以下简称“新八条底线”）出台后，市场和裁判者对于资管计划中劣后级份额对优先级份额作出的保本保收益的承诺（合同）有不同看法。在严监管背景下，类似交易安排在数量上确实急剧减少；目前产生争议的，都是在资管新规或“新八条底线”出台之前即实施或确定的交易安排。这类纠纷的处理相对比较简单，裁判者可以直接认定相关“保本保收益”安排不违反当时的监管规定，故应有效。问题在于，如果此等交易安排（合同）确是在资管新规或“新八条底线”实施之后才达成的，裁判者又该如何判断合同效力？

笔者认为，对于合同效力的判断，应严格依据《最高人民法院关于适用〈中华人民共和国合同法〉若干问题的解释（一）》第4条“合同法实施以后，人民法院确认合同无效，应当以全国人大及其常委会制定的法律和国务院制定的行政法规为依据，不得以地方性法规、行政规章为依据”以及《最高人民法院关于适用〈中华人民共和国合同法〉若干问题的解释（二）》第14条“合同法第五十二条第（五）项规定的‘强制性规定’，是指效力性强制性规定”的规定作出，不能因有些交易安排违反监管规定（有些为部门规章，有些甚至是自律协会的规定），或违反“严监管”大背景下的某些政策，甚至是没有明文规定的监管“方向”或“风向”，就否定合同效力。监管行为的本质是行政行为，不能也不应对裁判行为（对合同效力的认定）产生影响。

此外，从交易逻辑上看，劣后级份额（委托人）对优先级份额（委托人）的投资本金及/或收益作出一定的承诺保证，与作为金融机构或管理人（受托人）对投资人（委托人）进行刚性兑付的性质是完全不同的。前者是市场交易主体之间正常的交易安排，如资金融入方向融出方支付融资本金和利息；而后者则是因管理人不尽职（如从事“资金池”业务），在投资出现亏损后出于市场声誉、对后续产品销售的影响、投资人投诉等多方面因素考虑以自有资金填补投资人的损失（风险仍在表内），对此种行为进行监管是合理且必要的，否则容易导致金融机构的风险累积乃至引发系统性金融风险。但是，如果对交易主体之间的商事安排与金融机构的“刚性兑付”不作区别而一并禁止，则是缺乏弹性和针对性的监管，不免会影响市场的正常合理交易安排。因此，裁判者在进行此类业务纠纷处理时，应对相关交易进行准确认定和区别对待，真正做到交易的归交易即承认市场规律和惯例，尊重当事人的意思表示，监管的归监管，即使相关交易安排不一定符合监管规定，也不应影响相关合同之效力。

【案例2】当事方已书面确定的股权回购款和现金补偿款的金额是否仍可以调整

【基本案情】

2012年8月20日，某投资基金（申请人）与目标公司（第一被申请人）签订《增资扩股协议》，约定申请人以人民币8,000万元认购第一被申请人新增注册资本62.5万美元（根据当时美元与人民币汇率，申请人是按照约20倍市盈率投资目标公司）。同日，申请人与目标公司原股东（第二、第三被申请人）签订《股东协议》，约定若目标公司2012年、2013年净利润达不到约定金额，则目标公司原股东应以现金方式补偿申请人；若目标公司未在2017年6月30日前在中国大陆境内完成首次公开发行（IPO），则申请人有权要求目标公司及其原股东回购申请人持有的目标公司全部股权。

因目标公司2012年和2013年的净利润均未达到约定金额，也未在2017年6月30日前实现IPO。2017年9月，申请人、目标公司以及目标公司原股东共同签署《确认函》，约定目标公司及其原股东应在约定期限内向申请人支付股权回购款和业绩补偿款。

后因目标公司和目标公司原股东未按照《承诺函》约定履行支付义务，申请人提起仲裁申请，要求被申请人支付股权回购款和业绩补偿款。

【争议焦点】

股权回购款以及业绩补偿款已经由双方签订的《承诺函》予以书面确认，但其中的金额计算与交易原理存在一定冲突，仲裁庭应否全部支持或作相应调整？

【裁判观点】

仲裁庭认为，从法律性质上看，股权回购和业绩补偿是两种交易逻辑存在内在冲突的交易安排，特别是在同时提出此等请求主张时，显得尤为明显。投资协议中的股权回购条款是一种附条件的终止或退出投资条款，故股权回购属于终止投资交易关系的安排；而业绩补偿是投资人与目标公司及/或目标公司实际控制人之间对当初的投资股权之价格根据投资后目标公司的经营状况（特别是利润指标实现情况）而进行调整的安排，并不影响投融资双方之间投资法律的存续。从经济角度看，业绩补偿单独出现时是成立的，但是如果同时涉及或事后出现股权回购情形，则在计算回购价款时应把业绩补偿的因素考虑在内——因为股权回购价款的计算基础是投资价款，如果原先的投资价款后因业绩补偿而调整了，则股权回购价款的计算基础必然发生变化，也即原先投资本金部分必须扣除业绩补偿款。因此，从以上这两个角度看，业绩补偿款和股权回购价款投资人不可兼得。此案中，虽然《承诺函》确认了投资人有权同时获得股权转让款和业绩补偿款，但是仲裁庭根据交易原理，仍只是选择支持了申请人关于股权回购款的仲裁请求（选择了回购，业绩补偿自然就没有交易基础了）。

【纠纷观察】

仲裁庭透彻分析了两种常见“对赌”情形之间的关系——在定性层面，投资人要求目标公司及/或大股东、实际控制人回购股权，隐含之意是要终止投资关系；而要求目标公司大股东、实际控制人给予现金补偿，隐含之意是要继续投资关系，故这两种请求权在法律逻辑上是自相矛盾的，投资人不应同时请求；即使同时请求，裁判者也不应同时支持，而应仅支持股权回购之请求（终止投资关系之内涵胜于继续投资关系之内涵）。在定量层面，股权回购款的计算基数是投资人的实际投资金额，如果在投资关系存续期间获得现金补偿，则投资金额自然就（因收取补偿款而）降低了，股权回购款的计算基数也理应相应调减，即投资人可能获得的股权回购款须扣除已获得的现金补偿。当然，如果投资人在投资目标公司期间未获得任何现金补偿，而在事后又同时主张现金补偿款和股权回购款的，那么裁判者仅需支持后者且计算基数无须调整。

本案中，仲裁庭正是基于上述交易原理或逻辑，并未机械全部认可《承诺函》的约定内容，即同时支持申请人的两项请求。或许在有些人看来，这种做法似乎否认了双方的意思自治，但笔者认为，裁判者对于双方当事人的约定当然应该尊重，但对于某些明显不合乎交易逻辑和计算逻辑的约定或交易安排，裁判者是可以予以适当调整的，只是需要充分加以说明而已。这与那种仅以所谓“公平”“正义”为由而随意调整当事人之间约定的裁处是不同的。

【案例3】抵押权没有设立，抵押人的责任究竟为何

2015年，最高人民法院（以下简称最高院）作出（2015）民申字第3299号民事裁定书，驳回质押人商都县众邦亿兴能源材料有限责任公司（以下简称众邦公司）因不服河北省高级人民法院（2015）冀民一终字第260号民事判决书而提出的再审申请。最高院在裁定书中写明："当事人之间签订的抵押合同已经成立并生效，原审法院判令众邦公司在其提供担保的土地使用权范围内对案涉债务承担连带清偿责任并无不当。"最高院如此认定，在法律界引起了一阵骚动。但是，笔者注意到，2018年某些地方法院悄然对此"先例"作出了一定的修正。

【基本案情】

2016年1月27日，王某（债权人）与缪某（债务人）、张某（抵押人）签订《借款合同》，约定：王某向缪某提供借款100万元，借款期限6个月，借款利率为月利率2.4%；为保证合同项下借款得到清偿，张某同意提供名下位于南京市某地的房产作为担保。但是，因该房产未办理相关房产证、土地证，故未办理抵押登记。上述协议签订后，王某向缪某转账支付了100万元。后因缪某未能按约支付利息，王某向江苏省南京市雨花台区人民法院（以下简称一审法院）提起诉讼，要求缪某偿还借款本金并支付利息，同时要求张某以南京市某地的该房产对缪某的上述债务承担连带清偿责任。

一审法院支持了王某要求缪某偿还借款本金并支付利息的诉讼请求，但是，对于王某要求张某以抵押财产价值对缪某的债务承担连带清偿责任的诉请，一审法院认为：根据《中华人民共和国物权法》第15条的规定，张某系《借款合同》的担保人，其以位于南京市某地的房产为缪某的100万元借款提供抵押担保的意思表示真实，该合同成立并生效，应当履行。抵押权因该房屋未办理抵押登记而未设立，债权人可依合同要求抵押人在抵押物价值范围内对债务人不能清偿的部分承担赔偿责任；又鉴于身为抵押权人的王某怠于、疏于要求抵押人办理抵押登记手续，其自身对于抵押权不能实现存有过错，故据此减轻张某的赔偿责任。一审法院判定张某对缪某不能清偿的债务部分承担50%的赔偿责任。

王某对一审判决不服，向江苏省南京市中级人民法院（以下简称南京中院）提起上诉，而王某的上诉理由（之一）值得关注——根据最高人民法院（2015）民申第3299号裁定书及河北省高级人民法院（2015）冀民一终字第260号民事判决书，抵押合同成立抵押权未设立，债权人可以主张担保人在担保物价值范围内对债务承担连带清偿责任，但一审判决与该等认定结果相悖，应予纠正。

【争议焦点】

抵押合同成立但抵押权没有设立的情况下，抵押人应承担何种责任。

【裁判观点】

南京中院认为，张某以其名下房产为缪某对王某的100万元借款提供抵押担保的意思表示真实，故抵押合同成立并生效，应当履行。但是该房屋的抵押权未能设立，不能当然地认为双方均同意以等价财产代替抵押物履行担保义务，故王某要求张某在其所有的房屋价值范围内对缪某的债务承担连带清偿责任，与双方设立抵押担保的真实意思不符，也混淆了物的担保与人的担保之间的区分。一审判决基于对王某和张某未办理房屋抵押登记手续的过错分析，判令张某以其提供担保的房屋价值为限，对缪某不能清偿的债务部分承担50%赔偿责任，并无不当。

【纠纷观察】

《中华人民共和国担保法》（以下简称《担保法》）第2条第2款规定，"本法规定的担保方式为保证、抵押、质押、留置和定金"。可见，抵押和保证是两种截然不同的担保方式。而无论哪种担保方式，双方当事人的合意是担保成立的前提，更是判断担保方式重要甚至是唯一的标准。河北高院和最高院在众邦公司案中以抵押权没有设立但是抵押合同成立且有效推定出抵押人应在抵押物价值范围内承担连带清偿责任的逻辑，恰恰是混淆了人的担保与物的担保的区别，更是忽略了作为私法重要基石的当事人意思自治原则。笔者认为，裁判者既然已经认定抵押合同成立且有效，那么合同当事人自然应按照约定履行合同——就抵押合同而言，核心的合同义务就是设立抵押权。一旦抵押权没有设立，即说明抵押人违约（除非存在其他可免责的情形），裁判者应根据合同法认定抵押人承担违约责任（第二性义务，违反合同义务或法定义务的后果），而不应直接认定抵押人承担担保责任（第一性义务，以合同约定或法律规定为前提）。因此，笔者认为，南京中院判定抵押人赔偿债权人的损失，背后的原理就是将抵押权没有设立认定为违约，赔偿损失的本质是承担违约责任，这是正确的法律逻辑；而最高院和河北高院直接判决抵押人承担连带保证责任，显然是为当事人创设了某种义务，违背了意思自治原则。

另外，值得注意的一点是，王某在上诉理由中提出一审判决（被二审法院认定为正确）违反最高院在众邦公司案中的终审裁定，由此主张一审判决错误。笔者认为，中国本非判例法国家，任何一级法院的生效判决，包括最高院的判决，对后案均不当然具备法律约束效力。但是，笔者也完全同意，最高院的判例往往具有一定的"导向性"，对当事人以及其他法院有相当的影响力。笔者理解，最高院作为中国最高的审判机关，定时或不定时地颁布指定案例或公报案例，对于统一裁判尺度具有积极意义。

【案例 4】期货公司强制平仓行为的妥当性分析

【基本案情】

2013 年 6 月，施某（原告）与 S 期货公司（被告）签订《期货经纪合同》，约定：施某委托 S 期货公司按照施某的交易指令为其进行期货交易，施某对交易结果承担全部责任；施某将资金存入 S 期货公司及中国期货保证金监管中心披露的期货保证金账户，S 期货公司有权根据期货交易所、结算机构的规定、市场情况或认为有必要时自行调整保证金比例；施某应随时关注自己的持仓、保证金和权益变化情况；S 期货公司以风险率 I 和 II 计算施某期货交易资金账户的风险——当风险率 I 大于 100% 时，S 期货公司应按照合同约定的方式向施某发出追加保证金通知和强行平仓通知，施某应在通知要求的时间内追加足额保证金直至风险率 I 小于 100%，否则 S 期货公司有权在下一交易日对施某资金账户内的持仓进行部分或全部平仓处理；因市场行情急剧变化导致施某资金账户的风险率 II 大于 100% 时，S 期货公司在向施某发送追加保证金和强行平仓的通知后，有权随时对其资金账户内的持仓进行部分或全部强行平仓处理，直至风险率 II 小于 100%；无论是风险率 I 还是风险率 II 项下的强制平仓，后果均由施某承担。

2015 年 7 月 8 日收市后，S 期货公司向施某发出交易结算单，载明施某账户内风险率为 94.55%；2015 年 7 月 9 日上午 9 时 19 分，S 期货公司向施某发出通知，告知其风险级别提升为强制平仓，要求其立即追加保证金或减仓至可用资金为正数，否则将实施强平。当日上午 9 时 20 分（补仓通知发出 1 分钟后），S 期货公司对施某持有的期货合约予以强平，导致该期货合约平仓损失 686,280 元。施某遂提起本案诉讼。施某认为 S 期货公司对其持有的期货合约实施强制平仓构成侵权行为，S 期货公司认为其系基于《期货经纪合同》中约定的风险率 II 变化实施强制平仓，符合约定。

【争议焦点】

S 期货公司在向施某发出补仓通知仅 1 分钟后即对其持有的期货合约实施强制平仓，是否妥当?

【裁判观点】

一审法院认为，根据《最高人民法院关于审理期货纠纷案件若干问题的规定》第 36 条第 2 款的规定，期货公司有权对客户的期货合约进行强制平仓，但是该权利的行使应受限制，即只有在客户的交易保证金不足且未能在约定时间内追加保证金时才能行使，否则即属于不当处分他人财产，构成侵权，应承担相应民事责任。本案中，S期货公司称其系依据《期货经纪合同》中关于风险率II之约定对施某的期货合约进行强制平仓，但因合同中对于施某追加保证金的期限未作明确约定，作为格式合同提供方的S期货公司应给予施某合理的履行期限。但S期货公司在向施某发出补仓通知1分钟后即对其持有的期货合约进行强制平仓，也即S期货公司实际给予施某追加保证金的期限仅为1分钟，明显不合理，故S期货公司强制平仓之举措构成不当履行合同之过错。而且，如果非因S期货公司之过错，施某是可以通过追加保证金的方式使其所持系争期货合约不被强行平仓（施某于当日上午9时35分和10时36分两次累计追加保证金200万元），故可以认定S期货公司的强制平仓行为构成对施某账户内资产的侵权。一审法院还认为，施某作为期货市场交易主体，对其账户及所持合约风险也负有积极管理及注意义务——在其期货合约被S期货公司强制平仓的前一日，其账户风险率已达94.55%，但施某未能及时采取相关救济措施，也是导致损失发生的原因之一。依照《中华人民共和国侵权责任法》相关规定，一审法院判决S期货公司对施某的损失承担70%的责任，施某自行承担30%的责任。S期货公司不服一审判决，提出上诉。

二审法院认为，施某作为期货市场的交易主体，怠于关注其账户风险，怠于在其账户已经出现风险时追加保证金或采取有效控制措施，才是导致S期货公司对施某持有的期货合约进行强制平仓的主要原因，故施某应对其损失承担70%的责任。而S期货公司根据合同约定以及《期货交易管理条例》的规定向施某发送了补仓通知，并在市场行情发生急剧变化且施某未追加保证金的情况下对施某的期货合约进行强制平仓，未违反合同约定以及相关禁止性规定。但是，二审法院也认为，《期货经纪合同》虽未约定在风险率II大于100%时客户应补仓的期限，但是1分钟的时间确实过短，故S期货公司对施某的损失承担30%的责任。施某不服二审判决，向上海市高级人民法院（以下简称上海高院）申请再审。

上海高院认为，S期货公司在向施某发送了补仓通知后仅1分钟即进行了强制平仓，属于履约不当，就此对施某的损失承担30%的责任是恰当的。

【纠纷观察】

金融、投资交易，特别是股票、期货交易，具有风险高、专业化强的特点，而且市场行情瞬息万变，投资者应该具有较强的风险承受能力以及较高的投资专业能力。而配资交易因为加了杠杆，放大了风险，客户更应紧盯账户资产变化。

同时，因为期货交易是“保证金交易”，故客户在交易期间维持交易保证金处于一定比例并在该比例低于约定时追加保证金，更是其首要合同义务。在上述案件中，二审法院和上海高院推翻了一审法院关于S期货公司不当强制平仓是造成施某损失主要原因的认定，认为客户未能关注账户资金情况以及未能及时追加保证金（违约）才是直接导致强制平仓并产生损失的首要原因——这种认定基本是正确的。依据相关法律法规以及合同，证券公司或期货公司享有强制平仓的权利（也有观点认为同时也是义务）。换句话说，对于证券公司或期货公司强制平仓行为是否妥当的判断，不应过分关注时间节点（但是如果合同有明确约定，当然应以合同约定的行使期限为准。本案合同就是没有明确约定时间节点，而是仅约定S期货公司有权“随时”强制平仓），也不应以事后市场的涨跌来判断。二审法院和上海高院的认定是恰当的，即S期货公司强制平仓的做法不违反合同以及相关法律禁止性规定，唯一欠妥之处在于给予施某补仓的时间过短，应对客户的损失承担次要责任。

还有一点值得注意，即二审法院和上海高院均否定了一审法院关于S期货公司强制平仓构成侵权的认定，仅认为属于履约不当。侵权责任的归责原则是过错责任原则，即侵权行为需要有主观上的过错（故意或重大过失），而且被侵权人需要证明侵权人具有过错；而违约责任是严格责任，不以违约方的主观意志为归责条件，仅以违约行为是否发生为判断标准。本案中，施某虽主张S期货公司构成侵权，但是并未证明S期货公司有过错，而是以其行为倒推其具有过错；一审法院则是先认定S期货公司在履约过程中存在过错，再以施某之后的补仓行为推定S期货公司的强制平仓行为构成侵权。笔者认为，在审查违约行为时，不应涉及对违约方主观意愿的解读，否则裁判者将陷于泥潭——在判断违约时看是否有过错，或在判断侵权时看是否有约定。二审法院和上海高院的路径是恰当的，即先认定S期货公司的行为，无论是之前的发送通知还是之后的强制平仓，均是符合合同约定的；而至于履约是否妥当，也系从合同法律关系而非侵权法律关系出发，即只判断行为（1分钟是不够合理的履约期限），而不触碰主观意愿（1分钟与S期货公司是否有故意无关）。

至于S期货公司履约不当应承担的损失比例，二审法院和上海高院均认为是30%。笔者认为，再好的定性，最终还是要回归定量。但是在实践中，裁判者，无论是法官还是仲裁员，对定量问题重视不够，时常采用简单或宽泛的酌情处理，而缺乏必要充分的定量分析。本案的定量方法，是根据双方违约程度对损失的影响予以确定（法院也未对3∶7的比例作出解释，但这本身即属于自由裁量权范畴），相对比较简单。

【案例5】政府有关部门出具的《承诺函》的法律性质

2006年3月，湖南省宜章县政府（出让方）与宜连公司（受让方）签订《特许合同》，约定：宜章县政府以特许经营方式授权宜连公司投资、建设经营、养护管理湖南省境内宜章县城关镇至广东省连州市凤头岭高速公路（案涉高速公路）；特许经营期包括36个月的建设期和30年的收费经营期；在特定情况下，受让方有权提前终止本合同，出让方收回本项目，并同时承担受让方为本项目的建设而发生的一切尚未清偿的负债、受让方为本项目建设投入的项目资本金及利息以及合理的预期投资收益。

2009年8月，建设银行湖南分行（贷款人）、招商银行深圳分行（贷款人）与宜连公司（借款人）签订《人民币资金银团贷款合同》（以下简称《贷款合同》），约定两贷款人向宜连公司发放共计12亿元贷款。湖南省高速公路管理局（以下称高管局）向招商银行深圳分行出具《承诺函》，承诺“贵行对宜连公司提供的项目贷款，若该公司出现没有按时履行其到期债务等违反借款合同约定的行为，或者存在危及银行贷款本息偿付的情形，出于保护投资商利益，保障贵行信贷资金安全的目的，我局承诺按《特许合同》第15.6条之规定全额回购宜连高速公路经营权，以确保化解银行贷款风险，我局所支付款项均先归还贵行贷款本息”。后因宜连公司未能偿还贷款，高管局也未就宜连公司所欠债务予以处理，招商银行深圳分行向湖南省高级人民法院起诉，要求高管局履行回购案涉高速公路经营权。

招商银行深圳分行认为《承诺函》是高管局的单方允诺，合法有效，高管局应依据《承诺函》承担相应赔偿责任；高管局则认为《承诺函》只是安慰函，不具有可兑现性，应属无效。一审法院采纳了招商银行深圳分行的观点，认定《承诺函》是高管局单方承诺为自己设定义务，不违反法律法规的禁止性规定，高管局应依《承诺函》履行案涉高速公路经营权的回购义务。高管局不服一审判决，向最高院提起上诉。

【争议焦点】

《承诺函》的法律性质和效力。

【裁判观点】

最高院认为，高管局出具《承诺函》的目的是保障招商银行深圳分行的信贷资金安全，以确保宜连公司获得贷款。《承诺函》清楚地表明，当宜连公司出现没有按时履行其到期债务等违反借款合同约定的行为，或者存在危及银行贷款本息偿付的情形时，高管局以回购经营权的方式确保招行深圳分行的债权实现。根据《担保法》第6条和《最高人民法院关于适用〈中华人民共和国担保法〉若干问题的解释》第22条的规定，《承诺函》具有保证担保性质；因该函已被招商银行深圳分行接受，故双方成立保证合同。但根据《担保法》第9条关于“学校、幼儿园、医院等以公益为目的的事业单位、社会团体不得为保证人”的规定，高管局作为湖南基础设施高速公路的建设、管理事业单位，不得作为保证人，故《承诺函》因违反法律强制性规定应认定无效。

【纠纷观察】

笔者认为，首先，《承诺函》是否是保证担保合同，有待商榷。随着金融市场实践的持续创新发展，金融产品越来越丰富多样，与之相应的增信措施（本身就构成金融产品或金融产品之部分）也层出不穷，最传统的当然是法定的担保安排（保证、抵押、质押、留置和定金）。但事实上，越来越多的在经济上具有担保价值的增信措施不符合传统的担保安排，如回购（以与投资款相等的金额赎回某种权利）、差额补足、产品收益分配的优先劣后安排等。此类行为以及意思表示是否一定要归类或定性为保证担保，进而直接适用《担保法》，笔者是持谨慎保留态度的。商事主体在进行金融、投资交易时，需要关注的交易要素远多于法律法规的规定，有些交易安排正是为了弥补法律法规的滞后缺位，才被交易主体人为创设。如果出现争议的恰是这些交易安排，而裁判者仍以现有法律框架予以套用解读，是不适宜的。对于本案贷款交易而言，《承诺函》是一种增信措施（最高院也认可此《承诺函》起到了保障招商银行深圳分行贷款资金安全的作用），也是高管局的真实意思表示，本应合法有效且对承诺作出方和相对方有约束力。

其次，政府有关部门的地位也值得讨论。本案中，为了确保招商银行深圳分行的款项安全，也为了当地企业能够顺利获得贷款，高管局承诺在特定情况下回购案涉高速公路的经营权。也即事实上，高管局已经介入了市场主体的商事交易（借贷法律关系），且已经作出了严肃的意思表示。既然如此，就出具《承诺函》而言，高管局应被视为是一个民事主体，从事商业活动，作出具有直接经济价值的承诺，而不应再被视为行政主体，表达行政政策意愿。因此，笔者认为，高管局出具《承诺函》，就应按照其作出的承诺承担民事责任，这种责任可以基于合同法原理而成立。最高院以《担保法》第9条认为高管局不能作为保证人（主体不适格）进而认定其作出的有保证担保性质的《承诺函》无效，实质上是否认了当事人的真实意思表示，免除了政府有关部门的债务，否定了参与商事交易的各主体之间的商事交易安排，不利于维护市场主体的正当利益以及合理预期，不利于保护诚信，不利于维护交易的稳定和合理预期。

四、热点观察

（一）再论“刚性兑付”

资管新规出台之前，刚性兑付（仅指作为产品发行方或管理人的金融机构对投资者作出的保证投资本金及/或收益的承诺或行为）是中国当今金融市场普遍存在的特色现象之一。导致这一现象的原因是多重的，笔者认为主要有以下几个方面：（1）在一段时间内，刚性兑付是被监管部门明示接受或暗示要求的；（2）金融机构（管理人）在实际运作资产管理产品时，未能就不同的具体投资产品或业务做到单独管理、单独建账、单独核算，而是将各产品混同，形成资金池，以致不同产品之间再无损益之分、好坏之别，产品净值不得而知，那么管理人在面对某一到期产品的投资者时，只好选择兑付；（3）金融机构出于维护自己声誉目的，对于已发行的产品，无论是赔是赚一律向投资者兑付，否则只要有一期产品不能或不能完全兑付，就必然会影响其后续产品的发售；（4）政府部门或监管机构出于社会稳定性考虑，在金融产品出现正常的投资亏损时，一度采取的态度就是强制要求金融机构向投资者进行全额兑付；（5）中国投资者尤其是个人投资者尚缺乏对金融市场不同产品的准确认知，同时没有成熟的投资理念，缺乏风险意识，无法识别风险，更无法接受投资的风险，甚至简单地认为所有其投资的金融产品都是银行存款产品或类似银行存款产品，所有的金融机构都是银行或类银行机构，所有产品都会或应该“到期还本付息”，以致最终形成市场普遍存在的“刚性兑付”现象。

刚性兑付的后果不言而喻，本是表外业务资产的风险实际又被转回表内或根本就没有出表，合同中有关产品风险由投资者承担的约定形同虚设，这种风险承担的约定与实际承担的背离必然导致业务膨胀、风控失度，并诱发业务道德风险，导致业务风险累积，甚至可能会出现庞氏骗局的业务形态，最终导致机构倒闭风险以致市场的系统性风险。

针对上述种种原因以及刚性兑付的严重后果，资管新规明确禁止资产管理产品的发行人或者管理人违反真实公允确定净值原则、采取滚动发行等方式使得资产管理产品的本金、收益、风险在不同投资者之间发生转移、自行筹集资金偿付或者委托其他机构代为偿付的保本保收益行为。

笔者认为，资管新规对刚性兑付的准确定性（主体限定为金融机构）以及坚决的否定态度，是监管部门尊重市场规律、理解交易逻辑的体现。资产管理的本质是“受人之托，代人理财”，金融机构和投资者之间是委托/信托关系，受托人（管理人）的责任限于受托事务，仅因其管理受托事务不善而对投资人（委托人）承担赔偿责任，但对于正常尽责情况下仍然出现的投资损失则不承担任何补偿或赔偿责任，而刚性兑付的本质是把受托人变成了债务人，把委托人、投资人变成了债权人（当然本是债权属性的金融产品除外）。现资管新规要求受托人不得向委托人承担清偿责任，是将双方的法律关系摆回了应有的法律定位，回归了交易本质，有利于市场的长期良好发展，有利于形成成熟的投资文化，有利于防范市场重大风险的发生。

（二）资产管理人责任探究

既然打破刚性兑付，那么投资者就有可能遭受亏损，但亏损是不是都是市场原因导致的？管理人在其中到底有没有责任？这是中国金融市场十分值得关注的问题之一。就笔者观察，目前市场上金融产品投资损失确实时常与管理人没有妥善履行职责相关。

金融资产管理业务的管理人到底有哪些职责或义务，这并没有一个系统的规定，而是散见于诸多的相关金融法律法规之中。总体而言，资产管理人具有合法合规、诚实勤勉和专业信义（fiduciary duty）义务。具体而言，管理人应在产品创设、产品推介、风险披露、业务操作等诸多方面为委托人的利益尽到职责，如管理人应在产品创设过程中确保业务的合法合规，对基础资产进行充分的专业性尽职调查和风险收益评估，应仅将适合的产品向适格投资者进行推介销售，应向投资者进行充分的信息披露和有效的产品风险揭示，业务操作应符合规范要求、避免操作风险，应公平对待投资人、避免利益冲突或利益输送。

另外，在我国现有法律法规中，资产管理业务的投资者与管理人之间的法律关系，也是一直未被明确定性的（信托业务和公募证券投资基金业务因由信托法和基金法明确定性除外），尽管广义而言就是委托（资产管理）关系，但具体内涵则主要存在于业务产品合同文件中。

然而，不可否认的是，目前市场上大部分金融产品合同均为作为管理人的金融机构提供的格式合同，在此等格式合同中，管理人通常会给自身约定诸多的免责条款，实际结果是无论在什么情况下，无论产品的投资过程或结果如何，管理人似乎都不需要承担任何责任，投资人实际是无条件地承担了产品的风险和亏损结果。但事实上，确实存在诸多产品的投资失败系因管理人的失职管理行为所致，这也是此类业务纠纷多发的实际原因之一。对于投资人拟追究管理人责任的纠纷案件，就必须结合实际业务操作情况对管理人责任进行具体的判断，而不能简单地仅依据合同约定进行判断。

例如，在有些产品中，承担管理人职责的并非金融机构（如财富管理公司），金融机构仅是通道，并不负责资产的实际管理运作；甚至在有些产品中，实际担任资产管理人职责的是投资顾问，资金的运作由投资顾问（名义上是投资顾问，实际上是最后的资产风险承担方和最终预期超额收益享有人或之一，但不一定是产品合同的一方当事人）决定，金融机构（产品合同中约定的管理人——名义上的或合规意义上的管理人）仅是执行投资顾问的投资指令。在这些情况下，如何判断管理人角色，确定管理人的职责及其对产品管理或亏损的责任，就是一个挑战，就是一个需要根据实际情况具体审视的问题。若仍依照合同文字约定，简单认定金融机构为管理人，则可能不利于纠纷的恰当公平处理。

笔者认为，资产管理人职责或说广义上的受托人义务，如前文提到的诚实勤勉和专业信义，以及对受托财产分别管理、分别记账、披露产品净值、确定分配方案等，是具有普适性的，因此，无论管理人是否为金融机构，也无论实际履行管理人职责的主体是否就是产品合同中形式上约定的管理人，普适性的管理人职责均应适用。

综上，在投资者—管理人法律关系尚未明确、现有上位法律规范不够细化、金融机构作为绝对强势一方、监管规定相对滞后且过分行政化的背景下，裁判者应基于妥善管理的一般性原则和合理商业责任（考虑因素可包括管理费多寡、是否有权收取业绩报酬等），对管理人的身份和职责定位以及其是否尽职进行准确判断。

（三）各类增信措施（非典型担保）的合法性

担保，是现代经济生活中最重要的金融活动之一，几乎在所有基础金融业务和衍生金融业务中都能发现其存在踪迹，其本质就是信用支持或信用保障或增信安排（credit enhancement arrangement），而1995年实施的《担保法》认可的担保种类仅有保证、质押、抵押、留置和定金五种（典型担保）。随着我国金融市场的不断发展，担保的表现形式和担保的经济功能出现了矛盾，典型担保已无法适应不断创新的金融产品和金融活动，越来越多的非典型担保浮出水面，如差额补足、回购承诺、所有权转移（title transfer）（多见于金融衍生品交易）等。但是，受制于“担保的物权色彩”以及“物权法定”的传统思维，当事人基于合同创设不同于《担保法》规定之担保的权利一直存在法律定性的不确定现象。

笔者认为，市场经济的一个基本原则，是法律应当遵循交易人的习惯即惯例，尊重和认可交易主体的基于公平自愿和商人处置自身合法利益的合同约定，鼓励有利于促成交易、提升交易效用和市场财富运用和价值创造的市场创新活动。

对于市场上出现的各类非典型意义上的担保或增信安排，需要承认其交易实践上的合理性，且完全可以从合同法原则出发，尊重交易当事人的意思自治和契约自由权利，除非出现法律禁止的损害第三方、市场秩序或公共利益等情形，否则，没有必要非得从担保法的角度去审视、判断或规制，或重新定性，或否定其法律有效性。比如，在结构化资管产品或信托计划中，经常出现的产品投资人（委托人）优先劣后分级安排，劣后级资金或投资人对优先级资金或投资人作出本金及/或收益的保证/保障承诺（无论是通过产品内化结构安排还是另行签署相应文件安排），都是风险偏好不同的投资人的自主自愿安排，优先级投资人承担低风险享有低收益，劣后级投资人承担高风险博取高收益，都是其真实意思表示，都是正常的、自古就有的风险收益交易行为，法律（包括监管规定）和裁判者应予以承认。

但资管新规（包括此前的“新八条底线”）却将此类“非典型担保”视为系与（金融机构）刚性兑付具有相同“危害性”的行为而加以禁止，这显然混淆了纯属商人之间的自主自愿风险收益分配和金融机构的业务合规要求，显示出立法技术的缺陷，以及立法和监管对如今已是相当成熟发展、业务细分的市场活动的不适应，不但没有充分实现有序管理市场和促进市场发展的良好愿望，反而在一定程度上限制了市场的合理交易安排和交易需求，影响了交易效率，甚至直接增加了交易安排法律性质不确定的风险，让人颇感遗憾。

我国的担保法律制度应该与时俱进，遵循交易习惯，充分认可并支持对市场发展、交易效率提升和财富创造有价值的各类增信措施，保障其法律有效性，保护诚信和良好市场秩序。

五、总结与展望：提升金融裁判的确定性

由于金融交易的虚拟性和内含法律关系的复合性，金融交易的强制监管特性以及金融交易的不断创新特性，金融交易纠纷案件的处理相比于其他交易纠纷案件的处理，面临更高要求、更多挑战。实践中，对于复杂或创新的金融业务纠纷

案件，做到裁判处理标准的相对统一并不容易，相反，还时常会出现不同的裁判机构、同一裁判机构的不同裁判组以及同一裁判组内的不同裁判人员，就同类金融纠纷案件的基本问题定性有不同乃至完全相反的认识。

过去是鼓励金融创新，现在则变成了严格规制金融创新。目前实践中出现了两个非常值得注意的倾向：一是交易定性穿透审查的现象，二是认为违规即违法并导致交易无效的问题。在鼓励创新的宏观政策环境下，最高院的裁判指导意见是，不要因为法律法规没有明确规定就轻易否定一个金融产品的有效性；而现在在严监管的环境下，要求层层穿透审查金融交易，根据整体交易实质内容和交易主体相互关系来判断具体涉案交易的性质和效力。

如果说，纯粹从市场监管的角度看，为了有效达到监管的目的，进行穿透审查在一定程度上是必要的，但是从裁判的角度看，这样做需要非常慎重，甚至是有风险的，因为合同和纠纷都是具有相对性的，穿透审查可能会破坏这种合同主体权利义务的相对性，以及不同（关联）合同/交易纠纷在不同裁判机构处理的不一致问题。而且更重要的是，对同类业务的裁判处理应该具有裁判上的确定性和一致性，裁判标准不宜跟随监管政策的变化而出现实质性变化。裁判重视的是交易主体在具体合同交易中的真实意思表示，而这个交易意思表示与交易（特别是一组交易）的最终经济目标和功能不是一回事，是要有所区分的。

面对新形势下金融纠纷的裁判处理应该重视三点：第一，在交易和合同的合法性之确定上，应保持法律原则不变，只有违反法律和行政法规的效力性强制性规定的行为才能被认定为无效；第二，在定量问题上，应当基于交易的原理和计算逻辑，尽可能做到准确地定量计算，确保公平公正的量化支持；第三，在价值取向上，应当坚持诚实信用原则，金融机构应更加重视管理人职责之履行，而裁判机构则应基于实际交易事实（而非拘泥于交易文本特别是格式交易文本的约定），更加重视投资者的实际有效保护。

总之，监管是监管，裁判是裁判，两者有着明确的界限。我们注意到，尽管越来越多的金融机构选择通过仲裁方式解决其争议，但坦率地说，仲裁目前仍然是补充性的金融争议解决方式，更大量的金融争议仍是通过法院诉讼解决。这其中的原因很多，一个原因就是仲裁的一裁终局特性使得许多的金融机构，特别是大型的金融机构担心一旦仲裁裁决的结果不合理，其将没有任何有效的救济手段；而若是有关纠纷通过法院诉讼解决，则其有充分的资源寻求进一步的法律救济。进一步讲，这种对于仲裁程序性问题的困惑，其背后真正的原因是对裁判不确定性的担忧。如果金融投资案件，特别是新型金融投资案件的裁判结果具有很高的确定性，则这种困惑即选择仲裁解决的担心就会大大减小。因此，从仲裁机构的角度看，提高金融投资争议裁判结果的确定性是一个必须重视的任务和目标。在这个努力过程中，笔者认为，仲裁员有良好适合的专业背景，能坚守专业操守，准确理解基础交易，尊重契约和当事人真实意思表示，保护诚信等，都将有助于给市场提供具有可预期性、确定性和一致性的裁判服务，并最终有助于提升仲裁的公信力。

中国知识产权争议解决年度观察（2019）

胡 科　赵 烨[①]

一、概述

2018年，面对经济发展向创新驱动模式转型等国内新形势和贸易保护主义升温等国际新变化，中国政府出台了一系列政策和改革措施，以强化知识产权保护，加快创新型国家建设步伐。在此背景下，知识产权司法保护领域也出现了很多重大革新，出现了很多具有开创性的重要案例，司法保护知识产权的主导作用进一步加强；知识产权行政执法机制、多元化争议解决机制得到进一步发展。本篇将就2018年中国专利、商标、著作权等知识产权的争议解决以及与知识产权相关的反不正当竞争、反垄断争议解决的一些重要变化进行简单介绍，并提出笔者的一些观察和体会。

2018年知识产权争议解决领域的主要面貌可以概括如下：

（一）知识产权综合实力继续加强，推动经济发展模式转变，对知识产权争议解决提出更高要求

2018年，我国经济继续向创新型发展模式转型。一个重要标志是我国专利申请量和授权量继续稳步增长。全年发明专利申请量达到154.2万件；共授权发明专利43.2万件，较上年同期增长5.8%；共受理PCT国际专利申请5.5万件，同比增长9.0%。国内企业创新主体地位进一步提升。有专利申请的国内企业较上年新增6.0万家，对国内发明专利申请增长的贡献率达到73.2%；外国公司和国外人员在华发明专利申请量达到14.8万件，较上年增长9.1%。每万人口发明专利拥有量较

① 胡科，竞天公诚律师事务所合伙人。赵烨，竞天公诚律师事务所合伙人。

2017年年底提高1.7件。而以授权发明专利的权利要求数量和维持年限衡量，专利质量也有显著提升。①

商标申请和注册数量继续高涨，全年全国商标注册申请量为737.1万件，获得商标注册的量为500.7万件，其中，国内商标注册479.7万件，商标注册平均审查周期缩短至6个月以内。马德里商标国际注册申请量超过6,000件。②

此外，全年我国知识产权使用费进出口总额超过350亿美元；专利、商标质押融资总额达到1,224亿元，同比增长12.3%。③

综上，2018年我国知识产权综合实力再上新台阶，知识产权运用效益快速增长，知识产权在国家经济发展中的地位进一步凸显。这势必对知识产权争议解决的效率和质量提出更高的要求。

（二）知识产权保护得到空前关注

2018年2月27日，中共中央办公厅、国务院办公厅印发《关于加强知识产权审判领域改革创新若干问题的意见》（以下简称《知识产权审判改革意见》）。这是第一个由中共中央、国务院印发的专门面向知识产权审判的纲领性文件。《知识产权审判改革意见》从完善知识产权诉讼制度、加强知识产权法院体系建设、加强知识产权审判队伍建设和加强组织领导四个方面提出改革要求，旨在提高知识产权审判质量和效率，加大知识产权司法保护力度。④文件确立了人民法院知识产权审判工作的指导思想、基本原则、改革目标和重点措施，体现了中国全面提高知识产权保护水平、将其法院体系打造成国际知识产权争端解决“优选地”的雄心。在此推动下，2018年知识产权司法审判领域出现了大量新制度、新手段、新气象。

知识产权保护也得到了国家领导层的高度重视。2018年4月10日，习近平主席在博鳌亚洲论坛开幕式上发表主题演讲，将加强知识产权保护作为新时代中国扩大开放的四大举措之一，专门提到中国将继续加强知识产权保护，完善执法

---

① “申长雨在2019年全国知识产权局局长会议上的报告”，http://www.sipo.gov.cn/zscqgz/1135212.htm，访问时间2019年1月26日。

② “申长雨在2019年全国知识产权局局长会议上的报告”，http://www.sipo.gov.cn/zscqgz/1135212.htm，访问时间2019年1月26日。

③ “申长雨在2019年全国知识产权局局长会议上的报告”，http://www.sipo.gov.cn/zscqgz/1135212.htm，访问时间2019年1月26日。

④ 中共中央办公厅、国务院办公厅《关于加强知识产权审判领域改革创新若干问题的意见》，http://www.gov.cn/zhengce/2018-02/27/content_5269267.htm，访问时间：2019年1月8日。

力量，加大执法力度。[①]9月20日，李克强总理在天津的夏季达沃斯论坛表示，知识产权就是创新型经济发展的基础，中国将继续加大对侵犯知识产权行为的惩罚力度，不断采取更加严格的制度和更加有效的监管。[②]11月5日，习近平主席在首届中国国际进口博览会开幕式发表演讲强调，中国将加大推进力度保护外资企业合法权益，坚决依法惩处侵犯知识产权的行为，并提到将引入惩罚性赔偿制度。[③]

（三）知识产权立法动作密集，《中华人民共和国专利法》（以下简称《专利法》）修改成为焦点

《中华人民共和国专利法修正案（草案）》（以下简称《专利法修正案（草案）》）是国务院2018年立法工作计划列出的第一部法律修正案，并于年底通过国务院常务会议审议，已提交全国人民代表大会常务委员会（以下简称全国人大常委会）第一次审议。这一轮《专利法》修改的重点是进一步加强专利权人合法权益保护，完善激励发明创造的机制制度，并把实践中有效保护专利的成熟做法上升为法律。[④]

《中华人民共和国著作权法》（以下简称《著作权法》）修改仍在准备过程中；此外，知识产权局也启动了《中华人民共和国商标法》（以下简称《商标法》）修改的工作。

《中华人民共和国电子商务法》（以下简称《电子商务法》）对电子商务中的若干知识产权问题作出了专门规定。

（四）知识产权管理体制完成重构，行政执法稳步加强，复审评审效率继续提高

2018年年初，十三届全国人大通过国务院机构改革方案，重新组建国家知识

---

① “习近平在博鳌亚洲论坛2018年年会开幕式上的主旨演讲”，http：//www.xinhuanet.com/world/2018-04/10/c_1122659873.htm，访问时间：2019年1月8日。

② 李克强：“知识产权是创新型经济发展的基础”，http：//www.gov.cn/xinwen/2018-09/20/content_5324026.htm，访问时间：2019年2月28日。

③ “习近平在首届进博会开幕式主旨演讲中强调：中国将坚决依法惩处侵犯知识产权行为”，http：//ip.people.com.cn/n1/2018/1106/c179663-30383924.html，访问时间：2019年1月8日。

④ “国务院常务会议通过专利法修正案（草案）”，http：//www.sipo.gov.cn/zscqgz/1134384.htm，访问时间：2019年1月8日。

产权局，负责我国商标、专利、地理标志、集成电路布图设计的管理。[①] 知识产权管理机关的统一，是加强知识产权创造、保护与运用，加快建设创新型国家的重要举措。

2018 年全国专利行政执法办案总量 7.7 万件，同比增长 15.9%，其中专利纠纷办案 3.5 万件，同比增长 22.8%；查处假冒专利案件 4.3 万件，同比增长 10.9%。38 个部委联合印发《关于对知识产权（专利）领域严重失信主体开展联合惩戒的合作备忘录》，将专利侵权行为纳入社会信用体系。中华人民共和国国家工商行政管理总局商标局（以下简称商标局）全年查处商标违法案件 3.1 万件，案值 5.5 亿元，罚没 5.1 亿元。[②] 此外还加强了商标实质审查，对具有明显主观恶意的商标申请从严审查、主动驳回，遏制违反诚实信用原则的恶意注册行为。针对互联网领域的知识产权保护问题，国家知识产权局印发《“互联网 +”知识产权保护工作方案》。国家版权局等部门联合启动“剑网 2018”专项行动，集中整治了网络转载、短视频、动漫等领域侵权盗版行为，取得显著成效。

在专利、商标确权授权纠纷方面，2018 年国家知识产权局专利复审委员会（以下简称复审委）受理专利复审请求 3.8 万件，结案 2.8 万件；受理无效宣告请求 0.5 万件，结案 0.4 万件；知识产权局商标评审委员会（以下简称商评委）受理各类评审案件申请 322,107 件，同比增长 53.03%，其中涉及双方当事人的复杂案件申请 41,661 件，同比增长 33.52%。[③]

为完善知识产权纠纷多元化解决机制，国家知识产权局确定了 29 家机构为首批能力建设知识产权仲裁调解机构，并开展为期 2 年的能力建设工作。[④]

（五）知识产权司法制度大力创新，最高人民法院成立知产法庭

2018 年，一项最引人瞩目的变化是全国人大常委会专门立法，规定将发明专利、反垄断等专业技术性较强的知识产权民事和行政案件，统一集中到最高人民法院（以

① “（两会受权发布）国务院机构改革方案”，http：//www.xinhuanet.com/politics/2018lh/2018-03/17/c_1122552185.htm，访问时间：2019 年 1 月 15 日。

② “申长雨在 2019 年全国知识产权局局长会议上的报告”，http：//www.sipo.gov.cn/zscqgz/1135212.htm，访问时间：2019 年 1 月 26 日。

③ 同上。

④ 国家知识产权局网站：“首批知识产权仲裁调解机构能力建设工作展开”，http：//www.sipo.gov.cn/zscqgz/1126469.htm，访问时间：2019 年 2 月 26 日。

下简称最高院）二审。[①] 在此背景下，最高院知识产权法庭在 2019 年 1 月 1 日正式揭牌成立。

此外，继杭州互联网法院之后，北京互联网法院和广州互联网法院也相继成立，以“网上案件网上审理”为原则，全部或部分诉讼环节进行网络化办理。大量涉互联网著作权纠纷案件和反不正当竞争纠纷将进入互联网法院。

年底，最高院发布了《最高人民法院关于审查知识产权纠纷行为保全案件适用法律若干问题的规定》（以下简称《行为保全规定》）[②]，为法院审理知识产权临时禁令申请提供了具体规则，有助于统一司法标准、有效保护知识产权。

2018 年涌现的热点案例延续了知识产权强保护的趋势，而且出现了不少与新形势、新经济相关的案件类型，在审判思路上也有一些重要探索。

在专利领域，人民法院继续探索标准必要专利相关侵权和反垄断纠纷的审判规则，还开创性地在知识产权案件中适用先行判决。诉中禁令的运用也出现了新的趋势。

在著作权领域，地方法院纷纷出台著作权案件审判指导，以加强对新类型案件的指引，并通过案例对同人作品的著作权侵权判定、体育赛事转播画面是否构成作品、视频聚合行为的定性等问题进行了重要探索。

在商标领域，一个突出亮点是法院明确了声音商标、限定位置的单一颜色商标等新类型商标授权确权的相关规则。

在不正当竞争领域，涉及大数据、个人信息保护、广告屏蔽等新类型的不正当竞争判决继续出现，著作权与不正当竞争交叉领域成为热点，而关于商品化权的相关争论仍在继续。

二、新出台的法律法规、司法解释及规范性文件

在规则制定方面，知识产权与反不正当竞争等各个领域全面推陈出新，多部法律即将修订，此外还出台了若干重要的司法解释和其他规范性文件。

（一）专利法

2018 年 11 月，国务院常务会议通过《专利法修正案（草案）》，主要内容包

---

① 《全国人民代表大会常务委员会关于专利等知识产权案件诉讼程序若干问题的决定》，2018 年 10 月 26 日通过。

② 法释〔2018〕21 号，自 2019 年 1 月 1 日起施行。

括：加大对侵犯知识产权的打击力度，大幅提高故意侵犯、假冒专利的赔偿和罚款额，将法定赔偿额从原来的1万元到100万元，提高为10万元到500万元；规定了被控侵权人配合提供相关资料的举证责任，并明确被控侵权人不配合的，法院可以对其进行不利推定，按照原告的主张确定赔偿数额；提出网络服务提供者未及时阻止侵权行为须承担连带责任；明确了发明人或设计人合理分享职务发明创造收益的激励机制；草案还完善了专利授权制度。草案已提请全国人大常委会审议。①

2018年9月，国务院发布修订后的《专利代理条例》，改进完善专利代理机构和代理人执业准入制度，并完善了专利代理执业规范，加强了对专利代理活动的事中、事后监管。②

在标准必要专利领域，广东省高级人民法院（以下简称广东高院）于2018年4月26日发布了《关于审理标准必要专利纠纷案件的工作指引（试行）》③，系统回答了关于审理SEP纠纷案件的基本问题、关于停止实施SEP民事责任的问题、关于确定SEP许可使用费的问题以及关于审理SEP垄断纠纷案件的问题，涵盖了标准必要专利纠纷所涉及的许多问题。该工作指引可以说是对国内外SEP纠纷审判实践的一个阶段性总结，必将对全国各地法院审理此类案件产生很大的示范作用。

（二）著作权法

《著作权法》第三次修改正在进行中，主要方向包括增加实用艺术作品和视听作品类型，健全侵权法定赔偿制度、著作权集体管理制度、著作权登记制度等，加强《著作权法》与国际条约的衔接。④

（三）商标法

2018年4月，商标局发布公告向社会公开征求《商标法》修改意见，意味着《商

---

① 中国政府网，http://www.gov.cn/guowuyuan/cwhy/20181205c35/index.htm，访问时间：2019年1月8日。

② 《专利代理条例》，2018年9月6日修订通过，自2019年3月1日起施行。

③ 广东高院《关于审理标准必要专利纠纷案件的工作指引（试行）》。

④ 国家版权局《版权工作“十三五”规划》。

标法》正式开始酝酿修改。①

2018 年 6 月，国务院修订并公布《奥林匹克标志保护条例》，其中增加了对隐性营销行为的规制、加大了对侵权人的行政处罚力度。②

（四）电子商务法

2018 年 8 月，全国人大常委会通过《电子商务法》，明确了电子商务经营者的知识产权保护义务，并针对电子商务平台上的侵权行为，规定了通知——删除规则、反通知——恢复规则等，明确了电商平台各方主体的权利、义务和法律责任。③

（五）知识产权综合实体法律法规

2018 年 3 月，《知识产权对外转让有关工作办法（试行）》出台，对技术出口、外国投资者并购境内企业等活动中涉及国家安全的知识产权对外转让行为进行审查，审查内容包括知识产权对外转让对我国国家安全和重要领域核心关键技术创新发展能力的影响。④

（六）与知识产权诉讼和仲裁程序有关的规范性文件

2018 年 10 月 26 日，全国人大常委会通过《关于专利等知识产权案件诉讼程序若干问题的决定》，决定专利、反垄断等专业技术性较强的知识产权民事和行政上诉案件，由最高院审理；对已经发生法律效力的上述案件第一审判决、裁定、调解书，依法申请再审、抗诉等，适用审判监督程序的，由最高院审理，最高院也可以依法指令下级人民法院再审。

2018 年 12 月，最高院发布《关于审查知识产权纠纷行为保全案件适用法律若干问题的规定》，明确了知识产权临时禁令的程序性规则和实体性规则，对行为保全申请错误的认定及处理进行了规范（详见下文热点观察四）。该司法解释已于 2019 年 1 月 1 日施行。⑤

---

① 商标局网站："商标局关于征求商标法修改意见的公告"，http：//sbj.saic.gov.cn/tzgg/201804/t20180402_273481.html，访问时间：2019 年 1 月 8 日。

② 2018 年 6 月 28 日国务院令第 699 号修订，自 2018 年 7 月 31 日起施行。

③ 2018 年 8 月 31 日通过，自 2019 年 1 月 1 日起施行。

④ 国办发〔2018〕19 号，2018 年 3 月 18 日发布并施行。

⑤ 法释〔2018〕21 号，自 2019 年 1 月 1 日起施行。

三、典型案例

（一）仿制药专利侵权的博拉例外

【案例 1】石药集团恩必普药业有限公司（以下简称石药公司）与丽珠集团利民制药厂（以下简称丽珠公司）侵害发明专利权纠纷[①]

【基本案情】

石药公司是一项药品产品和方法专利的专利权人。丽珠公司向国家食品药品监督管理总局（以下简称食药监局）药品评审中心提出了该药品的仿制药的生产注册申请。根据食药监局相关规定，仿制药的活性成分、剂型、规格、适应症、给药途径和用法用量，必然与石药公司的涉案专利完全相同。石药公司认为，丽珠公司为申请涉案仿制药而实施的制造行为侵犯了其专利权，向北京知识产权法院提起诉讼。

2018 年 3 月 23 日，北京知识产权法院作出一审判决，认定丽珠公司不侵权。石药公司提起上诉。2018 年 9 月 29 日，北京市高级人民法院（以下简称北京高院）二审驳回上诉。

【争议焦点】

仿制药企业向食药监局进行生产注册申请，以及为申请而实施药品制造行为，是否构成专利侵权。

【法院观点】

虽然一审、二审法院对被告向药品评审中心进行药品生产注册申报的行为是否是“为生产经营目的”存在不同意见，但均认为该行为不属于《专利法》第 11 条所规定的制造、使用、许诺销售、销售、进口等行为中的任一行为，因而不构成侵害专利权的行为。

在生产注册申请过程中，被告为获取并向主管机关提交相关信息，通常情况下会涉及产品的制造行为。但是，《专利法》第 69 条规定，为提供行政审批所需要的信息，制造、使用、进口专利药品或者专利医疗器械的，以及专门为其制造、进口专利药品或者专利医疗器械的，不视为侵犯专利权。因此，即便丽珠公司在申报涉案仿制药过程中为提供行政审批所需要的信息而制造、使用了涉案专利，

① 北京知识产权法院（2017）京 73 行初 3261 号行政判决书。北京知识产权法院网站，“【以案释法】：仿制药专利侵权的例外情形——Bolar 例外”，http：//bjzcfy.chinacourt.org/article/detail/2019/01/id/3653653.shtml，访问时间：2019 年 1 月 15 日。

该行为亦不构成侵犯专利权的行为。

【纠纷观察】

本案涉及医药专利侵权纠纷中的特殊规定——“博拉例外”。博拉例外源起于美国，要旨是仿制药厂商在药品专利到期前为注册申请仿制药的目的制造、使用专利产品或使用专利方法等行为，不视为侵权。由于仿制药的生产准备、临床实验、行政审批通常需要很长时间，如果待专利期限届满后才开始仿制药的生产、实验和报批，则仿制药的上市流通时间会远远晚于专利权届满日，专利权人实际上会获得额外的垄断优势，这对其他企业并不公平，也不利于消费者的利益。我国在 2008 年修改《专利法》时，正式引入了“博拉例外”制度。

本案是我国第一起涉及“博拉例外”适用的专利侵权诉讼。本案二审期间，恰逢涉及仿制药问题的国产电影《我不是药神》上映，该电影创造了 30 亿元的票房，引起社会对仿制药问题的广泛关注。一审、二审法院准确适用《专利法》规定，为制药企业依法进行仿制药注册申请及相关生产、试验提供了法律保障。

（二）专利案件的先行判决、软件专利侵权的举证责任分配

【案例 2】北京搜狗科技发展有限公司（以下简称搜狗公司）等诉北京百度网讯科技有限公司（以下简称百度公司）发明专利侵权纠纷系列案[①]

【基本案情】

2015 年，搜狗公司基于其所拥有的输入法软件领域专利，在北京知识产权法院、上海知识产权法院和上海市高级人民法院提起专利侵权之诉，指控百度公司的“百度输入法”产品侵犯其 17 项专利权，诉讼总标的额高达 2.6 亿元。后因其中的 11 项涉案专利被判为无效或部分无效，搜狗公司撤回了 10 件专利的侵权诉讼。

2018 年 4 月，北京知识产权法院对 7 件专利的侵权案件作出一审先行判决，判定百度公司对其中四项专利不构成侵权，对两项专利构成侵权，对一项专利的部分权利要求构成侵权，但未就侵权赔偿数额作出判决。

【争议焦点】

案情复杂但部分事实清楚的侵权案件是否可以先行判决？计算机软件发明专

---

① 北京知识产权法院（2015）京知民初字第 01943 号、（2015）京知民初字第 01732 号、（2015）京知民初字第 01731 号、（2015）京知民初字第 01734 号、（2015）京知民初字第 01937 号、（2015）京知民初字第 01938 号民事判决书。

利侵权诉讼，应如何分配举证责任？

【法院观点】

由于六案同时审理、侵权赔偿数额较高且损害赔偿计算复杂，法院在双方当事人同意的前提下决定仅对“侵权成立与否”部分的事实进行审理，不对侵权赔偿额作出判决，并作出了其中三案构成侵权、另外三案不构成侵权的先行判决。

在软件专利的举证责任分配方面，法院认为，根据原告的演示可以认定百度输入法具有涉案专利限定的全部功能，并通过现象演示证明百度输入法具有实施了涉案专利保护的方法流程的可能性，在此情况下，可以认为原告尽到了初步的举证义务，应当由被告说明被诉侵权产品实施的具体流程与涉案专利保护方案的区别；当被告的抗辩理由不符合本领域技术人员对技术特征含义的通常理解且没有进一步提供被诉侵权产品后台操作流程步骤不同于涉案专利保护方案的证据时，应当认定百度输入法落入涉案专利的保护范围。

【纠纷观察】

本案作为中国“互联网专利纠纷第一案”而闻名，其中的先行判决是《中华人民共和国民事诉讼法》（以下简称《民事诉讼法》）第153条适用的开创性案例，是对“符合知识产权诉讼规律的裁判方式改革”的一次有益尝试，缓解了当事人举证负担，提高了审判效率。

专利诉讼中，证据问题经常成为决定案件关键性争议焦点的核心问题，特别是在证明侵权成立和决定损害赔偿金额方面，很容易出现原告举证能力不足、关键证据都居于被告控制之下的情形。本案中，法院对于这种权利要求撰写具有“方式加功能”特点，且主要通过源代码实现的软件专利，在原告初步举证后，要求被告说明被诉侵权产品实施的具体流程与涉案专利保护方案的区别，并进行举证，体现了法院对软件专利领域创新行为更大力度的保护倾向，有利于解决软件专利侵权案件中权利人举证难的问题。

（三）无线电通信标准必要专利终局禁令、FRAND费率仲裁

【案例3】华为技术有限公司（以下简称华为公司）诉三星（中国）投资有限公司等（以下简称三星公司）标准必要专利侵权纠纷案[①]

【基本案情】

2016年5月，华为公司在深圳市中级人民法院起诉被告三星公司等，诉称三

① 深圳知识产权法院（2016）粤03民初816号民事判决书、（2016）粤03民初840号民事判决书。

星公司等未经许可，以制造、销售、许诺销售、进口的方式侵害其两项标准必要专利的专利权；但在华为公司与三星公司进行标准必要专利交叉许可谈判时，三星公司未遵循 FRAND（公平、合理、无歧视）原则，具有明显过错，导致双方未能达成许可协议，故请求法院判令被告方立即停止侵权行为。

【争议焦点】

本案争议焦点在于：（1）在进行 SEP 交叉许可谈判时，三星公司是否存在过错；（2）如果三星公司实施了 SEP，是否可以颁发终局禁令，即适用停止侵权的救济措施。

【法院观点】

法院经过分析认定：

（1）华为公司享有的这两项发明专利均为 4G 标准必要专利。

（2）从 2011 年 7 月至今，华为公司与三星公司进行标准必要专利交叉许可谈判已六年多，在谈判过程中，华为公司无明显过错，符合 FRAND 原则；而三星公司坚持标准必要专利与非标准必要专利捆绑进行交叉许可谈判，迟迟不发出技术对照表，也一直未提出报价或对华为的报价提出反报价，恶意拖延谈判，并无正当理由拒绝仲裁，在法庭调解中也不提出实质性调解方案，违反 FRAND 原则。

（3）三星公司等在中国生产、销售相应 4G 智能终端产品，必然会使用华为公司的这两项标准必要专利技术，侵犯了华为公司的专利权。

（4）华为公司寻求谈判、仲裁和调解等方式来解决双方之间的标准必要专利交叉问题，而三星公司数年中一直恶意拖延谈判，存在明显过错，违反 FRAND 原则，导致通过谈判、仲裁和调解等方式来解决双方之间的标准必要专利交叉许可问题已经不可能，因此，对华为公司请求的禁令予以支持。

【纠纷观察】

华为与三星这两家全球智能终端产品巨头之间发生标准必要专利停止侵权纠纷，是国内外都具有重大影响且疑难复杂的前沿性知识产权案件，法律关系十分复杂，技术问题颇为深奥，且遇到的许多问题在世界范围内无先例可循。这也是深圳知识产权法庭公开宣判的国内首例无线通信国际标准必要专利侵权纠纷案。

本案探索了 FRAND 原则在标准必要专利费率谈判中的具体适用以及认定标准必要专利权人和实施者在 FRAND 谈判中是否存在过错的标准，并确定了对标准必要专利予以终局禁令保护的裁判标准，即依照公平、合理、无歧视原则和相关商业惯例，对标准必要专利权人和实施者的主观过错作出判断，以此决定是否支持停止实施标准必要专利的请求；标准必要专利权人的行为符合公平、合理、无歧视声明的要求，实施者存在明显过错的，可以支持停止实施标准必要专利的请求。

另外，值得一提的是，本案中法院将三星公司无正当理由拒绝通过仲裁解决许可费率争议作为认定三星公司违反 FRAND 原则的理由之一，体现了中国法院对采用仲裁解决标准必要专利许可费率的支持。

本案的审判思路很大程度上已在广东高院颁布的《关于审理标准必要专利纠纷案件的工作指引（试行）》中作了高度精练和归纳，对今后审理标准必要专利侵权纠纷和反垄断纠纷都具有重要影响。本案也体现了中国法院标准必要专利知识产权和反垄断纠纷审判的业务水平，提高了中国作为标准必要专利诉讼重要法域的声望。

（四）限定使用位置的单一颜色商标

【案例 4】克里斯提·鲁布托（CHRISTIAN LOUBOUTIN）诉商评委商标申请驳回复审行政纠纷案[①]

【基本案情】

2010 年，原告克里斯提·鲁布托申请在中国领土延伸保护 G1031242 号“使用在鞋底位置的红色”国际商标（以下简称“红鞋底”商标）。商标局、商评委认为“红鞋底”商标属于图形商标，且缺乏显著性，驳回了该商标的领土延伸保护申请。

克里斯提·鲁布托向北京知识产权法院提起行政诉讼。2017 年 12 月，北京知识产权法院作出一审判决，撤销商评委的被诉决定，指令商评委重新作出决定。2018 年 12 月，北京高院作出二审判决：驳回上诉，维持原判。

【争议焦点】

本案争议焦点是原告的“红鞋底”商标的构成要素应当如何认定，以及该标志是否通过使用和宣传取得了显著性。

【法院观点】

一审法院认为，G1031242 号“红鞋底”商标申请图样包括虚线勾勒的高跟鞋外围轮廓以及鞋底部分为实线勾勒并填涂红色组成，商标标志应当以图样的整体为准。克里斯提·鲁布托使用虚线系表达高跟鞋商品的外形，本商标标志应当属于三

---

① 北京高院（2018）京行终 2631 号行政判决书。

维标志，商评委认定为图形商标有误，判决撤销商评委的决定。

二审法院认为，该商标属于限定了使用位置的单一颜色商标，虽然其构成要素不属于《商标法》第8条中明确列举的内容，但其并未被《商标法》明确排除在可以作为商标注册的标志之外，商评委亦未认定本案申请商标不属于可以作为商标注册的标志。因此，商评委在重审过程中，应当结合相关证据，重新就申请商标是否具备显著特征作出认定。

【纠纷观察】

本案涉及限定使用位置的单一颜色商标的问题。单一颜色商标并不能在我国获得《商标法》的保护，单一位置商标在我国也没有获得保护的法律规定和实践。因此，一审法院将限定使用位置的单一颜色商标作为三维标志来保护。但二审法院认为，商评委的决定未准确界定申请商标的商标标志及其构成要素，其决定缺乏基础，依法应予撤销。二审判决创新性地认定限定使用位置的单一颜色商标可以在中国受到保护，这在中国商标保护历史上尚属首次，体现了锐意创新的司法智慧。

欧盟法院在涉及“红底鞋”商标的C-163/16案件中，也初步裁定限定使用位置的单一颜色商标不存在欧盟指令下的注册障碍，与中国法院遥相呼应。

但是，“红底鞋”商标是否具有显著性，包括是否通过使用和宣传取得了显著性，仍有待商评委重新评审决定。参照北京知识产权法院在“腾讯科技（深圳）有限公司与商评委商标申请驳回复审行政纠纷案”①中的意见，对新类型的商标申请，除应遵循对传统商标是否具有显著性的基本判断原理、标准与规则外，还可能需要结合商标使用的情况、商标的知名度与影响力等因素，确定商标是否通过使用建立起稳定的对应关系，从而可以起到区分商品或服务来源的作用。

（五）“国”字商标的注册申请

【案例5】贵州茅台集团（以下简称茅台集团）主动放弃“国酒茅台”商标申请，撤销行政诉讼②

【基本案情】

早在2001年9月，茅台集团就初次向商标局提交了“国酒茅台”商标及图

① 北京知识产权法院（2016）京73行初3203号行政判决书。

② “茅台撤回国酒商标起诉，致歉相关方”，http://www.sohu.com/a/247159581_100001551，访问时间：2019年2月27日。

注册的申请，但并未获得通过。此后在2006年、2007年、2010年，茅台集团又多次提交过“国酒茅台”的商标申请，除最后一次商标申请通过初审外，此前的商标申请均已失效。但初审通过之后，各大酒企等纷纷提出商标异议申请，商标局共收到异议书95件次。2018年5月25日，商评委决定对这一商标不予核准注册。

2018年7月下旬，茅台集团向北京知识产权法院起诉商评委，要求撤销“不予注册‘国酒茅台’商标”的复审决定。但8月13日，茅台集团在其官网宣布，已经撤回行政诉讼，并向商评委及各相关方“表示诚挚歉意”。

【争议焦点】

“国酒茅台”是否会误导消费者认为茅台是“中国最好的酒”，授予商标是否会影响消费者对产品品质的认知和市场的公平竞争。

【商评委观点】

商评委认为，“国酒茅台”这一商标中的“国酒”文字带有“国内最好的酒”“国家级酒”的质量评价含义，茅台集团提交的证据并不能证明“国酒”具有其他更强的含义。该文字成为茅台集团注册商标的组成部分独占使用，易对市场公平竞争秩序产生负面影响，因此不予注册。

【纠纷观察】

因为茅台酒赢得国际博览会金奖的历史、与中国革命的特殊渊源以及新中国成立以来一些党和国家领导人的推崇，茅台酒被公认为中国白酒的第一品牌，也经常被冠以“国酒”美誉。但如果将“国酒”之名正式化，则可能对消费者造成严重误导，且对其他酒业品牌也会造成很大的不公平。

国家工商行政管理总局早在2010年7月就曾发布《含“中国”及首字为“国”字商标的审查审理标准》，其中明确规定，对“国+商标指定商品名称”作为商标或商标部分文字提出申请，以其“构成夸大宣传并带有欺骗性”为由，予以驳回。2015年修改的《中华人民共和国广告法》规定广告中不得使用“国家级”等用语，进一步关闭了茅台集团注册“国酒”商标的大门。

茅台酒与“国酒”美名的情缘，让位于市场竞争秩序和消费者福祉的需要，这固然是茅台的遗憾，但也是国家法治更加成熟的标志。酒香不怕巷子深，中国加强知识产权保护所取得的种种成绩和进步，想必也不会湮没无闻。

（六）体育赛事节目著作权保护问题

【案例 6】北京天盈九州网络技术有限公司（以下简称天盈九州公司）等与北京新浪互联信息服务有限公司（以下简称新浪公司）侵犯著作权和不正当竞争纠纷①

【基本案情】

新浪公司是 2012、2013 赛季中国足球超级联赛的合作方，在门户网站领域独占转播、传播、播放中超联赛及其所有视频的权利；天盈九州公司经营的凤凰网未经合法授权，转播中超联赛直播视频。新浪公司因此诉至北京市朝阳区人民法院，主张天盈九州公司侵犯了新浪公司的著作权，并构成不正当竞争。

一审判决认定被告侵权，并责令停止侵权和作出赔偿；因已经通过《著作权法》调整，对不正当竞争的诉讼理由不予支持。天盈九州公司不服一审判决，上诉至北京知识产权法院。

北京知识产权法院于 2018 年 3 月 30 日作出二审判决，撤销一审判决，驳回了新浪公司的诉讼请求。

【争议焦点】

本案争议焦点在于：（1）体育赛事的连续画面是否构成电影作品或以类似摄制电影的方法创作的作品（以下简称电影作品）；（2）若构成电影作品，对作品进行网络直播是否侵犯了广播权。

【法院观点】

北京知识产权法院认为：

（1）电影作品至少应具有固定及独创性两个要件。涉案网络直播行为与现场直播基本同步，这时比赛直播画面尚未被固定在有形载体上，故未满足电影作品的固定要求。就独创性而言，法院从著作权法的体系化、著作权与邻接权制度的历史发展及司法实践的现有做法角度，认为电影作品与录像制品之间的根本区别在于独创性的高低，而非独创性的有无。在此基础上，法院从素材的选择、对素材的拍摄、对拍摄画面的选择及编排三个角度，认为体育赛事直播画面的个性化选择空间受到赛事本身的客观情形、赛事直播的实时性、观众的需求等客观因素的极大限制，个性化选择空间有限，在独创性高度上难以符合电影作品的要求；原告主张的“故事化创作”、特写镜头等手法，也是直播团队常用且符合赛事规律

---

① 北京知识产权法院（2015）京知民终字第 1818 号民事判决。

及观众合理预期的做法。因此，涉案的中超比赛直播画面不构成电影作品。

（2）涉案的网络直播行为，其初始信号来源于电视台，因此，虽然其不属于“以无线方式公开广播或者传播作品”，但仍属于“以有线传播或者转播的方式向公众传播广播的作品”，是受《著作权法》第10条第11项的广播权控制的行为。如果赛事直播画面构成“电影作品”，则被告行为将构成侵权。

因新浪公司未对一审法院关于不正当竞争的处理提出上诉，故二审法院认为无法径行审理，对此未作评述。

【纠纷观察】

“知识产权与体育（IP and Sports）”是国际知识产权组织（WIPO）确定的2019年国际知识产权日的主题。我国已经形成庞大的体育产业（2017年产业总规模达到2.2万亿元），初步建立了相对完善的体育赛事版权生态，体育版权价值也不断提升。体育赛事领域的知识产权问题日益受到知识产权及司法实务界关注。

本案被称为“体育赛事画面著作权第一案”，涉及体育赛事直播形成的画面是否构成作品、网络直播行为是否属于广播权控制的行为等重要问题，对体育行业和网络视频行业影响很大。特别是体育行业和体育赛事转播机构长期呼吁认可体育比赛直播画面的可版权性，一审判决是第一起将体育赛事直播画面作为作品予以保护的案例，二审判决又出现反转，更引起广泛影响。

体育赛事直播画面虽然被否定了著作权保护，但仍可以寻求邻接权保护和不正当竞争保护。在同日宣判的“央视国际公司诉北京暴风公司体育赛事短视频著作权纠纷”二审案件中，北京知识产权法院认定，虽然体育赛事直播形成的画面在独创性上难以满足电影作品的要求，但是构成录像制品，权利人享有复制权、发行权、出租权、信息网络传播权等邻接权利[①]；此外，司法实践中通常认为未经许可的网络直播行为仍然构成不正当竞争行为。但这些保护在权利范围、保护期、救济途径等角度不及版权保护。

二审判决还认定网站经营者通过互联网传播电视台广播的作品的行为构成“有线传播”，落入广播权的控制范围，从而将广播信号的保护延伸到互联网领域。但在画面本身不构成作品的情况下，这一定性对本案原告并无实际意义；并且，广播权还只能保护电视台、广播台等传统广播机构，不能保护网络视频经营者自身制作的直播信号，远远不能适应当前网络视频行业的需求。

笔者以为，体育赛事直播画面和视频的保护，应当在尊重体育产业自身规律

① 北京市知识产权法院（2015）京知民终字第1055号民事判决。

的同时，及时响应技术和传播方式的变化，更有效地促进产业发展、媒体传播和大众文化消费。

（七）NBA识别特征元素集合的商品化利益

【案例7】美商NBA产物股份有限公司（以下简称美商公司）等诉成都蓝飞互娱科技有限公司（以下简称蓝飞公司）等侵害商标权及不正当竞争纠纷案[①]

【基本案情】

美商公司是获得美国职业篮球联盟（NBA）及其成员与篮球运动相关的任何识别标志相关权利的权利人，是相关“NBA”商标的权利人，还是中国大陆的卡牌类手机游戏上使用NBA标识、NBA集体肖像权、NBA特征识别库的权利人。

蓝飞公司等被告开发经营了一款以NBA为题材的休闲竞技游戏——“萌卡篮球”游戏软件，使用了真实的NBA球员、教练的卡通形象及其姓名、绰号、位置和技术特点。

原告向广州知识产权法院起诉被告侵犯了美商公司就NBA商标权、集体肖像权、特征识别库享有的民事权益。一审判决认定被告不构成商标侵权，但构成不正当竞争，责令被告停止侵权、消除影响、赔偿原告损失300万元。广东高院在二审中驳回上诉，维持原判。

【争议焦点】

被告是否侵害商标专用权？被告使用NBA集体肖像权、特征识别库的行为，是否构成《中华人民共和国反不正当竞争法》（以下简称《反不正当竞争法》）下的不正当竞争行为。

【法院观点】

一审法院认为，尽管NBA商标知名度高，但“萌卡篮球”的被诉标识与原告的NBA商标不相同也不近似，所以被告的行为不构成商标侵权。但“萌卡篮球”游戏使用NBA识别元素，属于对这些元素的商品化使用。被告通过利用NBA联盟和联赛的高知名度和美誉度，吸引更多玩家购买其游戏服务，并未得到原告许可，属于搭别人知名度便车、攫取他人劳动成果的行为，违反了诚信原则和公认商业道德，损害了原告方的合法权益，构成对原告的不正当竞争。

① 广东高院（2017）粤民终1395号民事判决书。

二审法院认为，原告对NBA识别元素集合进行长期运营，且事实上已在游戏领域进行的商业化使用，客观上已在中国境内对NBA集体形成可识别性和稳定的指向性。被诉游戏对相关识别元素的全面模仿使用，远远超出了合理使用和正当使用所应当遵守的必要范围，足以引起市场混淆、误认，已明显违反诚实信用原则和公认的商业道德，构成不正当竞争。

【纠纷观察】

本案是知名人物形象商品化利益的典型案例。

值得注意的是，一审、二审判决对“商品化权”保护的基础逻辑，似乎仍然存在一定的差异：二审法院似乎更强调从防止市场混淆的角度保护非注册商标，而不是保护角色或符号本身的吸引力。这种不正当竞争保护的逻辑，比世界知识产权组织定义的“商品化权”的保护范围要狭窄一些，还不足以充分涵盖权利人的正当商业利益。

在被称为“同人作品第一案”的查良镛（笔名“金庸”）诉杨治（笔名“江南”）等侵害著作权及不正当竞争纠纷一审中，一审法院认定被告的作品《此间的少年》使用了金庸小说中的知名人物的姓名和形象，虽然不构成著作权侵权，但仍然借助了金庸作品的市场号召力与吸引力提高新作影响力，客观上增强了自己的竞争优势，同时挤占了查良镛使用其作品元素发展新作品的市场空间，构成不正当竞争。[①] 在该案中，尽管不存在市场对《此间的少年》来源的混淆或误认，法院仍然从搭便车和侵占衍生市场两个角度，作出了存在不正当竞争的认定。这与本案一审法院的逻辑更加契合，但在涉著作权领域是否可以利用《反不正当竞争法》进行兜底保护，存在激烈的争论。

“商品化权”在中国的道路能够走多宽，《反不正当竞争法》第2条适用的边界究竟何在，还有待司法实践进一步探索。

（八）广告屏蔽软件的不正当竞争行为认定

【案例8】深圳市腾讯计算机系统有限公司（以下简称腾讯公司）诉北京世界星辉科技有限责任公司（以下简称星辉公司）不正当竞争纠纷案[②]

【基本案情】

“腾讯视频”是由腾讯公司提供“免费+广告”及会员制的影视播放服务平台；

---

① 广东省广州市天河区人民法院（2016）粤0106民初12068号民事判决书。

② 北京知识产权法院（2018）京73民终558号民事判决书。

“世界之窗浏览器”是星辉公司提供“广告屏蔽”功能的浏览器，用户使用该功能后可以有效屏蔽腾讯公司网站在播放影片时的片头广告和暂停广告。腾讯公司起诉星辉公司的行为属于不正当竞争行为。

一审法院认定星辉公司提供选择性屏蔽广告功能的浏览器行为不构成不正当竞争行为。腾讯公司不服，向北京知识产权法院提起上诉。

2018 年 12 月 28 日，北京知识产权法院作出终审判决，认为星辉公司的行为违反公认的商业道德，长期存在对社会总福利有明显损害，构成不正当竞争，撤销一审判决，判决星辉公司承担赔偿责任。

【争议焦点】

星辉公司提供“广告屏蔽”功能浏览器的行为，是否违反诚实信用原则和公认的商业道德，是否应根据《反不正当竞争法》第 2 条认定为不正当竞争行为。

【法院观点】

一审法院认为，具有选择性屏蔽广告功能的浏览器并没有针对特定视频经营者的行为，虽影响部分网络用户的选择、造成广告被浏览次数的减少，还达不到影响视频经营者生存的程度，则不存在对市场的干扰，构不成对腾讯公司利益的根本损害。

二审法院认为，《互联网广告管理暂行办法》明确禁止广告屏蔽行为，该规定足以说明主管机关已将被诉行为认定为违反公认的商业道德；星辉公司主动采取措施直接干涉、插手他人经营的行为，也与公认的商业道德不符；广告过滤功能虽然看似有利于消费者，但损害了经营者利益，长期来说也不符合消费者利益，有损于社会总福利。综上，被告行为显然违反了《反不正当竞争法》第 2 条的规定。

【纠纷观察】

本案是“广告屏蔽”软件领域不正当竞争的典型案例。一审、二审法院在认定被告提供“广告屏蔽”功能的浏览器这一行为性质时，出现了分歧。

一审法院强调，《反不正当竞争法》具有社会法属性，必须考虑社会公众的利益；广告屏蔽是科技进步所带来的商业模式的改变和技术创新，公众有权享受。二审法院则认为，《反不正当竞争法》中所考虑的社会公共利益既包括消费者利益，亦包括经营者利益；即便从消费者角度进行考虑，星辉公司的行为虽看似有利于消费者，但其也将对视频网站的商业模式及生存空间造成严重影响，最终的成本仍需要消费者自行埋单。

广告屏蔽软件的反不正当竞争问题，涉及互联网商业模式创新、消费者利益、社会公共利益之间的平衡，也体现了《反不正当竞争法》的基本价值取向。本案重申了中国法院对广告拦截问题一贯的主导思路。

表面上看，中国法院似乎更侧重保护经营者利益和竞争秩序，与德国法院在“电视精灵”、Adblock Plus 案件中作出的允许广告屏蔽软件、将决策权交给消费者的选择大相径庭，但这种路径差异不应被夸大。中国互联网市场竞争的特点和产品的具体情况对案件结果更具有决定性，而在以消费者利益为出发点的核心导向上，中德两国法院并不存在本质区别。本案二审判决从消费者利益角度论证广告屏蔽行为不具有正当性，正面回应了相关的疑问。

（九）植物新品种权案件的赔偿标准

【案例 9】河南金博士种业股份有限公司（以下简称金博士公司）诉北京德农种业有限公司（以下简称德农公司）等侵犯其植物新品种权纠纷案[①]

【基本案情】

金博士公司是“郑 58”玉米品种的植物新品种权人；河南省农业科学院（以下简称河南农科院）是“郑单 958”玉米品种的植物新品种权人。德农公司未取得金博士公司的授权许可，使用“郑 58”自交系生产繁育“郑单 958”玉米杂交种。

2014 年 8 月，金博士公司将德农公司与河南农科院诉至郑州市中级人民法院。2015 年，一审判决认定德农公司侵犯了金博士公司对“郑 58”玉米品种享有的植物新品种权，判令其赔偿金博士公司 4,950 万余元。

2018 年 6 月，河南省高级人民法院维持原判。

【争议焦点】

德农公司是否侵犯了金博士公司享有的“郑 58”植物新品种权？德农公司用“郑 58”生产“郑单 958”后再进行销售，应如何计算赔偿数额？

【法院观点】

一审、二审法院均认为：“郑 58”是“郑单 958”的母本，而德农公司未取得金博士公司的授权许可，为商业目的使用“郑 58”自交系生产“郑单 958”的繁殖材料，违反《植物新品种保护条例》，对金博士公司构成侵权。

关于赔偿数额问题，鉴于被告仅为生产“郑单 958”的目的使用“郑 58”繁殖材料，一审判决在赔偿金额上使用“郑单 958”的销售利润计算被告使用“郑

① 河南省高级人民法院（2015）豫法知民终字第 00356 号。

58”的侵权所得，并根据行业协会的参考性意见酌定侵权行为在利润中的贡献率。

【纠纷观察】

本案是近年来关于植物新品种赔偿额最大的案件，不仅在一定程度上激励了育种者的创造积极性，也将加强知识产权保护、大幅提高赔偿额的势头延续到非传统知识产权的领域。

在认定赔偿数额方面，一审、二审法院不仅参照该植物新品种实施许可费合理确定赔偿数额，而且采纳了同一地区同一时段行业协会、官方机构的大量数据推算利润以及侵权行为的利润贡献率等，贯彻全面赔偿原则，显著增强了损害赔偿的补偿、惩罚和威慑效果。

四、热点观察

《中国知识产权争议解决年度观察（2018）》总结了标准必要专利、文学作品人物形象的著作权保护、互联网不正当竞争行为的规制、侵权赔偿数额不断提升四个热点，在2019年它们热度不减，继续占据着知产专业媒体的头条，并在司法实践中有着重要的新发展。此外，也涌现出了一些新的热点：

（一）人工智能与知识产权

近年来，随着AlphaGo击败人类顶尖围棋选手、谷歌等公司的无人车日趋成型、IBM人工智能律师Watson出现，人工智能的时代已悄悄开启。人工智能在深刻影响着社会方方面面的同时，也不断冲击着现有的知识产权制度。

人工智能发展与知识产权领域交叉最重要的问题有三：首先是人工智能技术的专利保护问题；二是人工智能生成内容的“可版权性”“可专利性”问题；三是人工智能生成内容权利归属问题。

关于人工智能技术的专利保护，一个关键问题是人工智能的核心“算法”是否是落入《专利法》第2条所保护的“技术方案”的范畴，而非第25条“智力活动的规则和方法”。在美国法院也发生过人工智能是否可予以专利保护的讨论[①]。在某“机器学习方法和装置”发明专利驳回复审决定书中，专利复审委认为，“机器

---

① Vehicle Intelligence & Safety LLC v. Mercedes-Benz USA，LLC，635 F. App'x 917（Fed. Cir. 2015）; Hewlett Parkard Co. vs. ServiceNow No. 14-CV-00570-BLF，2015 WL 1133244（N.D. Cal. Mar. 10，2015）.

学习领域是人工智能领域这一技术领域的分支，本申请请求保护的方法和装置中涉及机器学习领域的数据处理，应属于技术手段，数据集标注的可靠性和准确性改善了机器学习的分类器的性能，也应当解决了技术问题，并获得技术效果"，因此"该方案属于《专利法》第2条第2款规定的技术方案"①。对此，2010年国家专利局《专利审查指南》第九章关于"技术方案"与"智力规则"的区别方法，仍是最重要的指南。

人工智能专利申请人同样需要十分注重专利申请文件的质量。在苹果电脑贸易（上海）有限公司诉复审委、第三人上海智臻网络科技有限公司专利权无效纠纷案件中，二审法院以权利要求未完整清楚地说明发明的技术特征导致保护范围不清楚，说明书公开不充分，说明书不能支持权利要求等原因，认定智臻小i机器人相关的名称为"一种聊天机器人系统"的发明专利无效。②该案目前仍在最高院再审中。

对于人工智能生成内容是否受知识产权保护的问题，现有知识产权制度中，知识产权的主体只能是人，而非机器。以人工智能生成内容的"可版权性"为例，否定人工智能生成内容的"可版权性"，是著作权法理论和司法实践中的主流意见。王迁教授认为，无论是从《著作权法》的主体还是客体关系中，都不能得出人工智能生成内容受法律保护的结论。③但也有学者持不同意见，主张把"独创性"作为认定人工智能生成内容是否享有著作权保护的唯一标准。④

关于人工智能生成内容的权利归属问题。虽然人工智能尚不能作为民事法律主体，由于人工智能进行技术创作活动仍然涉及不少相关方，如人工智能算法程序的作者、数据提供者、人工智能拥有者、应用操作者，确定权利归属可能存在困难。有学者则建议对人工智能进行人格拟制，知识产权归人工智能所有，以此简化复杂的利益关系⑤。

国务院曾于2017年7月发布《新一代人工智能发展规划》，提出建立人工智

---

① 张晓津："人工智能对知识产权法律保护的挑战"，载《中国法律评论》2018年第2期，第8页。

② 北京市高级人民法院（2014）高行（知）终字第2935号行政判决书。

③ 王迁："论人工智能生成的内容在著作权法中的定性"，载《法律科学（西北政法大学学报）》2017年第5期，第154页。

④ 李伟民："人工智能智力成果在著作权法的正确定性——与王迁教授商榷"，载《东方法学》2018年第3期，第36页。

⑤ 杨延超："人工智能对知识产权法的挑战"，载《治理研究》2018年第5期，第127页。

能技术标准和知识产权体系，促进人工智能创新成果的知识产权保护。如何解决新兴的人工智能产业对于传统知识产权制度的挑战，在很大程度上也取决于国家的政策及产业发展的需求。人工智能与知识产权交叉领域的研究，将会是近年的重点与热点。

（二）人员流动与商业秘密等竞争利益的保护

近年来，因公司技术、管理等核心员工流动引发的纠纷案件不断涌现，主要涉及商业秘密侵权纠纷和竞业限制纠纷，集中在互联网、无人车、通信、生物医药等高科技产业。如腾讯起诉前员工徐某违反竞业限制协议、侵害商业秘密，开发了与腾讯经营的游戏相似的产品，上海市第一中级人民法院（以下简称上海一中院）二审判决徐某赔偿竞业限制违约金 1,940 万元[①]；百度也以侵犯商业秘密为由，将其前自动驾驶事业部总经理王某及其所经营的某公司诉至北京知识产权法院，目前仍在审理中[②]。

总体来说，采用商业秘密侵权诉讼的方式，更能达到企业保护商业秘密的目标，并且权利人得到的救济也更加充分，但证明商业秘密侵权存在较大困难。由于商业秘密侵权行为的隐蔽性、秘密性，司法保护实践中认定商业秘密侵权存在较多难点，这对涉及人才引进、人员流动的商业秘密案件来说也是如此。在这种情况下，劳动仲裁和诉讼执行竞业限制协议，可以算是企业保护商业秘密的一种替代手段。

但在雇佣关系中，企业应当向承担竞业限制义务的雇员支付补偿金，竞业限制期不能超过两年，且企业与员工之间的竞业限制纠纷在程序上也受到《中华人民共和国劳动合同法》《中华人民共和国劳动争议调解仲裁法》的限制，这意味着竞业限制之诉往往也不能给企业提供及时、充分的救济。也就是说，员工违反竞业限制义务相对容易证明，但救济力度可能略显不足（但腾讯诉徐某案中高达 1,940 万元的违约金，无疑是令人鼓舞的）。

2018 年 7 月，上海一中院发布《竞业限制纠纷案件审判白皮书及典型案例》，总结了竞业限制纠纷案件的四大特点，其中之一就是竞业限制纠纷经常伴随知识产权纠纷。竞业限制纠纷已作为一种重要的案件类型受到法院关注。

---

① 上海一中院（2018）沪 01 民终 1422 号民事判决书。

② “百度：已经发起对景驰撤诉　但不会对王劲撤诉”，https：//tech.sina.com.cn/i/2018-03-05/doc-ifxipenn0560884.shtml，访问时间：2019 年 1 月 13 日。

而在武汉市中级人民法院审结的直播平台签约游戏主播被竞争平台挖角引起的侵害著作权及不正当竞争纠纷案件，法院将竞争平台招揽游戏主播的行为认定为不正当竞争，开拓了《反不正当竞争法》第2条适用的新领域。[①] 这一思路能否给处理竞争企业之间人员流动引起的纠纷带来新的局面，还有待进一步观察。

如何妥善利用契约安排吸引人才、留住人才，如何处理与员工和离职员工之间的纠纷并妥善保护商业秘密和其他重要竞争利益，将成为高科技、新经济企业的重要课题。对法院而言，必须十分谨慎地平衡用人单位商业秘密、知识产权等合法利益与维护劳动者基本生存权和择业自由权，营造良好的营商、就业和竞争环境。

（三）知识产权临时禁令制度的新发展

知识产权临时禁令制度在2018年的重大发展特别引人瞩目。

在2018年年初公开的阿里巴巴集团控股有限公司、浙江天猫网络有限公司诉广东天猫投资集团有限公司等侵害商标权及不正当竞争纠纷中，杭州市中级人民法院在临时禁令中，不仅责令被申请人立即停止使用涉嫌侵权的企业名称，还开创性地要求其立即在工商登记系统中变更该企业名称。[②] 这一创新有助于及时制止企业名称方面的不正当竞争行为，保护权利人和消费者的利益。

2018年11月30日，应高通公司的申请，并在高通公司提交了3亿元人民币的银行保函后，福州市中级人民法院（以下简称福州中院）颁发了针对苹果公司四家中国子公司的两个诉中禁令，要求苹果公司立即停止针对高通两项专利的侵权行为，停止在中国进口、销售和许诺销售未经授权使用专利的产品，包括 iPhone 6S、iPhone 6S Plus、iPhone 7、iPhone 7 Plus、iPhone 8、iPhone 8 Plus 和 iPhone X。[③]

由于苹果和 iPhone 在手机市场中的地位，福州中院的这一裁定受到广泛关注，也受到不少质疑，主要理由包括两点：第一，考虑到高通公司与苹果公司并不存在直接的竞争关系，且苹果公司资金实力雄厚，不予颁布禁令是否会造成高通公司难以弥补的损害？第二，禁令要求停止相关手机的销售和许诺销售，是否超过

---

① 湖北省武汉市中级人民法院（2017）鄂01民终4950号民事判决书。

② “诉中禁令：17家山寨天猫被判更名裁定书”，http://www.sohu.com/a/215481480_465396，访问时间：2019年1月27日。

③ “福州市中级人民法院批准了高通对苹果手机产品的销售禁令”，http://www.sohu.com/a/281627825_100035607，访问时间：2019年1月6日。

了必要限度，给苹果公司造成了过重的负担?

更令人尴尬的是，在禁令颁布后，苹果公司立即向用户推送了 iOS 12.1.2 版本的更新，停止实施被控侵权的相关技术，并继续销售相关手机。根据法律规定，临时禁令复议期间不停止禁令的执行，而苹果公司继续销售相关 iPhone 手机的行为与禁令的字面要求并不一致，因此涉嫌妨碍民事诉讼。

为了统一司法尺度，2018 年 12 月 12 日，最高院公布了《行为保全规定》，取代了原有的《关于对诉前停止侵犯专利权行为适用法律问题的若干规定》和《关于诉前停止侵犯注册商标专用权行为和保全证据适用法律问题的解释》，作出了重大的发展和完善。

《行为保全规定》结合人民法院多年来的司法实践和部分法院（如北京知识产权法院）的探索，参照国际经验，系统地提出了审查行为保全申请应当考量的以下五项因素，从而第一次在司法解释层面确定了中国法院作出临时禁令的判断标准：

1. 申请人的请求是否具有事实基础和法律依据，包括请求保护的知识产权效力是否稳定；

2. 不采取行为保全措施是否会使申请人的合法权益受到难以弥补的损害或者造成案件裁决难以执行等损害；

3. 不采取行为保全措施对申请人造成的损害是否超过采取行为保全措施对被申请人造成的损害；

4. 采取行为保全措施是否损害社会公共利益；

5. 其他应当考量的因素。

《行为保全规定》规定人民法院在裁定前应当询问申请人和被申请人，但情况紧急或者询问可能影响保全措施执行等情形除外，即以询问为原则，以不询问为例外，从而确定了行为保全申请程序原则上不是单方程序。

《行为保全规定》在 2012 年《民事诉讼法》的基础上，进一步明确行为保全适用于商业秘密，回应了商业秘密权利人及时救济权利、防止损害的迫切需要。尽管如此，由于商业秘密及商业秘密侵权的证明更具有难度，采取保全措施和认定也更具有挑战性。

《行为保全规定》考虑到行为保全对被申请人的利益影响重大，明确了申请行为保全有错误的，适用客观归责原则，即申请人如果在实体阶段败诉，就构成申请保全错误，需要承担赔偿责任。这比一般的保全错误认定更为严厉。

另外，值得一提的是，《行为保全规定》进一步肯定了知识产权纠纷的可仲裁性，详细规定了当事人在仲裁前及仲裁中申请行为保全的程序，明确了相关的管辖法院。

《行为保全规定》认真总结审判实践经验，廓清了知识产权临时禁令制度的几个根本性问题；根据分类施策的原则，兼顾及时保护、稳妥保护的需要，加大了知识产权保护力度，完善了行为保全制度。《行为保全规定》将有力地促进临时禁令在知识产权诉讼和仲裁中的使用，并提高效率、促进公正。

（四）知识产权领域的司法改革

自2018年年初《知识产权审判改革意见》出台以来，知识产权领域的司法改革纷至沓来，细化落实了其中的各项要求，知识产权司法保护面貌日新月异。

在完善知识产权诉讼制度方面，最高院《行为保全规定》完善了行为保全制度（如上文所述，在此不赘）。

在知识产权法院体系建设方面，全国人大常委会专门立法规定，将专利等技术性较强的知识产权民事和行政案件的二审审理权限集中到最高院。12月，最高院设立知识产权庭，统一审理此类案件，旨在加强知识产权案件审理专门化、管辖集中化、程序集约化和人员专业化。另外，西安、深圳、天津等7个知识产权法庭陆续成立，北京、广州新增设两家互联网法院。

《知识产权审判改革意见》还针对“举证难”“赔偿低”“周期长”三个突出问题，有针对性地提出要建立符合知识产权案件特点的诉讼证据规则（包括完善证据保全制度、探索建立证据披露和证据妨碍排除等规则），要建立以补偿为主、惩罚为辅的侵权损害司法认定机制，提高赔偿数额，并要求推进符合知识产权诉讼规律的裁判方式改革。预计相关的具体改革措施将陆续制定发布。

在《知识产权审判改革意见》指引下，北京高院发布《关于加强知识产权审判促进创新发展的若干意见》、广东高院发布《关于切实加强知识产权司法保护的若干意见》，规范指引知识产权诉讼中面临的问题，作出了重要的地方性尝试。

虽然知识产权审判领域的改革创新有待在实践中继续探索、检验，不少举措还有待落实，但中国加强知识产权司法保护的决心和雄心已是不可动摇。2019年这些改革还将继续，继续优化科技创新的法治环境。

（五）中美贸易战中的知识产权摩擦

2018年3月22日，美国总统签署总统备忘录，声称“301调查”发现中国的法规、政策和实践强迫技术转让、限制技术许可、以对外投资牟取技术以及未经授权入侵网络盗取商业秘密和知识产权，并据此下令采取对中国进口商品增税、限制中国企业对美国投资并购的措施，并通过国际贸易组织（WTO）争议程序就某些有关知识产权保护的措施提出磋商请求。[①]

此举一出，引起国际社会的广泛关注，亦对中美贸易冲突的整个进程产生了重要的影响。

美国政府在正式发布的“301 报告”中，主张中国政府通过两方面的措施来“强迫”美国公司进行技术转让：一是对外资准入进行限制，然后通过行政许可、审批程序强迫在华美国公司转让技术；二是中国的法律法规（如《中华人民共和国技术进出口管理条例》和《中华人民共和国中外合资经营企业法实施条例》）对进口技术许可和转让存在不少强制性规则，造成了歧视性待遇，导致在中国开展业务的外国实体处于劣势地位。[②]

“301 报告”的这些指责可能体现了部分美国商界和政界相当一部分人士的观点。但客观来说：（1）主权国家对敏感行业外资准入进行限制是国际通例，而中外合资双方的技术转让和许可安排属于契约自由范围；（2）对技术贸易进行监管也是各国通例，发达国家更关注技术输出中的技术保护和技术制裁，发展中国家更关注技术引进中出口方施加的限制性商业做法，而中国的相关法律规定并没有超出 1975 年联合国国际贸易与发展大会提出的《国际技术转让行动守则》（草案）[③]的基本框架。中美之间的这种分歧，实质上是处在不同经济发展阶段、具备不同技术能力的发展中国家与发达国家之间在技术贸易领域的立场分歧的一个缩影。

此外，2018 年还出现了多起华裔、华人科学家、工程师与美国雇主之间的商业秘密纠纷，有数位华裔、华人技术精英还面临刑事指控，进一步加剧了中美之间在知识产权领域的紧张气氛。

在“301 报告”之后，中美双方已围绕贸易赤字平衡、知识产权等议题展开多轮谈判，期待通过建设性的协商谈判达成一致，实现共赢。

笔者认为，当前世界的经济格局已经是你中有我、我中有你，知识产权及其保护具备很强的国际性；而国家之间的竞争，主要表现为高科技领域的竞争。因此，围绕知识产权的国际摩擦不可避免。长远来看，中国经济和社会已经进入新

---

① “特朗普签署备忘录将对中国商品大规模征收关税”，https://www.sohu.com/a/226185938_119586，访问时间：2019年 2月 1日。

② 美国贸易代表办公室，2018 Special 301 Report，2019 年 4 月 28 日发布。

③ 联合国贸易和发展会议，An International Code of Conduct on Transfer of Technology，U.N. Doc. TD/B/C.6/AC.1/2/Supp.1/Rev.1，3（1975）。

的发展时期，中国与美国在加强知识产权保护方面有着诸多共同利益，双方之间的结构性分歧将会缩小。

在笔者完成本稿时，中美双方仍在进行紧张的贸易谈判，双方都释放出不少积极的信号，笔者对中美通过双边谈判解决包括知识产权问题在内的贸易冲突持乐观态度。但是，中国还是应当立足于多边主义，在 WTO 等多边体系框架内，通过国际协调解决技术贸易上的利益分歧，实现开放、公平、一致、稳定的国际贸易体系。

五、总结与展望

2018 年是我国改革开放 40 周年。40 年来，我国的知识产权制度从无到有，知识产权数量从少到多，知识产权保护从弱到强，知识产权事业从萌芽到成熟。

回顾 2018 年，我国对知识产权保护的重视可谓空前，而统一知识产权管理机关，将专利等专业技术性较强的知识产权民事及行政案件的二审管辖权集中到最高院，并顺势设立最高院知识产权法庭，将显著提升知识产权授权确权、执法管理和司法保护的效率，加大知识产权保护力度。

在体制改革突飞猛进、日新月异的同时，我国的具体执法部门和司法机关也在不断创新、跟进脚步。特别是最高院和各地法院在审判方式、审判思路等方面的诸多创新，有力地缓解了知识产权诉讼“举证难”“赔偿低”“周期长”的问题；当前的司法政策和具体举措也越来越有利于知识产权保护，有利于鼓励创新。

中国正日益成为一个举足轻重的知识产权司法区。知识产权专门法院的建立、推广和运作，已经有效地推动了知识产权司法审判走向更加开放、透明的新阶段，并以更加专业、高效的审判为创新驱动提供指引，得到了国内外、社会各界的积极评价。广东高院系统总结和发布关于标准必要专利案件审理的工作指引，是中国知识产权审判开拓进取、不断创新的又一力证。

“改革创新”成为这一年我国知识产权争议解决的主要标签。展望 2019 年，我们期待着这些改革创新措施开始显现成效，并有更多新的举措出台，助力知识产权保护，更好地服务于经济发展和国家进步。而在经济全球化的大背景下，除不断地改进立法，加强行政和司法体系建设，提供更加有力的知识产权执法和司法审判外，我们也应当加强知识产权争议多元化解决机制建设，提升仲裁和调解的作用，为知识产权争议特别是跨境争议的解决提供公平、高效的替代途径。

中国影视争议解决年度观察（2019）

张 峥　刘 鹏　刘玉枝[①]

一、概述

（一）本篇报告所述“影视”相对应的范围

正如笔者在2018年发布的《中国影视解决年度观察（2018）》中提出的，所谓“影视行业”是人们约定俗成的一种简称，毫无疑问它是文化产业的一部分，根据《中华人民共和国著作权法实施条例》第4条第11项对“电影作品和以类似摄制电影的方法创作的作品”含义的界定，“影视”一词的含义无非是指“电影”和“电视剧”，然而随着现代科技的发展和人类社会的进步，“影视行业”的范畴变得极为宽泛。网络剧、网络大电影、短视频、网络直播、综艺节目、真人秀、脱口秀这些以类似电影手法摄制的其他作品都被纳入了约定俗成的影视范畴，甚至在既有判例中已经将电子游戏的一系列整体画面判定为独立的类电影作品。[②] 尽管电子游戏是否应当被认定为类电影作品还存在争议，但至少从发展趋势上来说，电子游戏已经成为电影、电视剧衍生品开发产业链中的重要环节。影视作品IP开发、互联网、电子游戏这三者的紧密结合，使得我们认为有必要将电子游戏也纳入影视行业的观察范围之列。

本篇报告中所述影视争议仍旧围绕着电影、电视剧、以类似摄制电影的方法

① 张峥，北京大成律师事务所高级合伙人。刘鹏，北京大成律师事务所合伙人。刘玉枝，北京大成律师事务所律师。

② 2018年4月发布的《北京市高级人民法院侵害著作权案件审理指南》第2.14条更是明确提出，运行网络游戏产生的连续动态游戏画面，符合以类似摄制电影的方法创作的作品构成要件的，受著作权法保护。

创作的其他作品，在其制作、发行、宣传推广、商务营销以及衍生品开发等一系列过程中产生的权利冲突和纠纷。

本篇报告将回顾过去的一年里影视行业发生的与争议解决相关的事件，以上述概念作为落脚点，重点介绍和研讨影视行业的各个主体之间的权利边界、典型案例、热点问题，并进行法律评析。

（二）2018 年度中国影视行业总体情况概述

1. 2018 年度中国电影产业总体情况

根据国家电影局发布的数据，2018 年全国电影总票房为 609.76 亿元（此处指人民币，下文涉及以“元”为货币单位的，如无币种的特别注明，则指人民币），同比增长 9.06%。中国电影票房首次迈入“600 亿时代”，但是较之上年票房增速明显放缓，出现了自 2015 年以来首次增速低于 10% 的情况；国产电影票房 378.97 亿元，占票房总额的 62.15%；在票房 TOP20 的电影中，前 10 名中有 6 部是国产电影，前 20 名中有 11 部是国产电影，票房前 4 名更是被国产电影包揽。相比 2017 年，中国观众对国外引进电影尤其是好莱坞大片的依赖已经下降了很多，国产电影的质量也有了较好的提升（2018 年度内地电影票房排名情况可参见附表一）。

艺恩网提供的数据显示，2018 全年观影人次为 17.17 亿，同比增长 5.9%。放映场次 1.1 亿场，同比增长 17.1%。平均票价 32.9 元，同比增长 0.64 元。场均人次 15.5 人，同比下降 1.65 人。2018 年全国影院数达到 10,463 家，新增影院 1,120 家，同比增长 11.99%。银幕数达到 61,071 张，新增银幕 9,303 张，同比增长 17.61%。单影院年均票房 540.4 万，同比下降 20.3 万。单银幕年均产出 92.6 万，同比下降 6.5 万。按 14 亿国内人口粗略计算，2018 年人均观影频率达到 1.23 次 / 年 / 人，同比增长 0.07 次。[①]

电影产业与互联网进一步融合，2018 年，全国电影购票线上化率达到 84.5%，以猫眼为代表的互联网娱乐票务平台进一步推动电影线上购票的全面普及，各线城市线上化率均增至 81% 以上，这意味着无论是在北上广深等一线城市还是西北边陲小城，8 成以上的中国观众都习惯通过网上购票观影。此外，观众获取电影资讯的渠道更加多元化也更加互联网化。猫眼等电影票务平台、微信、微博等社

① 艺恩网：“艺恩 2018 年度白皮书——电影篇”，http：//www.entgroup.cn/Views/61992.shtml，访问时间：2019 年 1 月 31 日。

交平台、爱奇艺等视频网站，成为中国电影观众获取电影信息的主流线上渠道。

猫眼、豆瓣等互联网平台的电影评分和评论越来越成为当下为中国观众观影选择的重要参考。观众选用猫眼等在线购票平台观影，看完电影会在猫眼、豆瓣等打分平台发表评论，也会在微信、微博两大社交网站上进行讨论、分享和转发，形成电影的口碑营销，从而影响电影票房走势。①

有报道称，根据国家电影局的通报，2018 年，中国电影继续保持向上向好的发展态势，全年共生产电影故事片 902 部，动画电影 51 部，科教电影 61 部，纪录电影 57 部，特种电影 11 部，总计 1,082 部；全年票房过亿元影片 82 部，其中国产电影 44 部；全国银幕总数达到 60,079 块，其中 2018 年新增 9,303 块。②

2. 2018 年度中国电视剧产业总体情况

2018 年，传统的电视剧产业面临的来自于互联网领域的竞争压力不断加大，整体来看播放量、收视率较去年下滑明显，全年未出现收视率破 3% 的电视剧。2017 年《人民的名义》横空出世，最高收视率达到 6.695%，收视率破 3% 的电视剧也达到了 4 部。然而 2018 年，收视率破 2% 的电视剧仅有两部。

另外，随着互联网播放平台与传统电视播放平台已经呈现相互打通、融合的态势，电视剧作品的发行已经不再受传统电视播放平台的限制，实现了传统电视剧的网络同步播出（包括台网同步、先台后网和先网后台播出）。在一剧两星政策和用户网络观剧习惯等多重因素的影响下，“台网联动”的排播方式已经成为大剧标配。

然而电视剧网络同步播出的情况也不容乐观，整体呈现疲软态势。2017 年，《楚乔传》《三生三世十里桃花》两部大 IP 古装剧的累计播放量均突破 400 亿，排名第五的《欢乐颂 2》累计播放量也高达 259.5 亿。然而 2018 年，相较于 2017 年的《楚乔传》《三生三世十里桃花》而言，2018 年大 IP 剧集的热度有所冷却，连排名第一的《延禧攻略》累计播放量都未能突破 200 亿，整体播放量均较为惨淡。爆款难出成为 2018 年电视剧行业的最大难题（2018 年度省级电视剧收视排名情况可参见附表二，2018 年电视剧网播量排名情况可参见附表三）。

3. 2018 年度中国电视综艺节目产业总体情况

回顾 2018 年的电视综艺市场，在激烈的竞争中，《奔跑吧第二季》包揽综艺节目电视收视率和网络播放量 TOP10 双榜榜首，《极限挑战第四季》《欢乐喜剧

---

① 中传传媒经济研究所：“年度回顾 |2018 年中国电影市场盘点”，http://www.sohu.com/a/289580539_475889，访问时间：2019 年 1 月 31 日。

② 新华网：“国家电影局：2018 年中国电影票房首次突破 600 亿元，国产片市场占比超六成”，http://www.xinhuanet.com//2018-12/31/c_1123931741.htm，访问时间：2019 年 1 月 31 日。

人第四季》《向往的生活第二季》《快乐大本营 2018》以及《王牌对王牌第三季》均两次上榜，因此无论是在电视屏还是网络屏，老牌综艺表现依旧强势。但是另一方面，相比于 2017 年，电视综艺的收视率和网播量在整体上呈现下滑趋势。（2018 年综艺节目电视收视率及网络播放量 TOP10 榜单可分别查看附表五和附表六。）

4. 2018 年度中国网络视听产业总体情况

网络视听产业不仅包括采用传统电影、电视剧以及综艺节目的制作方法创作，但是完全选择互联网作为唯一发行、播出平台的网络大电影、网络剧以及网络综艺节目，还包括利用互联网及电脑技术，采用类似电影、电视剧的摄制手法创作的网络直播、短视频等网络视听作品。网络视听产业已经逐渐成为一个独立于传统的影视剧、依托于互联网公司的自身内容制作能力以及互联网平台传播渠道的全新领域，2018 年在用户规模、收入模式、平台格局、短视频、网生内容等各个方面取得了快速发展。爱奇艺和腾讯视频的会员规模均超过 8,000 万，付费模式日渐成熟。视频平台方面，用户、内容、流量进一步向爱奇艺、腾讯、优酷等主要网络平台集中，过去半年通过爱奇艺、腾讯、优酷三大平台收看网络视频的用户占整体网络视频用户的 89.6%，市场集中度进一步提高。

首先，对于未在电视平台播出的纯网络剧而言，2018 年前台播放量增长迅猛，平均单部播放量可达 7.18 亿，同比增长近 30%。在 2018 年上线的网络剧中，原创网络剧集有明显增幅，三大视频网站占比均超过 50%，同时热播网络剧中，IP 改编剧仍然不少，改编自明晓溪的同名小说的《烈火如歌》、盗墓笔记系列剧《沙海》等剧集仍凭借 IP 效应聚集话题和关注度。在题材类型上，热门网络剧中古装题材剧集仍占据绝大多数。其中，既包含针对女性市场的“甜宠风”爱情喜剧，如《萌妻食神》《双世宠妃 2》，又包含针对男性市场的悬疑奇幻向剧集，如《沙海》《将夜》等。除此之外，现实主义网络剧如《北京女子图鉴》《上海女子图鉴》等亦引发了年轻群体的关注（2018 年网络剧播放量排名情况可参见附表四）。①

其次，除了前文所述的网络剧以外，网络综艺节目也是网络视听产业的主要组成部分。2018 年前 11 个月共有 117 部网络综艺节目上线，在数量和影响力上几乎追平传统电视平台综艺节目（121 部），其中爱奇艺、优酷、腾讯三家独播综艺节目占比高达 64.5%，内容差异化趋势明显。《创造 101》《偶像练习生》和《幸

① 以上内容参见中传传媒经济研究所：“年度回顾 |2018 年网生内容市场盘点”，http://www.sohu.com/a/288963515_475889，访问时间：2019 年 1 月 31 日。

福三重奏》是2018年热度最高的综艺。偶像养成类综艺在2018年脱颖而出，节目播放量超过134亿，在综艺播放总量中占比12%。另一方面随着观众对内容的需求近一步细分，仅针对某一特定受众群体的较为小众的垂直类综艺节目（例如，街舞、篮球、机器人格斗、电音等）迎来市场春天，2018年篮球、机甲、二次元等垂直类综艺节目新增16档。《这！就是街舞》开播三个月后在头条热度超过350万，成功破圈进入大众视野。对平台而言，进一步深化对垂直受众的精细化运营，成为未来决胜的关键。①

最后，2018年网络直播产业趋于平淡，短视频产业迅速崛起，据网络视听节目服务协会数据显示，热门短视频用户规模已达5.94亿，短视频用户占网民整体的74.1%，其中30岁以下用户达80%。②

以上我们概括描述了2018年影视行业的总体发展情况，简言之，过去的一年里，中国影视行业处于增速放缓、稳步前进的状态，整体上较为平淡，未见“爆点”。同时互联网对传统影视行业的影响逐渐加强，网络视听产业的类型、体量都在快速成长中，不过互联网具有快速多变、重时效轻质量的特点，未来能否形成稳定、公认的能够与传统电影、电视剧分庭抗礼的影视产业，有待于进一步观察。

二、新出台的法律法规或其他规范性文件

2018年度，我国立法、行政、司法部门仍保持着对影视行业的高度关注态势。2018年度出台的多部有关影视行业的法律、法规、其他规范性文件对于规范我国影视行业进一步健康蓬勃发展起到了关键的作用。对于本年度出台的重要法律、法规、其他规范性文件详述如下：

（一）《中华人民共和国英雄烈士保护法》

2018年4月27日，全国人大常委会通过《中华人民共和国英雄烈士保护法》（以下简称《英雄烈士保护法》），全面加强对英雄烈士的保护，规定文化传媒监管部门应当鼓励和支持以英雄烈士事迹为题材、弘扬英雄烈士精神的优秀作品的创作生产和宣传推广，传媒机构应当广泛宣传英雄烈士事迹和精神。禁止歪曲、丑

① 以上内容参见搜狐网：“今日头条：2018今日头条娱乐白皮书”，http://www.sohu.com/a/284002314_263856。

② 以上内容参见中传传媒经济研究所：“年度回顾|2018年网生内容市场盘点”，http://www.sohu.com/a/288963515_475889，访问时间：2019年1月31日。

化、亵渎、否定英雄烈士事迹和精神。任何组织和个人不得在公开场所或者媒体上以侮辱、诽谤或者其他方式侵害英雄烈士的姓名、肖像、名誉、荣誉，不得将英雄烈士的姓名、肖像用于或者变相用于商标、商业广告，违者要承担民事、行政甚至刑事责任。5月，最高人民法院和最高人民检察院分别下发通知，要求在审判和检察工作中贯彻该法精神。①

《英雄烈士保护法》的出台，与《民法总则》第185条的“英烈保护条款”相互呼应，进一步加强了对英雄烈士相关权益的重视与保护，将会为今后侵权责任纠纷案件中对于此类侵权行为的追责提供更好的依据。根据目前已公开司法裁判文书的统计情况，2018年已有四份名誉权侵权争议案件中直接引用了《英雄烈士保护法》的相关条文，未来应当会有更多的案件引用该法规定来保障英烈的合法权益。

（二）《关于进一步加强广播电视节目备案管理和违规处理的通知》

2018年1月6日，国家新闻出版广电总局印发《关于进一步加强广播电视节目备案管理和违规处理的通知》，明确电视上星综合频道播出歌唱选拔、晚会，引进境外模式节目和在黄金时段播出的综艺娱乐、真人秀、访谈脱口秀等节目频道须提前2个月向省级广电局备案，省局同意后，向总局备案。所有受到总局整改、警告、停播处理的节目，不得以任何形式复播、重播或变相播出，也不得到互联网新媒体上播出。

该规定表明行政主管机关开始对近年来比较热播的版权引进的综艺类节目、真人秀、脱口秀等加强监管，同时也对互联网节目的播出秩序加强规范，由于节目违规而导致无法顺利播出的风险加大。

（三）《关于进一步规范网络视听节目传播秩序的通知》

2018年3月22日，国家新闻出版广电总局办公厅出台特急文件《关于进一步规范网络视听节目传播秩序的通知》，禁止非法抓取、剪拼改编视听节目的行为，

---

① 该部法律的出台与2017年颁行的《民法总则》第185条对侵害英烈人格等权利的民事责任的规定形成呼应，进一步体现了国家对于保护英烈、弘扬社会主义道德和价值观等工作的重视。2018年5月16日，因节目中含有侮辱、诽谤侵害英雄烈士形象的内容，今日头条对“暴走漫画”账号进行了封禁。5月17日，新浪微博关闭“暴走漫画”等多个严重违规账号。北京市互联网信息办公室等联合约谈属地重点网站，责令网站严格贯彻落实《英雄烈士保护法》，切实履行主体责任，采取有效措施坚决抵制网上歪曲、丑化、侮辱英烈形象的违法违规行为。

加强网上片花、预告片等视听节目管理，加强对各类节目接受冠名、赞助的管理；严格落实属地管理责任。

网络视听节目属于新兴产业，互联网具有传播速度快、范围广、个体参与节目制作、传播的便捷性极强而且成本极低，这就必然导致缺乏规范秩序、乱象丛生。因此，行政主管机关开始加强对各行业秩序的整顿与管理。

（四）《点播影院、点播院线管理规定》

国家新闻出版广电总局审议并通过《点播影院、点播院线管理规定》（以下简称《管理规定》），于2018年3月30日开始实施。《管理规定》中对于点播影院、点播院线的定义、版权、资质审核流程等诸多方面做出了明确规定。《管理规定》明确，申请成立点播影院，除工商注册信息外，应当明确隶属院线、所用点播影院计费系统和放映系统设备等信息，经所在地县级人民政府电影主管部门批准，获得专项《电影放映经营许可证》。现已开展电影放映、发行经营服务的点播影院、点播院线，应当在本通知发布之日起30日内，按照本通知规定进行整改，并分别向所在地县级人民政府电影主管部门、省级电影主管部门登记备案。

点播影院和点播院线突破传统电影行业的模式，消费者观影可以不再局限于院线统一发行的、近期上映的“热门大片”，而是可以根据自己的需要获取特定影片的点播和放映。这一点在互联网视听节目中早已实现，点播影院的落地也可以为消费者提供更好的视听感受，促进影视行业发展以及与互联网的融合。

（五）《关于进一步加强广播电视和网络视听文艺节目管理的通知》

2018年11月9日，国家广播电视总局公布《关于进一步加强广播电视和网络视听文艺节目管理的通知》（以下简称《通知》），明确加强收视率（点击率）调查数据使用管理，坚决打击收视率（点击率）造假行为，建立健全广电、公安等部门联合协调打击收视率（点击率）造假工作机制，对违法违规行为坚决予以惩戒。

《通知》指出，广播电视和网络视听文艺节目要坚持讲品位、讲格调、讲责任，抵制低俗、庸俗、媚俗，大力弘扬社会主义核心价值观，传播正能量，坚守底线红线；坚决摒弃以明星为卖点、靠明星博眼球的错误做法，严格控制偶像养成类节目，严格控制影视明星子女参与综艺娱乐和真人秀节目；减少影视明星参与的娱乐游戏、真人秀、歌唱类选拔等节目播出量。

《通知》要求，各电视上星综合频道19：30—22：30播出的综艺节目，每个节目全部嘉宾总片酬不得超过节目总成本的40%，主要嘉宾片酬不得超过嘉宾总片酬的70%。每部电视剧网络剧（含网络电影）全部演员片酬不超过制作总成本的40%，主要演员片酬不超过总片酬的70%。

收视率造假、网络视听节目质量堪忧、演员片酬过高是目前影视行业较为严重的几个问题。《通知》所提要求切中要害，其政策后续实施效果值得关注。

（六）《关于加强网络直播服务管理工作的通知》

2018年8月1日，全国“扫黄打非”工作小组办公室会同工业和信息化部、公安部、文化和旅游部、国家广播电视总局、国家互联网信息办公室联合下发《关于加强网络直播服务管理工作的通知》，部署各地各有关部门进一步加强网络直播服务许可、备案管理，强化网络直播服务基础管理，建立健全长效监管机制，大力开展存量违规网络直播服务清理工作。

这一通知首次明确了行业监管中网络直播服务提供者、网络接入服务提供者、应用商店等主体的各自责任，推动互联网企业严格履行主体责任。通知突出对网络直播行业的基础管理，细化了直播行业相关规定的执行标准，将成为“扫黄打非”部门建立完善直播行业长效监管机制的有力举措，有效防范直播领域各类有害信息的出现和传播。

网络直播服务也是新兴产业之一，因缺乏相关规范而乱象丛生，有必要进一步加强监管，净化网络环境、规范行业秩序。

（七）《北京市高级人民法院侵害著作权案件审理指南》

北京市高级人民法院总结整理以往涉及侵害著作权案件的各项指导文件，并梳理汇总实践中的各类问题，形成了《北京市高级人民法院侵害著作权案件审理指南》（以下简称《指南》），并于2018年4月20日正式对外公布。

《指南》全文分为11个部分，共计160条，涉及基本规定、权利客体等11个方面的问题。《指南》明确了案件的审理原则，总结了案件的审理思路，并对侵害著作权案件程序问题审查、诉权行使方式及实体问题审理的规范思路进行总结。同时，《指南》加大了权利保护的力度，探索惩罚性赔偿机制，细化了损害赔偿的适用方法和计算依据，回应了赔偿数额“举证难”的问题，并针对“恶意侵权”行为提出惩罚性赔偿的思路。

此外，2018年1月3日，天津市高级人民法院也印发了《侵害信息网络传播权纠纷案件审理指南（试行）》（以下简称《审视指南》），结合天津法院知识产权审判实际,《审视指南》对于原告主体资格及保护客体、被诉侵权行为主体的审查、侵害信息网络传播权行为的判定、被告抗辩事由的审查、民事责任的确定等方面进行了明确。

三、典型案例

（一）影视投资类合同纠纷：北京A文化传媒有限公司与B影视投资（北京）有限公司《电视剧合作拍摄合同》争议仲裁案、北京A基金管理有限公司与北京B影视文化传媒有限公司《电视剧联合投资摄制协议》争议仲裁案①

【基本案情】

案件1：2015年12月，北京A文化传媒有限公司（以下简称申请人1）与B影视投资（北京）有限公司（以下简称被申请人1）约定共同投资合作拍摄一部电视剧。合同约定被申请人1确保申请人1于2016年12月底前收回500万元整本金并获得20%的年回报率，若利润总额超出了出资额年回报率20%，则双方按出资比例分配获得的利润。申请人1履行了500万元的出资义务，但是被申请人1仅于2017年9月至2018年3月分三笔向申请人1偿还投资本金500万元，并拒绝向申请人1分配利润。申请人1提起仲裁，要求被申请人1按照每年20%的回报率标准支付投资回报，同时还要求被申请人1根据合同约定承担延迟支付本金及利润的违约金（每天按申请人1出资额和应分得利润总额的0.3%计算，计算期间自该剧播出之日至被申请人1还款之日）。

案件2：2016年9月，北京A基金管理有限公司（以下简称申请人2）与北京B影视文化传媒有限公司（以下简称被申请人2）签订《电视剧联合投资摄制协议》，申请人2承诺投资1,000万元用于一部电视剧的摄制，投资期限为20个月。被申请人2承诺向申请人2支付本金和年利率26%的固定收益，如果逾期支付的还应向申请人2承担应付款项总额每日0.3%的滞纳金。同时被申请人2承诺在该剧开机日前确保有两家投资机构参与本剧投资，否则申请人2有权单方解约并要求被申请人2按照已付款金额的30%支付违约金。嗣后，申请人2向被申请人2支付了500万元投资款，但该剧未能按照合同约定时间开机，被申请人2未能履行合

① 两案件均为北京仲裁委员会/北京国际仲裁中心受理的案件。

同约定。申请人 2 请求解约、要求被申请人 2 返还投资本金 500 万元，并支付每年 26% 的投资收益、已付款金额 30% 的违约金以及每日 0.3% 的滞纳金。

【争议焦点】

本篇报告对上述两则案例关注的争议焦点为：

1. 此类影视投资合同的性质如何认定；

2. 影视剧跟投方的保底收入能否得到支持；

3. 合同约定的违约责任能否得到支持。

【裁判观点】

对于第一个争议焦点，案件 1 和案件 2 的裁决书中均明确肯定了合同的效力，认为此类影视投资合同不违反法律、行政法规的强制性规定，但两份裁决书对于合同的性质的认识并不完全一致。案件 1 的裁决书中强调了案涉合同系双方真实意思表示之体现，足以作为判断各方权利义务之依据，但并未对合同的性质做出进一步的论断。案件 2 的裁决书中则指出，案涉合同名为联合投资摄制，但无论案涉电视剧是否发行、是否取得发行收益，本案合同约定的投资期限和收益率均是固定的，可见本案不具投资人共同投资、共担风险的特征，而表现出融资借贷合同固定收益的本质，为此宜参照《最高人民法院关于审理民间借贷案件适用法律若干问题的规定》（以下简称《民间借贷司法解释》）的相关规定。

对于第二个争议焦点，案件 1 和案件 2 的裁决书中根据两个案件的具体情况进行了不同处理。案件 1 的《电视剧合作拍摄合同》中只约定了被申请人 1 在 2016 年 12 月底返还全部投资本金时应向申请人 1 支付 20% 的年投资回报，2017 年以后的投资收益双方按出资比例进行分配，因此裁决书中将投资回报（即保底收入）的计算期限仅限于 2016 年 12 月 31 日之前，对于这一时点之后按照年利率 20% 主张利润的仲裁请求不予支持。案件 2 的裁决书选择参照《民间借贷司法解释》来处理，因此对于本案中约定的固定收益（年利率 26%）超过法定民间借贷利率上限 24% 以上的部分不予支持。

对于第三个争议焦点，案件 1 的裁决书中指出当事人双方签署的合同中对于分三笔返还本金的时间期限已有明确约定，被申请人 1 未按照约定时间返还本金的行为已经构成逾期违约，应当承担支付逾期滞纳金的违约责任；但是被申请人 1 承担该等违约责任是为了弥补申请人 1 无法收回本金的资金占用损失，故不宜超过《民间借贷司法解释》第 26 条关于民间借贷最高年利率 24% 的保护上限，因此本案合同约定的每日 0.3% 的标准（即 109.5%/ 年）明显过高，仲裁庭认为应以年利率 24% 作为计算逾期违约金的标准。如前所述，案件 2 的裁决书中将申请人 2 向被申请人 2 投资的行为认定为融资借贷，进而将案涉合同中关于投资收益、违约金、滞纳金的约定一并考虑，认为该等合同违约行为所能够造成的直接损失和期待利益损失未超过民间借贷最高年利率 24% 的保护上限，因此部分支持申请人 2 关于投资收益的请求，驳回违约金、滞纳金的请求。

【纠纷观察】

近年来伴随着明星高片酬、流量 IP 价格猛增、影视剧制作技术水准提高等行业背景，影视剧制作成本日益增加，主创单位往往会通过签署影视投资合同的方式引入资本，缓解资金压力、分摊项目风险。如果是两个法律主体通过签署合同、共同投资、共同制作影视剧作品的话，那么常规情况下合同当事人之间形成的应该是契约型联营关系，共同制作、共享收益、共担风险。但是由于影视剧制作—发行—回款的周期较长、投资方缺乏实际参与影视剧制作的经验与条件以及影视投资领域的高风险特征，越来越多的影视项目“跟投方”（即项目主控方引入的投资人）会选择固定收益投资模式，即合同中明确约定投资款的返还时间以及保底收益的计算方法和支付期限。一旦合同履行过程中出现履约瑕疵导致跟投方无法收回投资本金及收益，则很容易遇到上述两个案例所涉及的焦点问题。从法律性质上分析，对于这一类型的合同纠纷，通常会有以下三种理解：

一是认定为联营合同法律关系，适用《最高人民法院关于审理联营合同纠纷案件若干问题的解答》，保底条款违反联营活动中应当遵循的共负盈亏、共担风险的原则，名为联营，实为借贷，属于无效条款。在这种情况下，投资人可以要求返还已付本金，但对于合同约定的高额利息回报以及违约金都难以支持。

二是认定为借贷法律关系，适用《民间借贷司法解释》的相关规定，借贷的年利率最高不得超过 24%，除此之外的其他违约金、滞纳金等相关约定均不再支持。

三是认定为复杂的无名合同，并不简单的界定为联营或者借贷，而是本着意思自治的原则，以当事人双方在合同条款中达成的一致意思表示作为判断双方权利义务的有效依据。

笔者倾向于选择第三种理解，如同案件 1 的裁决书所展示的思路，在认可影视投资合同有效的前提下，关于固定收益投资所能够获得的本金返还以及保底收益均按照当事人双方的约定执行。与此同时，如果合同中另行约定了逾期付款的违约金，那么当事人还可以基于付款义务人的逾期违约行为而另行主张其承担违约责任。当然，考虑到合同法规定的违约金金额不能过分高于实际损失这一原则，仲裁裁决中对于违约金计算标准超过民间借贷最高年利率 24% 的保护上限的部分不予支持也具有合理性，更加体现了仲裁追求灵活高效、公平合理的解决纠纷之理念。

（二）影视制作服务类合同纠纷[①]：A某与北京B传媒有限公司《电影编剧合同》争议仲裁案[②]

【基本案情】

自然人A某（以下简称申请人）与北京B传媒有限公司（以下简称被申请人）于2016年3月签署《电影编剧合同》，被申请人聘任申请人担任电影编剧，被申请人分三笔向申请人支付稿酬90,000元。申请人先后向被申请人发送了电影剧本（第1稿及第2稿）、人物小传、电影分场大纲（第1稿以及剧本剪辑版）、电影分场大纲（第2稿）但是被申请人却并未依据本案合同约定支付稿酬30,000元。被申请人辩称，根据合同第3条第3款、第4款的约定，第二笔稿酬、第三笔稿酬的支付条件并未成就。因此，被申请人拒绝支付剩余稿酬并未违约，申请人的仲裁请求没有合同和法律依据，不应获得支持。

【争议焦点】

如何判断合同约定的各期价款的付款条件是否成就？

【裁判观点】

仲裁庭查明，依据本案合同约定，申请人应当分以下三个阶段履行合同义务：首先，申请人应于本案合同生效后30天内向被申请人交付本案电影的电影剧本分场大纲。被申请人在收到剧本初稿后10天内审核，并有权向申请人提出书面修改意见，限期要求申请人进行第一次修改；其次，申请人在限期内完成第一次修改后送交被申请人，被申请人有权在收到第一稿剧本后10日内提出书面修改意见，限期要求申请人再次修改；最后，申请人应当按照被申请人的意见和期限修改并完成剧本定稿并得到被申请人认同。根据申请人的庭审陈述，再结合其提交的证据，仲裁庭经审理后查明申请人分四次向被申请人发送了本案电影的剧本（第1稿、第2稿）、人物小传、剧本分场大纲（第1稿、剧本剪辑版）以及剧本分场大纲（第2稿），被申请人在庭审中承认收到了申请人提交的前述工作成果文件，但

---

① 影视制作服务类合同是指影视剧作品创作过程中，项目主控方需要委托相关法律主体提供影视剧制作过程中的一系列相关服务，从而签署的合同，如笔者在北仲审理过的剧本委托创作合同、编剧合同、宣传发行服务合同、节目制作合同、艺人演出合同、艺人宣传合同等。

② 本案件为北京仲裁委员会/北京国际仲裁中心受理的案件。

是主张上述文件没有通过被申请人的审核。由于合同约定的第二笔、第三笔稿酬的付款条件均以申请人提交的文件得到被申请人书面认同为前提，然而申请人并未能举证证明被申请人做出过认同其工作成果的意思表示，因此仲裁庭认为被申请人关于拒绝付款的抗辩有合理性。

基于上述前提，仲裁裁决书中进一步论述称，鉴于申请人履行修改义务及本案电影剧本的定稿均需要以被申请人提出书面修改建议作为前提条件之一，所以仲裁庭认定被申请人未履行书面提出修改建议这一义务对于第二笔、第三笔稿酬付款条件未成就这一结果的发生具有直接影响，即被申请人存在一定的过错。考虑到庭审过程中被申请人已经明确表示不同意继续履行本案合同，且已经另行委托他人完成了本案电影剧本的创作并在此基础上进行了影片摄制，因此本案合同项下第二笔、第三笔稿酬的付款条件已经无法达成。但是，本案庭审过程中已经查明申请人已经完成并提交了本案电影的剧本、人物小传、剧本分场大纲，对于上述工作成果的提交被申请人亦表示符合客观事实。也就是说，申请人确实已经为本案合同的履行做了工作、付出了努力。综合考虑申请人在本案合同中的履约程度、被申请人过错程度，仲裁庭认为对于申请人已经完成的创作工作，除已经支付的定金外，被申请人应当支付相应的、合理的报酬。因此，仲裁庭决定酌情部分支持申请人的该项仲裁请求。

【纠纷观察】

一方面，对于影视制作服务类合同而言，服务的履行具有专业性、阶段性、持续性等特点，容易在合同履行的验收标准、各阶段合同义务完成的时间节点等问题上产生约定不明、双方出现分歧等风险。这就要求合同双方在订立合同的阶段细化合同条款约定，将时间节点、验收标准等关键内容予以明确、落地，避免履约过程中由于合同约定不明而引发纠纷。对于合同义务的履行方而言，一旦双方产生违约纠纷，其自身需要承担义务履行的举证责任，因此在履约过程还需要做好证据收集工作，避免因为无法提交足以证明己方及时、充分履行合同义务的有效证据而承担举证不能的法律风险。

另一方面，本案中仲裁庭在对合同条款约定以及合同履行事实予以查明的基础上，并没有简单地以付款请求缺乏合同依据而径行驳回申请人的仲裁请求，而是综合考虑合同履行的客观状态，本着案结事了的原则对申请人的仲裁请求酌情予以支持，充分体现了商事仲裁“公平合理”地解决纠纷这一理念和优势。

（三）版权侵权与不正当竞争侵权纠纷：金庸诉江南著作权侵权及不正当竞争案

【基本案情】

2018年8月16日，广州市天河区人民法院对同人作品第一案——金庸诉“同人小说”《此间的少年》作者江南著作权侵权及不正当竞争纠纷一案作出一审判决。

2015年，原告金庸发现被告江南在未经其同意的情况下，在江南创作的小说《此间的少年》中大量使用金庸小说的知名人物，如郭靖、黄蓉等。因此，金庸对江南提起诉讼，并将统筹、出版商北京联合出版有限责任公司、北京精典博维文化传媒有限公司，以及对该书进行销售的广州购书中心有限公司一并作为被告，要求停止侵权，并向法院提出诉求。

被告辩称，《此间的少年》在作品类型、主题、时代背景、人物面貌、人物关系、故事结构、故事情节方面均与金庸作品存在根本的、明显的、大量的区别，不构成实质性相似，没有侵犯原告的著作权，被告对于原告作品要素的使用属于合理使用。被告创作和发表《此间的少年》没有违背诚实信用原则和公认的商业道德，亦未对原告的合法权益造成实际损害，不构成不正当竞争行为。并且原告所主张的侵权损害赔偿请求大部分已经超过诉讼时效。

【争议焦点】

同人作品是否侵犯了原作者的著作权？

【裁判观点】

法院认为，虽然《此间的少年》并没有将情节建立在金庸作品的基础上，而是在不同的时代与空间背景下，围绕人物角色撰写全新的故事情节，创作出不同于金庸作品的校园青春文学小说，认为不构成著作权侵权，但江南利用读者对金庸作品中武侠人物的喜爱提升自身作品的关注度后，以营利为目的多次出版且发行量巨大，其行为已超出必要限度，违背公认的商业道德，构成不正当竞争行为，应赔偿金庸经济损失188万元。

【纠纷观察】

本案堪称我国同人作品第一案。所谓同人作品，就是指人物形象基本相同，但是故事情节不同的作品。根据“思想与表达两分法”，《中华人民共和国著作权法》（以下简称《著作权法》）所保护的是作品中作者具有独创性的表达，即思想的表现形式，不包括作品中所反映的思想本身，并不构成侵犯著作权。

搭知名IP之便车并牟利构成不正当竞争。本案中，金庸作品及作品元素凝结了查良镛先生高度的智力劳动，具有极高的知名度和影响力，在读者群体中这些元素与作品之间已经建立了稳定的联系，具备了特定的指代和识别功能，具有较高的商业市场价值。即使金庸作品元素在不在《著作权法》保护范围内，在整体上仍可能受我国《中华人民共和国反不正当竞争法》（以下简称《反不正当竞争法》）调整。

通过这一案例可以看出，当著作权侵权与商业经营行为结合在一起时，在司法实践中，往往通过适用《反不正当竞争法》的规则实现对著作权权利人的保护更加便利。之所以存在这样的特征，正是因为传统著作权保护始终遵循“保护表达不保护思想”这一原则。对于类似“同人作品”“搭便车、蹭热度”这种不当行为，举证证明其符合著作权侵权要件的难度较大，相关权利主体可以充分利用《反不正当竞争法》的规则，维护自身合法权益。

（四）新型作品侵权纠纷：蜗牛公司诉天象公司、爱奇艺公司著作权纠纷案

【基本案情】

2018 年 3 月 30 日，江苏省苏州市中级人民法院就蜗牛公司诉天象公司、爱奇艺公司侵犯其著作权案作出一审判决。蜗牛公司诉称，《太极熊猫》为蜗牛公司独立研发的一款手机游戏，天象公司推出的手机游戏《花千骨》存在大量与《太极熊猫》相似的元素，经比对，该款游戏全面抄袭和使用了《太极熊猫》中的游戏界面及装潢设计和其他游戏元素，包括《太极熊猫》游戏的核心元素——游戏规则，两款游戏构成实质性相似，《花千骨》存在侵权。被告辩称，游戏结构、界面布局、玩法规则、数值、投放节奏均非《著作权法》所保护的客体。

【法院观点】

法院认为，《太极熊猫》游戏运行动态画面整体构成以类似摄制电影的方法创作的作品，游戏玩法规则的特定呈现方式构成《著作权法》保护的客体，《花千骨》游戏在游戏玩法规则的特定呈现方式及其选择、安排、组合上整体利用了《太极熊猫》的基本表达，并在此基础上进行美术、音乐、动画、文字等一定内容的再创作，侵害了著作权人享有的改编权。在赔偿数额方面，法院认为两被告开发、运营《花千骨》游戏所获的利润已明显超过蜗牛公司主张赔偿数额，在此基础上综合考虑两被告的侵权行为性质、侵权情节等因素，对蜗牛公司请求两被告连带赔偿 3,000 万元的诉讼主张予以支持。

【纠纷观察】

《太极熊猫》游戏诉《花千骨》游戏著作权侵权案一审判决令人瞩目，3,000万元的损害赔偿金刷新了网络游戏领域判赔金额纪录，与此同时该案判决书中对游戏玩法规则作为著作权客体的认定与保护也具有创新意义。本案中，原告苏州蜗牛数字科技有限公司所主张的是被告游戏全面抄袭了《太极熊猫》中的游戏界面及装潢设计和其他元素，最主要的是抄袭了《太极熊猫》的核心元素——游戏玩法规则。这并不是业内第一例涉及游戏玩法规则的案件，但是在以往的案件中，游戏玩法规则很难得到《著作权法》的保护。例如，在暴雪公司诉上海游易侵犯《炉石传说》著作权一案中，暴雪公司主张游戏中的卡牌和套牌的组合等应当受《著作权法》的保护，法院虽然也认为上海游易抄袭暴雪公司游戏规则和玩法的行为具有不正当性，但并未认定这种游戏玩法规则构成独立表达的作品。然而在本案中法院认为，区分游戏中的玩法规则属于思想还是表达，应当要看这些玩法规则是属于概括的、一般性的描述，还是具体到了一定程度足以产生感知特定作品来源的特有玩赏体验，而后者因为足以到达思想与表达的临界点，可作为表达。

从另一方面分析，本案对于游戏玩法规则的保护也并不能让我们得出“所有的游戏玩法规则都足以构成表达、足以成为著作权法保护的客体”这一结论。在本案判决书中，法院还是采取了较为审慎的态度，认定作品范围时明确排除了游戏玩法规则中的思想部分以及有限表达和公有领域不具备足够独创性的部分。也就是说，今后如果发生同类型案件，相关权利人仍然需要充分举证、论证其创造的游戏玩法规则足以超越“思想”的范畴而进入“表达”的层面，进而获得著作权法上的保护。

最后，2018 年 4 月 20 日公布的《北京市高级人民法院侵害著作权案件审理指南》第二章对于各类权利客体（即作品）的审查作出了比较详细的分析，其中第 2.1 条对于认定是否构成作品列举了以下几方面的一般考虑因素，值得借鉴：

1. 是否属于在文学、艺术和科学范围内自然人的创作；

2. 是否具有独创性；

3. 是否具有一定的表现形式；

4. 是否可复制。

（五）新型作品侵权纠纷：快手公司诉华多公司侵权短视频著作权纠纷案

【基本案情】

北京快手科技有限公司（以下简称快手公司）系快手 APP 的运营管理商，快手 APP 用户分别在快手 APP 上传、发布了“PPAP”（时长 36 秒）和“这智商没谁了”（时长 18 秒）两条短视频（以下统称涉案视频）。经该用户授权，快手公司取得了涉案视频的独家信息网络传播权。快手公司认为，广州华多网络科技有限公司（以下简称华多公司）未经其许可，在其运营的补刀 APP 中上传并发布了涉案视频，该行为侵犯其著作权。华多公司否认侵权，提出涉案视频时长很短故不构成作品等抗辩理由。

2018 年 11 月，北京市海淀区人民法院（以下简称海淀法院）就快手公司起诉华多公司侵犯著作权纠纷两案作出一审判决，认定涉案视频构成作品，华多公司侵犯了快手公司依法享有的信息网络传播权，分别判决华多公司赔偿快手公司经济损失各 1 万元及相应的合理开支。

【法院观点】

海淀法院经审理后认为，两案的主要争议焦点之一在于涉案视频是否构成作品。首先，涉案视频集合了音乐、表演者的表演、特效制作、对话、场景等一个或多个内容，既非对表演的机械录制，也不属于创意、思维方法、技术方案等抽象范畴的内容，或基本素材或公有领域的信息。其次，虽涉案视频仅有数十秒甚至是十几秒，时长短的确可能限制作者的表达空间，但这并不等于表达形式非常有限而成为思想范畴的产物；相反，在这较短的时间内亦可以创作出体现一定主题，且结合文字、音乐、场景、特效等多种元素的内容表达。据此，涉案视频是作者思想和情感的表达，且其作为数字化的视频，客观上亦可被固定并以有形形式复制，故结合其制作方式，涉案视频应属于类电作品，受著作权法保护。

【纠纷观察】

本案被称为承认短视频具有作品地位的第一案。短视频作为互联网下新型视听作品的代表，具有适合在移动和短时休闲状态下观看，以及生产流程简单、制作门槛低、参与性强等特点。判断其是否具备构成作品的条件，时间长短并不应该成为最关键的因素。参考音乐作品侵权领域通常认定标准，只有音符、音节的数量和长度减少到不足以形成完整、独立的表达的程度，才不被认定为作品。与此类似，短视频的时间虽然按照秒来计算，但是如果能够在很短的时间内形成完整、独立的表达，仍然符合作品的实质。这一案件给我们的启示在于互联网时代的影视作品形态不断衍生、增加，侵权纠纷的类型也日益多元化，司法裁判的视野和思路也会不断拓宽。因此，影视行业的从业者特别是法律从业者也应当摆脱传统影视侵权案件模型的束缚，勇于创新，通过法理分析和有效举证来提出合理的权利主张，维护自身的权益。

四、热点观察

（一）党和政府对影视行业的监管力度不断增强

1. 行业主管机构大改革

2018 年 3 月 13 日，十三届全国人大一次会议审议通过了《国务院机构改革方案》。其中，中央宣传部统一管理新闻出版工作，将国家新闻出版广电总局的新闻出版管理职责划入中宣部，对外加挂国家新闻出版署（版权局）牌子；统一管理电影工作，将国家新闻出版广电总局的电影管理职责划入中宣部，对外加挂国家电影局牌子。国务院组建国家广播电视总局，作为国务院的直属机构，不再保留国家新闻出版广电总局。组建中央广播电视总台，作为国务院直属事业单位，归口中央宣传部领导。撤销中央电视台（中国国际电视台）、中央人民广播电台、中国国际广播电台建制，对内保留原呼号，对外统一呼号为“中国之声”。重新组建国家知识产权局、整合组建文化市场综合执法队伍。根据机构改革方案，国家广播电视总局、国家新闻出版署、国家版权局、国家电影局于 2018 年 4 月 16 日分别挂牌。

2. 不断强化治理影视行业天价片酬、逃税等问题

（1）2018 年 6 月 27 日，中宣部等部门联合印发通知，要求加强对影视行业天价片酬、“阴阳合同”、偷逃税等问题的治理，控制不合理片酬，推进依法纳税，促进影视业健康发展。该通知指出，近年来，我国影视业快速发展，整体呈现出良好态势。同时，也暴露出天价片酬、“阴阳合同”、偷逃税等问题。这些问题不仅推高影视节目制作成本，影响影视创作整体品质，破坏影视行业健康生态，而且滋长拜金主义倾向，误导青少年盲目追星，扭曲社会价值观念，必须采取有效措施切实加以整治。

该通知强调，要制定出台影视节目片酬执行标准，明确演员和节目嘉宾最高片酬限额，现阶段，严格落实已有规定，每部电影、电视剧、网络视听节目全部演员、嘉宾的总片酬不得超过制作总成本的 40%，主要演员片酬不得超过总片酬的 70%。影视行业主管部门要加强监管，对影视明星参与综艺娱乐节目、亲子类节目、真人秀节目等进行调控，严格执行网络视听节目审批制度，严格规范影视剧、网络视听节目片酬合同管理，加大对偷逃税行为的惩戒力度。电视台、影视制作机构、电影院线、互联网视听网站、民营影视发行放映公司，购买播出影视节目时不得恶性竞争、哄抬价格，坚决纠正高价邀请明星、竞逐明星的不良现象。

政府资金、免税的公益基金等不得参与投资娱乐性、商业性强的影视剧和网络视听节目，助长过高片酬。

（2）2018年7月13日，为贯彻落实中宣部等五部门关于治理影视行业天价片酬、“阴阳合同”、偷逃税等问题的有关要求，国家税务总局印发通知，要求各级税务机关深入推进税收领域“放管服”改革，进一步加强影视行业税收征管，规范税收秩序，积极营造支持影视行业健康发展的良好税收环境。

该通知指出，影视企业和影视行业从业人员应当依法如实申报并缴纳税款。影视行业纳税人应当按照实际业务如实开具增值税发票，不得填开或让他人为自己开具与实际交易内容不符的发票，不得将不符合规定的发票作为所得税税前扣除凭证。影视行业纳税人享受税收优惠政策不符合相关规定的，税务机关将依法追缴已享受的减免税款，并按照税收征管法等有关规定处理。

（3）2018年6月，崔永元公开举报范冰冰通过“阴阳合同”偷逃税款，数额巨大，国家税务总局高度重视，即责成江苏等地税务机关依法开展调查。根据国家税务总局指定管辖,2018年9月30日，江苏省税务局依法向范冰冰正式下达《税务处理决定书》和《税务行政处罚决定书》，要求其将追缴的税款、滞纳金、罚款等总计高达8.8亿元，在收到上述处理处罚决定后在规定期限内缴清。依据《中华人民共和国刑法》第201条的规定，由于范冰冰属于首次被税务机关按偷税予以行政处罚且此前未因逃避缴纳税款受过刑事处罚，上述定性为偷税的税款、滞纳金、罚款在税务机关下达追缴通知后在规定期限内缴纳的，依法不予追究刑事责任。超过规定期限不缴纳税款和滞纳金、不接受行政处罚的，税务机关将依法移送公安机关处理。范冰冰案是我国税务部门近年来处理的个人偷逃税款金额最大的案件。

（4）2018年10月2日，国家税务总局按照中央宣传部等五部门关于对影视行业有关问题开展治理的部署安排，发布了《国家税务总局关于进一步规范影视行业税收秩序有关工作的通知》[①]。从2018年10月开始，到2019年7月底前结束，各税务机关要按照自查自纠、督促纠正、重点检查、总结完善等步骤，逐步推进规范影视行业税收秩序工作。同时，该通知还要求各税务机关从加强组织领导、密切部门合作、细化工作措施、严格遵守纪律等方面切实抓好规范影视行业税收秩序工作的落实。

3. 有关部门加强互联网监管力度，重视对互联网信息内容导向的管理

导向不正确是本年度互联网信息内容治理的重点。在2018年，先后有花椒

① 搜狐网，https：//www.sohu.com/a/258194778_289823，访问时间：2019年1月31日。

直播、新浪微博、今日头条、秒拍、哔哩哔哩、虎牙直播、新浪视频、爱奇艺等互联网企业和平台被监管机关约谈、责令整改或者采取行政处罚措施，“MC天佑”“五五开”等网络主播因传播不健康信息而被纳入网络主播黑名单，并且各直播平台禁止其再次注册直播账号。

2019年1月29日，国家广播电视总局对于本年度广播电视节目制作经营许可证的审核工作提出了新的要求，对于涉及导向不正确、收视率造假等问题的运营主体，将会施以不予换发新证的惩罚措施。

（二）仲裁解决影视争议的难点

商事仲裁领域主要解决的是影视争议中的合同争议部分。2018年北京仲裁委员会/北京国际仲裁中心共受理了影视方面的争议仲裁案件82件，较之2017年有一定增长，这体现了商事仲裁在影视行业争议解决领域发挥着越来越大的作用。根据笔者从事影视争议解决仲裁及法律服务的经验，笔者将最常见的、纠纷较多的几类合同所面临的争议解决的难点总结如下：

第一，影视投资合同纠纷，票房利润情况举证难。

正如前文所介绍的影视投资合同典型案例所展示的，投资人之所以愿意投入资金，合作摄制影视作品，其目的在于取得影视项目发行收入的利润分成和投资回报。然而如果影视投资合同的双方并不是处于共同控制该项目的状态中，必然能够区分出哪一家是主控方，哪一家是跟投方。对于跟投方而言，如果合同中约定的收益分成方式是待主控方取得发行收入之后的一定期限内进行分配，那么能否举证证明所投资项目的实际支出以及收入金额就成为能否有效维护自身权益的关键。通常情况下，由于跟投方没有实际参与影片摄制的具体工作，因此很难迅速取得关于影片发行收入的有效证据。至于在很多仲裁案件中当事人会提出要求行使其作为投资人的知情权，但由于影视项目的合作方之间仅存在合同关系，并未共同出资设立公司，因此这种所谓的知情权只能来源于合同约定，并无法定依据。约定的知情权除非合同条款中有非常具体且有实际操作可能性的内容，否则即使当事人依据合同条款提出披露相关资料的仲裁请求，或者向仲裁庭提交调取证据申请书，仲裁庭也很难采取有效措施实现当事人的知情权，更多的情形还是由于无法取得关于票房、项目收入的证据而使得申请人面临举证不能的法律风险。

第二，宣传发行合同纠纷，成本投入举证难。

宣传发行合同是指影视剧项目的投资方或制片方在完成剧目制作之后，通常会委托一家专业机构代为负责宣传发行工作，而宣传发行费用则是影视剧制作后期额度最大的支出。而且由于宣传发行本身的特殊性，很多工作的完成较难留存足够的证据，一旦合同双方就宣传发行是否完成、相关费用如何计算等问题产生纠纷，能否举证证明宣传发行合同履行过程中已经及时、充分完成了约定的宣传发行工作就成为关键问题。

第三，演艺经纪合同纠纷，艺人收入取证难。

目前根据笔者对演艺经纪合同纠纷的调研情况，大部分合同一旦发生违约时，最终还是会选择以合同解除、支付违约金的方式解决。然而艺人解约时应当承担多少违约责任，除了合同约定的高额违约金条款以外，仲裁庭在作出裁决之前还会关注艺人在提出解约之后自行从事演艺活动能够取得的收入是多少，以此作为裁定违约金标准的依据。但是关于艺人收入问题的确认，由于缺乏足够证据以及获取相关证据的渠道，这一点无疑是非常困难的。

第四，影视制作服务类合同，服务验收确定标准难。

影视制作服务类合同是比较宽泛的概念，编剧、编曲、作词、宣传营销、后期制作等各个方面围绕最终影视剧制作成果而提供的服务都包括在其中。由于这些合同的履行、服务的提供具有较强的人身依赖性和专业技术性，很多工作的完成属于艺术创作的范畴，难以用客观、量化的标准来描述服务合格的结果。一旦双方对于服务是否提供完毕产生争议，则比较容易引发分歧。

在笔者此前提出的支撑商事仲裁裁决的六要素中，最主要的就是“请求的依据”“履约的证据”以及“损失的酌定”。仲裁庭在裁决纠纷的时候，应当且只能基于当事人的仲裁请求予以裁断，而作出裁断的前提是要查明仲裁请求是否具备明确的合同依据和法律依据。就上述各类影视合同纠纷而言，如果当事人能够在拟定合同条款时有意识地保护自身权益、绕开上述取证困难、标准模糊的“陷阱”，以清晰、落地、可量化的约定固化合同双方的权利义务关系，那么一旦发生合同纠纷，仲裁庭便可以根据合同条款的明确约定作出裁决。申请人也就因此得以避免由于仲裁请求的依据不足而无法得到支持的风险。其次，关于合同履行的证据、对方违约的证据以及权益受损方实际发生损失的证据都是仲裁庭据以作出裁决的关键要素。对于影视行业的从业者而言，如果能够事先意识到影视合同履行过程中环节复杂、从业人员缺乏统一规范，容易导致纠纷解决时出现证据不足的困境，那就应当在影视主创团队之外配备足够的法律团队和风控团队，有意识地加强业务流程规范化、资料档案管理严格化以及证据搜集常态化，使得全部业务流程中形成的法律文本、票据凭证以及其他可能作为证据使用的资料能够有效保存，有效解决上述争议解决之难点，充分维护自身权益。

（三）互联网背景下的影视纠纷

互联网技术的发展使得影视行业无论是从宣传推广效果还是从行业规模上来说都有了不同数量级的变化。依托互联网的影视公司实力不断强大，且走在创新与拓展的最前沿，这类新兴的影视从业主体不同于传统影视行业的“圈内文化”，勇于、善于维护权利，用法律手段挑起或者解决影视纠纷，而且随着科技的发展，司法机关对于互联网新型侵权案件的审理技术也在不断探索和进步，权利人维权的手段更加丰富、先进。例如，全国首家互联网法院已经开始推广远程网络开庭、区块链技术取证证明网络侵权事实、使用爬虫技术全网搜索侵权线索等。

以下是已经出现的属于比较新领域的影视纠纷：

第一，网络体育直播侵权纠纷，如新浪诉凤凰网体育直播著作权侵权案；

第二，网络直播侵权中的平台提供方责任纠纷，如北京爱奇艺科技有限公司与广州华多网络科技有限公司不正当竞争纠纷案；

第三，网剧盗播侵权纠纷，如腾讯公司诉北京优朋普乐科技有限公司侵犯信息网络传播权案；

第四，网盘平台提供方侵权责任纠纷，如搜狐诉百度网讯公司信息网络传播权侵权纠纷案。

综观互联网背景下的新型影视纠纷，主要呈现以下几个方面的特征：

一是知识产权侵权纠纷涉及的主体更多为从事互联网影视产业生产经营的企业，甚至也会存在很多知名的“互联网巨头”被诉侵权进而承担法律责任的案例。这与传统影视行业的多发纠纷有一定区别。传统影视行业的侵权纠纷与自然人（通常是“作者”）有关的较多见，如作品抄袭、侵犯名誉权、保护作品完整权等人身权或者具有人身属性的权利等。上述情形的出现，表明互联网环境下影视作品的开发和商业运用潜能得到了极大释放，行业繁荣的同时也带来了乱象，违法现象频发，相关从业主体有必要加强自身的法律、风控部门建设，规范公司经营行为，更好地防范法律风险。

二是知识产权纠纷与反不正当竞争纠纷相互交织，很多基于知识产权开发而产生的侵权纠纷往往以不正当竞争侵权案件的方式来解决。著作权法对于作者权利的保护，为的是划清权利的边界，从而实现保护表达、鼓励创作的立法价值追求。但是由于互联网背景下，著作权法保护的客体呈现多元化，作品的形态和种类更加复杂，甚至能否被认定为作品而加以保护都有可能会存在很大争议。这种情形下，《反不正当竞争法》从维护公平竞争秩序的角度出发，平衡各个法律主体之间的关系，给司法机关提供了一个有效解决问题的出口。这一特征提醒广大影视行业从业主体注意，当发生被侵权的法律纠纷时，设计诉讼请求 / 权利主张时可以开阔思路，根据证据收集等实际情况选择最有利的方案。

三是案件数量、标的金额明显增加。如前所述，互联网的发展使得各类新型影视作品不断产生，行业总体规模不断增大，这必然使得发生侵权、违约纠纷的数量也会不断增加，同时由于互联网下单一影视作品能够带来的经济效益有可能形成极其巨大的规模和体量，因此标的金额也经常会突破传统知识产权侵权领域的“定价”标准（包括证据不充分前提下的酌情赔偿限额）。这一特征提醒广大影视行业从业主体注意，在遭遇侵权纠纷时，一方面要敢于提出自身主张，不要轻易受到“法定侵权金额上限”的限制，另一方面还要重视关于自身实际损失的举证工作，以便为高额赔偿提供合理的裁判依据。

五、总结与展望

过去的 2018 年，“调整”“监管”“整顿”是非常重要的关键词。影视行业作为社会发展变革的一环，其生存状态、发展方向与整个社会的发展变化密不可分。整体来说，党和国家的监管力度、意识形态领域的要求以及主流价值观的引导作用越来越大，随着“阴阳合同”“收视造假”“过度娱乐”“高片酬”“审美走偏”等一系列行业问题的暴露，各项监管越发严格。同时违约、侵权风险在加大，纠纷解决的成本也在提高，这就要求影视行业能够更好地自我约束、规范行为，尽可能避免纠纷和风险的发生。

我国正处于经济发展增速放缓、转型升级的过程中，未来一段时间内整体经济形势并不乐观，资本的流向会更加慎重，由此可能导致影视行业融资渠道收缩、现金回流压力增大，进而违约、解约的纠纷增加。影视行业的投资人和从业者需要更加善于总结，及时预警、充分防范，通过合同条款的事先约定、合同履行过程中的取证、维权等动作最大限度地保障自身合法权益，降低纠纷发生的概率和损失。

从积极乐观的角度来说，经济发展放缓的时期人民对于娱乐的需求并没减少反而在增加，这是经济学家已经得出的结论。加之即将全面推广的 5G 技术将会极大推动移动互联网技术的升级换代，进而也必将激发新型影视娱乐行业增长点，使传统电影电视产业与新兴技术相结合，期待逆风翻盘，向阳而生。

附表一：2018 年度内地电影票房排名 TOP10①

排名：影片名	类型	总票房（万）	平均票价	场均人次	国家及地区	上映时间
1. 红海行动	动作	365078	39	33	中国 / 中国香港	2018-02-16
2. 唐人街探案 2	喜剧	339769	39	39	中国	2018-02-16
3. 我不是药神	剧情	309996	35	27	中国	2018-07-08
4. 西虹市首富	喜剧	254744	35	28	中国	2018-07-27
5. 复仇者联盟 3：无限战争	动作	239053	38	19	美国	2018-05-11
6. 捉妖记 2	喜剧	223708	38	44	中国香港 / 中国	2018-02-16
7. 毒液：致命守护者	动作	186989	36	17	美国	2018-11-9
8. 海王	动作	185092	36	19	美国	2018-12-07
9. 侏罗纪世界 2	动作	169588	36	19	美国	2018-06-15
10. 前任 3	喜剧	164667	35	27	中国	2017-12-29

附表二：2017 年省级卫视电视剧收视 TOP10②

排名	剧名	类型	豆瓣评分	收视率	频道
1	恋爱先生	都市、情感	5.7	1.561%	东方卫视
2	娘道	年代	2.5	1.543%	北京卫视
3	正阳门下小女人	年代、情感	7.8	1.414%	北京卫视
4	香蜜沉沉烬如霜	古代、神话	7.8	1.301%	江苏卫视
5	幸福一家人	都市、家庭、爱情	6.7	1.274%	北京卫视
6	美好生活	都市、情感	4.9	1.267%	东方卫视

① 以上内容参见中传传媒经济研究所："年度回顾 |2018 年中国电影市场盘点"，http://www.sohu.com/a/289580539_475889，访问时间：2019 年 1 月 31 日。

② 以上数据来源为：快咨询："2018 卫视收视 Top10：北京卫视占 6 个，湖南卫视靠它上榜"，http://sh.qihoo.com/pc/944a13a97ba4f6004?cota=1&refer_scene=so_ 1&sign=360_e39369d1，访问时间：2019 年 1 月 31 日；豆瓣电影网，https://movie.douban.com/，访问时间：2019 年 1 月 31 日。

续表

排名	剧名	类型	豆瓣评分	收视率	频道
7	大江大河	当代	8.9	1.261%	北京卫视
8	面具	悬疑	8.0	1.231%	北京卫视
9	谈判官	都市、情感	3.4	1.192%	湖南卫视
10	美好生活	都市、情感	4.9	1.181%	北京卫视

附表三：2018 年电视剧网络平台播放量排名 TOP10 ①

排名	剧名	网播量（亿次）
1	延禧攻略	181.8
2	恋爱先生	164.9
3	如懿传	162.6
4	香蜜沉沉烬如霜	151.4
5	扶摇	144.3
6	谈判官	130.2
7	归去来	102.6
8	猎毒人	94.1
9	温暖的弦	83.7
10	一千零一夜	80.6

附表四：2018 年网络剧播放量 TOP10

排名	剧名	类型	集数	网播量（亿次）
1	烈火如歌	爱情 / 奇幻 / 古装	52	82.82
2	独孤天下	爱情 / 古装	55	63.2
3	沙海	剧情	52	56.0
4	舞动乾坤之英雄出少年	剧情 / 奇幻 / 古装	40	53.44
5	将夜	剧情 / 奇幻	60	49.0

① 以上内容参见中传传媒经济研究所：“年度回顾 |2018 年电视剧和综艺市场盘点”，http://www.sohu.com/a/288155031_475889，访问时间：2019 年 1 月 31 日。

续表

排名	剧名	类型	集数	网播量（亿次）
6	飞虎少年之潜行极战	剧情 / 动作 / 悬疑 / 犯罪	30	46.01
7	天坑猎鹰	剧情 / 悬疑 / 冒险	40	42.10
8	萌妻食神	喜剧 / 爱情 / 古装	56	36.3
9	镇魂	奇幻 / 悬疑	40	35.7
10	双世宠妃 2	穿越 / 言情	30	35.1

附表五：2018 年综艺节目电视收视率 TOP10①

排名	节目名称	最高收视率（%）	播放平台
1	奔跑吧 2	2.340	浙江卫视
2	中国好声音	2.120	浙江卫视
3	大戏看北京	1.924	北京卫视
4	跨界喜剧王 3	1.813	北京卫视
5	极限挑战 4	1.805	东方卫视
6	欢乐喜剧人 4	1.629	东方卫视
7	向往的生活 2	1.615	湖南卫视
8	快乐大本营	1.549	湖南卫视
9	王牌对王牌 3	1.409	浙江卫视
10	跨界歌王 3	1.386	北京卫视

附表六：2018 年综艺节目网络播放量 TOP10②

排名	节目名	播放量（亿次）	播放平台
1	奔跑吧 2	69.2	爱奇艺 / 腾讯
2	快乐大本营	44.8	芒果 TV

① 以上内容参见中传传媒经济研究所："年度回顾 |2018 年电视剧和综艺市场盘点"，http://www.sohu.com/a/288155031_475889，访问时间：2019 年 1 月 31 日。

② 以上内容参见中传传媒经济研究所："年度回顾 |2018 年电视剧和综艺市场盘点"，http://www.sohu.com/a/288155031_475889，访问时间：2019 年 1 月 31 日。

续表

排名	节目名	播放量（亿次）	播放平台
3	极限挑战 4	36.4	优酷 / 爱奇艺 / 腾讯
4	向往的生活 2	32.2	芒果 TV/ 爱奇艺
5	歌手 2018	29.7	芒果 TV
6	中餐厅 2	26.3	腾讯 / 芒果 TV
7	王牌对王牌 3	25.8	腾讯
8	我是大侦探	24.6	腾讯 / 芒果 TV
9	欢乐喜剧人 4	21.1	优酷 / 爱奇艺 / 腾讯
10	我就是演员	18.0	腾讯

中国民用航空争议解决年度观察（2019）

高 峰　金 喆　牟昱城[①]

一、概述

2018 年，全球民航业需求仍较为旺盛，但增速放缓，利润率下降。根据国际航协数据，2018 年全球民航客运需求同比增长 6.5%，与 2017 年 8% 的增幅相比有所放缓；[②]该年度全球航空运输业净利润为 323 亿美元，却是自 2014 年以来的最小数字，并且航空运输业利润率还在持续下降，这些压力既来自燃油价格的上涨，又受到经济与国际政治的影响。[③]

中国民航业仍全面强劲发展。根据 2019 年全国民航工作会议公布数据，中国运输航空创造了持续安全飞行 6,836 万小时的安全新纪录，创造了 16 年零 8 个月的空防安全零责任事故记录；全行业完成运输总周转量 1,206.4 亿吨公里、旅客运输量 6.1 亿人次、货邮运输量 738.5 万吨，同比分别增长 11.4%、10.9%、4.6%；首都机场旅客吞吐量突破 1 亿人次，全国千万级机场达 37 个；空管保障航班起降突破 1,000 万架次；民航旅客周转量在综合交通运输体系中的比重达 31%，同比提升 1.9%；全行业完成营业收入约 8,750 亿元，同比增长 17%，快于运输周转量增速 5.6%；完成固定资产投资 810 亿元，新建、迁建运输机场 9 个，运输机场总数达 235 个；在航班总量同比增长 5.65% 的情况下，全国航班正常率达 80.13%，同

---

① 高峰，国浩律师（北京）事务所合伙人。金喆，国浩律师（北京）事务所合伙人。牟昱城，国浩律师（北京）事务所律师。

② 民航资源网：“国际航协：2018 年全球民航客运运力增长创新高”，http：//news.carnoc.com/list/481/481573.html，访问时间：2019 年 2 月 20 日。

③ 中国民航网：“全球航空运输业 2018 年发展综述”，http：//www.caacnews.com.cn/1/88/201901/t20190103_1264150.html，访问时间：2019 年 1 月 10 日。

比提高 8.46%；全国 229 家机场全面开通“航信通”，32 家千万级机场实现国内航班旅客乘机全流程电子化。[①]

通航板块发展持续发力。受益于上年度涵盖机场、运营、培训、空管、市场、无人机等各个领域密集的大力度支持性政策影响，2018 年通航产业持续向好。根据中国民用航空局（以下简称民航局）通用航空管理系统中数据，截至 2018 年 12 月 29 日，我国通航企业总数达 436 家，相比于 2017 年，增长了 138 家；我国通用航空器数量为 2,581 架，相比于 2017 年，增加了 494 架；我国通用航空飞行小时数为 86.8 万小时；通用航空从业人员数为 6,500 人，其中飞行员 3,116 人，机务 2,882 人，航务 502 人。截至 2018 年年底，全国取证通用机场已达 202 个，较上一年同比增长 166%，其中 A 类使用许可证机场为 84 个，B 类使用许可证机场 118 个。

无人机产业规模持续稳定增长。2018 年，随着无人机技术不断更新升级，专业级无人机市场需求加速释放，消费级市场爆发式增长，无人机企业投融资总额也乐观向好。根据不完全统计，2018 年 1—11 月我国无人机行业融资企业共有 27 家 30 次，保守估计金额超过 80 亿元人民币，融资金额同比增长了十倍左右。[②]

在过去一年，中国民航领域发展备受瞩目，行业专业化与国际化水平明显提升。但同时，民用航空行业在法律体系、监管制度、业务模式、风险防控等方面相较于主要发达国家仍存在差距，并且因争议发生的滞后性，民用航空领域商事争议的数量、纠纷类型及难度的发展等并没有同步于其关注热度，仍有着巨大的探讨及实践空间。

二、新出台的法律法规、司法解释及规范性文件

（一）一般性民航规定

1. 新修订《民航航班时刻管理办法》于 2018 年 4 月 1 日起实施

《民航航班时刻管理办法》（以下简称《时刻办法》）按照时刻资源供给与需求的矛盾程度，将机场分为主协调、辅协调、非协调三类，主协调机场实施 24 小时

① 中国民用航空局网站：“2019 全国民航工作会议召开”，http://www.caac.gov.cn/XWZX/MHYW/201901/t20190107_193898.html，访问时间：2019 年 1 月 10 日。

② 宇辰网：“2018 年无人机企业融资大盘点，总额较去年增长八倍”，http://www.yuchen360.com/news/18948-0-0.html，访问时间：2019 年 1 月 1 日。

全时段航班时刻协调配置管理方式。《时刻办法》规定建立国际地区池（库）和国内时刻池（库），分别用于国际地区飞行和国内飞行，同一类别时刻库内的时刻，可以进行航班时刻交换、转让和共同经营；不同类别时刻库内的时刻，原则上不得进行航班时刻交换、转让和共同经营。《时刻办法》还对航班时刻优先配置通用规则进行了重大调整，航空承运人可根据不同情况享有时刻配置的第一、第二、第三、第四优先权；在航班时刻优先配置量化规则上，《时刻办法》实现了由定性管理向定量管理的创新转变，明确规定了根据航空企业配置基数与时刻效能配置系数的乘积，从大到小确定优先配置次序，航空承运人按照优先配置次序在航班时刻池中选择航班时刻。整体来讲，《时刻办法》提高了时刻资源配置的公平公开和公正透明水平，通过供给侧改革引导需求侧，同时兼顾需求侧发展，实现两侧同步，并主动与国际接轨。

2. 新修订《国际航权资源配置与使用管理办法》于 2018 年 10 月 1 日起实施

《国际航权资源配置与使用管理办法》（以下简称《航权办法》）修订后明确，国际航线分为一类和二类国际航线。一类国际航线是指我国至航权开放国家的航线或航权部分开放国家的协议开放航线，其他为二类国家航线。不同类别的航线采取分类管理。一类国际航线不限定指定承运人数量、航线表、运营班次及运力安排。二类远程客运国际航线逐步引入竞争。对已有空运企业运营的二类远程客运国际航线，若满足规定标准，可以新增一家承运人，从而渐进打破“一条远程国际航线一家承运人”的规则，鼓励航空公司参与国际竞争。《航权办法》要求，空运企业必须严格按照批准的航线、班次、机型、执行日期运营，不得擅自更改、取消。具备国际航线经营许可的空运企业，应充分使用既得的航权，否则民航局将依法予以注销，或收回未充分使用的航权并进行重新配置。

3.《北京大兴国际机场转场投运及“一市两场”航班时刻资源配置方案》和《北京“一市两场”转场投运期资源协调方案》于 2019 年 1 月 3 日印发

《北京大兴国际机场转场投运及“一市两场”航班时刻资源配置方案》（以下简称《配置方案》）和《北京“一市两场”转场投运期资源协调方案》（以下简称《协调方案》）规划了北京“一市两场”的定位目标，并充分利用“以优促转、以增促转”等市场化措施，对按要求转场的中外航空公司优先给予时刻结构调整和新增时刻配比奖励，鼓励中外航空公司尽快转场至大兴国际机场运行。同时两个方案明确，将对北京大兴国际机场和北京首都国际机场采取“先平移、再优化、后增量”的措施配置时刻资源。《配置方案》和《协调方案》旨在实现“一市两场”航班资源的有效配置，促进“双枢纽”机场协同发展，逐步形成具有国际一流竞争力的“双枢纽”机场格局。

（二）通用航空管理规定

1. 一系列新修订通用航空适航审定政策实施

《民航局适航司关于改进通用航空适航审定政策的通知》（民航适发〔2018〕2号）、《民航局适航司关于改进通用航空适航审定政策的通知（第二批）》（民航适发〔2018〕3号）以及《民航局适航司关于发布改进通用航空适航审定政策实施细则的通知》（民航适发〔2018〕7号）分别于2018年1月19日、3月2日、5月1日发布并实施，对部分通用航空适航审定政策予以简化和调整，以提高通用航空的适航审定效率，为通用航空的发展创造良好环境，促进通用航空的发展。

2.《小型航空器实施135运行的简化程序》于2018年1月25日实施

《小型航空器实施135运行的简化程序》（以下简称《简化程序》）适用范围内的原CCAR-135部合格证持有人可将其合格证和运行规范转换至新格式。使用按照CCAR-23部审定的小型飞机和按照CCAR-27部审定的小型直升机运行的CCAR-135部运营人，实施部分种类的运行，适用该程序。《简化程序》响应了大力发展通用航空和“放管服”持续推进的政策要求，有助于CCAR-91部通航公司提出实施小型航空器商业运输运行的审定申请程序的简化及难度的相对降低，将更好地满足广大人民群众需求，增强行业服务大众的能力。

3. 基于《国务院办公厅关于促进通用航空业发展的指导意见》推进的一揽子民航规定修改

交通运输部以2018年第30号至第40号令颁布了一批规章的修改决定，分别为关于《民用航空人员体检合格证管理规则》《民用航空企业及机场联合重组改制管理规定》《民用机场建设管理规定》《民用机场运行安全管理规定》《维修和改装一般规则》《公共航空运输企业航空安全保卫规则》《通用航空经营许可管理规定》《民用航空器驾驶员合格审定规则》《民用航空器驾驶员学校合格审定规则》《小型航空器商业运输运营人运行合格审定规则》《一般运行和飞行规则》的修改决定，均自2019年1月1日起施行。上述规章出台的背景是为贯彻《国务院办公厅关于促进通用航空业发展的指导意见》要求，落实民航局“分类管理、放管结合、以放为主”促进通航发展的方针，构建更加符合通用航空发展规律和需求的通航规章体系；同时，对通航改革试点工作取得的成果，及时固化到规章中，巩固改革成果。本着“急用先修”的原则，采用修改决定的方式，对上述规章进行一揽子修订。此次修订涉及的11部规章，分别从规章适用范围、简化审批程序、放宽相关要求、增加灵活机制、调整课程设置等方面作出了规定。

（三）低空空域管理改革规定

2018 年 10 月 12 日，民航局再次就低空空域专门发文，印发《低空飞行服务保障体系建设总体方案》，就低空飞行服务保障体系建设相对滞后，服务保障能力严重不足，无法满足低空空域有效开发利用的需要，难以为通航发展提供有效支撑的问题，给出具体解决措施：要求到 2022 年，初步建成由全国低空飞行服务国家信息管理系统、区域低空飞行服务区域信息处理系统和飞行服务站组成的低空飞行服务保障体系，为低空飞行活动提供有效的飞行计划、航空情报、航空气象、飞行情报、告警和协助救援等服务。

（四）无人机管理规定

2018 年 1 月 26 日，民航局发布《关于征求〈无人驾驶航空器飞行管理暂行条例（征求意见稿）〉意见的通知》。该征求意见稿明确了微型无人机禁止飞行空域和轻型、植保无人机适飞空域的划设原则，规定了无人机隔离空域的申请条件，以及具备混合飞行的相关要求，基本满足了各类无人机飞行空域需求。

《民用无人机经营性飞行活动管理办法（暂行）》（以下简称《暂行办法》）于 2018 年 6 月 1 日起实施。与传统通航经营许可管理规章相比，《暂行办法》具有以下特点：填补了目前施行的《通用航空经营许可管理规定》第 44 条第 3 款“使用民用无人驾驶航空器进行经营性通用航空活动的管理办法，由民航局另行规定”的空白；放宽取得无人驾驶航空器经营许可证的条件，由传统有人驾驶航空器设定的 10 项减少为 4 项；对企业自有航空器的要求，也由 2 架减少为 1 架，并对 250 克以下的无人驾驶航空器作了许可准入豁免；开发了“民用无人驾驶航空器经营许可证管理系统”，完全实现经营许可证在线申请、在线受理、在线审核、在线颁证；进行诚信管理。

2018 年 8 月 31 日，民航局飞行标准司对原《民用无人机驾驶员管理规定（AC-61-FS-2016-20R1）》进行了第二次修订。修订的主要内容包括调整监管模式，完善由局方全面直接负责执照颁发的相关配套制度和标准，细化执照和等级颁发要求和程序，明确由行业协会颁发的原合格证转换为局方颁发的执照的原则和方法。

2018 年 12 月 29 日，第十三届全国人大常委会第七次会议决定对《中华人民共和国民用航空法》（以下简称《民用航空法》）作出修改，增加“国务院、中央军事委员会对无人驾驶航空器的管理另有规定的，从其规定”作为第124条，授权国务院、中央军事委员会对无人驾驶航空器作出特别规定。

三、典型案例

根据笔者在中国裁判文书网的检索，航空领域的纠纷争议，数量最多的是航空承运人与旅客间的航空运输合同纠纷，其中航班延误和退票纠纷占比较大，而涉及航空器买卖、航空器租赁、飞机托管、飞机维修、航空器损害赔偿、航空地服等类型的商事争议纠纷较少，这一方面受限于民航业本身的诸多行业特性，即生产要素的垄断性与供应商的强势地位，行业相对封闭，人员内外流动不足等因素；另一方面充足及活跃的经济活动是风险及争议发生的土壤，但是我国航空经济整体规模体量仍落后于航空发达国家，并且争议发生后，当事人更多倾向于采用自行和解或调解等具有私密性的替代性救济方式解决，公开审理案件资源并不多。在数量十分有限的案例中，我们挑选了四起典型案例进行详细分析。

（一）案例一：冠华传媒诉重庆通航财产损害赔偿纠纷案[①]

【基本案情】

2015年5月11日，本案被告重庆通用航空有限公司（以下简称重庆通航）作为乙方与案外人重庆传媒有限责任公司（以下简称重庆传媒）作为甲方签订《直升机包租机合同》，重庆通航向重庆传媒出租一架407GX型直升机执行航拍作业并负责飞行安全。同年6月25日，重庆传媒与本案原告北京市冠华盛嘉传媒文化有限公司（以下简称冠华传媒）签订《2015鸟瞰新重庆城市航拍服务合同》，约定由冠华传媒提供航空拍摄及成片制作等服务，服务项目包括原告冠华传媒提供航拍陀螺仪稳定平台及支架等。为履行该航拍合同，冠华传媒与案外人北京光影时代文化传播有限公司（以下简称北京光影时代）签署租赁合同，向北京光影时代租赁航拍设备一套。

在拍摄《2015鸟瞰新重庆》过程中，执飞直升机坠毁，直升机及航拍设备全部毁损。民航局调查组经调查认为：机组以低高度飞入环形山口造成撞山是本次事故的最大可能原因；同时，山区突遇雨雾天气，影响了机组的判断。

坠机事故发生后，重庆传媒向重庆仲裁委员会申请仲裁，基于《直升机包租

① （2018）渝0112民初13770号。

机合同》请求重庆通航赔偿航拍设备（与案涉设备并不重合）相关损失。北京光影时代基于租赁合同起诉冠华传媒要求赔偿毁损设备，北京市第二中级人民法院作出（2018）京02民终4011号民事判决书，就毁损的设备，判定冠华传媒承担1,718,030.17元的赔偿责任，承担9,343.25元租金损失赔偿责任。

原告冠华传媒向重庆市渝北区人民法院提出诉讼请求，要求重庆通航向冠华传媒赔偿设备毁损所受损失、租金损失等。

【争议焦点】

本案的案件焦点在于设备使用人在赔偿所有权人后是否有权向侵权人主张损害赔偿以及涉案主体多、索赔链条长的情况下如何避免重复赔偿或赔偿不到位。

【裁判观点】

重庆市渝北区人民法院经审理认为：

北京光影时代将案涉航拍陀螺仪稳定平台及支架出租给冠华传媒使用，原告系该设备的合法使用权人。案涉设备在原告使用过程中损毁。对于该设备毁损是否系被告原因造成的问题，根据事故调查报告，本次事故最大可能原因为直升机在调机飞行过程中，在山区进行航空拍摄，机组以低高度飞入环形山口，无法飞跃周围山峰，造成直升机撞山。被告作为直升机的提供者，应对飞行安全负责，其机组人员操作不当导致事故发生，被告应当对案涉设备毁损承担相应的法律责任。原告向北京光影时代进行赔偿后，有权要求被告对其承担责任。经生效判决认定，航拍陀螺仪稳定平台及支架损毁的损失为1,718,030.17元。原告要求被告赔偿该款项的请求，本院予以支持。原告主张的租金损失并非因此次坠机事故造成的损失，该项请求本院应不予支持。原告要求被告赔偿案件受理费，但该费用与坠机事故之间并无法律上的因果关系，该项请求，本院亦不予支持。

【纠纷观察】

侵权责任与违约责任的竞合是航空损害赔偿纠纷老生常谈的问题。在侵权责任和违约责任竞合的时候，债权人选择违约责任与侵权责任的实际差异不仅是赔偿数额不同（取决于赔偿范围与限制赔偿的方法），且对于诉讼时效、诉讼管辖、抵销等亦有差异。侵犯财产权利后要用相当的实物或者金钱赔偿，如果受害人因此遭受其他损失的，加害人也应该赔偿。在违约损害赔偿中，通常依当事人的事先约定，虽然损失赔偿额应当相当于因违约所造成的损失，但是不得超过订立合同时预见到或者应当预见到的因违反合同可能造成的损失。

本案中，完成一个航拍录像共涉及四方主体，包括作品定制方（重庆传媒）、录像制作方及设备承租方（冠华传媒）、摄影设备出租方（北京光影时代）以及飞行执行主体（重庆通航）。飞机坠毁事故发生后，为获得损坏设备的损害赔偿，设备出租方北京光影时代基于合同相对性向冠华传媒主张财产损坏赔偿，作品定制方重庆传媒基于合同相对性向重庆通航主张财产损害赔偿，设备承租方冠华传媒基于侵权向重庆通航主张损害赔偿。类似于本案，通航领域中相关经济活动因环节较多从而涉及主体多，法律关系层次多，法律关系交叉的情况很多，一旦有任何事故发生，损害财产及违约行为往往涉及多方。此时，便应注意到，在发生循环或链条式索赔的情况下，索赔对象的选择、违约之诉或是侵权之诉的选择，如何才能获得最大利益以及最大限度地缩短诉讼或仲裁耗费的时间，并且当作为被索赔对象时，如何通过举证并及时关注同一时间引发的其他诉讼 / 仲裁，避免被重复索赔等都是至关重要的。

（二）案例二：航空燃料保障协议纠纷[①]

【基本案情】

A 公司作为航油供应商（以下简称申请人）与 B 公司作为航油购买人（以下简称被申请人）签署一份《航空燃料保障协议》。根据该协议，申请人向被申请人销售航空燃料，采用预付款方式进行结算，如被申请人未能按时支付或补齐预付款，申请人有权中止或解除协议，并要求支付违约金。协议在履行过程中，被申请人未按约定支付预付款，导致油款拖欠，申请人诉至北京仲裁委员会 / 北京国际仲裁中心（BAC/BIAC，以下简称北仲），申请中止履行协议、被申请人支付欠付油款及违约金。被申请人答辩称，申请人身份特殊，被申请人已经按时支付并且补齐了预付款，申请人不应当中止本案合同的履行。

【争议焦点】

《航空燃料保障协议》是否构成格式合同，合同效力如何。

【裁判观点】

本案仲裁庭认为：是否构成格式合同不能仅仅依据是否为一方提供，而应当判断在订立合同时是否与对方协商。申请人为提高交易效率而提供的单方示范合同文本，并不等同于格式合同，也不能据此推断出本案合同是未经双方协商一致而强制被申请人签署的格式合同。至于被申请人关于在订立合同中未进行协商的主张，应当由被申请人承担举证责任，在被申请人并未就申请人存在“要求不得

---

① 北京仲裁委员会 / 北京国际仲裁中心 2018 年度仲裁案例。

修改”的情形提供充分的证据予以证明，亦未就本案合同属于格式合同提供充分的证据予以证明的情况下，对于被申请人的上述意见不予支持。退一步讲，即使被申请人认为本案合同的相关条款属于显失公平的单方格式条款，但是其并未在法律规定的期限内行使撤销权。综上，本案合同合法有效，对申请人和被申请人具有法律约束力，各方应依约履行义务。

【纠纷观察】

格式合同条款是指为了重复使用而预先拟定，并在订立合同时未与对方协商的条款。民航业部分生产要素与资源具有相对集中性的特点，多家资源需求方在一定区域范围内选择的供应商数量相对有限，而供应商为了提高交易效率、统一服务标准和项目同时亦为更好地维护己方权益，便会自行拟定或者选择行业协会拟定的条款内容及格式相对固定的合同文本应用于日常经营业务中，常见的包括航油供应协议、地面服务代理协议、航食供应协议等。首先，一方提供的格式及内容相对固定合同并不必然等同于格式条款合同，如其仅是作为谈判基础文本，最终还是要基于平等自愿原则经过各方当事人讨论、修改，归于双方合意的，应不属于《中华人民共和国合同法》（以下简称《合同法》）中规定的格式条款。其次，格式条款并不必然无效。为维持格式条款的有效性，固定条款设置的当事人间的权利和义务应公平合理，文本提供方应采取合理的方式提请对方注意免除或者限制其责任的条款。提供格式条款一方免除其责任、加重对方责任、排除对方主要权利的，条款构成无效。免除责任，应是指免除格式条款提供者按照通常情形应当承担的主要义务；加重责任，应是指格式条款中含有通常情形下对方当事人不应当承担的义务；排除主要权利，是指排除对方当事人按照通常情形应当享有的主要权利。当然，是否属于“通常情形下”的责任或权利，应当同时结合当事人约定的合同内容和具体合同的性质作出判断。

（三）案例三：航空服务合同管辖权纠纷[①]

【基本案情】

江西新光国际旅行社（以下简称江西新光）为满足旅客南昌—海拉尔每周三班航班的需求，与中航方舟（北京）航空服务有限公司（以下简称中航方舟）磋商关于包机旅游航线的包机包销合同，并在磋商过程中支付了50万元诚意金，因中航方舟对航线要求作出实质变更，江西新光不同意变更，包机包销合同没有最

① （2018）赣01民辖终149号。

终订立，但50万元诚意金中航方舟未予返还，故江西新光起诉请求法院判令中航方舟返还其诚意金50万元。

【争议焦点】

合同未成立时，合同的缔约过失纠纷的诉讼管辖法院。

【裁判观点】

二审法院裁定认为：江西新光所主张的是要求中航方舟承担缔约过失责任，本案案由应为缔约过失责任纠纷。在立法上，缔约过失责任规定在《合同法》中，受该法调整；在案由上，缔约过失责任纠纷系合同纠纷项下案由，故缔约过失责任纠纷案件的管辖依法应当依据合同纠纷的管辖规定来确定。《中华人民共和国民事诉讼法》（以下简称《民事诉讼法》）第23条规定："因合同纠纷提起的诉讼，由被告住所地或者合同履行地人民法院管辖。"本案当事人之间未订立合同，无法确定合同履行地，本案应由被告住所地人民法院管辖为宜。中航方舟的住所地位于北京市朝阳区，故本案应当移送北京市朝阳区人民法院审理。

【纠纷观察】

关于本包机包销合同管辖纠纷案中缔约过失责任的管辖权问题，目前司法实践主要有两种观点，一种认为应当适用侵权责任的相关规定确定管辖法院，理由是根据《合同法》第122条，"因当事人一方的违约行为，侵害对方人身、财产权益的，受损害方有权选择依照本法要求其承担违约责任或者依照其他法律要求其承担侵权责任。"本案当事人在缔约过程中，一方违约不返还保证金的行为侵害了对方的财产权益，实质上已符合一般侵权责任的构成要件，受损害的一方要求对方承担侵权责任有事实和法律依据。因侵权行为提起的诉讼，应根据《民事诉讼法》第28条，由侵权行为地或者被告住所地人民法院管辖；另一种观点即本案中法院的观点，缔约过失责任纠纷案件的管辖依法应当适用合同纠纷的管辖规定，即《民事诉讼法》第23条，由被告住所地或者合同履行地人民法院管辖。因缔约过失中当事人之间未成立有效的合同，故无法确定合同履行地，应由被告住所地人民法院管辖。

另外，应关注的是合同履行地是合同纠纷管辖权的重要标准之一，但是其确定在实践中比较复杂，争议较多。一般情况下合同都是双务的，即双方当事人应履行的义务是对应的。在《民事诉讼法》第23条关于合同纠纷管辖的规定基础上，《最高人民法院关于适用〈中华人民共和国民事诉讼法〉的解释》（以下简称《民事诉讼法司法解释》）第18条规定："合同约定履行地点的，以约定的履行地点为合同履行地。合同对履行地点没有约定或者约定不明确，争议标的为给付货币的，接收货币一方所在地为合同履行地……"相比于《民事诉讼法》第23条，《民事诉讼法司法解释》最典型的变化是根据合同权利义务内容判断合同性质，确定“特征义务”，并建立了以“争议标的”种类确定合同履行地的规则。这种规则能够普遍适用于任何类型的合同。争议标的是指当事人诉讼请求所指向的合同义务内容，合同履行地就是合同义务履行地。合同义务履行地根据合同义务的履行情况，可以是一个履行地，也可以是不同的履行地。当事人分别负有不同的合同义务，通常每一合同义务都有其履行地。“争议标的”并不等同于诉讼请求，诉讼请求是基于合同关系要求对方承担法定及约定责任的主张，“争议标的”是诉讼请求所指向的合同义务。相比较而言，争议标的内容远比合同性质更易判断，也更少掺杂主观判断因素，更重要的是理顺程序审查与实体审查的先后顺序，避免在程序审查过程中先行进行实体审查之情形。

（四）案例四：航空货物运输合同赔偿纠纷[①]

【基本案情】

国泰航空公司（以下简称国泰）与重庆机场集团有限公司（以下简称重庆机场）签订有标准地面服务代理协议，约定由重庆机场代理其在重庆江北机场提供航空地面服务。重庆机场后与国泰达成补充协议，于2014年3月24日将该项服务交由重庆地服公司全权组织实施和管理。2014年1月21日，固电研究所通过国泰从韩国运送光刻机设备至重庆，在货物到达重庆江北机场卸货过程中，因重庆地服公司叉车操作失误，导致光刻机设备受损，货物运输险保险人人保财险江北支公司经公估后向投保人固电研究所支付保险金224,835.26美元，并取得了代位求偿权，并至法院起诉，向重庆地服公司主张损害赔偿。

【争议焦点】

重庆地服公司是否承担本案责任，以及本案是否可适用航空承运人责任限额的规定。

【裁判观点】

二审及再审法院裁判认为：《民用航空法》第125条规定的是承运人的相关责任。本案中，重庆地服公司已经确认损失是由己方操作造成，损害事实发生在2014年1月22日，而现有证据表明重庆地服公司在2014年3月24日才从重庆机场处接手相关地面服务。重庆地服公司在申请再审期间虽然提交重庆机场出具的《证明》，

---

① 二审：重庆市第一中级人民法院（2017）渝01民终5806号；再审：重庆市高级人民法院（2018）渝民申1596号。

拟证明损害事实发生时重庆机场将服务交由重庆地服公司代理，但该《证明》不符合《民事诉讼法司法解释》第115条的形式要件，重庆地服公司也没有举示其他证据对上述事实予以佐证。本案不应当适用《民用航空法》的相关规定，侵权人应当根据《中华人民共和国侵权责任法》（以下简称《侵权责任法》）承担侵权责任。

【纠纷观察】

笔者持有与上述判决不同的观点。本案中，涉及两个焦点问题，第一个是能否认定重庆地服公司为航空承运人的代理人。虽然根据书面补充协议的日期，重庆地服公司是于2014年3月24日从重庆机场处全面接手地面代理业务，为国泰提供地面代理服务，但是实际上，重庆地服公司在此日期前便已实际从事国泰航空运输的地面代理工作，在原地面服务协议没有明确禁止重庆机场转委托以及国泰接受的情况下，重庆地服公司从事货物运输地面操作工作，实际上已经与国泰构成事实上的代理服务合同关系，为国泰的代理人。第二个问题是法律适用问题，是适用《侵权责任法》《民用航空法》抑或《蒙特利尔公约》。本案争议所涉为韩国与中国间的国际航空货物运输，托运的设备遭受损失时仍处于航空运输期间。根据特别法优先于一般法适用的原则，应当首先适用《民用航空法》等规定。中国与韩国均为《蒙特利尔公约》缔约国，《蒙特利尔公约》亦应优先于《民用航空法》适用，因此，承运人及其代理人有权主张依据《蒙特利尔公约》第22条“延误、行李和货物”的规定，按照每公斤货物19特别提款权予以赔付。但本案中法院的观点也提示航空货运相关企业日常业务中关注合同管理，相关书面合同安排应及时跟进实际情况、与事实相匹配，以免构成未来不利于己的证据。

民用航空纠纷，尤其是商事纠纷，虽然可以通过仲裁来解决，但往往由于当事人未书面选择仲裁，绝大多数纠纷仍通过法院诉讼的方式处理。通过以上案例可以看出，航空纠纷经常涉及多方当事人，关系复杂，专业性强，既需要考虑一般性的法律，还需考虑航空专业法律规定、民航规章和规范性文件以及国内外行业惯例。通过选择专业的仲裁机构和熟悉该行业的仲裁员，将有利于公平高效地处理民用航空纠纷。

四、热点观察

（一）无人机致害赔偿制度的完善

2018年2月5日，京东获得民航局西北地区管理局的授牌，成为首个国家级无人机物流配送试点企业，代表着消费级无人机的热潮正式开始向生产领域蔓延。

但是，无人机井喷式发展引发的问题也非常多：黑飞事件频频发生，严重干扰民航运营秩序，甚至引发区域性安全危机；炸机、坠落等造成地面人身伤害、财产损失事件也不时发生，安全隐患突出。这些都反映出无人机专门性监管法制体系欠完善。

中国无人机的现有法律规制体系基本上是由行政机关的政策性、规范性文件构成，从实践情况看存在不少问题，包括：监管主体不明确、立法空白较多、立法效力等级低、执法力度不足、监管效果不理想等。当前，对于无人机致损事件发生后的民事争议解决、侵权责任的认定与分配、当事人的权益保护等方面探讨的较少，原因可能在于现实中无人机致害纠纷的矛盾尚不十分突出，而且在现行《侵权责任法》及《民用航空法》搭建的责任制度框架内似乎可以解决相当一部分问题。但是考虑到无人机的推广普及以及其运行的高度危险性，法律人士有必要从实务角度较为系统地对无人机民事责任相关问题进行梳理和探讨，包括无人机具体致害情形、责任类型、责任构成、责任形态及免责事由等，以应对未来可能产生的更尖锐的或者新类型的事故与争议，维护相关方的合法权益以及平衡各方利益。

在保险保障方面，根据现有法律，为转移无人机致害的赔偿风险，并妥善保护赔偿权利人的合法权益，弥补其遭受的损失与痛苦，要求无人机相关方购买地面第三者责任险。这不仅体现在既有的《民用航空法》第150条“从事通用航空活动的，应当投保地面第三人责任险”，新近出台的《轻小无人机运行规定（试行）》也重申无人机运营人应当对无人机投保地面第三人责任险。今后，如无人机运行继续普及，因其事故常发性和不可控制性，建议可视情况探索是否设置强制责任险及社会救助基金制度，分散风险，维护各方利益平衡。

（二）航空公司破产重整及飞机租赁合同处置

受航油价格上涨、航班延误严重、航企巨头化趋势以及自身低成本模式限制等的影响，数家境外航空公司在2018年负债累累，纷纷陷入“破产潮”中。本年度内，中国境内未有公共运输航空公司破产事件发生，但是，通航领域内，曾实现江西民营航空史“第一飞”的天祥通用航空股份有限公司（以下简称天祥通航）经法院裁定由破产清算转为破产重整程序，法院如此裁定是为实现债务人资产价值及债权人利益的最大化，综合考虑天祥通航的资产状况、行业前景、业务种类等方面具备重整价值及拯救可能性，并具体结合天祥通用航空被裁定破产后其生产经营情况相对平稳作出。

对于航空运输业而言，运营许可牌照、航线、时刻、网络、客户资源等无形资产是航空公司的核心宝贵资产，如果进入破产清算，对于社会资源而言将构成巨大的浪费。为保留这些核心资产，对于那些可能或已经资不抵债、丧失偿债能力但又有维持价值和经营转好希望的危机企业，破产重整一直以来是境内外航空业普遍采用的一种企业救助模式。此前东星航空有限公司（以下简称东星航空）破产案中，东星航空股东方面曾申请启动破产重整，但因资金缺乏严重、重整草案不具备可行性以及东星航空不具备重整事实基础，未能获得法院认可。

根据最新修订的《公共航空运输企业经营许可规定》第 30 条、第 31 条、第 35 条、第 36 条规定，航空公司在法院受理其破产清算或破产重整申请时，其公共航空运输经营许可证并不会失效，公司仅需要向民航局、民航地区管理局报送情况报告，局方拟采取停航等取消其经营许可证所载明的有关经营项目或者经营范围前，会听取航空公司的陈述和申辩，必要时还要组织听证会，只有最终法院宣告航空公司破产时，公共航空运输经营许可证才失效。当然，如实践中确实发生该种情况，建议航空公司在向法院提交破产重整申请前向民航局报送详细的重整方案。

除上述破产模式的选择外，航空公司遭遇破产还需要考虑：（1）与航空器出租人间的租赁合同解除、租金偿还及租赁物返还等问题；（2）与日常运营保障方（例如，机场、民航基金、航油企业、飞机维修企业等）的关于起降费、民航建设基金、注油费、维修费等债务与留置权问题；（3）飞行员等员工流动安排事宜。其中，飞机租赁合同的处置是一个棘手问题。

航空公司进入破产程序后，管理人根据《中华人民共和国企业破产法》（以下简称《企业破产法》）第 18 条的规定有权选择未履行完毕的合同是解除还是继续履行，如通知出租人解除的，则出租人面临租赁合同终止后的租金损失的问题。我国《企业破产法》第 53 条规定："管理人或者债务人依照本法规定解除合同的，对方当事人以因合同解除所产生的损害赔偿请求权申报债权。"关于"损害赔偿"的界定，实践中可能会存在租金损失计算截止期间争议的问题，是从收到管理人解除租赁合同通知之日起至实际取回飞机之日期间的租金损失，还是从收到解除通知之日起至合理期间内飞机、发动机完成转租之日前的租金损失。

另外，租赁合同解除还涉及飞机取回问题。航空出租人作为飞机所有权人，可根据《企业破产法》第 38 条通过管理人取回航空公司占用下的飞机。《最高人民法院关于适用〈中华人民共和国企业破产法〉若干问题的规定（二）》也对债权人行使取回权的时间、费用支付、诉讼权利等作出进一步规定。此外，关于融资租赁模式下的赔偿范围，根据《最高人民法院关于审理融资租赁合同纠纷案件适用法律问题的解释》，融资租赁项下的出租人在飞机处置完且清偿承租人欠付的所有债务后，还应向承租人返还剩余款项。

就飞机的取回，如出租人是位于外国的租赁公司，则有权主张《移动设备国际利益公约》（以下简称《开普敦公约》）项下与飞机取回有关的权利和救济，但是中国加入《开普敦公约》时做了保留声明，外国出租人对中国承租人采取的任何违约救济措施都必须经过中国法院的同意。此外，如果出租人是中国境内注册成立的公司，根据中国加入《开普敦公约》时的保留声明，开普敦体系不适用于中国的"国内交易"，因此，相比于境外租赁公司，境内租赁公司所受的法律保护的水准明显低于前者。另外，开普敦体系在缔约国的适用需要与国内立法相衔接配套，然而民事诉讼相关程序比较笼统单一，如出租人为境外主体的，诉讼是取得此类法院授权的唯一途径，没有其他更为简易的司法程序许可《开普敦公约》规定的救济。所以不管争议简单或复杂，出租人都必须向法院提起诉讼来得到法院的授权，而诉讼要耗费较高的甚至不可预计的时间和费用成本都离《开普敦公约》提倡的"简单、高效的债权人救济"相去甚远。因此，中国法律界有必要对飞机取回权（无论是破产还是违约情形下）诉讼以外的简易取回程序予以进一步探讨，保证出租人权益以及飞机作为高价值资产的充分利用率，减少资源的耗费。

五、总结与展望

2019年，全国民航工作会议明确提出要以新发展理念引领新时代民航高质量发展，只有推动民航高质量发展，实现民航发展高质量变革、效率变革、动力变革，才能切实提高行业竞争力，有效应对国际国内一系列不确定因素带来的风险与挑战，才能真正突破行业发展"瓶颈"。

尽管航空商事争议解决目前更多的是停留在理论探讨和设想的初期阶段，并未正式步入成熟的实践轨道，更具有价值与探讨研究意义的案例还有待进一步发掘，但是不论何时，专业、优质、高效的航空争议解决的保障服务都是不可缺少的。特别是未来随着航空产业的发展壮大，航空争议纠纷专业性强、标的额大、法律关系复杂、商业机密度高、当事人众多、具有涉外因素等特点也将日益凸显。仲裁的程序灵活、保密、自治、专业和境外可执行性等特点非常匹配于该类特点的争议，仲裁机构在处理航空争议案件总结经验的同时，还可以通过商事裁判来进一步探索现有航空业规则的空白与分歧，相应影响航空业的规则设立和风险管理，提高中国航空法律架构及服务水准，进一步提升中国在国际航空界的话语权，助力民航强国的早日实现。

图书在版编目（CIP）数据

中国商事争议解决年度观察.2019 / 北京仲裁委员会，北京国际仲裁中心编.
—北京：中国法制出版社，2019.7
ISBN 978-7-5216-0281-4

Ⅰ.①中… Ⅱ.①北… ②北… Ⅲ.①商事仲裁—研究—中国— 2019
Ⅳ.① D925.704

中国版本图书馆 CIP 数据核字（2019）第 111401 号

策划编辑：马 颖　　责任编辑：侯 鹏　　封面设计：李 宁

中国商事争议解决年度观察.2019

ZHONGGUO SHANGSHI ZHENGYI JIEJUE NIANDU GUANCHA. 2019

编者 / 北京仲裁委员会 / 北京国际仲裁中心

经销 / 新华书店

印刷 / 三河市紫恒印装有限公司

开本 / 787 毫米 ×1092 毫米 16 开　　印张 / 19 字数 / 305 千

版次 / 2019 年 7 月第 1 版　　2019 年 7 月第 1 次印刷

中国法制出版社出版

书号 ISBN 978-7-5216-0281-4　　定价：76.00 元

值班电话：010-66026508

北京西单横二条 2 号 邮政编码 100031　　传真：010-66031119

网址：http://www.zgfzs.com　　**编辑部电话：010-66060794**

市场营销部电话：010-66033393　　**邮购部电话：010-66033288**

（如有印装质量问题，请与本社编务印务管理部联系调换。电话：010-66032926）